Ingo Hermann
Casanova

Ingo Hermann

CASANOVA

Der Mann hinter der Maske

Die Biographie

Propyläen

Propyläen ist ein Verlag der Ullstein Buchverlage GmbH
www.propylaeen-verlag.de

ISBN 978-3-549-07342-1

Lektorat: Rainer Wieland
Karte: Peter Palm, Berlin
Gesetzt aus der Sabon
Satz: LVD GmbH, Berlin
Druck und Bindearbeiten: Bercker, Kevelaer
Printed in Germany

INHALT

DIE REISE NACH DUX

Im Hotel Casanova zu Dux in Tschechien herrscht noch immer karge Zuteilungswirtschaft: 50 Gramm »Käse Eidam«, 35 Gramm Weichkäse, 20 Gramm Butter, Honig und Marmelade – alles schön abgepackt in Plastik. Eine Tasse warmen Kaffees. Ein eiskaltes, hartgekochtes Ei wird zum Frühstück aus dem Kühlschrank geholt und zugeteilt.

Der Mann, der hier im böhmischen Dux die letzten 13 Jahre seines Lebens verbrachte und nach dem das Hotel benannt ist, kann nicht helfen. Er starb 1798, nicht weit von hier, im alten Barockschloss, irgendwo im ersten Stock des nördlichen Anbaus. Er war, neben vielem anderen, ein Feinschmecker, der sich an guten Tagen schon zum Frühstück an Äpfeln im Schlafrock oder Austern, Krebsschwänzen oder Carpaccio vom Rind und sogar an Täubchen oder Rehrücken à la Madame d'Urfé erfreuen konnte. Er selbst schildert ein Frühstück, das er *unausgeschlafen, aber unternehmungslustig* im Jahre 1760 im kurfürstlichen Lustschlösschen zu Brühl am Rhein für 24 Personen gegeben hat: Austern und Kaviar, Räucherlachs und Thunfisch, Trüffelpastete und Biskuittorte: *Die englischen Austern gingen erst bei der zwanzigsten Flasche Champagner zu Ende. Das eigentliche Frühstück begann, als die Gesellschaft bereits angeheitert war, und da es natürlich nur aus kleinen Gerichten bestand, war es ein erlesenes Mahl. Man trank keinen einzigen Tropfen Wasser, denn Rheinwein und Tokayer dulden keines. Bevor das Dessert aufgetragen wurde, servierte man noch eine riesige Platte mit Trüffelragout. Auf meine Anregung hin leerte man sie, indem man Maraschino dazu trank.*[1]

Im böhmischen Dux kamen alle seine Reiserouten zum Ende. Hier liefen alle seine Lebenslinien zusammen. Hier war er gestrandet, aber von hier ging auch der Siegeszug seiner Geschichten aus, über Kultur- und Sprachgrenzen hinweg. Hier liegt der Schlüssel zu allem.

Giacomo Casanova – der Mann hinter der Maske; der Mann hinter den wechselnden Masken; der Mann, der zu dem wird, dessen Maske er trägt; der Mann, der in eine Rolle schlüpft wie in eine Maske, der aber nie vergisst, dass hinter den Masken und Rollen immer sein lebendiges Gesicht bleibt.

Richard Sennett[2] hat in seiner Studie über die Tyrannei der Intimität beschrieben, wie stark die Gesellschaft des 18. Jahrhunderts sich durch öffentliche Rollenzuweisungen nach dem Muster einer Theaterbühne selbst konstituierte.[3] Die Vorstellung von der Gesellschaft als einem Theater, dem *theatrum mundi,* gehört seit der Antike zum abendländischen Denken. Platon fasst das Leben der Menschen als Puppenspiel auf, in dem es die Götter sind, die die Puppen tanzen lassen. Das Rollenspiel der Menschen beruht demnach auf der Rollenzuweisung durch die Götter.[4] Zu einem solchen Szenario des menschlichen Lebens gehört die Vision, dass die Schauspieler den Menschen, die Bühne der Stadt und das jeweils aufgeführte Theaterstück dem Leben der Gesellschaft gleichen.

Casanova ist der perfekte Repräsentant dieses Gesellschaftstheaters. Er schreibt sich seine Rolle selbst, indem er durch die Erzählung von seiner Flucht aus den Bleikammern sich selbst erschafft.[5] Er schlüpft in eine seiner Masken, spielt unterschiedliche Rollen auf verschiedenen Bühnen im Universum seiner sozialen Beziehungen und verkörpert dabei seine große Lieblingsidee: als Herr von Stand (Seigneur de Seingalt) immer mehr zu geben als zu nehmen, alle Frauen zu lieben und glücklich zu machen, als Spieler und Unternehmer freigebig und verschwenderisch zu leben, als Liebhaber von Kunst und Wissenschaft sich in den Diskurs der Zeit einzufädeln, dabei auch die Rolle der Frau zu reflektieren und als Berater von Fürsten und Herrschern teilzuhaben an der politischen Macht, deren Niedergang er vorausahnt.

Heute führt die Straße nach Dux, dem tschechischen Duchcov, von Westen her über die südlichen Ausläufer des Erzgebirges. Auf den weiten Hängen platzen ein paar felsige Erhebungen wie Pickel aus der Haut der Wiesen und Äcker. Die Wunden des Braunkohleabbaus wurden versorgt, doch Bahntrassen und Hochspannungsleitungen zerschneiden das Bild, Ausläufer einer Epoche, die im Namen von Sozialismus und Elektrifizierung keine ästhetischen Rücksichten nahm. Nur noch von fern erinnert die Landschaft an die bescheidenen Manufakturen der frühen Industrialisierung im späten 18. Jahrhundert.

Und dann dieses Schloss. 1642 hatten die Grafen von Waldstein den Renaissancebau erworben und zum Barockschloss umgebaut. Im 19. Jahrhundert musste eine klassizistische Fassade herzeigen, dass man auf der Höhe der Zeit war. Der Bau ist inzwischen renoviert und liegt heute am Rande einer postsozialistischen, räudigen Altstadt. Im Ort trägt außer dem Hotel auch ein Café den Namen des bizarren Schlossbewohners jener abgelebten Zeit. Freundliche Menschen sprechen deutsch. Nur die Schlossführung versagt sich, wenigstens an diesem Tag, jede andere Sprache als Tschechisch. Kein Italienisch oder Französisch zu Ehren Casanovas, um dessentwillen die Besucher schließlich hergekommen sind.

Casanovas Wohnung, im Nordflügel über den Pferdeställen: zwei schöne Zimmer mit Gewölbedecke, ein paar alte Möbel, Toilette auf dem Gang gegenüber. In diesem Sessel soll er gestorben sein. Auf dem geblümten Sitzpolster liegt eine seidene Rose. Scherzbolde behaupten: Ein Mann, der sich in diesen Sessel setzt, hat fortan so viel Glück bei den Frauen wie einst Giacomo Girolamo Casanova, bevor er nach Dux kam. Vielleicht liegt die Rose nur dort, damit kein Tourist sich mal eben auf den Stuhl setzt.

In einer Bücherwand öffnet sich auf Knopfdruck eine Geheimtür. Eine Wachsfigur wird sichtbar: Casanova – ganz Nase – am Schreibtisch, mit einer Feder in der Hand, im Gewand seiner Zeit, des galanten Rokoko – einem Gewand, das schon aus der Mode war, als Casanova noch hier saß und schrieb: im dunkelblauen Rock mit goldenen Litzen, im Rüschenhemd und mit Perücke. Als er hier viele Stunden und ganze Tage verbrachte, war er mit seinen 58 Jahren ein alter Mann. Aber was er in seinen Memoiren aufschrieb, waren die Geschichten aus dem Leben eines sehr jungen Mannes, der ungezügelt seine Sehnsüchte und Leidenschaften auslebte und nicht ahnte, welche Siege und welche Niederlagen, welche Triumphe und welche Demütigungen ihm noch bevorstanden.

Giacomo Casanovas Lebenszeit – er wurde am 2. April 1725 geboren und starb am 4. Juni 1798 – ist das Jahrhundert, das der heutige Europäer mit Goethe und Schiller, mit Haydn und Mozart verbindet, mit Rousseau, Diderot und Voltaire, mit dem Aufstieg der Naturwissenschaften und der frühen Industrialisierung, mit der Erschließung neuer Handelswege, der Überquerung der Ozeane, mit James Cook und Louis Antoine de Bougainville, mit der Erforschung und Unterwerfung unbekannter Kontinente und der Besiedlung Amerikas. Es ist das Jahrhundert Friedrich des Großen, Maria Theresias, Katharina der Großen und William Pitts, die Zeit des Kampfes um die Vorherrschaft und das Gleichgewicht der Mächte in Europa, des Erstarkens der europäischen Großmächte und natürlich vor allem die Epoche der Französischen Revolution. Es ist das Jahrhundert neuer Wege der Philosophie, des Fortschritts in der Rechtsprechung, der Anfänge des Journalismus, der Frauenemanzipation, der Gleichstellung der Juden. Die Zeit der Bauernbefreiung, des aufkommenden Kapitalismus und der beginnenden Globalisierung der Wirtschaft. Es ist ein Jahrhundert der Gleichzeitigkeiten und der Umbrüche: der Revolutionen von unten und von oben; des Nebeneinanders von Adelskultur und bürgerlicher Lebensart; der enggeführten Moral und zügellosen Promiskuität; der Magie und Alchemie auf der einen, der Naturwissenschaft und Technik auf der anderen Seite; die Epoche der Aufklärung und des Aberglaubens.

Das vorliegende biographische Porträt Casanovas folgt den Stationen seines Lebenslaufs und bündelt zugleich die Themen und Inhalte, die sein Lebens bestimmten. Themen und Ereignisse überschneiden sich, so dass gelegentlich Rückblenden und Querverweise notwendig sind. Dadurch wird der Zusammenhang sichtbar zwischen den Ereignissen, die Casanova widerfuhren, und den Entwicklungen, für die er die Verantwortung übernahm.

Als Casanova, 1785, an seinem Schreibtisch im Schloss Dux saß und zu schreiben begann, war das Erste, das er seinen Lesern und der Nachwelt mitteilen wollte, die Geschichte seiner Flucht aus den »Bleikammern«, dem Staatsgefängnis von Venedig. Es ist eine unglaubliche Geschichte, die er jetzt dem Papier anvertraut. Erzählt hat er sie schon oft auf seinen Reisen, im Wirtshaus ebenso wie an den Höfen der Mächtigen – und mit jedem Mal ist sie ein wenig spannender geworden.

Am Anfang war die Flucht

Es war dieser Ausbruch aus dem Staatsgefängnis, der ihn berühmt und einzigartig machte. Abenteurer der Liebe gab es viele. Aber Ausbrecher aus dem Staatsgefängnis von Venedig gab es nur einen einzigen, nur ihn. Und dieser Einzige und Einzigartige ließ keine Gelegenheit aus, von seiner Flucht zu berichten, wo immer er auf seinen Reisen durch Europa darum gebeten wurde. Mit diesen Erzählungen konstituierte er sich selbst. Diese zweite Geburt hat ihm ein neues Leben, ja seine wahre Identität beschert. Er ist der, der aus den Bleikammern entkommen war, weil er die Freiheit liebte und die Gefangenschaft hasste. Und er ist der, der die wahrhaft unglaubliche Geschichte seines Triumphes über die mächtige Inquisition selbst zu Protokoll gibt.

Als Casanova die Summe und Quintessenz seiner spektakulären Flucht und seiner Erzählungen schließlich aufschreibt, hat sich zur Wahrheit die Dichtung gesellt. Die Geschichte seiner Flucht ist Teil jenes Werkes, das heute zur Weltliteratur gezählt wird: der *Geschichte meines Lebens*.

Die Erfahrung, die Casanova im Jahre 1755 machen musste, folgte der Logik des »Prinzips Inquisition« bis in die Einzelheiten. Der junge, 30-jährige Lebemann hatte in Venedig alles andere als einen guten Ruf. Er galt als Spieler, Betrüger, Schuldenmacher und Verführer, der im Café Menegazzo, seinem Stammlokal, saß, mit Prominenten plauderte und offensichtlich glaubte, tun und lassen zu können, was ihm beliebt. Er kümmerte sich weder um Gerüchte noch um Gerede und scherte sich auch nicht um konkrete Anschuldigungen, schon gar nicht um so alberne wie die, dass er jeden Tag Fleisch esse und nur höchst selten am Gottesdienst teilnehme.[6] Er ignorierte das alles und blieb sorglos und unbekümmert, auch als ihm ein gewisser Giovanni Baptista Manuzzi auf den Leib rückte, ein ehemaliger Goldschmied, der als Vertrauensmann (Confidente) der Staatsinquisition spionierte und den Inquisitoren schriftliche Berichte vorlegte.

Manuzzi erschien eines Tages bei Casanova und gab vor, er handle mit Schmuck und Diamanten und könne interessante Angebote machen. Bei dieser Gelegenheit suchte er unter Casanovas Büchern nach belastendem Material. Besonders interessiert zeigte er sich an Büchern über die Kabbala, die mystische Frömmigkeitsüberlieferung des Judentums, aber auch über andere Zweige der Magie. Er behauptete, diese Werke für gutes Geld verkaufen zu können, und brachte Casanova dazu, ihm die Bücher zur näheren Prüfung mitzugeben.

In Wahrheit verfasste Manuzzi einen Spitzelbericht, den er am 21. Juli 1755 dem Inquisitor vorlegte. Bücher zu magischen Praktiken zu besitzen war Grund genug, hinter Gitter zu kommen. Doch hatte sich über Casanovas Kopf und hinter seinem Rücken noch mehr zusammengebraut.

Eine Witwe namens Lucia Memmo behauptete, Casanova verführe ihre drei Söhne zum Atheismus. Manuzzi gab zu Protokoll, Casanova sei ohne Zweifel ein Freimaurer. Auch Atheismus und Freimaurerei waren im Venedig des 18. Jahrhunderts hinreichende Gründe, ins Gefängnis zu kommen. Der Historiker und Casanova-Experte Gustav Gugitz berichtet, wie ein anderes Opfer der Inquisition, Marchese Vivaldi, als Freimaurer denunziert und im Kerker erdrosselt worden sei. Seine Leiche sei mit einem Schild um den Hals zur Schau gestellt worden, auf dem zu lesen war: »So behandelt die Republik die Freimaurer«.[7]

Casanova blieb arglos, leichtsinnig und unvorsichtig. Er erfuhr zwar von den Ermittlungen gegen ihn, aber er ließ sich nicht warnen. Er war nicht dazu zu bewegen, die Stadt zu verlassen – auch nicht von seinem Adoptivvater Matteo Bragadin, der ihm rundheraus sagte: *Die Vernunft fordert, dass du abreist.*[8] Bragadin ahnte wohl, was auf seinen Schützling zukam. Er war selber einmal Staatsinquisitor gewesen.[9] Er wusste, wovon er sprach. Er wusste, *dass das Tribunal der Staatsinquisitoren mich eines Verbrechens für schuldig halten könne, von dem ich nichts wüsste.*[10]

Sehr bald nach Bragadins Warnung wurde die Behörde tätig.

Das Tribunal gab dem Messergrande den Auftrag, mich lebend oder tot festzunehmen.[11] Treibende Kraft hinter der Aktivität des Tribunals war der Staatsinquisitor Antonio Condulmer. Er hatte offensichtlich persönliche Motive, Casanova aus dem Weg zu räumen: Der Inquisitor besaß das Theater St. Angelo. Dort hatte er Stücke aufgeführt, die Casanova ausgepfiffen hatte. Außerdem wurde gemunkelt, Casanova habe Condulmers Mätresse verführt. Diese privaten Kränkungen des Inquisitors erklären die Unerbittlichkeit, mit der die verschiedenen Anschuldigungen gegen Casanova zu einem Dossier zusammengestellt worden waren. Casanova selbst jedenfalls hat die Zusammenhänge durchschaut. In den Memoiren schreibt er: *Dieser Signor Condulmer hatte auch allen Grund, auf mich böse zu sein, denn da ihm das Teatro di Sant Angelo zum großen Teil gehörte, brachte ihm der Misserfolg … Verluste … Er war sechzig Jahre alt, liebte die Frauen, das Spiel und den Wucher; aber er galt als Heiliger, weil er jeden Morgen in San Marco zur Messe ging und vor einem Kruzifix Tränen vergoss.*[12]

Am 25. Juli 1755 ist es so weit: Am helllichten Tag rückt der Polizeichef der Republik Venedig – Messergrande nennen die Venezianer ihn[13] – mit einer Truppe von Häschern an, um den hinterrücks und insgeheim Beschuldigten festzunehmen. Die »Sbirren« wollen ihn aus seiner Wohnung in der Calle di Mezzo (heute: Calle Gorna) holen.[14] Casanova ist jedoch nicht zu Hause. Daraufhin erklärt der oberste Polizist den Nachbarn, er müsse mit seinen Helfern einen geschmuggelten Sack Salz aufspüren, und durchsucht unter diesem Vorwand die gesamte Wohnung. Als Casanova schließlich nach Hause kommt, sieht er sofort, was geschehen war: *Ich fand die Tür offen, und nicht nur das, sondern das Schloss war erbrochen.*[15] Trotzdem behält er die Nerven und legt sich unbekümmert erst einmal schlafen.

Am nächsten Morgen bei Tagesanbruch trat der Messergrande in mein Zimmer. Aufwachen, ihn sehen und seine Frage hören, ob ich Giacomo Casanova sei, war Sache eines Augenblicks. Kaum hatte ich geantwortet, ich sei der Genannte, befahl er mir, ihm alles zu geben, was ich an Geschriebenem hätte, von mir wie von anderen, mich anzuziehen und mit ihm zu kommen. Als ich ihn fragte, in wessen Auftrag er mir diesen Befehl erteile, antwortete er, das geschehe im Auftrag des Tribunals ... Das Wort Tribunal lähmte mich vollkommen und ließ mir nur die körperliche Fähigkeit, die für den Gehorsam nötig ist.[16]

Casanova beschreibt seine Einlieferung in die Haftzelle sehr detailliert. Er beobachtet genau: Da ich fünf Fuß neun Zoll groß bin[17], musste ich mich tief bücken, um hineinzugehen; er (der Kerkermeister) schloss mich ein. Durch das Gitter fragte er mich, was ich essen wolle, und ich antwortete, daran hätte ich noch nicht gedacht. Er ging fort und schloss alle Türen hinter sich zu. Niedergeschlagen und benommen, stützte ich die Ellenbogen auf die Brüstung des Gitters. Dieses maß in jeder Richtung zwei Fuß und bestand aus sechs gekreuzten, einzölligen Eisenstangen, die sechzehn quadratische Öffnungen von fünf Zoll frei ließen. Sie hätten das Gefängnis genügend erhellt, wenn nicht ein rechteckiger Balken, ein Hauptträger des Dachstuhles von eineinhalb Fuß Stärke, unterhalb der Luke, die mir schräg gegenüberlag, in die Mauer geführt und das Licht abgefangen hätte, das in den Dachboden fiel. Als ich die Runde in diesem abscheulichen Gefängnis machte, musste ich den Kopf gebeugt halten, denn es war nur fünfeinhalb Fuß hoch. Fast nur durch Tasten fand ich heraus, dass es dreiviertel von zwei mal zwei Klaftern groß war.[18] Das restliche fehlende Viertel war offenbar ein Alkoven, der ein Bett aufnehmen konnte, aber ich fand weder Bett noch Stuhl noch Tisch noch irgendein Möbel, außer einem Kübel für die natürlichen Bedürfnisse und einer an der Wand befestigten, fußbreiten Planke, vier Fuß über dem Boden ... Es herrschte eine furchtbare Hitze. In meiner Bestürzung führte die Natur mich zu dem Gitter, dem einzigen Ort, wo ich meine Ellbogen aufstützen konnte; ich konnte die Luke nicht sehen, aber ich sah das Licht, das den Dachboden erhellte, und Ratten, groß wie Hasen, die dort herumliefen.[19]

Die Haftzellen trugen den Namen »Bleikammern«, weil sie unter dem bleigedeckten Dach des Dogenpalastes eingerichtet waren.[20] Das Wort sorgt heute noch für gruselige Assoziationen, im Deutschen noch mehr als im Italienischen die piombi oder im Französischen les plombs. Aus diesen Kammern zu entkommen galt als unmöglich. Noch nie seit fast 200 Jahren war einem Häftling die Flucht gelungen.

Der heutige Besucher des Palazzo Ducale von Venedig kann die Räume der Inquisitionsbehörde, die Folterkammer, die restaurierten Gefängniszellen und den Dachstuhl besichtigen. Wer durch die niedrige Tür in das Innere von Casanovas Zelle gelangen will, muss in die Knie gehen. Der Durchlass ist, gemessen an der Normalgröße des Menschen, wie die Öffnung einer Hundehütte. Der Gefängnisraum selber ist niedrig, aber größer, als man es bei dem düsteren Namen »Bleikammer« vermutet. Er hat ein vergittertes Fenster zu einem Gang, über den Tageslicht bis in die Zelle kommt. Die Glocken von San Marco sind zu hören. Mit einem Lehnstuhl, einem Bett und einem Eimer ausgestattet, konnte man den Raum als einen vergleichsweise komfortablen Kerker empfinden. In der Tat waren die »Piombi« ein Prominentengefängnis, und Casanova war als Adoptivsohn des Senators Bragadin prominent. Es war stadtbekannt, wie Casanova den Signor Bragadin[21] kennengelernt hatte:

Im Frühjahr 1746 war in Venedig eine große Hochzeit gefeiert worden.[22] Casanova, gerade 21 Jahre alt, spielt als Geiger in dem zum Fest engagierten Orchester des Teatro San Samuele. Im Morgengrauen, als er gerade nach Hause gehen will, sieht er, wie einem Senator in roter Robe ein Brief aus der Tasche fällt. Er hebt den Brief auf und trägt ihn dem hohen Herrn nach. Der bedankt sich und bietet an, Casanova mit seiner Gondel nach Hause zu fahren. Dankbar steigt Casanova ein. Wenig später aber, noch während der Fahrt, erleidet der Senator einen Schlaganfall: die linke Gesichtshälfte, der linke Arm und das linke Bein sind auf einmal gefühllos. Casanova überblickt die Situation sofort. Er weiß, dass schnell gehandelt werden muss. Augenblicklich lässt er anlegen und holt einen Arzt, der den Patienten sofort zur Ader lässt, was damals als die übliche Soforthilfemaßnahme galt. Im Palazzo des Senators angekommen, wiederholt ein zweiter Arzt die gleiche Prozedur. Zwei enge Freunde des Senators sind inzwischen angekommen und bedeuten Casanova diskret, er könne jetzt gehen, sie würden die Nachtwache halten. Doch Casanova erklärt, er werde ebenfalls bleiben. Der Senator werde sterben, wenn er fortginge, nicht aber, wenn er, Casanova, bleibe.

Der Arzt setzt seine Behandlung fort, indem er die Brust des Patienten mit Quecksilber einreibt und ein Pflaster anbringt. In der darauffolgenden Nacht aber werden die vom Quecksilber verursachten Hitzewallungen so stark, dass der Senator in Lebensgefahr gerät. Wieder erkennt Casanova die Bedrohung und entfernt eigenmächtig das Pflaster, worauf sich der Zustand des Kranken verbessert.

Über Nacht ist Casanova zu einem Star geworden. Er gilt auf einmal als begnadeter Arzt, der dem Senator Bragadin das Leben gerettet hat. Bragadin fasst wegen dieser Heilung ein so großes Vertrauen zu Casanova, dass er ihm übernatürliche Fähigkeiten zuspricht. Bald wird er den jungen Mann adoptieren. *Wer immer du seist, ich verdanke dir mein Leben … Wenn du mein Sohn sein willst, musst du mich nur als Vater anerkennen, und von Stund an werde ich dich in meinem Hause bis zu meinem Tode als einen solchen halten. Räume für dich stehen bereit; lass deine Habseligkeiten herbringen, du hast einen Diener, deine Gondel wird bezahlt, du speist an unserem Tisch und erhältst zehn Zechinen im Monat.*[23]

Dieser Rede Bragadins, die sein Leben verändert, lässt Casanova in der *Geschichte meines Lebens* eine Schlussbemerkung folgen, die in schlichter Zusammenfassung und mit Blick aufs lesende Publikum die Begegnung mit Signor Bragadin würdigt: *Das, mein lieber Leser, ist die ganze Geschichte meiner Metamorphose und der glücklichen Zeit, in der ich vom schäbigen Stand eines Geigenspielers zu dem eines vornehmen Herrn aufstieg.*[24]

Die Begegnung mit Bragadin ermöglicht nicht nur Casanovas sozialen Aufstieg. Sie reicht in viel tiefere Regionen seiner Seele. Er ist 21 Jahre alt, sein Vater hatte in seinem Leben keine Rolle gespielt und war früh gestorben. In dem Senator, den Casanova rettet, findet er einen neuen Vater, der ihm Geborgenheit, Sicherheit und Führung zukommen lässt. Dass Casanova nun im Gefängnis sitzt, hat aber auch der mächtige Senator nicht verhindern können.

Die Erzählung von seiner Inhaftierung verknüpft Casanova mit einem Ereignis von geschichtlicher und literarischer Bedeutung: dem Erdbeben von Lissabon am 1. November 1755. Im Rückblick, beim Niederschreiben der Memoiren, wusste er, dass ihm genau ein Jahr später die Flucht gelingen würde.[25] Am Tag des Erdbebens hatte er bemerkt, wie sich einer der gewaltigen Balken des Dachstuhls zur Seite dreht und dann wieder in seine Lage zurückkehrt. Nach einem weiteren Erdstoß bewegen ihn freudige Gefühle bei dem Gedanken, das Erdbeben könne ihm zur Freiheit verhelfen. Selbstironisch merkt er an: *Als ich später darüber nachdachte, wurde mir klar, dass ich den Einsturz des Dogenpalastes als Mittel zur Wiedergewinnung meiner Freiheit zu den möglichen Ereignissen zählte; der niederbrechende Palazzo hätte mich ohne den geringsten Schaden gesund, heil und frei auf das gute Pflaster des Markusplatzes werfen sollen. So verrückt begann ich zu werden.*[26]

Wie jeder Neuankömmling, den man aus seiner Wohnung oder von der Straße weg aufgegriffen hatte, wurde Casanova ohne jede Information gelassen. Er wusste weder, warum er verhaftet wurde, noch, wie die Anklage lautete, noch, wie lange seine Gefangenschaft dauern würde. Von einem ordentlichen Prozess konnte nicht die Rede sein. Der Inhaftierte erfuhr nicht einmal, ob oder wann ein Urteil gegen ihn gefällt würde. Casanova wurde zwar am 12. September 1755 wegen Atheismus zu fünf Jahren Kerkerhaft in den Bleikammern verurteilt, aber man sagte ihm nichts von diesem Urteil. Er war vollkommen isoliert und hatte keinen Kontakt zu Angehörigen, Freunden oder einem Anwalt.

Casanova beschreibt seine Lage so: *Mir wurde klar, dass ich mich an einem Ort befand, wo das Falsche als wahr und die Wirklichkeit als Traum erscheinen musste.*[27] Er schildert seine Verzweiflung, seine Racheträume, seine Wut, seine Abhängigkeit vom Kerkermeister Lorenzo Basadonna, der ihn mit dem Nötigsten versorgt, aber darauf aus ist, einen Teil jenes Geldes für sich zu behalten, das der Gefangene selber für Kost und Logis aufbringen muss. Casanova erhält Kleidung, Bett und Stuhl, Rasierzeug, Bücher. Tinte, Feder und Papier werden ihm jedoch verweigert. Die bigotten Bücher, die er sich ausleihen darf, sind geschmacklose, pseudomystische Abhandlungen überspannter Autoren über die Jungfrau Maria und das Herz Jesu. *Ich stellte auch fest, dass es zwar selten dazu kommt, dass ein Mensch verrückt wird; doch ist es sicher richtig, dass nicht viel dazu fehlt.*[28] Irgendwann bekommt Casanova jedoch Zugang zu der Schrift *De consolatione philosophiae* des Philosophen und Staatsmannes Boëthius. Das Buch ist ein fiktives Gespräch mit der »Frau Philosophia« über die wahre Glückseligkeit. Die Worte trösten ihn, aber er weiß, dass der Autor sie in einer Gefängniszelle geschrieben hat, bevor er aufgrund falscher Anschuldigungen hingerichtet wurde. Dieses Wissen dürfte dem Trost durch die Frau Philosophia eine melancholische Note beigemischt haben.

Was unter den Haftbedingungen nicht ausbleiben konnte: Der Gefangene wird krank. Er bietet jedoch alle Kraft auf, um sich durch die Ungewissheit, die Isolation und die gesundheitliche Schwächung nicht mürbe machen zu lassen. Wider alle Hoffnung fasst er den Plan, der Hölle zu entfliehen. Er weiß, wie unentrinnbar das Gefängnis und wie aussichtslos seine Lage ist. Trotzdem fängt er an, im Kopf das ganze Areal zu vermessen und nach einer Stelle zu suchen, durch die er den Ausbruch wagen könnte. *Ich habe immer daran geglaubt, dass ein Mensch, der es sich in den Kopf setzt, irgendeinen Plan auszuführen, und sich mit nichts anderem beschäftigt, trotz aller Schwierigkeiten zum Ziel kommen muss.*[29] Casanova erkennt, dass er – wenn überhaupt – nicht nach oben oder zur Seite, sondern nur über den Fußboden seiner Zelle entfliehen kann. Aber er hat nicht einmal ein Werkzeug, mit dem er ein Loch ausbrechen könnte. Er vermutet, dass der Boden seiner Zelle zugleich die Decke eines Raumes ist, in dem sich regelmäßig die Staatsinquisitoren zu ihren Beratungen treffen. Auch muss er befürchten, dass der Wärter die Fluchtvorbereitungen entdeckt oder dass andere Häftlinge in seine Zelle verlegt werden. Trotzdem hört er nicht auf, einen Fluchtplan zu entwickeln und in allen Einzelheiten zu durchdenken.

Irgendwann gelingt es ihm endlich – so seine Darstellung –, ein Bruchwerkzeug herzustellen: Er findet auf dem Dachboden, wo er sich täglich eine halbe Stunde lang bewegen darf, einen etwa elf Zentimeter langen Metallriegel, den er mit Hilfe eines Marmorstückes in wochenlanger Kleinarbeit so zurechtschleift, dass er das Eisen als Bohrer, Meißel und Hebel benutzen kann. Mit dieser kleinen Brechstange stemmt er, meistens in den Nachtstunden, ein Loch in den Boden, ohne die untere Haut der Decke zu beschädigen. Um nachts arbeiten zu können, bastelt er aus einem kleinen Napf eine Öllampe. Er gewinnt einen Docht aus der Wolle seiner Schlafdecke und Zunder aus dem Futter seiner Jacke, nimmt Salatöl als Brennstoff, lässt einen Flintstein mit der Begründung kommen, er könne damit seine Zahnschmerzen behandeln. Funken schlägt er mit der Schnalle seines Gürtels, den man ihm offenbar gelassen hatte.

Wie Casanova in allen Einzelheiten beschreibt, kommen die heimlichen Arbeiten voran, obgleich sich immer wieder Hindernisse in den Weg stellen: Andere Gefangene, die auf Zeit in seiner Zelle untergebracht werden, zwingen zur Unterbrechung. Immer wieder muss er durch Einwände und Ablenkungen verhindern, dass der Fußboden gefegt und auf diese Weise der Ausbruchsversuch entdeckt wird.

Casanovas Zelle im Dogenpalast lag über Amtsräumen, deren Wände und Decken zum Teil mit Gemälden geschmückt waren. Einer davon war die »Sala degli Inquisitori«, der Raum, *in dem sich die Inquisitoren für gewöhnlich nur während der Nacht, nach der täglichen Sitzung des Rates der Zehn versammeln, dem sie alle drei angehören.*[30] Das Deckengemälde zeigt, wie bis heute zu besichtigen ist, die biblische Szene von der Rückkehr des verlorenen Sohnes, gemalt von Tintoretto. Dieses berühmte Gemälde hätte Casanova zerstört, wenn er seinen Fluchtplan, durch den Boden seiner Zelle zu entkommen, hätte verwirklichen können. Das Bild von der Rückkehr des verlorenen Sohnes an dieser Stelle offenbart die perverse Nachbarschaft von unmenschlicher Grausamkeit und ideologischer Verbrämung. Was heute zynisch erscheint, war es im Selbstverständnis der damaligen Machthaber keineswegs. Die Exekutoren der staatlichen wie der kirchlichen Inquisition glaubten allen Ernstes, sie könnten durch Bestrafung und Quälerei einen Menschen dazu bringen, in die Arme des gütigen Vatergottes zurückzukehren, wobei sie voraussetzten, dass es eine Rückkehr war. Manch ein Inquisitor dürfte sich sogar selbst mit dem gütigen Vater des verlorenen Sohnes identifiziert haben.

Dann aber kommt alles ganz anders: Die Fluchtvorbereitung wird zunichte gemacht, als Casanova ohne Vorankündigung in eine andere Zelle verlegt wird. Die Baustelle unter dem Bett wird entdeckt. *Lorenzo erschien, vom Zorn entstellt, schäumend vor Wut, Gott und alle Heiligen verfluchend, verlangte er sogleich von mir, ich solle ihm die Hacke und die Werkzeuge geben, die ich benutzt hätte, um den Fußboden zu durchbohren, und ihm sagen, welcher von seinen Sbirren sie mir gegeben habe.*[31]

In dieser aussichtslosen Lage geht Casanova zum Angriff über: Er streitet alles ab und erklärt, er werde aussagen, Lorenzo selber habe ihm das Werkzeug überlassen und er, Casanova, habe es ihm längst zurückgegeben. Der Wärter tobt, befürchtet aber, in die Sache hineingezogen zu werden: *Schweigen Sie und denken Sie daran, dass ich ein armer Mann bin und dass ich Kinder habe.*[32] Lorenzo bestraft den Gefangenen, indem er ihm stinkendes Wasser und verdorbenes Essen vorsetzt. Um einen neuen Ausbruchsversuch zu vereiteln, kommt von nun an jeden Tag ein Vollzugsdiener und klopft Fußboden und Wände ab. Casanova beobachtet dabei, dass die Zellendecke nicht überprüft wird – und schmiedet sofort neue Fluchtpläne.

Er ringt Lorenzo die Erlaubnis ab, mit einem anderen Gefangenen Bücher auszutauschen. Er spitzt den Nagel des kleinen Fingers seiner rechten Hand (den er hatte wachsen lassen, um sich die Ohren reinigen zu können) so zu, dass er ihn als Schreibfeder benutzen kann. Als Tinte nimmt er den Saft von schwarzen Maulbeeren. Sein Brief- und Austauschpartner ist ein gewisser Marino Balbi, ein venezianischer Patriziersohn und Mitglied des Mönchsordens der Somasker.[33] Balbi war in das Gefängnis unter den Bleidächern geraten, nachdem er drei Mädchen geschwängert und die Kinder auf seinen Namen hatte taufen lassen.

Pater Balbi schmuggelt in einem Buchrücken Bleistift und Papier in Casanovas Zelle. Das mühsame Schreiben mit dem Fingernagel hatte ein Ende. Casanova weiß, dass er nur über die

Decke seiner Zelle entkommen kann und dass ein Loch nur von oben, also von einem Helfer gebohrt werden kann. Es gelingt ihm, Balbi für einen gemeinsamen Fluchtplan zu gewinnen. Den Meißel, den er unter dem Sitz seines Lehnstuhls versteckt hatte, stellt er dem Mönch zu, verborgen im Einbandrücken einer Bibel. Schriftlich weist er Balbi an, sich zunächst selbst mit Hilfe dieses Werkzeugs zu befreien und vom Raum darüber aus ein Loch in die Decke zu Casanovas Zelle zu schlagen.[34] Dann, so der Plan, könnten beide über den Dachstuhl das bleigedeckte Dach des Palastes erreichen und durch eine Luke fliehen.

Es kam anders. Wieder wird – so schildert es Casanova – ein Gefangener in seine Zelle gebracht. Diesmal ist es offensichtlich ein Spitzbube, ein frömmelnder Betrüger, der weder lesen noch schreiben kann. Er ist Barbier und Perückenmacher, heißt Francesco Soradaci und stammt aus Isola in Istrien. Casanova muss versuchen, ihn zu übertölpeln. Er schildert, wie er dem Schwachköpfigen die Phantasiegeschichte aufbindet, ein Engel mit Bart werde erscheinen und ein Loch in die Decke schlagen. Er, Soradaci, dürfe dann dem Engel den Bart scheren. Wenn Balbi und Casanova über die Bleidächer in die Freiheit klettern würden, könne er mitkommen – oder er müsse zurückbleiben und könne dann nur noch zum Heiligen Franziskus beten. Vor lauter Angst entscheidet sich der Barbier für das Gebet.

Casanova beschreibt dann den Ausbruch aus der Zelle und die Kletterei auf dem schrägen und glitschigen Bleidach hinauf zum Dachfirst. Die beiden Flüchtigen wollen eine Luke finden, um an einer geeigneten Stelle, außerhalb des Gefängnisbereichs, wieder ins Innere des Gebäudes zu klettern. Der Memoirenschreiber vergisst auch nicht die komischen Elemente der Flucht: Er schildert, wie dem Mönch sein Bündel und sein Hut aus der Hand fallen und im Kanal verschwinden. Voller Angst will Balbi ins Gefängnis zurückkehren. Casanova aber entdeckt eine Leiter, mit deren Hilfe sie die Flucht fortsetzen. Unter mancherlei Schwierigkeiten und geplagt von einem Muskelkrampf bringt er, wie geplant, die Leiter so zum Stehen, dass die Flüchtlinge an eine Dachluke herankommen und an der richtigen Stelle wieder ins Innere des Dachstuhls gelangen können. *Müde*

zum Umfallen, ließ ich mich auf den Boden nieder, legte mir eine
Seilrolle unter den Kopf, streckte mich aus und fiel, an Körper
und Geist vollkommen erschöpft, in einen äußerst sanften
Schlummer; so unwiderstehlich übermannte mich der Schlaf,
dass ich wohl auch zum Sterben bereit gewesen wäre, und selbst
in der sicheren Erwartung des Todes hätte ich mich nicht dage-
gen gewehrt, denn die Wonne, die ich beim Einschlafen emp-
fand, war unbeschreiblich.[35]

Die beiden Flüchtlinge verlassen den architektonisch impo-
santen Dachboden und befinden sich bald im Archivraum der
Cancelleria ducale.[36] Es ist Allerheiligen, der 1. November 1756.
Wegen des Feiertags sind alle Räume menschenleer. Versehent-
lich zeigt sich Casanova, der für den Ausbruch seine alten
Prachtkleider samt Hut und Feder angelegt hat, an einem Fenster. Passanten auf der Piazzetta sehen ihn, denken, da sei offenbar am Vortag jemand eingeschlossen worden, und benach-
richtigen den Hausmeister. *Das alles erfuhr ich erst fünf oder*
sechs Monate später in Paris.[37] Der Mann mit den Schlüsseln
trottet die Scala dei Giganti hoch, um die Eingeschlossenen her-
auszulassen. In dem Augenblick aber, als er die Tür öffnet, stür-
men Casanova und Balbi hinaus, ohne ein Wort zu verlieren. Sie
erreichen eine Gondel und lassen sich über den Canal Grande
und den Canale della Giudecca in Richtung Mestre rudern.

Ich blickte nun hinter mich, den ganzen schönen Kanal ent-
lang; als ich kein einziges Boot entdeckte, den prachtvollsten
Tag sah, den man sich nur wünschen konnte, die ersten Strah-
len eines herrlichen Sonnenaufganges, die beiden jungen Gon-
dolieri, die kraftvoll dahinruderten, und dabei an die grauen-
volle Nacht dachte, die ich hinter mir hatte, an den Ort, an dem
ich noch tags zuvor gewesen war, und an das Zusammentreffen
so vieler glücklicher Umstände, da durchströmte ein Gefühl
meine Seele, das sie zu GOTT erhob, in mir die Saiten der Dank-
barkeit zum Klingen brachte und mich mit solcher Macht
rührte, dass die Tränen sich plötzlich freie Bahn brachen, um
das Herz zu erleichtern, das am Übermaß der Freude zu ersti-
cken drohte. Ich schluchzte, ich weinte wie ein Kind, das man
gewaltsam zur Schule schleppt.[38]

Das Echo auf die spektakuläre Flucht war in ganz Europa äußerst lebhaft. Casanova selbst hat durch die immer wieder vorgetragene Erzählung entscheidend dazu beigetragen, dass sie nicht vergessen wurde. Bis heute entstehen literarische und filmische Bearbeitungen des Ereignisses.[39] Und da Casanovas Bericht im Grunde die einzige Quelle ist, brauchen sich die Interpreten auch keinen Zwang anzutun.

Die Reaktion der damaligen Öffentlichkeit hat kaum jemand so eindrucksvoll literarisch gestaltet wie der ungarische Erzähler Sándor Márai in seinem Roman *Begegnung in Bolzano*.[40] Márai beschreibt, wie die Freude der Menschen sich ausbreitet, als sie davon hören, dass da einer den Schergen der Inquisition entkommen war: »… das Lächeln verbreitete sich weiter wie Schnupfenfieber; die Frau des Bäckers bekam es und die Schwester des Goldschmieds und auch die Tochter des Dogen. Waren die Leute allein in sorgsam verschlossener Stube, so schlugen sie sich vor Freude auf den Bauch und lachten von einem Ohr zum anderen. Es lag ein grimmiger Trost darin, dass ein Venezianer trotz meterdicker Mauern, trotz der Wachsamkeit der Wächter und trotz armdicker Ketten entfliehen konnte.«

Im Griff des Mittelalters

Die offizielle Bestimmung der Staatsinquisition im Venedig des 18. Jahrhunderts bestand darin, Schaden und Gefahren für den Staat und seine (aristokratischen) Repräsentanten abzuwehren. Die Staatsinquisition war aber alles andere als eine erst in der Neuzeit erfundene und moderne Einrichtung zum Schutz des Staates. Die erste Urkunde über eine Inquisitionsbehörde stammt aus dem Jahr 1313. In Struktur und Sprache, aber auch in ihren Vorgehensweisen, glich die venezianische Staatsinquisition der kirchlichen, der spanischen und der römischen Inquisition, deren Anfänge bis ins frühe 13. Jahrhundert, in die Zeit des Pontifikats von Innozenz III., zurückreichen. Man kann die venezianische

Staatsinquisition sogar als ein geistiges Lizenzunternehmen der kirchlichen Inquisition verstehen. Sie wurde 1539 eingerichtet. Es handelte sich um eine – aus moderner, rechtsstaatlicher Sicht – kriminelle Institution, deren Aktivitäten strenger Geheimhaltung unterlagen. Wer denunziert wurde oder auf andere Weise in Verdacht geriet, von der Staats- oder Kirchenraison abzuweichen, konnte sofort aufgegriffen und eingekerkert werden – ohne Anklage oder eine Information über die Gründe der Verhaftung, ohne Rechtsbeistand, ohne Fristen, ohne Prozess.

Geheimdienstliche Nachforschungen einschließlich der Aufforderung zur Denunziation gehörten zur Zeit Casanovas zum Alltag der Bürger von Venedig. Die Ankläger waren zugleich die Richter, die Richter die Ankläger. Für Denunziationen war sogar ein eigener Briefkasten vorgesehen, in den man unauffällig und anonym im Vorübergehen ein Schriftstück einwerfen konnte, das dann als Beweis diente und über Kerker oder Geldstrafe, Leben oder Tod entschied. Am Dogenpalast ist noch heute unter den Arkaden der »Stein der Denunziation« *(lapide de denuncia)* in Form eines Löwenmauls *(bocca di leone)* zu sehen.

In der Regierung von Venedig hatten die drei Staatsinquisitoren, die zusammen das »Tribunal« bildeten, Sitz und Stimme im »Rat der Zehn« und im Senat, also in der Exekutive. Gegen das Urteil des Tribunals gab es keine Berufung. Die Inhaftierten waren vom Moment der Festnahme und auch während des Prozesses von jedem Kontakt mit der Außenwelt abgeschnitten. Wie am Beispiel der Inhaftierung Casanovas zu erkennen ist, stirbt jedoch auch unter diesen Umständen die Hoffnung zuletzt: *Ich hielt es für unmöglich, dass sie mich hätten verurteilen und den Stab über mich brechen können, ohne es mir mitzuteilen und ohne mich die Begründung wissen zu lassen. Mein Recht schien mir unanfechtbar, und dem entsprachen meine Überlegungen, aber sie galten nicht gegenüber den Regeln eines Tribunals, das sich von allen rechtmäßigen Gerichten aller Regierungen der Erde unterscheidet.*[41]

Die Regeln des venezianischen Tribunals unterschieden sich nicht grundlegend von den meisten Justizverfahren im Lauf der Geschichte – das Konzept des Rechtsstaats ist eben sehr jung.

Das Ausforschen von Menschen mit dem Ziel, ihre politische Loyalität oder ihre religiösen Vorstellungen unter Kontrolle zu bringen, ist so alt wie menschliche Gruppenbildungen von der Horde bis zum Staat oder zur Religion. Auch von vor- und außerchristlichen Religionen wurde und wird immer noch »Inquisition« ausgeübt.[42] Die Entwicklung der Justiz verlief ja keineswegs linear von einer anfänglichen Bevormundung des Individuums durch das Gruppenkollektiv zu immer größerer Rechtsstaatlichkeit mit gesicherten Rechten des Individuums: In der Geschichte der Menschheit gibt es vielmehr immer wieder Rückfälle in archaische und totalitäre Verfügungsmechanismen, in politische, gesellschaftliche und religiöse Willkür.

Vor allem die juristische Möglichkeit, sich durch Denunziation und Inhaftierung eines Gegners, Kritikers oder eines Konkurrenten zu entledigen und sich zugleich einen wirtschaftlichen Vorteil zu verschaffen, war zu allen Zeiten ein starker Motor für das Funktionieren inquisitorischer Aktivitäten. Die Aneignung des Besitzes von Angeklagten erschien als eine legitime Gelegenheit, die sich weder Privatleute noch Landesherren, weder Kaiser und Könige noch Päpste entgehen ließen. Das historische Modell der Vermischung von angeblichem Staatsinteresse und persönlicher Habgier ist denn auch bis in die Gegenwart, etwa bei der Judenverfolgung im 20. Jahrhundert, zum Vorbild genommen worden.[43]

Mündliche und schriftliche Überlieferung

Bei der Schilderung seiner Flucht aus dem Staatsgefängnis fällt auf, wie brillant Casanova die Geschichte komponiert hat. Der Autor zieht alle Register der Dramaturgie, beachtet die Gesetze der Komposition, um die Erzählung spannend zu machen und den Leser in Spannung zu halten: An genau kalkulierten Stellen wird ein Knoten geschürzt, ein retardierendes Moment eingebaut, eine Wende oder eine Beinahe-Katastrophe herbeigeführt.

Selbst für eine literarische Reminiszenz nimmt Casanova sich

Zeit: Als er niederschreibt, wie er über die Dachluke ins Freie tritt, zitiert er Dantes *Göttliche Komödie* mit dem Satz »Dann traten wir hinaus und sahen die Sterne«.[44] Der Erzählfluss verrät also alle Anzeichen der literarischen Gestaltung. Die Geschichte ist viel raffinierter geschrieben, als das Leben sie je hätte schreiben können. Sie ist so ausgeklügelt komponiert, dass Zweifel aufkommen, ob der Ablauf der Flucht so war, wie er von Casanova beschrieben wird. Eine Reihe von Einzelheiten, zum Beispiel bei der Schilderung der Brucharbeiten für das Fluchtloch oder bei den Angaben zur Kletterei auf dem Dach, kann so nicht stimmen. Sie werden offenkundig nur geschildert, um die Geschichte spannend zu machen.[45]

Überhaupt hat Casanova mit der *Geschichte meiner Flucht* über seinen Tod hinaus immer wieder Anlass zu Diskussionen gegeben: Ist vielleicht die ganze Geschichte frei erfunden, oder ist sie ein glaubwürdiger Tatsachenbericht über ein höchst bizarres Ereignis, das zu einem Schlüsselerlebnis seines öffentlichen Lebens werden sollte? Casanova ist eher durch seine Erzählungen von der Flucht berühmt geworden als durch die Flucht selbst. Die schriftliche Fassung ist die Quintessenz seiner eigenen mündlichen Überlieferung in mehr als drei Jahrzehnten. Von Erzählung zu Erzählung wurde die Geschichte immer dichter.

Von Anfang an hat es grundsätzliche Zweifel an der Fluchtgeschichte gegeben. Die *Geschichte meiner Flucht* erschien 1788, gut zwei Jahre bevor Casanova mit der Niederschrift der übrigen Memoiren begann. Er hat die Fluchtgeschichte später in die Memoiren integriert.[46] Die *Jenaer Allgemeine Literatur-Zeitung* äußerte sich in einer Besprechung der deutschen Ausgabe der *Geschichte meiner Flucht* sehr skeptisch, was den historischen Ablauf der Fluchtgeschichte angeht.[47] Der italienische Rezensent Ugo Foscolo bestritt pauschal den Wahrheitsgehalt der Geschichte. Gustav Gugitz spricht 1921 davon, dass Casanova auch vor Geschichtsfälschung und Geschichtsklitterung nicht zurückschreckte, wenn es »ihm für die wirkungsvolle Regie der Memoiren passt«.[48]

Unter den neueren Biographen meint zum Beispiel Roberto

Gervaso, der Aufseher sei bestochen worden: Das Geld und die politischen Verbindungen Signor Bragadins hätten dafür gesorgt, dass der Wärter Lorenzo Basadonna ein Auge zugedrückt und die Befreiung Casanovas ermöglicht habe. Die anschließende Bestrafung Basadonnas mit fünf Jahren Gefängnis war in der Tat so ungewöhnlich milde – eigentlich hätte seine Nachlässigkeit die Todesstrafe nach sich ziehen müssen –, dass sie, wie Gervaso meint, nur durch das Eingreifen eines einflussreichen Patriziers erklärt werden kann. Das *Internationale Freimaurerlexikon* vermutet unter Berufung auf Akten der Inquisition in Venedig, dass Casanova den Gefängniswärter bestochen hat und deshalb entkommen konnte.[49] Biographen wie James Rives-Childs, Piero Chiara oder Hermann Kesten sind dagegen trotz aller »chronologischen Ungeheuerlichkeiten« (Gugitz) überzeugt, dass die Schilderung der Flucht im Detail ebenso der Wahrheit entspricht wie die Tatsache des Ausbruchs über das Bleidach als solche. Die Akten der Inquisition belegen nur, dass Casanova in den Bleikammern inhaftiert war und dass ihm die Flucht daraus gelungen ist. Dies wird durch andere historische Zeugnisse bestätigt. Aber die Erinnerung dessen, der seine Autobiographie schreibt, neigt bei der Schilderung der Einzelheiten wohl eher dem Roman zu als der Dokumentation. Wir haben es mit einer Mischung aus Tatsachenbehauptung und literarisch gestalteter Erinnerung zu tun.

Die Mischung aus Dichtung und Wahrheit, wie sie sich aus der Verdichtung der Historie ergibt und wie Casanova sie in seiner Fluchtgeschichte präsentiert, ist für seine gesamten Memoiren charakteristisch. Schon die Erzählung von seiner Herkunft enthält Rätsel, die auf ein Geheimnis hinweisen und die vielleicht Aufschlüsse darüber geben können, was diesen Giacomo Casanova im Innersten antreibt. Die Lösung dieser Rätsel wird zusätzlich dadurch erschwert, dass Casanova sich 1759, wenige Jahre nach seiner Flucht aus den Bleikammern, mit dem Adelstitel *Chevalier de Seingalt* schmückt. Die Forschung hat versucht, diesem Namen eine besondere Bedeutung abzugewinnen: Seingalt sei ein Anagramm für Snetlage, den Namen eines deutsch-dänischen Sprachwissenschaftlers, dem Casanova im Jahre 1797 einen Brief über das Verhältnis von deutscher und französischer Kultur geschrieben hat.[50] Was aber sollte der Sinn für ein Anagramm dieses Namens sein, den er im Jahre 1759 noch nicht einmal gekannt haben dürfte? Auch die Erklärung von Philippe Sollers dürfte an den Haaren herbeigezogen sein: Seingalt sei von *Seing* für »Zeichen« oder »Unterschrift« und dem lateinischen *altus* für hoch abgeleitet – und Casanova wolle damit sagen, er sei von »hoher Unterschrift«, also von hoher Herkunft.[51]

Angesichts derart spekulativer Herleitungen wird man eher Casanovas eigener Erklärung folgen. Er erläutert gegenüber einem beamteten Bedenkenträger: *Das Alphabet ist jedermanns Eigentum. Das ist unbestritten. Ich habe acht Buchstaben genommen und sie so zusammengestellt, dass sie das Wort Seingalt ergeben haben. Dieses neu gebildete Wort hat mir gefallen, und ich habe es zu meinem offiziellen Namen erwählt.*[52] Casanova erschafft sich also noch einmal selbst: außer in der Fluchtgeschichte durch den zusätzlichen Namen und die Andeutungen über seine Herkunft.

KINDHEIT UND JUGEND –
SCHÖNHEIT UND ABWESENHEIT

Ein Wunschkind war er nicht. Seine Mutter ist 17 Jahre alt, als sie ihn zur Welt bringt. Sie hat nicht viel anderes im Kopf als die Karriere einer Schauspielerin.

Als der Sohn ein Jahr alt ist, lässt sie ihn bei der Großmutter zurück, kehrt aber immer wieder, zum Beispiel Ende 1728, nach Venedig zurück und kümmert sich dann um ihn. Giacomo träumt von ihr.

Und der Vater? Er zieht mit der Mutter fort. Von ihm weiß Giacomo gar nichts. Er weiß nicht einmal, ob der Mann, der sein Vater sein soll, es auch wirklich ist. Den im doppelten Sinn unbekannten Vater wird er ein Leben lang suchen. Diese Suche ist vielleicht sogar der Schlüssel zu seinem Leben.

Im ersten Kapitel der *Geschichte meines Lebens* zeichnet Giacomo seinen Stammbaum nach, wie seine Familie es ihm beigebracht hat: Die Geschichte seiner Herkunft beginnt mit einem gewissen Don Jacobe aus Saragossa in Spanien. Don Jacobe war Sekretär des Königs Alfonso V. von Aragonien. Er entführte im Jahr 1428 eine Nonne aus dem Kloster, einen Tag nachdem sie das Ordensgelübde abgelegt hatte, und floh mit ihr nach Rom. Das Paar wurde, nachdem die Nonne von ihrem Gelübde entbunden worden war, von Papst Martin V. getraut.

Die Linie der Ahnen führt, wenn man dem Merkbuch des gesetzlichen Vaters und den Erzählungen der Mutter folgt, bis zu Gaetano Casanova, dem Tänzer, der zunächst mit einer Schauspielerin lebte, die La Fragoletta genannt wurde. Dann schloss er sich einer Schauspielertruppe an und – die Nachfahren wiederholen die Taten ihrer Vorfahren – entführte und heiratete die Tochter eines Schuhmachers. Neun Monate später, am 2. April 1725, gebar Zanetta Farussi ihren ersten Sohn: Giacomo Girolamo Casanova. Dies ist die eine Geschichte.

Die andere geht so: Zanetta war die Geliebte des venezianischen Adligen Michele Grimani. Als sie von ihm ein Kind erwartete, wurde eine schnelle Heirat mit einem Mann arrangiert, der bereit war, als Vater des Kindes aufzutreten. In der *Geschichte meines Lebens* erzählt Casanova die eine Geschichte, die andere deutet er an. Erst mit sechzig Jahren sagt er einigermaßen klar, er sei ein natürlicher Sohn des Michele Grimani. Er ist stolz darauf, sich als Abkömmling einer Familie präsentieren zu können, die seit 1297 zum Adel Venedigs gehört und die im Lauf ihrer Geschichte drei Dogen und 21 Prokuratoren von San Marco gestellt hat. Diese Version seiner Herkunft wird Casanova aber erst ausspielen, als er von einem Mitglied der Familie Grimani bitter enttäuscht und angegriffen wird.[53] Warum aber hat er diesen Trumpf so spät gezogen und erst in den Memoiren ausgespielt?

Die gesetzlichen Eltern waren Schauspieler. Sie wohnten in Venedig in der Nähe des Teatro San Samuele, in der Calle della Commedia, der heutigen Calle Malipiero. Dann verschwanden die Eltern nach London. Die Mutter machte Karriere, der Vater starb. *Mein Vater und meine Mutter sprachen nie mit mir.*[54] Und »von der Frau, die ihn zur Welt gebracht hat, kennt der Sohn nur die Schönheit und die Abwesenheit«.[55]

Trotz der Abwesenheit von Vater und Mutter hat Giacomo keine schwierige oder gar unglückliche Kindheit. Denn die Großmutter Marcia ist ganz für ihn da. Es gibt keine psychische Vernachlässigung und schon gar keine Verwahrlosung. Giacomo bleibt zurück in der Obhut der Großmutter, die seine Begabung erkennt und ihm Manieren und Bildung beibringt. Trotzdem bleibt das Verhalten der Eltern nicht ohne Spuren. Giacomo ist ein Spätentwickler, lernt erst mit acht Jahren das Lesen und mit neun das Schreiben. Seine geistige Entwicklung ist verzögert. Er ist kränklich und leidet ständig unter Nasenbluten. Er verschließt sich, wohl weil er ahnt, dass die Eltern ihn, so oder so, aufgegeben haben und vielleicht sogar denken, er werde früh sterben. Jedes zweite Kind erreichte damals das Erwachsenenalter nicht.[56]

Aber die Großmutter will, dass er lebt und gesund wird. Sie

bringt ihn zu einer Heilerin, die auf der nahe gelegenen Insel Murano haust. Die »Zauberin« ist, nach der Großmutter, die zweite Frau und Retterin in Casanovas Leben. Als der kleine Giacomo zu ihr kommt, hat sie eine schwarze Katze auf dem Schoß, *während weitere fünf oder sechs Katzen um sie herumschlichen.*[57] Sie sitzt auf einem zerlumpten Bett, spricht ihn an und versichert, er müsse keine Angst haben. Daraufhin sperrt sie ihn für kurze Zeit in eine Holztruhe. Er sitzt im Dunkeln, hört aber Lachen und Weinen, Schreien, Singen und Schläge auf die Truhe. Dann darf er aussteigen und wird mit tausend Zärtlichkeiten überhäuft. Die Hexe entkleidet ihn und legt ihn auf ein Bett. Sie verbrennt Kräuter, fängt den Rauch in einem feuchten Tuch auf und wickelt ihn darin ein. Sie murmelt Beschwörungsformeln, kleidet ihn wieder an, gibt ihm fünf Zuckerplätzchen und gebietet strengstes Schweigen über die ganze Zeremonie. *Sie drohte mir, ich würde mein ganzes Blut verlieren und sterben, falls ich es wagte, irgendwem ihre Geheimnisse zu verraten.*[58]

Das magische Ritual beruht auf therapeutischer Weisheit. Die Psychoanalytikerin Lydia Flem interpretiert es in ihrer viel zu wenig beachteten Casanova-Studie: »Alle Sinne des in seine Kiste eingeschlossenen Kindes werden gereizt: Gehörsinn, Geruchssinn, Geschmackssinn, Tastsinn, Gesichtssinn. Man lässt ihn Lachen und Schreie, Gebete und Gesänge hören. Man taucht ihn ein in den herben Geruch des Rauchs und dann in den lieblichen Duft der Salben. Er schmeckt das köstliche Aroma von fünf Zuckermandeln. Seine Haut wird am ganzen Körper mit Liebkosungen umhüllt, mit Tüchern bedeckt, wieder aufgedeckt, abgerieben, massiert und schließlich berührt … Der kleine Venezianer, dessen Vater und Mutter nicht zu ihm sprechen, wird in einem Bad aus Worten gewiegt, deren Bedeutung er nicht kennt …«[59]

Die Zauberin kündigt schließlich eine weitere Frau an: Eine Fee werde ihn in der Nacht besuchen. In Giacomos Phantasie geschieht dies dann auch prompt: Eine wunderschöne Dame im Reifrock und mit einer Krone im Haar entsteigt dem Kamin, spricht mit dem Jungen, küsst ihn auf die Stirn und verschwindet, wie sie gekommen ist. Allmählich wird das Nasenbluten schwächer und verschwindet schließlich ganz. Auch das Gedächtnis entwickelt sich jetzt. Die Magierin von Murano hat Giacomos Lebensgeister, seine Sinne, seine Wahrnehmung geweckt.

Die Erfahrung mit der Heilerin und der Kuss der guten Fee haben zweifellos Casanovas Frauenbild geprägt. Die Frau ist für ihn ein helfendes und heilendes Wesen. Er kennt keine Angst vor Frauen. Immer geht er vertrauensvoll und in unbekümmerter Selbstsicherheit auf sie zu, weil er nur Gutes von ihnen erwartet. Eine Gesellschaft wie die heutige, von der Germaine Greer sagt: »Die Frauen haben keine Ahnung, wie sehr die Männer sie hassen«, wird ermessen können, dass Casanova mit einer glücklichen Mitgift ins Leben gegangen ist, weil er den Frauen mit Respekt und Zuneigung begegnen konnte.[60]

Als gealterter Memoirenschreiber auf Schloss Dux entmythisiert Casanova die Begegnung mit der Heilerin: *Es wäre lächerlich, meine Heilung jenen beiden Narreteien zuzuschreiben; doch es wäre auch Unrecht zu behaupten, sie könnten nicht dazu beigetragen haben. Was die Erscheinung der schönen Fee betrifft, so habe ich sie zeit meines Lebens für einen schönen Traum gehalten, falls es nicht ein eigens für mich veranstalteter Mummenschanz war ... Es hat nie auf Erden wirkliche Zauberer gegeben. Aber ihre Macht hat zu allen Zeiten durch jene bestanden, denen sie geschickt einzureden vermochten, sie seien tatsächlich Zauberer.*[61]

Der psychologische Blick auf Casanova stößt immer wieder auf das Verhältnis zur Mutter: Sie spricht nicht mit ihm, sie verlässt ihn – er aber will sie auf keinen Fall verlieren. Er leugnet den Trennungsschmerz und die Verlustangst, er macht ihr keine Vorhaltungen, vermeidet jeden Konflikt, nimmt alles hin. Im Gegenteil: Um sie bei sich zu behalten, identifiziert er sich mit ihr, idealisiert sie, lässt sich von ihrer Schönheit verzaubern und spielt seine Rolle auf der Bühne des Lebens wie sie die ihre auf der Bühne des Theaters. Die Mutter ist erfolgreich. Sogar der berühmte Bühnenautor Carlo Goldoni schreibt ihr Stücke auf den Leib und schwärmt noch im Alter von ihr als einer hübschen und geschickten Witwe, die reizend sang, obgleich sie keine Noten lesen konnte.[62] In der Identifikation mit der mütterlichen Allmacht will Casanova gefallen und tut alles, um ihren Applaus zu hören und den des Publikums. Er bietet all seine Energie und seine ganze Intelligenz auf, um seine Talente zu entfalten. Und findet als junger Mann seine Lust darin, das Vergnügen der Frauen hervorzurufen, die er liebt.[63]

Aber neben der Geschichte mit der Mutter spielt – bisher viel zu wenig beachtet – die Abwesenheit des Vaters eine entscheidende Rolle, umso mehr, als Casanova irgendwann anfängt zu glauben, dass Michele Grimani sein leiblicher Vater ist. Manche Begebenheit seines Lebens erschließt sich erst, wenn man die Sehnsucht des jungen und des erwachsenen Casanova nach Klarheit über seine Herkunft und nach der Zugehörigkeit zur Familie des adeligen Venezianers erkennt.

Casanova hat sich im Lauf seines Lebens die Signale aus der Kindheit bewusst gemacht und sie interpretiert. Dass der Bruder des Michele Grimani, Abate Alvise Grimani, sein Pate und Vormund wurde, muss für ihn ein starkes Indiz dafür gewesen sein, dass er der natürliche Sohn des Patriziers Michele Grimani ist. Wie es häufig vorkam, wollte sich die Familie des leiblichen Vaters vorbehalten, Einfluss auf den Lebensweg des Kindes nehmen zu können, falls dies irgendwann einmal opportun sein sollte.

Was die Frauen betrifft, zeigt sich Giacomos Naturell schon früh: Er ist zehn Jahre alt, als er mit seinem Lehrer Doktor Gozzi nach Venedig fährt, um die Mutter zu treffen. Abends geht er mit Gozzi ins Theater. Ein sechsjähriges Mädchen fällt ihm auf. Es ist die Tochter eines Schauspielers. Sie heißt Giovanna Corrini und tanzt auf der Bühne das Menuett so anmutig, dass Giacomo ganz verzaubert ist. Als er sie in der Garderobe trifft, schenkt er ihr einen Ring, den er soeben für eine Zechine gekauft hat. Das Problem ist nur, dass diese Zechine nicht ihm, sondern seinem Lehrer gehörte. Den Dankeschönkuss erntet natürlich er. Als am nächsten Tag die Sache mit der Zechine und dem Ring herauskommt, entschuldigt sich Giacomo mit dem Satz, es sei die Liebe gewesen, die ihn zu dem Geschenk verlei-tet habe. Beim Wort »Liebe« aus dem Mund des Zehnjährigen brechen die Zuhörer in amüsiertes Gelächter aus. Das kränkt den Jungen. Er schwört sich, nie wieder in seinem Leben derartige Liebeswirren zuzulassen.

26 Jahre später werden sich Giovanna und Giacomo in Berlin wiedersehen. Sie ist inzwischen verheiratet, heißt Denis und ist eine berühmte Tänzerin. Giacomo gesteht ihr: *Ich halte mich für den glücklichsten aller Menschen, weil ich nun Gelegenheit finde, Ihnen zu sagen, dass Sie als erste in meinem Herzen verliebte Gefühle erweckten.*[64] Es liegt nahe, dass Giovanna ihrem alten Freund bald erlaubt, ihr »zärtlicher Freund« zu sein. Das Paar verbringt heitere Tage in Berlin und Potsdam.[65]

Die Geschwister

Zu Casanovas Familie gehören natürlich auch seine fünf jüngeren Geschwister. Sein Verhältnis zu ihnen ist so distanziert wie das zu den Eltern – es hatte ja nie ein Familienleben gegeben. Nur mit Francesco verbindet ihn ein gewisser Lebenszusammenhang. Giacomo war zwei Jahre alt, als 1727 in London Francesco geboren wurde. Es wurde gemunkelt, Francescos Vater sei in Wahrheit der Prince of Wales.

Später liest man von gemeinsamen Reisen der beiden Brüder zur Mutter nach Dresden (1752) und von Paris nach Wien (1782), auch von anderen gemeinsamen Unternehmungen. Francesco wurde Maler. Seine Schlachtengemälde wurden besonders in Paris und Wien geschätzt. Er war Mitglied der »Académie Royale de Peinture« und hatte eine Zeitlang sogar eine Dienstwohnung im Louvre. Zeitweise war er bekannter als sein älterer Bruder Giacomo, der in Paris oft als »Bruder des Malers« vorgestellt wurde. Dabei war es Giacomo, der sich als der Ältere für die berufliche Laufbahn des Bruders verantwortlich fühlte und Francesco nach Paris geholt hatte, um seine Karriere zu befördern. Francesco war dankbar und anhänglich. Er nahm teil an Giacomos Schicksal. Er

37

zeigte sich wenige Wochen vor Giacomos Tod besorgt und betrübt über den Gesundheitszustand des Bruders. Bemerkenswert ist, dass Francesco, so die Aussage von dessen Ehefrau, impotent war. Angesichts der sexuellen Kräfte Giacomos wird diese Mitteilung wohl als Kuriosum berichtet.

Viel distanzierter ist Giacomos Verbindung zu seinem Bruder Giovanni Battista, der 1730 geboren wurde und bei der Mutter aufwuchs. Giovanni war ebenfalls Maler und Zeichner und brachte es zum Direktor der Akademie der Schönen Künste in Dresden. Er war Schüler von Anton Raphael Mengs, in dessen Haus in Rom Giacomo während seines römischen Aufenthalts wohnte.[66] Giovanni war mit Johann Joachim Winckelmann befreundet, der 1755 der geistigen Welt Europas mit seinem Werk *Gedanken über die Nachahmung der griechischen Werke in der Malerei und Bildhauerkunst* die Antike als unumgängliches Vorbild vorstellen sollte. Giovanni Casanova verlor aber Winckelmanns Freundschaft, als er versuchte, dem großen Kenner der Antike zwei eigene Fälschungen als antike Gemälde zu verkaufen.

Giovanni war verheiratet. Als seine Frau starb, blieb er mit acht Kindern zurück. Er schenkte seinem Bruder Giacomo einmal eine Kamee aus Onyx.[67] Aber es kennzeichnet das Verhältnis der beiden Brüder zueinander, dass Giacomo den Stein später für 300 Pfund verkaufte.[68] Giacomo und Giovanni hatten sich nie viel zu sagen. Giacomo wäre jedoch kein Italiener, hätte er überhaupt keinen Familiensinn gezeigt: Als er 1782 aus Venedig ausgewiesen wird, bittet er um vier Wochen Aufschub – mit der Begründung, er müsse noch die Nachrichten von seinen Brüdern abwarten.[69]

1731 und 1732 kamen die Schwestern Faustina Maddalena und Maria Maddalena Antonia Stella auf die Welt. Faustina starb 1736 im Alter von fünf Jahren. Maria ging zusammen mit ihrer Mutter und dem Bruder Giovanni nach Dresden, wurde Tänzerin und heiratete den Orchestermusiker Peter August Angiolini. Sie war die Großmutter von Carlo Angiolini, der später das Manuskript der *Geschichte meines Lebens* an den Verleger Brockhaus verkaufte.[70]

Ob sich die Geschwister ähnlich sahen, ist nicht bekannt. Auch nicht, ob sie wirklich verschiedene Väter hatten und welchen Grund es gab, dass ein Teil der Kinder mit der Mutter nach Dresden zog und ein Teil in Venedig zurückblieb.

Das schwarze Schaf der Familie scheint Gaetano Alvise gewesen zu sein. Jedenfalls hat Giacomo ein äußerst gespanntes Verhältnis zu ihm. 1734 geboren, hieß er immer nur »der posthume Bruder«, weil er nach dem Tod des Vaters (1733) zur Welt gekommen war. Gaetano blieb mit Giacomo und Francesco in Venedig zurück, als die Mutter mit Giovanni und Maria nach Dresden zog. Der Posthume wurde, wie Giacomo, für eine kirchliche Laufbahn bestimmt. Im Unterschied zu Giacomo schaffte er es aber nie, sich aus den Armen der Kirche zu lösen. Er galt bald als Versager, der nichts Rechtschaffenes auf die Reihe bekam und der seinen Brüdern zeit seines Lebens – er starb 1783 in Rom – auf der Tasche und auf der Seele lag. Giacomo hat ihn verachtet und Abstand zu ihm gehalten.

Wie die *Geschichte meines Lebens* ausführlich schildert, taucht Gaetano 1763 *schmutzig, unappetitlich und zerlumpt* in Genua auf, wo Giacomo sich auf dem Weg nach Marseille und Paris gerade aufhält.[71] *Nichts sprach für ihn als sein hübsches Gesicht, sein schönes Haar, seine guten Farben und sein Alter von neunundzwanzig Jahren. Wie Mohammed war er drei Monate nach dem Tod seines Vaters geboren.*[72] Es stellt sich heraus, dass Gaetano mit einer hübschen Freundin namens Marcolina unterwegs ist. Er hatte sie in Venedig entführt, ohne dass es seither zur sexuellen Vereinigung gekommen wäre. In Genua muss er nun erleben, dass der ältere Bruder ihm die Frau ausspannt – *mit dem Recht der Liebe und dem Recht des Stärkeren.*[73] Für den Jüngeren muss das furchtbar gewesen sein, aber anstatt sich zu wehren, reagiert Gaetano schlaff und mit windelweichem Selbstmitleid. Er nimmt sogar eine Ohrfeige Marcolinas hin und spricht den peinlichen Satz: *Sie sind exkommuniziert, denn ich bin Priester.*[74]

Giacomo entscheidet jetzt für ihn und nimmt ihn mit nach Marseille und Paris. In der französischen Hauptstadt erwartet Francesco die beiden Brüder. Giacomo und Francesco beraten, was sie mit dem Posthumen anstellen sollen. Sie wollen den geist-lichen Bruder, dessen Hauptbeschäftigung das Essen und die Be-lästigung von Dienstmädchen ist, aus ihrer Nähe schaffen. Sie zwingen ihn, in einen Gasthof zu ziehen und innerhalb von drei Tagen nach Rom abzureisen. Giacomo wird ihn dort sechs Jahre später wiedertreffen. Da ist er immer noch ein Versager und immer noch bettelarm und zerlumpt. Er hält sich mit Messelesen und Predigen über Wasser und stirbt im Januar 1783. In den Me-moiren wird Giacomo notieren, dass sein Bruder in Venedig im Kerker gesessen habe, aber nach Rom zurückgekehrt sei, *wo er vor dreizehn oder vierzehn Jahren plötzlich starb. Vielleicht hat er sich vergiftet.*[75] So unterschiedlich hatten sich die Lebenswege und Bildungswege der Brüder entwickelt, dass Giacomo am Ende sogar das Interesse am Schicksal seines Bruders verlor.

Wie Giacomo berichtet, war er acht Jahre alt, als sein gesetz-licher Vater mit 36 Jahren starb. Die Mutter beschloss jetzt, 1733, während eines Besuchs in Venedig, den immer noch krän-kelnden Sohn nach Padua zur Schule zu schicken und ihn selbst dort abzugeben. In ihrem Vorhaben wurde die Mutter unter-stützt von einem Freund ihres verstorbenen Mannes: Signor Baffo, *ein großartiges Genie, ein Dichter der schlüpfrigsten Art.*[76]

Die Ausbildung

Padua gehörte (von 1406 bis 1797) zur Republik Venedig. Die Reise wurde am 2. April 1734, Giacomos neuntem Geburtstag, mit einem Boot auf der kanalisierten Brenta unternommen. Das vom Ufer aus durch Pferde gezogene, gondelähnliche Kajüt-boot, »Burchiello« genannt, wird für Giacomos Liebe zur Wis-senschaft eine wichtige Rolle spielen.[77] Nach etwa achtstündi-ger Fahrt in Padua angekommen, gibt die Mutter ihren Sohn kurz und bündig bei einer alten Slowenierin ab, die in der Nähe der Schule eine billige Pension führt. Ebenso kurz und bündig wird der Sohn in seinen Memoiren notieren: *Man umarmte mich, schärfte mir ein, ihren (der Wirtin) Anordnungen stets zu folgen, und ließ mich gleich dort. So entledigte man sich meiner Person.*[78]

Die Schülerpension ist so schmutzig, die Unterkunft so schlecht und das Essen so kärglich, dass Giacomo nicht nur von Läusen, Flöhen und Wanzen gequält wird, sondern auch ständig unter rasendem Hunger leidet. Sein Lehrer, Dr. Antonio Gozzi, ein gutaussehender 26-jähriger Priester, erkennt die ungewöhnliche Begabung des Jungen und macht der Verwahrlosung und Unterernährung ein Ende, indem er die Großmutter verständigt. Acht Tage später erscheint Marcia in Padua, zusammen mit Signor Baffo und dem Vormund Abate Alvise Grimani. Gozzi bietet an, den Jungen in seinen eigenen Haushalt zu nehmen.

Dieser Haushalt, dem auch Gozzis Schwester Bettina angehört, wird von der Mutter der beiden geführt. Bettina ist 13 Jahre alt, ein *hübsches, lustiges Mädchen, das für ihr Leben gern Romane las ... Dieses Mädchen gefiel mir sofort, ohne dass ich wusste warum. Sie war es, die nach und nach die ersten Funken jener Leidenschaft in meinem Herzen entfachte, die in meinem späteren Leben vorherrschen sollte.*[79] Bettina kümmert sich um den Schüler mit mütterlicher Fürsorglichkeit und kindlicher Erotik. Sie wäscht und kämmt den Jungen. Als sie ihm die Schenkel säubert, reagiert der Zwölfjährige mit sexueller Erregung und schließlich seiner ersten Ejakulation: *Bettina, die auf meinem Bett saß, trieb ihr Reinlichkeitsstreben zu weit, und ihr Vorwitz bereitete mir eine Wonne, die erst dann aufhörte, als sie unmöglich noch größer werden konnte.*[80]

Die unmittelbare Folge des unerwarteten Erlebnisses sind heftige Schuldgefühle, die Giacomo nur durch den Gedanken in Grenzen halten kann, er werde Bettina heiraten. *Es schien mir, als hätte ich sie entehrt, das Vertrauen der Familie missbraucht, das Gesetz der Gastfreundschaft verletzt und den schwersten aller Frevel begangen, einen Frevel, den ich nur dadurch sühnen konnte, dass ich sie heiratete.*[81] Unverkennbar ist diese Gewissensnot die Folge seiner italienisch-katholischen Sozialisation, von der er sich erst sehr viel später und sehr allmählich frei machen kann.

Den Gewissensbissen, die er wegen seiner ersten sexuellen Gefühle spürt, folgen bald weitere Irrungen und Wirrungen. Bettina erkrankt schwer an einer Pockeninfektion. Ihre Umgebung hält die Vorboten des Fiebers für Besessenheit und lässt fromme Teufelsaustreiber aufmarschieren. Nur Casanova, der die tückische Krankheit schon hinter sich hat und relativ immun ist, steht der Kranken wirklich bei. Vor allem hindert er sie daran, sich zu kratzen und sich dadurch für immer zu entstellen. Er ist ihr voller Wohlwollen zugetan: *Sie liebte mich in der Folge ohne jede Verstellung, und ich liebte sie ebenfalls, ohne jemals die Blume zu pflücken, die das Schicksal, vom Vorurteil unterstützt, für die Ehe aufgespart hat.*[82]

Die Jugendliebe hat der Freundin kein Glück gebracht. Bettina wird erst nach Monaten gesunden und zwei Jahre später einen Schuster heiraten, der sie arm und unglücklich macht. Sie stirbt 1776. Giacomo verbucht dieses erste Liebesleid als Schule des Lebens: *Trotz dieser guten Schule, die ich durchmachte, bevor ich zum Mann wurde, bin ich weiterhin den Frauen auf den Leim gegangen, bis ich sechzig Jahre alt war.*[83]

Casanova bleibt zunächst in Padua. Schon mit zwölf Jahren, am 28. November 1737, war er an der Universität von Padua immatrikuliert worden – höhere Schulen gab es ebenso wenig wie einen festgelegten Bildungsweg. Auch die Verweildauer an einer Universität konnte man weitgehend selber bestimmen. Wie Giacomo schreibt, erwarb er mit 16 Jahren den Doktortitel der Rechtswissenschaften.[84] Selbstironisch sinniert er in den Memoiren über sein Interesse an der Medizin: *Wäre man vernünftig gewesen, so hätte man mir den Willen gelassen und ich wäre Arzt geworden, wo mit Scharlatanerie noch mehr zu erreichen ist als im Advokatenstand.*[85]

Ebenso schonungslos gegen sich selbst schildert er, wie er mit liederlichen Studenten in Verbindung kommt, sich zum ersten Mal im Glücksspiel versucht und mit seinen 15 Jahren prompt Schulden macht: *Am angesehensten sind natürlich die besonders Liederlichen, Spieler, Besucher verrufener Häuser, Trunkenbolde, Wüstlinge, Verführer ehrbarer Mädchen, gewalttätige Heuchler, unfähig des geringsten Gefühls für Anstand.*[86]

Wieder rettet ihn die Großmutter, die er um finanzielle Hilfe angeht. Sie fährt nach Padua und nimmt den Enkel mit nach Venedig. Sie, die ihren Giacomo schon zuvor als Abate hatte einkleiden lassen,[87] will ihn nun endgültig zum Diener der Kirche machen und dadurch absichern. Sie kann nicht ahnen, wie wenig die Rolle eines Klerikers zu ihrem Giacomo passt.

Der Kirchenmann

Die Liebe und Fürsorge der Großmutter war an allem schuld: Sie schickt ihren Enkel auf den geistlichen Laufsteg, lässt dem 15-Jährigen durch den Patriarchen von Venedig eine Tonsur scheren und, am 22. Januar 1741, die Niederen Weihen erteilen.[88] Als Abate, so weiß sie, ist Giacomo Casanova gesellschaftsfähig und förderungswürdig. Er selber dürfte kaum begriffen haben, was mit ihm und in ihm geschah.

Durch den Eifer der Großmutter ist er auf einmal ein Kleriker. Aber er hatte sich nie selber entschieden, ein Geistlicher der römisch-katholischen Kirche werden zu wollen. Wie sich zeigen wird, war seine einzige Entscheidung in dieser Sache, es nicht werden zu wollen. *Wäre ich gezwungen gewesen, ein Geistlicher zu werden, so hätte ich das nur auf dem Weg der Heuchelei erreichen können und mich selbst verachtet ...*[89]

Nach dem kanonischen Recht der römischen Kirche gehört ein Mann zum Klerus, wenn er die Tonsur erhalten hat.[90] Mit den Niederen Weihen beginnt eine erste Verpflichtung zu kirchlichen Diensten und zur Beachtung der Standessitten.[91] Doch erst die Höheren Weihen zum Subdiakon und Diakon bringen für einen Amtsanwärter die Verpflichtung zur Ehelosigkeit mit sich. Obgleich im Italien des 18. Jahrhunderts viele männliche Jugendliche kirchliche Schulen besuchten, eine Uniform trugen und sich Abate nannten, waren sie »Laien« und rechtlich zu nichts verpflichtet, auch nicht dazu, einer Tonsur oder den Niederen Weihen die weiteren Schritte zum Priesteramt folgen zu lassen. Der Status eines Abate war begehrt, weil damit oft ein Beneficium verbunden war: ein Stipendium oder gar eine Vermögensausstattung in Form von Geld oder Land. Für viele war dies der einzige Weg zu höherer Bildung und zu einem regelmäßigen Einkommen.[92]

Ein Abate musste nicht unbedingt Gemeindepfarrer werden. Er konnte zum Beispiel auch geistlicher Anwalt sein. Für diese Laufbahn war Giacomo vorgesehen, als er in Padua römisches und kanonisches Recht, also weltliches und kirchliches Recht studierte – nicht aber Theologie. Zwei Immatrikulationsvermerke der Universität Padua, vom 28. November 1737 und vom 27. November 1738, bezeugen, dass der 13-Jährige an der Universität eingeschrieben war.[93]

Die Hoffnungen der Großmutter scheinen sich zunächst zu erfüllen. Giacomo willigt ein, sich für die Existenz eines zölibatär lebenden Geistlichen konditionieren zu lassen. Bald findet sich auch ein Gönner. Giacomo wird Gesellschafter und Günstling des früheren Senators Alvise Gasparo Malipiero. Der wird ihm, ohne es zu wollen, zu einer wichtigen Lebenserfahrung verhelfen.

Wenn man heute an der Anlegestelle Rezzonico am Canal Grande steht und zum Palazzo Malipiero und nebenan zur Kirche San Samuele auf der anderen Seite der Wasserstraße hinüberschaut, könnte man meinen, die Zeit sei stehengeblieben: Auf dem Platz vor der Kirche gehen gemächlich einige Fußgänger. Kein Auto stört das Bild von gestern. In dieser Kirche wurde Casanova 1725 getauft. In diesem Palazzo ging er eine Weile aus und ein. Hier, in San Samuele, hat er 1740 auch die Tonsur erhalten. Hier sollte er zum ersten Mal zu einer Gemeinde sprechen.

Es gehörte zur Ausbildung eines angehenden Geistlichen, eine Kanzelpredigt zu halten. Giacomo ist 15 Jahre alt, als diese Aufgabe auf ihn zukommt. Und offensichtlich hat er eine außerordentliche Begabung für die öffentliche Rede: Er spricht so hinreißend, dass am Ende im Klingelbeutel, in den die Zuhörer Geld für den angehenden Pfarrer werfen können, neben einem ansehnlichen Betrag auch einige Liebesbriefchen stecken. *Ich erntete großen Beifall, und alle Welt prophezeite mir, ich würde einmal der erste Prediger des Jahrhunderts werden, da niemals ein Fünfzehnjähriger sich dieser Aufgabe so gut entledigt habe wie ich.*[94]

Diese Aussicht trübt sich ein, als der aufsteigende Star zu einer zweiten Predigt aufgefordert wird. Ob Pathos oder Ironie – in den Memoiren wird Giacomo festhalten: *Es stand geschrieben, dass ich nur ein einziges Mal auf Erden predigen sollte.*[95] Er gibt sich Mühe, den Vorfall auf eine recht banale Weise zu erklären: *Am 19. März also, dem Tag, an dem ich um vier Uhr nachmittags auf die Kanzel steigen sollte, um meine Predigt zu halten, brachte ich es nicht über mich, mir das Vergnügen zu versagen, mit dem Grafen von Montereale zu speisen* ... [96]

Casanova sitzt noch zu Tisch, als er von einem Geistlichen daran erinnert wird, dass man ihn erwartet. Er besteigt, erfüllt vom angeregten Gespräch, einem opulenten Mahl und etlichen Gläsern Wein, die Kanzel und beginnt zügig mit den ersten Sätzen. Dann aber verhaspelt er sich und kann nicht weitersprechen. *Was mich schließlich völlig aus dem Konzept brachte, war ein dumpfes Gemurmel in der Zuhörerschaft, die nur zu gut merkte, dass ich den Faden verloren hatte.*[97] Ohnmächtig sackt er auf der Kanzel zusammen. Er wird in die Sakristei getragen, er kommt zu sich – und sucht ohne Erklärungen das Weite.

In der *Geschichte meines Lebens* versucht er, den Zwischenfall beiläufig zu erklären. Er denkt darüber nach, was eigentlich in ihm vorging: *Ich kann meinem Leser versichern, dass ich nie genau gewusst habe, ob ich nur so tat, als fiele ich in Ohnmacht, oder ob ich tatsächlich das Bewusstsein verlor.*[98]

Im historischen Rückblick und mit der Kenntnis tiefenpsychologischer Mechanismen muss man vermuten, dass der Ohnmachtsanfall die Zuspitzung einer inneren Krise und zugleich eine Flucht war. Demnach hat sein Unterbewusstes den Ausfall von Gedächtnis und Contenance herbeigeführt, um das tiefe Unbehagen an der für ihn falschen Lebenssituation an den Tag zu bringen und einen Ausweg freizulegen. Als ob eine geheimnisvolle Macht ihn daran hindern wollte, einen falschen Weg einzuschlagen. Der 15-jährige Giacomo muss die emotionale und kognitive Dissonanz so tief in seiner Seele gespürt haben, dass er dem Befehl des Unterbewussten folgte und sich aus der Situation herausfallen ließ.

Casanova hat nie wieder einen Versuch gemacht, von der Kanzel zu predigen. Hätte er es, wie er selber glauben wollte, nur mit einer augenblicklichen Nachlässigkeit zu tun gehabt, hätte er einen neuen Anfang unter besseren Bedingungen wagen können. Aber er muss gespürt haben, dass der psychosomatische Kollaps den Zusammenbruch einer falschen Lebensplanung anzeigte.

Auch andere Wirrnisse waren dazu angetan, den Pubertierenden zu verwirren. Mit Nanette und Marton Savorgnan, den Töchtern einer Patrizierfamilie in Venedig, tauscht er zu dieser Zeit die ersten Küsse und ist *augenblicklich und unrettbar in die zwei Mädchen verliebt.*[99] In einer nächtlichen Spielerei erleben alle drei Kinder gemeinsam einen ersten Orgasmus, schwören sich ewige Freundschaft und feiern ihr Glück im Kerzenschimmer, mit Räucherzunge vom Rind und Wein. *Dann legten wir uns wieder ins Bett und verbrachten unter abwechslungsreichem Geplänkel den Rest der Nacht.*[100]

Wer den ersten Rausch der Sinne unter glücklichen Umständen erlebt hat, sucht bald die Wiederholung, auch wenn die Umstände weniger Glück versprechen. Casanovas Förderer, Senator Malipiero, hatte sich mit siebzig, nach anderen Quellen mit 76, in eine 17-Jährige verliebt, die – wie Giacomo – in der Obhut des Senators in dessen Palazzo, unmittelbar neben der Kirche San Samuele, wohnte. Der Alte hatte Casanova in sein Haus aufgenommen, nachdem der Junge ihm ein Problem gelöst hatte. Der zahnlose Greis aß immer allein, weil er sich schämte, so langsam zu essen. Giacomo gab ihm nun ohne jede Scheu den Rat, junge Leute zum Essen zu laden, die riesige Mengen verspeisten und dafür die gleiche Zeit brauchten wie der Hausherr für seine Portion. Der Alte freute sich, bei den Mahlzeiten nicht mehr allein zu sein, lebte auf und nahm Giacomo bei sich auf.

Teresa war *hübsch, launisch und kokett.* Sie war die Tochter des Schauspielers Imer. Casanova wird Zeuge der unglücklichen Beziehung zwischen zwei so unterschiedlichen Menschen wie Malipiero und Teresa Imer. Er selbst befreundet sich in großer Arglosigkeit mit Teresa. *Als wir eines Tages alle drei bei dem Senator zu Mittag gegessen hatten, verließ er uns wie gewöhnlich, um seine Siesta zu halten … Wir saßen nebeneinander vor einem Tischchen, mit dem Rücken zur Tür, hinter der wir unseren Gön-*

ner schlafend wähnten. Da kam uns im Laufe des Gesprächs in unserer arglosen natürlichen Fröhlichkeit die Lust an, die Unterschiede unserer leiblichen Beschaffenheit zu vergleichen. Wir waren gerade im spannendsten Augenblick unserer Prüfung, als ein heftiger Stockhieb auf meinen Hals niedersauste ... [101] Was genau mit dem spannendsten Augenblick der Prüfung gemeint ist, wird nicht gesagt. Aber die Konsequenz ist klar: Giacomo wird aus dem Haus gejagt. Der Senator, der in Teresa verliebt ist, versteht keinen Spaß. Weitere Verwicklungen zwischen allen Beteiligten kündigen sich an.

Kein richtiges Leben im falschen

Zunächst verschärfen sich die Widersprüche in Casanovas Leben. Er hat zwar die Niederen Weihen der katholischen Kirche erhalten, stürzt sich aber gleichzeitig immer heftiger in hilflose Liebesabenteuer. Er verliebt sich in die Nichte seines für ihn verantwortlichen Pfarrers. *Diese Liebe wurde mir zum Schicksal, denn sie war schuld an zwei weiteren Liebschaften, die wiederum andere nach sich zogen und schließlich dazu führten, dass ich den geistlichen Stand aufgab.* [102]

Helles Licht auf den Charakter des jungen Casanova wirft eine Auseinandersetzung mit seinem Vorgesetzten. Der wollte den Text einer entworfenen Predigt vorab lesen und verbot ihm dann, diese Predigt in seiner Kirche zu halten – wahrscheinlich, weil ein Horaz-Zitat anstatt einer Bibelstelle im Mittelpunkt stand und damit ein heidnischer Schriftsteller die Grundlage für eine christliche Predigt abgeben sollte. Unerschrocken erklärte Casanova, er werde den Text der Zensurbehörde vorlegen und auch dem Patriarchen von Venedig zustellen. Wenn seine Predigt nicht genehm sei, werde er sie eben nicht halten, sondern drucken lassen.

Dies alles war nicht geeignet, die Bedenken des Pfarrers gegen Casanova zu zerstreuen. In seinem Eifer sollte dieser Diener der

Kirche jedoch bald zu weit gehen: Mit Hilfe der Großmutter drang er eines Nachts in Casanovas Schlafzimmer ein, und während der junge Mann schlief, schnitt der Pfarrer ihm die langen Haare über der Stirn ab. Er fand Casanovas Haartracht ebenso unangemessen wie dessen Parfums und Pomaden.[103] Den Übergriff auf seine Haare nahm Casanova als das, was er war: als Angriff auf seine Integrität und Identität. Giacomo ist verletzt und verstört.

Er steht unter erheblichem Druck. Pubertärer Liebeskummer und Ärger mit seinem Pfarrer – das ist zu viel. Und das war längst nicht alles: Angela, Nanette und Marton, Lucia, Teresa, Giulietta, die Frau eines Pächters und eine Frischvermählte setzen dem jungen Immer-noch-Abate zu. Der Konflikt zwischen Berufsperspektive und Privatleben greift unmittelbar in sein Leben ein – es ist Lucia, die ihm dies bewusst macht: *nach zehn oder zwölf Tagen brachte sie mich mit den Worten zur Verzweiflung, ich sei doch Priester und müsse wissen, dass in Sachen der Liebe die geringste Berührung schon eine Todsünde sei … Ich erklärte ihr, ich sei kein Priester; aber sie brachte mich endgültig mit der Frage zum Schweigen, ob ich zugebe, dass mein Vorhaben sündhaft sei. Da ich nicht die Kühnheit hatte, dies zu bestreiten, sah ich ein, dass ich Schluss machen musste.*[104]

Trotzdem hält sich Casanova weiterhin zur Verfügung. Sein Vormund Abate Grimani steckt ihn in ein Seminar für Anwärter auf das Priesteramt, damit er zukünftig auch ohne Malipieros Gunst versorgt ist.[105] In diesem Seminar wurden angehende Geistliche erzogen, die durchweg viel jünger waren als Giacomo, der sich mit seinen 17 Jahren immerhin schon Doktor beider Rechte nennen konnte. Giacomo findet schnell einen Freund, mit dem er sich über Horaz, Ariost und Tasso unterhalten kann.

Aber wieder passiert ihm ein Unglück, das alles verändert. Casanova erzählt es so: Ein Schüler verirrt sich nachts im Schlafsaal und landet in Giacomos Bett. Beide werden erwischt und verdächtigt, sexuelle Handlungen begangen zu haben. Giacomo protestiert und beschwört, nichts Unrechtes getan zu haben, ja, nicht einmal den Irrtum des anderen bemerkt zu haben. Er legt Einspruch gegen jede Verdächtigung ein und verlangt, vom Patriarchen Venedigs gehört zu werden. Man glaubt ihm zwar, trotzdem werden die beiden Jungen einer formellen Prügelstrafe unterzogen. *Da warf ich meine Seminaristentracht von mir und zog mich so an, wie man sich in Venedig kleidet.*[106]

Völlig verstört sucht er seine Freundinnen Nanette und Marton auf – er nennt sie seine »beiden Engel«. *Ich hing unwillkürlich meinen Gedanken nach, und das Sprichwort »Der Penis mag keine Sorgen« ist unbestreitbar wahr.*[107] Nach dieser Enttäuschung verbringt er einen ganzen Vormittag in der Bibliothek von San Marco, *da ich nicht wusste, wohin sonst ich ohne einen Soldo in der Tasche hätte gehen sollen.* Als er mittags mit seinen Engeln zum Essen gehen will, wird er von unbekannten Männern aufgegriffen und gezwungen, eine Gondel zu besteigen. Es war die Gondel von Signor Grimani, der es für angebracht hielt, Giacomo bis zur Ankunft des Bischofs in der Festung Sant Andrea, südlich von Venedig, festzusetzen, um ihn vor sich selber in Sicherheit zu bringen. Giacomo protestiert, indem er noch einmal einen Akt der Distanznahme setzt: Er verkauft alle geistlichen Gewänder, die er noch besitzt, *erbarmungslos einem Juden.*[108]

In der Festung knüpft Casanova sogleich Kontakte, die es ihm ermöglichen, nach einiger Zeit den Hausarrest zu ignorieren und in die Stadt zu fahren. Und Grimani hatte offenbar inzwischen eingesehen, dass er überreagiert hatte. Trotz dessen mangelnder Eignung möchte er seinen Schützling weiterhin auf einer klerikalen Laufbahn sehen. Möglicherweise hat er ja die wahre Abstammung Casanovas gekannt und wollte ihn um jeden Preis versorgt und zugleich entsorgt wissen. Er beschließt, ihn ins Zentrum der katholischen Welt, nach Rom, zu schicken.

Auch Casanova selbst hält trotz seines Widerspruchs und trotz seines demonstrativen Ablegens der klerikalen Kleider immer noch daran fest, als Abate und Anwalt im Dienst der römischen Kirche zu leben. *In Rom ist jedermann Abate oder will es sein.*[109] Er willigt also ein, dass Grimani ihn zu dem Bischof bringt, der sich um seine weitere Erziehung kümmern soll. Dieser Bischof war gerade in Venedig eingetroffen und wohnte im Kloster San Francesco di Paolo. Der dreißig Jahre alte Kirchenmann – er hieß

Bernardo de Bernardis – war erst kurz zuvor zum Bischof von Martirano, einer unbekannten und unbedeutenden Diözese in Kalabrien, ernannt worden. Dorthin soll ihm Casanova folgen. Es ist erstaunlich, dass Casanova weiterhin folgsame Miene zum kirchlichen Spiel macht. Obgleich er schon zwei Mal seine geistlichen Gewänder abgelegt und immer wieder gegen die Regeln verstoßen hat, ja sogar entschlossen war, den geistlichen Beruf aufzugeben, bleibt er weiterhin in dem Schoß der Mutter Kirche. Er ist offenbar willens, für den Bischof von Martirano zu arbeiten. Erst als er sieht, welch ein elendes Nest dieses Martirano ist und unter welch erbärmlichen Umständen hier selbst ein Bischof hausen muss, besinnt er sich auf seine grundsätzliche Reserve gegen eine Existenz als kirchlicher Würdenträger – als begriffe er erst jetzt, dass der luxuriöse Lebensstil der geistlichen Diplomaten und Politiker in Rom, Venedig oder Paris keineswegs allen Kirchenmännern möglich ist und selbst Bischöfe arm wie eine Kirchenmaus sein können. Kaum angekommen, verlässt Casanova Martirano Ende 1743 so schnell wie möglich in Richtung Neapel, der Stadt, die sein ganzes Leben lang ein Ort der Sehnsucht bleiben wird. *Mochte es sein, wie es wolle, aber konnte ich mich ohne eine gute Bibliothek, ohne einen geselligen Kreis, ohne Anregung und literarischen Umgang mit achtzehn Jahren in diesem Land niederlassen?*[110]

Ende Februar 1744 finden wir den 19-Jährigen in Rimini, am 26. April in Venedig, am 31. Mai in Marino (zwischen Rom und Neapel), dann in Rom, Ancona, noch einmal in Rimini, in Venedig und Bologna und schließlich wieder in Rom.[111] Hier in der ewigen Stadt wird er für den Kardinal Acquaviva arbeiten, zu den Gesellschaften des Adels eingeladen werden, zwei Mal mit Papst Benedikt XIV. plaudern, von dessen Nachfolger Clemens XIII. (dem Venezianer Carlo Rezzonico) den Ritterschlag samt »Orden vom Goldenen Sporn« erhalten und zum päpstlichen »Protonotar extra urbem« ernannt werden. Diese im Übrigen unbedeutende Auszeichnung wird ihn immerhin berechtigen, sich einen Adelsnamen zuzulegen.

Was er in Rom zusätzlich lernt, ist die Tatsache, dass die fromme Stadt trotz aller Bigotterie von einer beispiellosen Diesseitigkeit ist und eine Religion des innerweltlichen *carpe diem* entwickelt hat. Die Geistlichen nehmen an den Vergnügungen ihrer Schäfchen teil und erfreuen sich mit ihnen einer sehr weltlichen Lebensweise. Rom spiegelt also sehr genau Casanovas fromme, im Grunde aber heidnische Religiosität. Der Abschied von der kirchlichen Karriere war für ihn nur noch ein kleiner Schritt.

Endlich beschließt er, etwas ganz anderes zu versuchen und eine militärische Laufbahn an die Stelle der kirchlichen zu setzen. Er kauft sich ein Leutnantspatent und lässt sich in Bologna neu und nach eigenen Vorstellungen einkleiden. In einer weißen Uniform will er als Respektsperson in seine Heimatstadt zurückkehren. *Die Uniform selbst war weiß, der Waffenrock aus blauem Stoff, die Schulterstücke aus Silber und Gold und das Degengehänge dementsprechend. Sehr zufrieden mit meinem Aussehen ging ich in das große Café, trank eine Schokolade und las zerstreut in einer Zeitung.*[112]

Es ist, als hätte er sich erst mit einer neuen Uniform wirklich entscheiden können. Erst als die weiße Uniform im Schrank hängt, kann er die schwarze ausziehen. Diesmal für immer. Er hat jetzt seine Rolle als Abate endgültig aufgegeben und ist frei, sich eine andere Maske aufzusetzen und das Spiel seines Lebens in einer anderen Rolle fortzusetzen. Für kurze Zeit ist er nun Offizier.

Obgleich Casanova kein Kleriker mehr ist, bleibt er ein frommer und gläubiger Katholik: der italienische Sohn seiner italienischen Kirche. Er wird sich von Kardinälen beschäftigen lassen, freundschaftliche Kontakte zu Bischöfen und Prälaten unterhalten, Messen besuchen und – auch das wird man als eine besondere Spielart seiner Anhänglichkeit zum kirchlichen Milieu verstehen können – sich in delikate Liebesabenteuer mit Klosterfrauen stürzen. Seine letzten Worte, überliefert von Charles de Ligne, bestätigen die Grundhaltung, aus der heraus er zwar nach eigenen Regeln gedacht und gelebt hat, die Autorität der Religion und der Kirche aber immer anerkannt hat: *Ich habe als Philosoph gelebt und sterbe als Christ.*[113]

Als Casanova in der Hauptstadt der katholischen Welt im Be-

griff war, seine Laufbahn als römisch-katholischer Abate zu beenden, brauchte er, wie es für einen vermögenslosen jungen
Mann seiner Herkunft und Ausbildung nahelag, eine Anstellung. Er musste ja unter den neuen Umständen sein Brot selber
verdienen. 1743 findet er einen Arbeitgeber. Der einflussreiche
Kardinal Acquaviva, der in Rom als Frauenliebhaber berühmt
ist, bietet ihm an, eine Stelle als Sekretär anzutreten. Er lässt ihn
in seinem Palazzo an der Spanischen Treppe unterbringen und
veranlasst ihn, Französischunterricht zu nehmen. Was eher wie
beiläufig klingt, ist in Wirklichkeit die grundlegende Voraussetzung für Casanovas Eintritt in die große Welt Europas. Französisch ist die Umgangssprache an den Höfen und den Amtssitzen
der Diplomaten, die Lingua franca des Adels, der Politik, der
Wissenschaft. Seine Zusammenkünfte mit Papst Benedikt XIV.,
seine Bekanntschaften mit römischen Gesellschaftsdamen und
Mätressen sind erste Schritte in eine Welt, die ihn nicht mehr loslassen wird. Die wirkliche Integration in die Welt der europäischen oberen Zehntausend wird er allerdings nie schaffen.

Wie Casanova in der *Geschichte meines Lebens* erzählt, steht
eines Nachts eine als Abate verkleidete junge Frau vor seiner Tür.
Es ist Barbara, die Tochter seines Französischlehrers. Sie bittet
um Unterschlupf, da sie von der Polizei gesucht werde. Sie sei
schwanger und habe mit ihrem Verlobten durchbrennen wollen.
Der aber sei von Dienern ihres Vaters aufgegriffen und festgesetzt worden. Casanova bringt sie ohne langes Überlegen in einer
Kammer seiner Wohnung im Palast des Kardinals unter. Er ist
aber so klug, die junge Frau einen Brief an den Kardinal schreiben zu lassen, der die Situation erklärt. Trotzdem wird Casanova
am nächsten Tag entlassen. Acquaviva sieht sich gezwungen, ihn
mit Rücksicht auf das Gerede in der Öffentlichkeit zu suspen-
dieren, obgleich er sicher ist, dass Casanova ihm die Wahrheit
gesagt hat. Er entlässt seinen Sekretär aber auf eine sehr diskrete
und elegante Weise. Er gibt ihm Empfehlungsschreiben mit und
erlaubt ihm, öffentlich zu erklären, er reise im Auftrag des Kardinals.

Casanovas Ausweisung aus Rom ist also nicht das Ende seiner Anbindung an die vornehme Gesellschaft der Stadt. Acqua-

viva lässt Casanova wählen, wohin er reisen will. Einer ihm selbst unerklärlichen Eingebung folgend, nennt Casanova Konstantinopel als Ziel. Das überrascht den römischen Würdenträger. Als weltgewandter Mann reagiert er nobel und souverän, wenn auch ein wenig zynisch: *Ich werde Ihnen einen umfassenden Pass mitgeben, denn Sie werden in der Romagna zwei Armeen in ihren Winterquartieren antreffen. Mir scheint, Sie können aller Welt sagen, ich schicke Sie nach Konstantinopel, denn niemand wird es Ihnen glauben.*[114]

Die Überfahrt nach Konstantinopel verläuft nicht ohne gefährliche Situationen. In stürmischer See gerät ein mitreisender Geistlicher in Panik und beginnt, den Teufel zu beschwören. Casanova glaubt, die Situation dadurch entschärfen zu können, dass er an Deck eine Rede hält und erklärt, es gebe gar keinen Teufel. Daraufhin fordert der Geistliche die Matrosen auf, Casanova über Bord zu werfen. Einer der Männer tut dies auch tatsächlich. Casanova überlebt, weil sich sein Rock am Anker verfängt und er zurück auf das Schiff klettern kann.

Casanovas Memoiren lassen zwar einige historische Fragen unbeantwortet – zum Beispiel, ob er auf dem Weg über Korfu nach Konstantinopel einen Zwischenstopp auf der Insel Kythara eingelegt hat –, aber trotz dieser fehlenden Details versteht der Leser der Memoiren, dass Casanovas Reise nach Konstantinopel eine wichtige Erweiterung seines Horizonts mit sich bringt. Sein Selbstverständnis als unabhängiger Abenteurer wird gefestigt. Dem Kardinal verdankt Casanova wohl auch die Reiselust, die ihn bald durch ganz Europa führt, ihn aber auch heimatlos macht. Im Lauf seines Lebens wird Casanova vielen Persönlichkeiten vom Format des Kardinals Acquaviva begegnen – Menschen, die als Leitfiguren der europäischen Politik gelten wie Friedrich II. von Preußen und die Zarin Katharina, oder Persönlichkeiten, die – wie Winckelmann, Rousseau oder Voltaire – zur europäischen Geistes- und Kulturszene gehören.

Das Gespräch mit dem muslimischen Weisen

Casanova dokumentiert in der *Geschichte meines Lebens* immer wieder sein Interesse an religiösen Fragen. Besonders deutlich zeigt sich dieses Interesse in dem großen interkulturellen und interreligiösen Gespräch, das er in Konstantinopel mit einem muslimischen Weisen, dem Philosophen Jussuf Ali, führt und über das er in den Memoiren berichtet.

Der 19-jährige Casanova ist eines Tages wie Jussuf Ali Gast im Hause des Gouverneurs Ahmed Pascha (Casanova nennt ihn Osman Pascha), einem französischen Offizier namens Graf Claude Bonneval, der zum mohammedanischen Glauben übergetreten war. Bei Tisch kommt *das Gespräch auf die Religion, aber nicht auf das Dogma, sondern auf die Disziplin und die liturgischen Zeremonien.*[115] Die besondere Aufmerksamkeit des jungen Casanova erregt Jussuf Ali, *ein schöner Mann im Alter von etwa sechzig Jahren, dessen edles Antlitz Weisheit und Milde ausstrahlte. Ich fand die gleichen Züge zwei Jahre später in dem schönen Gesicht des venezianischen Senators Bragadin ...*[116]

Dass Casanova in den Memoiren an dieser Stelle seinen späteren Gönner Bragadin erwähnt, zeigt, wie sehr er in Jussuf Ali eine Vaterfigur sieht. Von Kindesbeinen an ist er auf der Suche nach einer Vatergestalt, die ihm Schutz geben, ihn fördern und ihm Perspektiven eröffnen kann.

Er verabredet sich mit Jussuf zu wöchentlichen Gesprächen: über die Unterschiede zwischen dem christlichen und dem muslimischen Glauben und die klassischen Fragen und Dispute der Theologie, über Bilderverbot und Götzendienst, Monotheismus und Dreifaltigkeit. *Wir sagen, er ist der Eine, und das ist ein Bild der Einfachheit. Ihr sagt, er sei der Eine und zugleich eine Dreiheit; das ist eine widerspruchsvolle, absurde und gottlose Definition.*[117]

Die Gespräche beschreiben sogar die Denkfiguren der negativen Theologie, wonach *wir wohl wüssten, was er nicht sei, aber nicht, was er sei.*[118] Bei einer Betrachtung des Atheismus wendet Casanova ein, dass es auch glückliche Atheisten gebe, worauf Jussuf die soziale Bedeutung des Glaubens geltend macht: *Ohne diese tröstlichen Güter würde das unwissende Volk vom Übermaß der Verzweiflung erdrückt werden.*[119]

Casanova wird noch öfter in seinem Leben auf die Atheismus-Frage zurückkommen. Bei seinem Aufenthalt in Berlin und Potsdam (1764) bedauert er, den berühmten Atheisten und Arzt Julien Offray de La Mettrie nicht mehr kennengelernt zu haben. La Mettrie war 1751 an einer Vergiftung gestorben – er hatte eine verdorbene Pastete gegessen. *Voltaire sagte mir, seiner Meinung nach habe niemand den Atheismus entschlossener und begründeter vertreten als La Mettrie, und ich überzeugte mich davon, als ich seine Werke las.*[120] Und in einer Bemerkung über das Wesen Gottes verbindet Casanova theologische und materialistische Gedanken mit einer einzigen Klausel: *Glauben Sie mir, mein Herr Theologe, dass die Annahme einer ewigen Materie dem Schöpfer der Natur nichts von seiner Allmacht nimmt und nichts von seinen göttlichen Fähigkeiten. Und es ist viel besser, eine nichterschaffene Materie anzunehmen, als einen Gott vorauszusetzen, der keinen Plan einer Schöpferhandlung gefasst haben kann, ohne die törichte Annahme der Vorherexistenz des Nichts, die Sie behaupten.*[121]

Jussuf lädt Casanova ein, mit ihm eine Pfeife zu rauchen. Casanova nimmt die Einladung an, schließt jedoch Gedanken daran an, die bei zunehmenden Rauchverboten im Europa des 21. Jahrhunderts von Interesse sind: *Wenn man in Gesellschaft von Leuten ist, die rauchen, muss man unbedingt selbst rauchen oder den Raum verlassen; denn andernfalls stellt man sich unvermeidlich vor, man atme den Rauch ein, der aus dem Munde der andern kommt. Dieser Gedanke, der einen wahren Kern enthält, erregt Ekel und Widerwillen.*[122]

Die Unterredungen zwischen Jussuf und Casanova streifen viele Themen, zum Beispiel den Zölibat, die Keuschheit und die Masturbation. Sie werden im Lauf der Zeit auch immer persönlicher. Zwischen den beiden Gesprächspartnern entsteht eine wunderbare Freundschaft. Jussuf bietet Casanova sogar seine 15-jährige Tochter Zelmi als Frau an: *Du kannst Zelmi haben, wenn du ein Jahr in Adrianopel bei einem meiner Verwandten wohnen und dort Sprache, Religion und Sitten unseres Landes erlernen willst.* Nach einem Jahr wirst du zurückkehren, und sobald du dich als Muselman bekannt hast, wird meine Tochter deine Frau werden; dann findest du ein Haus mit Sklaven, deren Herr du sein wirst, und du wirst ein Einkommen haben, das dir ein Leben im Überfluss gestattet.[123]

Casanova nimmt dieses Angebot nicht an. Jussuf verübelt dies seinem Freund aber nicht, sondern versichert ihn seiner Hochschätzung und verabschiedet ihn mit wertvollen Geschenken: einer Truhe mit zwei Zentnern Mocca-Kaffee, hundert Pfund Gingertabak, weiteren Kisten mit Tabak und einer kostbaren Pfeife.

Casanova verlässt Konstantinopel und kehrt nach Korfu zurück. Dort, endlich wieder auf venezianischem Hoheitsgebiet, meldet er sich beim Oberkommandierenden der venezianischen Truppen, Signor Andrea Dolfin. Er verkauft, bis auf den Wein, alle Geschenke, die er aus Konstantinopel mitgebracht hat, bezahlt mit dem Erlös die Spielschulden, die er bei seinem letzten Aufenthalt auf Korfu hinterlassen hatte,[124] und erwirbt alles zurück, was er verpfändet hatte. Der Reigen seiner Abenteuer hat gerade erst begonnen.

DER VENEZIANER

In Venedig geboren zu sein, ist etwas Besonderes. Wer hier geboren ist, wird vor Heimweh krank werden, wenn man ihn zwänge, anderswo zu leben. Für Giacomo Casanova, dessen Reisen durch ganz Europa führten, war Venedig immer das geheime Ziel aller Wege, der heimliche Mittelpunkt des europäischen Straßennetzes. Obgleich er keineswegs nur gute Erfahrungen mit der *Serenissima* machte und er sie seine »Rabenmutter« *(maràtre)* nannte, blieb Venedig die Heimat. Wann immer er Venedig verließ, im Augenblick der Abreise war seine Seele schon wieder auf dem Heimweg. Wer Casanova verstehen will, muss Venedig erleben und alle die Stätten aufsuchen, die an ihn erinnern.[125]

Jeder Venezianer hat es im Blut: die Singularität dieser Stadt zwischen Wasser und Land und die glorreiche Geschichte der einst mächtigen Metropole, die sie zu einem Juwel von höchster Kultur gemacht hat. Venedig ist einzigartig. Keine andere Stadt gleicht ihr. Niemand kann sich verabschieden, ohne diese Stadt wiedersehen und ihren Zauber noch einmal erleben zu wollen. Die etwa 150 Inseln in der Lagune sind der Mittelpunkt einer Welt, deren Herrschaft weit aufs Festland bis nach Padua, Vicenza, Bergamo, Rovigo und Cremona, die Lombardei und das Friaul reichte und deren Handel und Politik jahrhundertelang das östliche Mittelmeer bis nach Konstantinopel dominierte; deren Tradition der Selbständigkeit zurückreicht bis in die Siedlerversammlung des Jahres 697, in der die Seerepublik Venetien ausgerufen wurde; deren Kirchen und Paläste zu den reichsten und schönsten Bauwerken des Abendlandes gehören; deren Baumeister und Maler – Sansovino, Rizzo, Tintoretto, Veronese, Tizian, Tiepolo, Canaletto, Palladio und all die unbekannten Meister – diese Stadt zu einem Kleinod gemacht haben.

Bevor Napoleons Truppen und Österreichs Bürokraten das

Leben in der stolzen Metropole verödeten, war Venedig die europäische Hauptstadt des Vergnügens und der Lebenslust. Friedrich Schiller nennt sie in seiner Erzählung *Der Geisterseher* eine »wollüstige Stadt«. In sieben Theatern und Opernhäusern, in zahllosen Gasthäusern und Spielsälen pulsierte jeden Tag und vor allem jede Nacht das Leben. Casanovas Venedig war der Festplatz Europas. Die Musikanten, die Oper, das Theater spielten auf, Casinos und Kaffeehäuser lockten die Prominenz zum Verweilen: Fürsten und Prinzen, Bischöfe und Schauspieler, Schriftsteller und Intellektuelle.

Der venezianische Dramatiker Carlo Goldoni erinnert sich im Pariser Exil: »Man singt auf den Plätzen von Venedig, man tanzt in den Straßen und auf den Kanälen. Die Händler singen, wenn sie ihre Ware anbieten, die Arbeiter beim Verlassen der Arbeit, die Gondolieri, die auf ihre Herren oder Kunden warten ... Heiterkeit ist die Seele der Venezianer, Scherz der wahre Charakter ihrer Sprache.«[126]

Staat und Kirche präsentierten sich in vollem Ornat, zum Beispiel auf dem Canal Grande bei der großen Prunkregatta, mit der jedes Jahr in Anwesenheit des Dogen die Vermählung der Republik mit dem Meer gefeiert wurde.[127] Schon 1637 war mit der *Krönung der Poppäa* von Claudio Monteverdi das für alle Bürger der Stadt zugängliche Opernhaus eröffnet worden. Italienische Opernhäuser gab es dann bald auch in anderen Städten Europas, so in London und Hamburg. Das Musikleben Wiens war im 18. Jahrhundert gar nicht denkbar ohne den Einfluss der italienischen Opern- und Konzerttradition. Der hellste Stern am Himmel der italienischen Lustspieltradition war Carlo Goldoni, dessen 150 Stücke immer wieder aufgeführt wurden, der Casanovas Mutter Zanetta kannte und schätzte und der als »italienischer Molière« galt. Italienische Wandertheater waren in ganz Europa anzutreffen. Diese Theatertruppen waren für Casanova oft die erste Anlaufstelle, wenn er in einer fremden Stadt seine Kontakte knüpfen wollte.

Stendhal schreibt 1817: »Venedig war von 1740 bis 1796 wahrscheinlich die glücklichste Stadt der Welt und am freiesten von den feudalen, aber abergläubischen Dummheiten, die noch heute das übrige Europa und Nordamerika so traurig machen.«[128]

Die Venezianer zu Casanovas Zeit waren sich ihrer großen Vergangenheit bewusst. Aber sie lebten vor allem in der Gegenwart. Ihre Poesie, ihre Lebensfreude, ihre sinnliche Lust am Augenblick kannte keine Grenzen – als ahnten sie, dass ihr Reichtum, ihre wirtschaftliche Macht und ihre politische Bedeutung den Zenit längst überschritten hatten und ihre staatliche Unabhängigkeit bereits zum Tode verurteilt war.[129] Ihre Stadt war für sie die Bühne des Lebens. Wenn man aus dem Haus trat, der Gondel entstieg oder in einem der gerade modisch gewordenen Cafés Schokolade oder Kaffee trank, war es immer ein Auftritt vor der Öffentlichkeit. Die Stadt gab sich vertraut, aber zugleich beobachtete und beurteilte sie alles mit scharfem Blick – anonym hinter einer Maske.

Die Hauptstadt der Masken

Die Maske ist das Symbol für Casanovas Leben, im konkreten und im übertragenen Sinn: Immer trug er eine Maske, wenn er die Bühne der Öffentlichkeit betrat. Casanova wechselte die Masken virtuos und legte sie nur ab, wenn er sich in den privaten Nischen und Kammern seiner erotischen und geistigen Abenteuer bewegte.

Die Maske verhüllt, offenbart aber zugleich. Sie bietet viele Möglichkeiten, die eigene Identität zu verbergen oder auszustellen. Mit der Maske des Harlekin, des Piraten oder des Condottiere schlüpfte man ein wenig auch in deren jeweilige Rolle: Man war der Clown, der Freibeuter, der Söldner oder gar der berühmte Renaissance-Herzog Ludovico Sforza selbst. Der Adelige konnte als Bauer oder Fischer, der Bürgerliche als Patrizier oder Herrscher auftreten. Und das kleine Mädchen war auf einmal die Herzogin oder die Primadonna. Auf Zeit entfielen die sozialen Schranken. Sogar die Geschlechterrollen konnten getauscht werden: Männer trugen Frauenkleider und umgekehrt. Und das alles nicht nur zum Karneval, denn die Maskenzeit begann schon am Stephanustag, dem 26. Dezember, und endete oft erst im Sommer. Zur Zeit Casanovas war der Karneval zu einer Art Volksreligion geworden. Er war der sinnenfällige Ausdruck des Bewusstseins von Größe, Gefährdung und Niedergang. Zu Casanovas Zeit feierte er einem historischen Höhepunkt entgegen. Venedig war die Hauptstadt des gesellschaftlichen Vergnügens, der frivolen Feste und der berühmten Kurtisanen, die in den Senatsakten einmal »unsere höchst verdienstvollen Freudenmädchen« genannt werden.

Genau genommen war in Venedig zu Casanovas Zeiten das ganze Jahr über Karneval. Die Behörden hatten mehr oder weniger für alle Tage des Jahres den Gebrauch der Bautta, der venezianischen Maske, erlaubt – und allein das sorgte dafür, dass die Klassenschranken fielen und enthemmte Flirts ebenso wie rüde Prügeleien zum täglichen Leben gehörten. Goethe notiert in seiner *Italienischen Reise* zum 4. Oktober 1786, ihn sei in Venedig »die Lust angekommen«, einen Tabarro, den traditionellen Karnevalsumhang, zu kaufen, denn »man läuft schon in der Maske«. Goethes Vater, Johann Caspar, hatte dagegen nach seinem venezianischen Aufenthalt im Jahre 1740 noch ganz anders geurteilt und geschrieben, er sei vor Staunen und Schrecken ganz starr geworden, weil die ganze Stadt trunken und rasend geworden sei und dabei die Grenze zum Anstößigen überschreite.[130]

Casanova liebte es, die Masken und die Rollen zu wechseln, viele Gesichter zu zeigen und viele Rollen zu spielen. Vielleicht aber liebte er es noch mehr, er selbst und nichts anderes zu sein als der Mann, der die Frauen liebt. So blieb der Mann hinter der Maske derselbe, auch wenn er sich mit der Rolle immer ein wenig veränderte und in den verwandelte, dessen Gesicht oder Kostüm er gerade trug. In der Öffentlichkeit aber war die Maske ein Schutz, hinter der er seinen Lebenshunger und die Fragilität seiner Existenz bewahren konnte.

Der tagtägliche Gebrauch von Masken im Venedig Casanovas ist der symbolische Ausdruck für die Sehnsucht nach Anonymität und wechselnden Identitäten, aber auch nach Aufhebung der sozialen Schranken, nach Überwindung der Rollen- und Standeszugehörigkeiten. Man gönnte sich auch eine Atempause von der ständigen Unterdrückung der Sexualität und suchte, wenigstens auf Zeit, nach einem Reich der Freiheit, einschließlich der Freiheit von Verantwortung für das eigene Handeln.

Aber genau diese Freiheit der Maske war für die Obrigkeit das Problem. Immer wieder im Lauf der Jahrhunderte – seit 1339, als zum ersten Mal das Tragen von Masken verboten wurde, bis zu Napoleons allgemeinem Karnevalsverbot – hat die Regierung das Tragen von Masken untersagt: Wer eine Gesellschaft in allen ihren Lebensäußerungen kontrollieren will, kann einen Rückzug hinter die Maske nicht dulden.[131]

Der politische Rahmen des gesellschaftlichen Treibens in Venedig war durch eine lange Tradition genau festgelegt. Nur dem Namen nach war Venedig eine Republik. Was sich so nannte, war in Wirklichkeit eine Oligarchie, die sich als Aristokratie fühlte, in der aber nicht die Besten, sondern die Reichsten und Mächtigsten regierten und ihre Privilegien mit allen Mitteln absicherten.[132]

Alle Vorgaben der Politik wurden vom »Großen Rat« formuliert, einem Gremium, dem am Beginn des 18. Jahrhunderts 1730, seit 1718 nur noch 950 Mitglieder angehörten. Selbst der Doge, der oberste Repräsentant der Markusrepublik, war nur ein Werkzeug in den Händen dieses Gremiums. Die Weisungen des Großen Rates wurden vom Senat, bestehend aus 120 Patriziern, in politisches Handeln umgesetzt, vor allem in der Steuer- und Außenpolitik. Nachgeordnet waren die »Signoria« mit 26 Mitgliedern, deren Aufgabe vor allem die Wahl des Dogen war, und der »Rat der Zehn«. Dieser »Rat der Zehn« war die eigentliche Regierung, die Exekutive der Republik. Ihr gehörten auch die drei Staatsinquisitoren an.[133]

Neben diesen Verfassungsorganen der Patrizierschaft, der *nobilità*, war auch das Bürgertum ein genau umschriebener Bestandteil der Selbstregierung Venedigs. Die Vertreter der Bürger waren mit juristischen und administrativen Kompetenzen aus-

gestattet. Die Bürgerschaft hatte sich eine eigene Hierarchie gegeben: An erster Stelle standen die studierten *gentiluomini del
popolo.* Es folgten die Freiberufler (Künstler, Ärzte, Rechtsan-
wälte) und schließlich die Kaufleute und Händler, die ein Fünftel der Bevölkerung ausmachten und der Motor der wirtschaftlichen Macht Venedigs waren.

Die einfachen Leute waren, wie überall, damit beschäftigt,
ihren Lebensunterhalt zu bestreiten. Sie kümmerten sich wenig
um die Politik, waren aber stolz darauf, der altehrwürdigen *Serenissima* anzugehören. Das Volk von Venedig war ebenso
wenig frei wie die Gesellschaften anderswo, aber es hielt sich für
freier als jedes andere Volk. Dieses Selbstbewusstsein und der
hohe Lebensstandard bestimmten das Leben der Stadt und
waren der Boden für die legendäre Lebenslust und Vergnü-
gungssucht der Venezianer. Nicht nur die Gondolieri, sondern
auch die Fischer, Handwerker, Hausfrauen und Kinder träller-
ten ihre Lieder – zum Staunen der auch damals schon zahlreichen Touristen. Volksfeste und Bälle bestimmten den Ablauf der
Tage, Wochen und Jahreszeiten. Glücksspiele ließen große Sum-
men von einer Tasche in die andere wandern und waren dementsprechend anziehend. Aber sie schufen viel Armut und wenig
Reichtum.

Casanova war nicht nur ein Kind seiner Zeit, sondern vor
allem ein Kind seiner Stadt. Die traditionellen venezianischen
Prioritäten waren auch die seinen. Stolz und Unabhängigkeit,
Lebensfreude und freier Umgang mit Religion und Sitte, Theater und Glücksspiel und immer wieder: Lust und Liebe. Seine
äußere Erscheinung, die Eleganz seiner Kleidung, die Aufmerksamkeit für modische Accessoires folgten dem Geschmack der
venezianischen Gesellschaft, auch dann noch, als er im Exil lebte
oder in der böhmischen Provinz seiner schriftstellerischen Arbeit nachging: kostbare Stoffe, raffinierte Schnitte nach franzö-
sischem Vorbild, Goldknöpfe an Rock und Weste, Seidenhem-
den mit Spitzen und Rüschen, Strümpfe mit gewagten Mustern
und immer wieder die akkurat gebürstete und gepuderte Perücke.

Casanova erinnert sich in den Memoiren oft daran, mit welchen Gefühlen er in seine Heimatstadt zurückkehrte. Immer war er neugierig, immer freute er sich auf die Begegnung mit Bekannten und Freunden, immer war die Rückkehr nach Venedig mit einem Hochgefühl verbunden. Als er 1774, nach einem fast zwei Jahrzehnte dauernden Exil, seine Heimatstadt wiedersieht, fühlt er sich – so seine Erinnerung – wie Odysseus, der nach Ithaka zurückkehrt. *Es war der 14. September 1774. Die Rückkehr nach Venedig nach neunzehn Jahren war der schönste Augenblick meines Lebens.*

Im Januar und Juni des Jahres 1783 wird er sich noch einmal für kurze Zeit in Venedig aufhalten, bevor seine Tage in der unglücklich geliebten Stadt endgültig vorüber sind. Er hat Venedig danach nicht mehr wiedergesehen.

Wohin sollte er, wenn er aus seiner Heimatstadt vertrieben wurde, gehen? Er fühlte sich, wenn er schon nicht in Venedig leben konnte, in Paris wohler als in Wien. Dort feierte er in vielerlei Hinsicht die Höhepunkte seines Lebens. Auch die Geschichte Venedigs war immer enger mit Frankreich als mit Österreich verbunden, dessen übermächtige Nachbarschaft von den Venezianern eher als Bedrohung empfunden wurde. Casanovas Liebe zu Paris hatte seinen Grund sicherlich auch in der Lebensart der Menschen im vorrevolutionären Paris. Talleyrand wird später anmerken: »Wer nicht vor 1789 gelebt hat, weiß nichts von Lebensfreude.« Casanova weiß, wovon Talleyrand spricht. Zwar wird er weder in Venedig noch in Paris noch in Wien seine letzten Jahre verbringen. Aber selbst in der böhmischen Provinz wird er sich an all die Lebensfreude erinnern, die er erfahren hat.

Wer heute die Stadt Venedig und ihre Schauplätze auf sich wirken lässt, spürt sofort, wie sehr das Lebensgefühl, sich auf einer Bühne zu bewegen, zu dieser Stadt gehört. Casanovas Lebensgefühl wurde bestimmt von dieser Erfahrung, auf einer Bühne zu stehen und immer vor Publikum zu agieren – oder selber zum Publikum zu gehören. Beim Gang durch die Stadt ertappt man sich häufig bei der Vorstellung, jeden Augenblick könne Casanova um die Ecke kommen – mit Maske natürlich und vielleicht gar nicht zu erkennen. Jede Perspektive, wie man sie von einer Brücke oder einer Gondel aus finden kann, erscheint als Blick auf eine Bühne oder von einer Bühne ins Publikum. Was den Besucher bis heute so verzaubert, ist wohl das einzigartige venezianische Neben- und Ineinander zweier Elemente – Wasser und Erde: die Stadt im Wasser, das Wasser als Weg und als Verbindung aller Wege, das Fließende und das Feste so eng aneinander grenzend wie das Verständliche und das Unbegreifliche. Und beides durchtränkt von den Wonnen und Verstrickungen der Liebe.

DER VERFÜHRER

Der Venezianer, der in der böhmischen Einöde sein Leben zu beschließen gedenkt und weiß, dass er seine Vaterstadt nie mehr sehen wird, erinnert sich. Vor allem an seine beglückenden Erlebnisse. Es sind die Augenblicke und die Stunden, die er trunken von Liebessehnsucht in den Armen einer Frau verbrachte. *Den Freuden meiner Sinne galt mein Leben lang mein Hauptstreben; etwas Wichtigeres gab es für mich niemals. Da ich mich für das andere Geschlecht geboren fühlte, habe ich es stets geliebt und habe alles darangesetzt, seine Liebe zu gewinnen.*[134]

Die Zahl der Frauen, der Stunden, der Augenblicke kennt nicht einmal er selbst. Er ist nicht einer von denen, die Frauen, Stunden und Augenblicke zählen. In den Memoiren, so haben Casanovisten errechnet, nennt Casanova 132 Frauen mit Namen.[135] Frauen, mit denen er schlief. Einige Autoren sprechen unter Berufung auf »Historiker und Biographen« von einigen Tausend Sexualpartnerinnen, die käuflichen nicht mitgezählt. Es scheint jedoch, als wäre bei diesen Autoren, Historikern und Biographen die Phantasie mit der Lüsternheit durchgegangen. Angenommen, Casanova hätte pro Woche zwei Frauen verführt, hätte er 104 neue Partnerinnen pro Jahr gehabt. In zehn Jahren wären das 1040 gewesen, in dreißig Jahren 3120. Zieht man von dieser Bilanz das alltägliche Leben mit geschäftlichen Beanspruchungen, Reisezeiten, Glücksspielnächten, Krankheiten, Studien- und Schreibphasen ab, ist gar kein Platz für Tausende. Erst recht nicht, wenn man ihm das Lebensprinzip der seriellen Monogamie zugesteht und anerkennt, dass er mit einigen der Frauen über Wochen und Monate zusammen war. Die »Tausende« werden also zum groben Unfug der Spekulationen gehören, die den wahren Abenteuern Casanovas nachgeeilt sind – vergleichbar mit dem Gerücht, Casanova habe täglich fünfzig Austern verzehrt.

Trotz seiner zahlreichen Partnerinnen führt Casanova nicht, wie Don Juan, eine Strichliste seiner Eroberungen. Vielmehr gibt er den Frauen, die er geliebt hat, einen Namen. Er will sie nicht vergessen, weil er jede ernst genommen und im Augenblick der Begegnung gemeint hat. So jedenfalls stellt er selber es dar.

Casanovas Erlebnisse mit Frauen, ob die Geliebten nun Nanette, Marton, Teresa, Angela, Lucrezia, Barbara, Cecilia, Marina, Henriette, Caterina, Ancilla, Anna, Christina, Genoveva oder Denise hießen, haben die literarische Welt fasziniert, aber auch abgestoßen. Beiden Reaktionen gemein ist die wortreiche oder sprachlose Lüsternheit, mit der Casanovas Erzählungen gewürdigt worden sind.

Dabei scheint sich immer wieder der Vergleich mit jenem anderen sagenhaften Frauenverführer aufzudrängen: mit Don Juan. Gustav Gugitz beispielsweise nennt Casanova den »Don Juan und Ahasver des 18. Jahrhunderts«.[136] Aber Casanova war weder Don Juan noch Ahasver. Er war nur er selbst, wenn auch in unterschiedlichen Masken und Rollen.

Es ist eingewandt worden, ein Vergleich zwischen Don Juan und Casanova sei »unstatthaft und skandalös«, weil Casanova eine historische, Don Juan aber eine literarische Figur sei.[137]

Der Einwand geht erkenntnistheoretisch jedoch ins Leere, weil ein Vergleich nie eine komplette Gleichsetzung meint, sondern nur eine Beziehung zwischen zwei Wirklichkeiten herstellt, und zwar jeweils nur unter einem einzigen Aspekt. Das *tertium comparationis* ist bei Don Juan und Casanova allein das Verhältnis zu Frauen.

Außerdem wird nicht der historische Casanova mit dem literarischen Don Juan verglichen, sondern der literarische Don Juan mit dem Casanova der *Histoire de ma vie*, der sich ja auch als eine literarische Figur präsentiert, wenn auch bis ins Detail mit historischem Hintergrund. Eine historische Wurzel der literarischen Figur kann im Übrigen auch bei Don Juan nicht ausgeschlossen werden.

Don Juan oder: der große Unterschied

Der Vergleich der beiden Frauenmänner bringt, für manchen heutigen Leser der Memoiren vielleicht unerwartet, mehr Unterschiede als Gemeinsamkeiten zu Tage. In der mythischen Legende von Don Juan Tenorio, wie wir sie aus der literarischen Gestaltung des spanischen Bühnendichters Tirso de Molina kennen, wie sie ins kulturelle Bewusstsein der westlichen Welt eingegangen ist und wie sie vor allem durch Mozarts Oper *Don Giovanni* zum festen Repertoire der europäischen Kultur gehört,[138] werden Ängste und Sehnsüchte geweckt, die zum Vergleich mit Casanova herausfordern. Aber es sind Galaxien, die zwischen Don Juan und Casanova liegen.

In ihrem Verhältnis zu Frauen gibt es bei den beiden keine identischen Verhaltensmuster. Zwar sind beide katholisch, aber der eine ist spanisch-katholisch, der andere italienisch-katholisch – was ein grundlegender Unterschied ist. Die einzige tragfähige Parallele zwischen Don Juan und Casanova ist wohl die, dass beide als rastlose und heimatlose Abenteurer durch die Lande ziehen. Aber es sind völlig verschiedene Wege, die sie gehen. Don Juan ist der dämonische Sünder, der das Bewusstsein zu sündigen braucht, um sich in der Rebellion gegen alle Sitten selbst zu spüren. Casanova liebt ohne Schuldgefühle. Seine italienische Indifferenz gegen starre Dogmen und Gebote macht ihn unverwundbar. Seine physische Liebe ist nicht selbstreferentiell. Sie ist keine narzisstische Charakterstörung. Sie ist ein sozialer Akt.

Casanova erwartet – wenn man einmal von der käuflichen »Liebe« absieht – von seinen Partnerinnen die freiwillige, autonome Hingabe. Diese Hingabe ist für ihn so wichtig, dass er den sexuellen Kontakt ablehnt, wenn sie nur als Gegenleistung oder Dank für eine Hilfe angeboten wird. Ohne Liebe ist ihm Sex eine unerquickliche Angelegenheit. Die Verführung einer Frau ist deshalb nicht, wie bei Don Juan, ein zerstörerischer Prozess mit tödlichem Ausgang, sondern eine einverständliche Affäre, die durch schmerzlichen Abschied und Trauer beendet, aber doch beendet wird. Sie ist nicht die neurotische Versenkung in das

eigene Selbst, sondern die reale Zuwendung des liebevollen Ver-
ehrers. Casanova lässt seinen Partnerinnen ihre Würde – und
bewahrt darum auch die eigene. Casanova sucht das Glücksgefühl. Er weiß, dass er es nur in der Liebe zu einer Frau findet.
Don Juan sucht die Bestätigung seines Ego. Er glaubt, dass er
diese Bestätigung nur als Eroberer findet. So dass die Eroberten
immer nur eine Nebenrolle spielen.

Der spanische Publizist Ramiro de Maeztu schreibt, man
könne sich in den mittel- und nordeuropäischen Ländern kaum
einen Don Juan ohne Ideale vorstellen.[139] In diesen Ländern sei
die Suche nach Liebe die wahre Triebkraft des Verführers. Dem
spanischen Don Juan hingegen sei »nur am Sexus, an der Lust
des Augenblicks, an der Eroberung gelegen; er ist nicht verliebt,
sondern anmaßend und sinnlich, und darin beruht das Geheimnis seiner Kraft und seiner Macht«. Der Typ des spanischen
Don Juan meint gar nicht die eroberte Frau, sondern seine Herrschaft über die Frau und somit nur die eigene Selbstbestätigung.
Seine Seele hat den Gestus des Stierkämpfers. Er führt sein Gegenüber in einer rituellen Choreographie vor und vernichtet es
am Ende. Dieses Ende wird schnell herbeigeführt: »Noch heute
Nacht muss ich sie besitzen.«

Don Juan ist hart, gefühllos und aggressiv. Es geht ihm nicht
um die Frau, ja nicht einmal um die Liebe – er versteht nichts
von Liebe. Ihm geht es nur um sich selbst: seine Gefühle, seine
Komplexe, seinen Hass, seine Rache, seine Anmaßung. Sein
Diener nennt ihn mit Recht eine »Geißel der Frauen«. Er, der
immer kalt und berechnend bleibt und keineswegs vor Liebe
glüht, verbrennt die Seele der eroberten Frauen im Feuer seiner
Neurosen.

Gegen diesen Don Juan ist der Casanova der Memoiren ein
wahrer Heros der Liebe. Er liebt die Liebe, die Frauen und alles,
was die Begierde weckt, ohne den guten Geschmack und den
Anstand zu beleidigen – auch wenn er mehr noch seine Freiheit
und Ungebundenheit liebt und erst im Alter begreift, dass auch
Unabhängigkeit *eine Art von Sklaverei* sein kann.

Casanova ist ein Frauenverehrer und Frauenversteher, ein Frau-
enanbeter und Frauenbeglücker ohne jede Dämonie und ohne

jede Nähe zur Tragik. Eine Geliebte in Ekstase zu versetzen ist sein höchstes Vergnügen. Die Lust der Frau und die Freude an der Poesie des Körpers sind sein höchster Genuss. Seine Namen für die weibliche Mitte sind von zärtlichem Respekt: Sanctuarium, Heiligtum, Arena, Kleinod, Schmuckstück ... Er zelebriert das Liebesspiel wie einen heiteren und schamlosen Dienst an den Altären der Götter, denen er ein Opfer darbringt. Das Ritual der Liebe ist seine Religion. Das Ungestüm des Begehrens wird in Balance gehalten durch den Feinsinn des Geistes. Gedankenaustausch und sprachliche Verständigung sind ihm Vorfreude und Vorspiel. Immer bleibt er der *homo ludens*. Er gibt alles und fordert nichts. Nie hat er eine Frau verführt ohne ihr Einverständnis. Seine Egozentrik ist immer im Gleichgewicht mit seinem Einfühlungsvermögen. Alles, was er begehrt, ist die Harmonie zwischen ihm und der in diesem Augenblick Geliebten. Er lehnt es ab, eine Frau betrunken zu machen, um sie zur Hingabe zu bewegen. Ebenso weigert er sich, sprachlosen Sex zu haben: Weil er kein Englisch kann, verschmäht er die Begegnung mit einer in London berühmten Kurtisane, deren Name durch Casanova in die Geschichte der Erotik eingegangen ist: Kitty Fisher. *Sie war reizend, doch sie sprach nur englisch. Da ich nur mit allen meinen Sinnen lieben konnte, wollte ich dabei nicht auf das Hören verzichten.*[140]

Casanova ist immer kultiviert. Die Vergnügungen der Liebe, das galante Spiel und die Freuden der Tafel gehören für ihn zusammen. Wenn er sich mit einer Frau exklusiv zum Diner verabredet, heißt das fast immer, dass er sich mit ihr zum Sex trifft. Dinieren und kopulieren gehören für ihn, wenn es eben geht, zusammen. Seine Glücksökonomie verknüpft den Lustgewinn bei Tisch und im Bett.

Er ist überzeugt, dass zum wahren Genuss der Liebe und des Speisens der geistvolle Gedankenaustausch gehört. Er, der in Liebesdingen nicht gerade ein Meister des Maßes ist, schwört in Fragen der Ernährung auf Maßhalten. Wenn man mittags reichlich gegessen habe, solle man am Abend nur ein wenig mageren Fisch essen. Habe man aber ein üppiges Abendessen vor sich, solle man sich vorher mit einem bescheidenen Frühstück begnügen.[141]

Er ist ein besonnener Genießer, der sich geplant und rückhaltlos in die Glut des Begehrens hineinwirft und dieses Begehren als Hochamt der Liebe zelebriert. Er ist heiter und charmant, wo Don Juan finster und verrucht ist. Wo Don Juan engherzig ist wie der spanische Katholizismus, ist Casanova weitherzig, leutselig, vertrauensvoll. Wo der eine misstrauisch und düster ist, ist der andere arglos und frei von Vorurteilen. Wo der eine als Getriebener seiner sündenbewussten Rebellion verfällt, bleibt der andere entspannt und dem Grundsatz treu, dass nicht sündigt, wer liebt. Während Don Juan die Frauen gekränkt, gedemütigt und vernichtet hinter sich lässt, sind Casanovas Gespielinnen, auch wenn er sie verlässt, ihm dankbar, weil er Lust und Liebe in ihr Leben gebracht hat. Seine Frauen haben durch ihn, und sei es nur dieses eine Mal, die Mitte ihrer Existenz gespürt. Es ist Casanovas Glück, Glück zu stiften – durch den Rausch der Sinne im Augenblick der Ekstase, aber auch für das Leben danach.

Weil ihm das Glück seiner Frauen am Herzen liegt, organisiert er für sie oft auch ihr Leben danach. Bei mehreren seiner Geliebten kümmert er sich darum, dass sie einen guten Ehemann finden. Er schützt sie sogar davor, mit ihm in Verbindung gebracht zu werden, indem er den Lesern der Memoiren falsche Spuren legt, Namen, Daten und Lebensumstände ändert oder vertauscht. *Was mir Mühe macht, ist die Pflicht, die ich habe, den Namen zu maskieren, denn ich habe nicht die Ermächtigung, die Affären der anderen zu veröffentlichen,* schreibt er in einem Brief an Johann Ferdinand Opiz.[142]

Den Menschen in einer Epoche, die durch eine große Revolution die ganze Menschheit beglücken will, gilt die folgende Beobachtung Hartmut Scheibles: »Weil Casanova nicht die Menschheit beglücken, sondern die Menschen, die er geliebt hat, glücklich sehen will, ist er auch zweihundert Jahre nach seinem Tode nicht vergessen.«[143]

Stefan Zweig hat in seinem unvergleichlichen Casanova-Essay, dieser Mischung aus Huldigung und Demontage, den Abgrund beschrieben, der Don Juan und Casanova voneinander trennt: »Jede Frau, Donna Anna, Donna Elvira, sie alle, die Tausendunddrei, die Don Juans berechnendem Drängen nachgeben, bleiben für immer seelisch in ihrer Weiblichkeit vergiftet. Die Frauen hingegen, die sich Casanova hingegeben haben, danken ihm wie einem Gott, denn nicht nur nichts genommen hat er ihnen von ihren Gefühlen, nicht gekränkt in ihrer Weiblichkeit, sondern sie beschenkt mit einer neuen Sicherheit ihres Daseins. Gerade das, was der spanische Satanist Don Juan sie als Teufelsaugenblick zu verachten zwingt, das glühende Leib-in-Leib, das lodernde Sich-sinken-Lassen, eben das lehrt sie Casanova, der zärtliche Magister artium eroticarum, als den wahren Sinn, als die seligste Pflicht ihrer weibgeborenen Natur erkennen.«[144]

Zweig spricht Casanova, dem »leidenschaftstrotzenden Stück Mensch«, jedoch jede ethische Kompetenz ab.[145] Dieser kann – trotz allen Lichts, das bei einem Vergleich mit Don Juan auf ihn fällt – für niemanden ein Vorbild sein. Der junge Casanova ist der zügellose Mann, der auf seine Körperlichkeit reduzierte »Mannshengst«, der unreif und animalisch von Frau zu Frau eilt, unfähig zu dauerhafter Zuwendung und damit auch unfähig zur Verantwortung. »Eine Frau wittern, und die Ader hämmert schon wie toll, blindwütig rennt er vorwärts in der Richtung seines Temperaments.«[146] Sein Temperament ist auf Glück eingestellt, nicht nur auf Zufriedenheit, die »Schwundstufe des Glücks« (R. D. Precht). Mit kleinkarierter Zufriedenheit kann er sich nicht zufriedengeben. Bei der Jagd nach dem Glück peilt er das Glück selbst an und glaubt, es in der Lust zu finden. Er steuert die Insel der Seligen an und ahnt nicht, dass sie kein endloser Kontinent ist, sondern nur eine Insel mit engen Ufern.

Und so beginnen die Abenteuer der Liebe: Der junge Mann mit kirchlichem Hintergrund, eingespannt zwischen enger Moral und libidinöser Experimentierlust, verbringt eines Tages seine Sommerferien auf dem Lande, in Pasiano im Nordosten Italiens. Er schuldet seinem Stand als angehender Geistlicher besondere Zurückhaltung im Kontakt mit dem anderen Geschlecht. Aber da trifft er auf eine unbefangene 14-Jährige namens Lucia. Wie sich der alte Memoirenschreiber erinnert, will Lucia nicht verstehen, dass die erotische Zuneigung der beiden Kinder das Mädchen fröhlich, den Jungen aber traurig und verwirrt macht. In verquälter Enthaltsamkeit liegen sich die beiden nächtelang in den Armen, ohne sich Erfüllung und Entspannung zu erlauben.

Casanova schließt seine Erinnerung an den Ferienaufenthalt mit Lucia ab, indem er den Leser gespannt macht: *Ich reiste von Pasiano mit dem Versprechen ab, im Frühjahr wiederzukommen, aber ich ließ Lucia in einer seelischen Verfassung zurück, die wahrscheinlich ihr Unglück verschuldet hat. Wegen dieses Unglücks habe ich mir zwanzig Jahre später in Holland heftige Vorwürfe gemacht und werde mir deshalb bis zu meinem Tode Vorwürfe machen.*[147] Zwanzig Jahre später hatte er Lucia als Prostituierte wiedergetroffen.

In Venedig zurück, besinnt sich Casanova auf seine Gefühle für Angela, den tugendhaften Drachen im Hause seines Lehrers Gozzi.[148] Dabei lernt er das Schwesternpaar Nanette und Martina kennen, die Angelas beste Freundinnen sind. Es beginnt ein neckisches Hin und Her mit Briefen, Botschaften und Bekenntnissen. Nanette und Martina lassen den liebesbereiten Abate sehr bald die Sehnsucht nach Angela vergessen: Muntere Reden, Brot, Parmesan und Zypernwein, Blinde-Kuh-Spiel und heiteres Küssen. Schließlich liegen alle drei nackt, *im Kostüm des goldenen Zeitalters*, im Bett. Casanova erinnert sich an sein damaliges Resümee: *Alles, was wir getan haben, war das Werk der Liebe, und von Angela sei nie mehr die Rede.*[149]

Offenbar will Casanova in seiner Erzählung die Bilder freizügiger Frivolität heraufbeschwören, denn wie nebenbei erwähnt er einen Ball, bei dem er mit der stadtbekannten Kurtisane Giulietta die Kleider tauscht. Dabei will er sie umarmen und fängt sich, als seine sexuelle Erregung nicht mehr zu übersehen ist, von der verführerischen Dame eine Ohrfeige: *Ehe sie fortging, sagte sie mir vertraulich, aber sehr bestimmt, falls ich Lust hätte, zum Fenster hinausgeworfen zu werden, sollte ich nur zu ihr kommen.*[150]

Wenig später – so setzt er seinen Frivolitätenreport fort – fährt er nach Pasiano hinaus, eigentlich um Lucia zu sehen. Er nimmt an einer Hochzeitsgesellschaft teil und versucht ohne Hemmungen, mit der Frischvermählten anzubändeln. Vergeblich. Dann besteigt er eine Kutsche und erschleicht sich, während es donnert und blitzt, eine schnelle Kopulation mit der Frau eines

Pächters, die er auf diese Weise von ihrer Gewitterangst befreit. Für eine Weile scheint es, als sei Casanova jederzeit und unter allen Umständen bereit, sexuell aktiv zu werden.

In Pasiano erfährt er dann, dass Lucia vor wenigen Tagen mit einem Spitzbuben durchgebrannt ist, der sie zuvor geschwängert hatte. Casanova, immer noch in Lucia verliebt, ist außer sich vor Trauer. Einerseits ist er stolz auf seine moralische Kraft, die ihn der Versuchung widerstehen ließ, andererseits aber zieht er, voll Bedauern und Scham über seine Zurückhaltung, die bemerkenswerte Konsequenz, demnächst *in dieser Sache gescheiter zu sein.*[151]

Als er wieder nach Venedig zurückkehrt, stehen ihm große Veränderungen bevor: Die Großmutter stirbt, seine Mutter verkauft das Haus, in dem er lebt. Aber das Karussell der Verliebtheiten dreht sich weiter.

Der Reigen der Verliebten

Nach diesen ersten Experimenten des pubertierenden Jungen steht ein neues Liebesabenteuer an, das durch die Angebetete alle Merkmale einer ausgewachsenen Affäre bekommt. Die Neue heißt Lucrezia und ist eine mit einem Advokaten verheiratete Dame der Gesellschaft. Nach stürmischen Zärtlichkeiten in einer Kutsche und im Park stehen beide in Flammen. Casanovas Schilderung des *Opfers auf dem Altar der Venus* hat noch nach all den Jahren die hohe Temperatur einer beispiellos sinnlichen Liebe. Casanovas Blick in den Park von Schloss Dux ruft die Bilder hervor: die Liebesspiele mit Lucrezia im Park der Villa Aldobrandini in Frascati. Der *selige Ort* von damals habe die Form eines Bettes gehabt, sei ganz ähnlich angelegt gewesen wie der Park von Dux. Nur an das Bett habe der deutsche Gärtner nicht gedacht ...[152]

Die Erinnerung an die Affäre mit Lucrezia ist ein Schlüssel zur Persönlichkeit Casanovas. Seine Meinung, dass Sex und Liebe zusammengehören, wird hier manifest: *Wer glaubt, die Freuden der Venus seien auch dann schon etwas, wenn sie nicht zwei verliebten Herzen in voller Übereinstimmung entspringen, der ist zu bedauern.*[153] Diese Überzeugung wird für sein ganzes wildes Leben kennzeichnend sein. Zwar war Casanova einem schnellen Abenteuer niemals abgeneigt. Aber er wusste, dass erst die Übereinstimmung von Lust und Liebe die volle Glückserfahrung schenkt. Je mehr Liebe im Spiel, desto größer der Genuss.

Das gilt erst recht für seine Reflexionen im erinnernden Rückblick. Er sieht die Varianten im Zusammenspiel von Sexualität und Liebe, und im Prisma der Erinnerung blitzt die Vielfalt der möglichen Perspektiven auf. Der Memoirenschreiber kann gar nicht anders, als seine Erlebnisse literarisch zu gestalten und auch die Banalität der körperlichen Liebe in Poesie zu verwandeln. Die Wahl der Wörter, die Dramaturgie der Erzählung lassen einen literarischen Gestaltungswillen erkennen, der weit über das Protokollieren der Ereignisse hinausgeht. Er reflektiert den Sitz im Leben des Schreibers: *Selige Augenblicke, die ich nicht mehr erhoffen darf, deren teure Erinnerung mir aber nur der Tod rauben kann.*[154] Immer elegant, niemals obszön schildert Casanova die erotischen Details in anschaulichen und zugleich reflektierten Metaphern. So, wenn er vom ungestümen Feuer der körperlichen Liebe spricht, vom Kampf, zu dem er eine »schöne Kriegerin« herausfordert, oder vom »Sühneopfer«, zu dem die Taktik der Liebe hinführt. Immer wieder findet er neue Wendungen, um die Seligkeit sexueller Aktivität in Worte zu fassen. Seine Aufzeichnungen sind, so gesehen, ein Tagebuch des Glücks.

Bellino-Teresa

Lucrezia findet bald eine Nachfolgerin. Das neue Abenteuer beginnt in Ascona, auf seinem Weg nach Konstantinopel. Es heißt Bellino und zugleich Teresa.[155] Am 25. Februar 1744 trifft der 19-jährige Casanova in einem Gasthof von Ascona auf eine Frau mit zwei Mädchen und zwei Knaben. *Die Familie stammte aus Bologna und lebte von ihren Talenten.*[156] Einer der Jungen ist angeblich ein Kastrat, der im Theater die Rolle der Primadonna singt. Nach Tisch setzt sich der junge Mann ans Spinett und begleitet sich selbst zu einer Arie, die er *mit Engelsstimme und betörender Anmut* singt. Casanova ist von der Familie begeistert: den beiden elf- und zwölfjährigen Mädchen *(lebenden Rosenknospen)*, dem Lustknaben Petronio und vor allem von Bellino. Er bewundert die feurigen, schwarzen Augen: *Ich konnte ihm nicht in die Augen blicken, ohne vor Liebe zu erglühen.* Casanova ist inzwischen erfahren genug, um zu wittern, dass es sich bei diesem bezaubernden Geschöpf in Wahrheit nur um eine Frau handeln kann. Das Gesicht, die Linien, die Anmut sind – Casanova ist davon fest überzeugt – weiblich. Giacomo spricht den Verdacht auch sofort aus. Bellino erfasst, was Casanova denkt, und erwidert: *Sie sind in mich verliebt, ob ich nun ein Mädchen oder ein Knabe bin, und Sie wären es auch geblieben, wenn Sie mich als Knaben erkannt hätten.*[157]

Ein schneller, auch in der damaligen Zeit wohl unverschämter Griff zwischen Bellinos Beine irritiert ihn. Denn Bellino trägt, wie Casanova später erfährt, eine Gummi-Attrappe, um männliche Genitalien vorzutäuschen. Aber Casanovas Zweifel lassen sich nicht beruhigen. Er ist davon überzeugt: Bellino ist ein Mädchen. Bald wird herauskommen, dass Casanova recht hat und Bellino in Wahrheit Teresa heißt.

In seiner Schilderung der Begegnung zieht Casanova alle Register der erotischen Literatur, indem er die allmähliche Enthüllung der wahren Identität Bellinos in immer neuen Annäherungen zelebriert. Zwischen Casanova und Bellino entspinnt sich ein Katz-und-Maus-Spiel, bei dem der Leser oft nicht mehr weiß, wer die Katze und wer die Maus ist. Casanova gibt sich besessen von der Idee, er müsse sich nicht nur mit den Augen, sondern auch mit den Händen davon überzeugen, dass Bellino in Wirklichkeit Teresa ist. Bellino aber verweigert jede Berührung und beschwört ein großes Chaos für den Fall, dass Casanova darauf bestehen würde, ihn zu untersuchen. Dabei redet Bellino, als wäre er ein Mann.

Umso überraschter ist der Leser der *Geschichte meines Le-*

bens, wenn Casanova dann unvermittelt erzählt, wie Bellino-Teresa und er nach der Ankunft im Postgasthof von Senigallia im selben Bett landen, Bellino sich ungeniert auszieht und Casanova alsbald sieht und fühlt, dass er recht hatte. Bellino war kein Kastrat, sondern eine wunderschöne, gutgewachsene junge Frau. *Die volle Aufklärung machte mich glücklich.*[158] Dann erzählt Teresa die Geschichte, wie aus ihr Bellino wurde: von ihrer Liebe zu einem Kastraten namens Salimbeni, ihrer musikalischen Ausbildung und dem Rollentausch mit einem gerade gestorbenen Kastraten, der Bellino hieß.

Bellinos Argument, Casanova sei so oder so verliebt, egal, ob der Gegenstand seines Verliebtseins ein Mann oder eine Frau sei, wirft die grundsätzliche Frage nach Casanovas sexueller Identität auf. Es gibt verschiedene Anzeichen dafür, dass der junge Casanova – er ist ja erst 19 Jahre alt, als er Bellino trifft – jeder außergewöhnlichen Schönheit erlag und von jedem anmutigen Wesen hingerissen war, ganz gleich, ob es sich um eine weibliche oder männliche Erscheinungsform dieser Schönheit handelte. Seine sexuelle Identität ist noch nicht festgelegt.

Er versagt sich auch homoerotische und homosexuelle Erfahrungen nicht, wenngleich sein Interesse sich immer mehr um die Welt der Frauen dreht. In Konstantinopel lässt er zu, dass ein türkischer Effendi namens Ismail ihn sexuell erregt, indem er ihm drei badende, nackte Mädchen zeigt und sich dann selber als Ersatz anbietet: *Genau wie er sah auch ich mich darauf beschränkt, mich mit dem Partner an meiner Seite abzufinden, um den Brand zu löschen, den die drei Sirenen entfachten, die wir bald im Wasser, bald außerhalb vor Augen hatten … Ismail frohlockte, als er notgedrungen, einfach weil er zur Hand war, das entfernte Objekt ersetzte, das ich nicht erreichen konnte. Mir blieb auch nichts übrig, als ihm den gleichen Dienst zu tun.*[159] Derartige Erlebnisse nennt Casanova »widernatürliche Verirrungen«. Er bagatellisiert sie aber, indem er berichtet, wie beide Beteiligten am Ende die Verlegenheit mit einem Lachen überspielen.

In Sankt Petersburg trifft Casanova eine ganze Versammlung von homosexuellen Offizieren. Die Art, wie er sie schildert, zeigt sein wahres Interesse. Einer der Offiziere schickt sich an, *sich und auch mich zu beglücken,* aber er ist *blond und hübsch wie ein Mädchen.*[160] Casanovas sexuelle Identität strebt also mit aller Macht in die heterosexuelle Richtung. Dies entspricht seiner jugendlichen Ambivalenz: Tief berührt von jeder ästhetischen Wahrnehmung, siegt dann doch sein heterosexuelles Interesse. Félicien Marceau allerdings sieht in seiner Casanova-Biographie von 1983 – noch ganz unter dem Eindruck der ersten unverfälschten und ungekürzten Ausgabe der *Memoiren* – einen »homosexuellen Hintergrund, der sich durch die ganzen Memoiren zieht«.[161] Überall sehe Casanova schöne Männer, vom Schülerseminar bis zum Straßenstrich. Trotzdem bleibt das Muster, dass Casanova die Schönheit eines jungen Mannes fast immer mit einer Vergleichsformel beschreibt: *allzu hübsch für einen Mann* oder *schön wie ein Mädchen* oder konkreter: *Er hatte die Taille einer Nymphe und ließ eine Brust sehen, wie wenige Frauen sie fester und reizvoller haben.*[162] Der weibliche Vergleichshorizont ist also immer gegenwärtig. Das bedeutet: Casanova denkt immer an Frauen, auch wenn er sich von der Schönheit eines Mannes begeistern lässt. Homosexualität ist nicht ein Thema seines Lebens. Gleichgeschlechtliche Attraktivität nimmt er zwar wahr und belegt sie, auch wenn er sie widernatürlich nennt, niemals mit moralischer Zensur. Aber er ordnet sie ein in die Bahnen seiner allumfassenden Bejahung natürlicher Lust überhaupt.

Die Begegnung zwischen Casanova und Bellino-Teresa offenbart also wichtige Nuancen im Profil seiner sexuellen Identität. Weil sein Empfinden so komplex strukturiert ist, kann zwischen Teresa und ihm im Verlauf der Reise eine wahrhafte Freundschaft entstehen.

Der Erzählstrom der *Geschichte meines Lebens* fließt jedoch weiter. Die beiden Liebenden werden in Pesaro auseinandergerissen, als sich herausstellt, dass Giacomo seinen Reisepass verloren hat und zurückbleiben muss. In Rimini trifft sich das Paar wieder. Giacomo spricht inzwischen von Heirat. Aber es stellt sich heraus, dass weder Teresa noch er dies wirklich wollen. Teresa lässt sich an das Teatro San Carlo in Neapel engagieren. Zwar lädt sie Giacomo ein, mit ihr nach Neapel zu gehen – eine Stadt, die Casanova immer faszinierte. Teresa erklärt sogar, sie werde bei ihm bleiben, wenn er dies wolle. Casanova aber gerät durch das Angebot in eine Zwickmühle. Er will weder, dass Teresa ihr berufliches Engagement aufgibt, noch will er sich von Teresa aushalten lassen. Also besinnt er sich auf seine Mission in Konstantinopel – er soll dort einen Brief des Kardinals Acquaviva übergeben – und schifft sich nach Korfu ein. So überwältigend seine Liebesgefühle auch sind, begehrenswerter noch ist für ihn seine Freiheit. *Ich habe die Frauen bis zum Wahnsinn geliebt, aber stets zog ich ihnen meine Freiheit vor. Wenn ich mich in Gefahr befand, sie einzubüßen, gelang es mir stets, wenn auch mit knapper Not, mich zu retten.*[163]

Signora F.

Zum Selbstporträt des Verführers Casanova gehört auch die Geschichte einer qualvollen Leidenschaft. Sie zeigt einmal mehr, wie weit Casanova von den Verhaltensmustern Don Juans entfernt ist. Die Erzählung von seiner Liebe zu »Signora F.« erlaubt ihm, sich selbst als Opfer einer glücklich unglücklichen Liebe zu sehen.[164] Auch damit macht er eine neue Facette in der Maske des nichtdomestizierten, ungezügelten Mannes sichtbar.

Nach der *Geschichte meines Lebens* war Casanova als 19-jähriger Fähnrich der venezianischen Marine in Korfu stationiert und als Adjutant des Galeerenvogts Foscarini eingesetzt.[165] Als solcher war er Tischgenosse des Kommandanten und seiner jungen Frau. Sofort war er tief beeindruckt von der Schönheit der Signora Foscarini: *Ich glaubte, ein überirdisches Wesen zu erblicken, das über alle mir bisher bekannten Frauen so erhaben war, dass ich gar nicht fürchten konnte, mich in sie zu verlieben. Mir war, als gehörte ich einer ganz anderen Gattung von Wesen an und stünde so tief unter ihr, dass ich nichts als die Unmöglichkeit einer Annäherung empfand.*[166] Trotzdem ist der junge Fähnrich gekränkt, als das überirdische Wesen an einer Annäherung überhaupt nicht interessiert zu sein scheint, ihn keines

Blickes würdigt und auch nicht ein einziges Mal das Wort an ihn richtet. Casanova ist verletzt und reagiert gereizt: *Sie begann mir zu missfallen.*[167] Der Stolz des jungen Adjutanten lässt sogar so etwas wie Hass auflodern. Er wundert sich jedoch, dass er keinerlei Genugtuung empfindet, wenn er die schöne Signora verachtet. Mit diesem explosiven Gemisch aus Bewunderung, Sehnsucht, erotischer Faszination und Minderwertigkeitsgefühl beginnt eine Liebesgeschichte, in der die Frau alle Trümpfe in der Hand behält und die zunächst scheuen, dann heftig vorgebrachten Liebesbeweise zu ignorieren vorgibt. Casanova glaubt aber trotzdem, dass die Signora ihn mag: *Nun steckte ich gleich dem Salamander im Feuer, nach dem mich verlangt hatte.*[168]

Das Feuer wird noch geschürt. Casanova wird als Adjutant Foscarinis in einem Raum einquartiert, der ganz in der Nähe der Angebeteten liegt, so dass er durch ein Fenster ihre Lebensgewohnheiten beobachten kann. Jetzt wird aus der heimlichen Liebesgeschichte eine dramatische Leidensgeschichte. Casanova verzehrt sich vor Sehnsucht und simuliert alle Symptome einer Krankheit, immer in der Erwartung, dadurch die Aufmerksamkeit und Gegenliebe der schönen Frau entfachen zu können. Der Alte vom Schloss reflektiert das Unbegreifliche: *Wie seltsam ist doch die Liebe! Was nützt es, alles gelesen zu haben, was die angeblich Weisen über ihre Natur geschrieben haben, und was nützt es, mit zunehmendem Alter darüber zu philosophieren. Ich werde sie nie als Tändelei oder Nichtigkeit abtun können. Sie ist eine Art Wahnsinn, über welche die Philosophie keine Macht besitzt, eine Krankheit, die die Menschen in jeder Lebenszeit befallen kann und die unheilbar ist, wenn sie einen im Alter überfällt.*[169] Casanova beschreibt seinen Liebeswahn, der ihn zu seltsamen Handlungen treibt. Zum Beispiel mischt er kleingehäckselte Haare seiner Angebeteten in Konfekt und isst sie.

Diesen Wahnsinn kann auf die Dauer auch Signora F. nicht ignorieren. Ihre koketten Verweigerungsspiele münden in leidenschaftlicher und unersättlicher Zuneigung zu dem ausdauernden Bewerber. *Sie leistete keinen Widerstand, sie ließ mich in das Heiligtum eindringen, und endlich schwamm meine Seele in Glück.*[170]

Das grausame Ende kommt bald. Und wieder ist Casanova

selber schuld daran. Schonungslos gegen sich selbst beschreibt er, was geschah: Nach einer wunderbaren Nacht – *mein Freund, wir hätten uns fast zugrunde gerichtet* – geht Casanova hinaus auf die Esplanade, um frische Luft zu schöpfen. Da wird er aus einem Fenster von der stadtbekannten Hure Melulla angesprochen und geht zu ihr. Er holt sich eine Geschlechtskrankheit und gesteht es auf der Stelle der eben noch so heiß geliebten Signora. Die verliert augenblicklich das Interesse an ihm. Casanova muss den Militärdienst quittieren und fährt voller Scham von Korfu aus nach Venedig. Das Einzige, was seine Verzweiflung mindert, ist das Bewusstsein, jung zu sein.

Henriette

Schon die Umstände der ersten Begegnung müssen ganz nach dem Geschmack Casanovas gewesen sein: Da gibt es eines frühen Morgens in einem Gasthof in Cesena einen gewaltigen Tumult. Der Gastwirt und etliche Polizisten dringen, gleich neben dem Zimmer Casanovas, in eine Kammer ein, scheuchen ein merkwürdiges Paar auf – die Frau im Bett trägt Männerkleider – und verlangen den Nachweis, dass die beiden Personen miteinander verheiratet sind.

Im Kirchenstaat, zu dem Cesena gehörte, war es strafbar, wenn Unverheiratete gemeinsam ein Hotelzimmer bewohnten. Sofort mischt Casanova sich ein – und wieder sind wir an einer Stelle, die den Unterschied zu Don Juan markiert. Casanova begibt sich sofort zum Bischof und zum kommandierenden General. Er erreicht, dass der Wirt sich bei dem Paar entschuldigt.

Der Mann im Zimmer nebenan ist ein ungarischer Offizier aus einem Regiment der österreichischen Kaiserin. Die Frau, ebenfalls in der Uniform eines Offiziers, ist eine überaus hübsche, charmante und witzige Französin. Da der Offizier ein alter Haudegen und die Frau sehr jung ist, wittert Casanova seine Chance: *Da ich ohne die geringste Überheblichkeit fand, dass ich besser zu ihr passte als der Offizier, erwartete ich nicht, bei ihr auf Schwierigkeiten zu stoßen.*[171] Allerdings ist Casanova entschlossen, die schöne und geistvolle Frau im Offiziersdress nur durch ein ehrenvolles Abkommen mit dem ungarischen Offizier für sich gewinnen zu wollen. Man beschließt zunächst, gemeinsam nach Parma zu reisen.

In seinen Memoiren erläutert Casanova, die junge Frau wolle Henriette genannt werden. Man kann vermuten, dass er ihr diesen Namen gegeben hat, um sie zu schützen. Denn obgleich sie wie eine streunende Abenteurerin auftritt, bemerkt Casanova sofort ihre gute Erziehung, ihre Bildung und ihre vornehme Lebensart. Der Verlauf der Liebesgeschichte und die Umstände des Abschieds, aber auch die späteren Wiederbegegnungen lassen erkennen, dass Henriette aus einer angesehenen und wohlhabenden Familie stammt. Casanovisten haben ihre wahre Identität herausgefunden. Ihr Name ist Jeanne-Marie d'Albert de Saint Hippolyte.

In Reggio verabschiedet Henriette den alten Offizier, der sich höchst honorig mit Casanova verständigt und ihm die Geliebte förmlich anvertraut. Der Ungar reist allein weiter. Henriette und Giacomo bleiben glücklich zurück: *Wir wussten, wir würden zusammen schlafen, aber wir wären uns taktlos vorgekommen, wenn wir es ausgesprochen hätten.*[172] Die beiden leben ganz in der Gegenwart und kümmern sich nicht um Vergangenheit oder Zukunft. In Parma kauft Casanova eine komplette Aussteuer für Henriette, die er ja ohne jeden Besitz angetroffen hatte. Er schmückt sie mit neuen Kleidern und überhäuft sie mit Schmuck. In ekstatischer Stimmung streifen die beiden durch die Stadt, immer neugierig und immer vergnügt. *Verliebt gingen wir zu Bett und verließen es morgens noch verliebter. Ich verbrachte drei Monate mit ihr in der gleichen Verliebtheit und war immer sehr glücklich dabei.*[173]

In der Casanovistik gilt Casanovas Liebe zu Henriette als die schärfste Romanze seines Lebens und seine Erzählung davon als eine der reizvollsten Liebesgeschichten der Literatur. Es kennzeichnet Casanovas Gefühlswelt, dass er an der geliebten Frau besonders ihren Geist, ihren Witz, ihren Charme liebt und dies später in den Memoiren reflektiert: *Eine Schöne ohne aufge-*

schlossenen Geist hat schließlich, nach dem sinnlichen Genuss ihrer Reize, einem Liebhaber nichts mehr zu bieten. Eine geistvolle Hässliche macht einen Mann so verliebt, dass ihm nichts zu wünschen übrig bleibt. Wie also musste ich mich mit der schönen, geistreichen und gebildeten Henriette fühlen? Es ist unmöglich, sich die Größe meines Glücks vorzustellen.[174]

Nach gut drei Monaten trennen sich die Lebenswege der beiden. Henriette wird durch einen Brief, den ihr ein Bote übermittelt, zu ihrer Familie zurückgerufen und trifft jetzt alle Entscheidungen allein. Mit der Begründung, die Ehre zweier Familien stünde auf dem Spiel, lässt sie ihren Liebhaber nicht einmal den Brief lesen, der sie in den Schoß der Familie zurückbeordert. Diese Distanz zu ihrem Geliebten ist konsequent. Sie hatte mit Casanova nie über ihre Herkunft oder ihren Wohnort gesprochen und auch nicht ihren wahren Namen preisgegeben. Sie war immer zuerst die Tochter ihrer Eltern geblieben und dann erst die Geliebte eines Mannes. Realistisch und wehmütig ritzt sie mit einem Ring in die Fensterscheibe des Hotelzimmers im »À la Balance« in Genf die Worte: »Du wirst auch Henriette vergessen«.

Sie wird ihn nicht vergessen. 13 Jahre nach dem Abschied in Genf, 1763, wird Casanova in Aix-en-Provence von einer akuten Rippenfellentzündung befallen. Tagelang liegt der inzwischen 38-Jährige auf Leben und Tod. Da taucht eine unbekannte Krankenschwester auf, pflegt ihn und verschwindet wieder. Später erfährt er, dass diese Retterin in der Not von Henriette geschickt worden war. Seine frühere Geliebte wohnte in der Nähe und hatte von Casanovas Anwesenheit und seiner lebensbedrohlichen Krankheit erfahren. Die Krankenschwester *erzählte mir, ihre Herrin habe sie holen lassen und ihr aufgetragen, in den Gasthof zu gehen, in dem ich krank lag, sich kühn in mein Zimmer zu begeben und mir eine Pflege zuteil werden zu lassen wie für sich selbst; würde ich wissen wollen, wer sie mir geschickt habe, solle sie antworten, sie sei im Auftrag des Arztes bei mir.*[175]

Wieder einige Jahre später, 1769, hat Casanovas Wagen in der Nähe von Henriettes Schloss einen Deichselbruch. Während der Reparatur werden er und seine Begleiterin Marcolina ins Schloss gebeten und von drei Damen und zwei Herren begrüßt. Eine der

Damen zieht sich sehr bald mit der Erklärung zurück, sie sei gerade eben gestürzt und müsse sich ausruhen. Als Marcolina und Giacomo ihr vor dem Abendessen ihre Aufwartung machen wollen, spricht sie hinter dem Vorhang ihres Alkovens aus dem Dunkel, so dass man sie nicht erkennen kann.

Es ist Henriette, die ihren früheren Geliebten erkannt hat, sich selbst aber nicht zu erkennen geben möchte – möglicherweise nur, weil sie sich zwanzig Jahre nach der Trennung in Genf nicht mehr attraktiv fand. In einem Brief wird sie ihrem früheren Geliebten schreiben: *Ich liebe Sie zwar immer noch, doch glauben Sie mir, ich bin froh, dass Sie mich nicht erkannt haben. Das liegt nicht daran, dass ich hässlich geworden wäre, doch eine gewisse Fülle hat mein Gesicht verändert.*[176]

Nach dem Abschied in Genf hatten sich die Liebenden nicht wiedergesehen. Aber sie schrieben sich Briefe. Casanova erwähnt mehr als vierzig Briefe aus Henriettes Feder. In seinem Nachlass fanden sich diese Briefe jedoch nicht. Casanova hat sie wahrscheinlich gegen Ende seines Lebens vernichtet, um Henriettes wahre Identität zu wahren und sie nicht zu ihren Lebzeiten ins Gerede zu bringen.

C. C. und M. M.

Nach einer Reihe von eher flüchtigen erotischen Affären in Paris kehrt Casanova 1753 nach Venedig zurück und stürzt sich bald in neue Liebesabenteuer. Was er jetzt erlebt, ist nicht nur durch die Memoiren bekannt, sondern auch durch Polizeiberichte aktenkundig geworden. Es ist eine bizarre Welt, die Casanova hier beschreibt: die Welt der Nonnen, die im 18. Jahrhundert – oft ohne religiöse Berufung – ihr Leben hinter Klostermauern verbrachten, weil das in die Politik ihrer Familien passte. Casanovas Bericht über seine Liebesabenteuer mit einigen dieser Klosterfrauen offenbart nicht nur neue Züge in seinem Charakterprofil, sondern gewährt auch Einblicke in das katholische Milieu im Venedig dieser Zeit.

Am 29. Mai 1753 ist Casanova in seine Heimatstadt zurück-gekehrt. Er wird auf eine 14-Jährige aufmerksam, Caterina, der er sich nur durch die Vermittlung ihres Bruders nähern kann. In der *Geschichte meines Lebens* wird sie – eine Abbreviatur der Diskretion – nur C. C. genannt.[177] Weil ihr Bruder sich um den Kontakt kümmert, ist von vornherein vom Heiraten die Rede. Casanova bittet mit Hilfe seines Adoptivvaters und Gönners Bragadin den Vater Caterinas um die Hand der Tochter. Der je-doch lehnt Casanova als Schwiegersohn kategorisch ab und steckt Caterina in das Kloster Santa Maria degli Angeli auf der vorgelagerten Insel Murano.

Casanova wird im Sommer 1753 fast jede Woche mit einem Boot den Canale delle Fondamenta Nuove und den Canale delle Navi überqueren und im Kloster zur Messe gehen, um von seiner Angebeteten gesehen zu werden und ihr seine Treue zu demonstrieren. Genau dies aber wird der Beginn eines neuen Abenteuers, in das außer C. C. auch eine andere Nonne verwi-ckelt ist, die in Casanovas Memoiren M. M. genannt wird.[178]

Was Casanova erzählt, ist aus heutiger Sicht der Stoff für eine ebenso pikante wie kulturgeschichtlich aufschlussreiche Aben-teuergeschichte, in der Nonnen und Geistliche, Diplomaten und venezianische Patrizier – und eben Casanova auf die Jagd nach erotischem Amüsement gehen.

Die Nonne M. M. wird auf den stattlichen, melancholischen Mann aufmerksam, der jede Woche in der Klosterkirche er-scheint. Sie übermittelt ihm anonym die Bitte um ein Rendez-vous an einem Ort seiner Wahl. Casanova wählt das Parlato-rium, das Sprechzimmer des Klosters, und ist sofort verliebt in die außergewöhnlich schöne Frau. M. M. ist sehr direkt in ihrem Angebot und macht auch keinen Hehl daraus, dass sie bereits einen Geliebten hat. Man verabredet sich. Casanova trifft die maskierte und als Mann verkleidete Nonne am Colleoni-Denk-mal auf dem Campo Santi Giovanni e Paolo. Dieser Platz mit seiner Anlegestelle für Boote und Gondeln ist noch heute der Treffpunkt der Verliebten in Venedig. Der Volksmund nennt ihn zärtlich »San Zanipolo«.[179]

Wie Casanova bald erfährt, ist der Liebhaber der schönen

M. M. der 38-jährige französische Botschafter in Venedig, der von Madame Pompadour geförderte Geistliche François Joachim Pierre de Bernis. Dieser geistliche Diplomat ist offensichtlich ein Voyeur und findet sein Vergnügen darin, die exzessiven Liebesspiele Casanovas mit der Mätresse, die eigentlich ihm zugehört, durch ein geheimes Loch in der Wand zu beobachten. Zur Tabulosigkeit dieser Dreieinigkeit, wie Casanova sie genussvoll schildert, gehört auch, dass C. C. bald in die ausgeklügelten Spiele einbezogen wird, weil M. M. ohnehin seit einiger Zeit eine lesbische Beziehung zu ihr unterhält.

Die frivolen Sex-Spiele werden jedoch bald durch eine schwere Erkrankung der M. M. vereitelt. Der trotz aller gesellschaftsüblichen Spielerei ernsthaft verliebte Casanova zieht nach Murano in die Nähe des Klosters, um seiner Geliebten nahe zu sein. Die Wirtin seiner Wohnung hat zwei blutjunge Töchter, die wohl zu anderen Zeiten kaum vor ihm sicher gewesen wären. Aber jetzt, während M. M. um ihr Leben kämpft, ist Casanova viel zu traurig, um an anderes zu denken.

Erst als es M. M. wieder besser geht, kehren seine Lebensgeister zurück. Er entjungfert Tonina, die jüngere der beiden Schwestern, und vergnügt sich zugleich mit der älteren Barberina. Die neue Lebensfreude wird durch nichts getrübt, vor allem, weil C. C. und M. M. sich überhaupt nicht eifersüchtig zeigen.

Einige Forscher halten Casanovas Erzählungen über seine amourösen Abenteuer mit den Nonnen und dem Botschafter für frei erfunden, weil sie erkennbar nach dem Muster der zeitgenössischen erotischen Literatur gebaut sind und zudem auch historische Ungereimtheiten enthalten.[180] Andere sehen gerade in der geschilderten Freizügigkeit ein Zeichen der Authentizität. Doch dürfte auch hier die Interpretation als »Dichtung und Wahrheit«, wie in der *Geschichte meines Lebens* überhaupt, der Schlüssel zum Verständnis sein. Die historischen Nachrichten über den freizügigen Umgang mit der Sexualität und die leichtlebigen erotischen Sitten höherer Gesellschaftsschichten im Europa des 18. Jahrhunderts jedenfalls lassen Casanovas Erzählungen als durchaus wahrscheinlich erscheinen. Besonders die zeitgenössischen Nachrichten über den Botschafter und späteren Kardinal de Bernis passen durchaus zu Casanovas Erzählungen.[181] Andererseits ist in diesen Geschichten der Anteil an bewusst und mit literarischem Anspruch gestalteter Dichtung besonders offenkundig.

Manon

Sie ist 17, als Casanova auf sie aufmerksam wird. Eigentlich sucht er die Nähe der Mutter, der berühmten Schauspielerin Rosa Giovanna Balletti (oder Baletti), die unter dem Namen Silvia von der Pariser Theaterwelt angebetet wird. Giacomo ist soeben, 1756, den Fängen der Staatsinquisition entkommen und sucht in Paris Fuß zu fassen. Er mietet eine Wohnung in der Nähe der Familie Balletti.[182] Erst allmählich verliebt er sich in die Tochter des Hauses, hält sich aber zurück: *Die Freundschaft und Wertschätzung, die mich mit der Familie verbanden, schlossen für mich jeden Gedanken an eine Verführung aus.*[183]

Einige Zeit später jedoch sind Giacomo und Manon verlobt. Es beginnt eine qualvolle Geschichte von Faszination und Bindungsangst, mit Manons Heiratswunsch auf der einen und Giacomos Freiheitsdrang auf der anderen Seite. Die Briefe, die eine *vollkommen naive*, blutjunge Balletti an ihren Giacomo schreibt, sind erhalten und dokumentieren, dass Casanovas Selbstbild von einem Mann, der immer nur glückliche Frauen geliebt und sie auch in glücklicher Dankbarkeit verlassen hat, nicht ganz stimmen kann. Die Briefe Manons aus den Jahren 1756 bis 1760 spiegeln eine hochempfindsame, nach Nähe und Liebe dürstende Seele, die sich einem Mann zugewendet hat, der sie sorglos und achtlos hinhält und immer wieder kränkt, sie aber dennoch nicht loslässt.[184] Jeder der zumeist nachts geschriebenen Briefe ist wie das Wimmern eines alleingelassenen Kindes, das um Liebe bettelt, weint und vor lauter Kummer Unpässlichkeiten und Krankheiten produziert. Casanova, der sich in dieser Zeit im Auftrag der französischen Regierung oft außerhalb von Paris, vor allem in Dünkirchen und Amsterdam aufhält, erwidert nur gelegentlich Manons Briefe und versichert sie seiner Zuneigung, bleibt aber unentschieden. Die Liebe zwischen Giacomo und Manon ist asymmetrisch. Noch in den Memoiren zeigt er sich genervt: *Manon Balletti zermürbte mich mit ihrer Eifersucht und ihren berechtigten Vorwürfen. Sie sah nicht ein, wie ich die Heirat immer wieder hinauszögern konnte, wenn ich sie wirklich liebte; sie behauptete, ich betrüge sie.*[185]

Casanova hat wohl versucht, die Verlobung zu lösen. Es blieb aber bei der Absicht. Schließlich schreibt Manon ihm einen letzten Brief: »Empfangen Sie mit kaltem Blute die Nachricht, die ich Ihnen zu geben habe. Das Paket enthält alle Ihre Briefe und Ihr Bildnis. Schicken Sie mir das meinige zurück, und wenn Sie meine Briefe aufbewahrt haben, so erweisen Sie mir die Liebe und verbrennen Sie sie. Ich rechne auf Ihre Ehrenhaftigkeit. Denken Sie nicht mehr an mich. Mir wird die Pflicht die Verbindlichkeit auferlegen, mein Möglichstes zu tun, um Sie zu vergessen, denn morgen um diese Stunde werde ich die Gattin des Königlichen Hofarchitekten und Akademiemitglieds Blondel sein.«[186]

Casanova reagiert, wie seine Memoiren erzählen, mit Wut und Trauer. Er empfindet Manons Entscheidung als Verrat und will Manons Ehemann töten – aber nach drei Tagen lässt er sich von einer Frau namens Esther trösten, bevor er von Amsterdam aus nach Deutschland und in die Schweiz aufbricht.[187]

Baronin Roll und Madame Dubois

Es war eine Posse, an die sich Casanova beim Niederschreiben der Memoiren erinnert. Eine Posse, die ihm zu einer sehr ernsthaften Einsicht über sein Leben verhalf. Er erzählt die Episode wie ein Bühnenstück.[188] Schauplatz ist die Schweiz des Frühsommers 1760 (April bis Juli). Der 35-Jährige hat sich in einer Augenblickslaune gerade entschlossen, im Kloster Einsiedeln ein Mönch zu werden.[189] Der seltsame Aspirant muss jedoch erst einmal eine Bedenkzeit absolvieren, die dann auch genügt, um ihn von seinem bizarren Vorhaben abzubringen. Er steht zufällig am Fenster seines Zimmers im Gasthof »Zum Schwert«, als ein Vierspänner vorfährt. Dem Wagen entsteigen vier Damen. *An den drei ersten fand ich nichts Besonderes, aber die vierte im Amazonenkostüm, wie man es nannte, schlug mich in Bann. Sie war jung und brünett, hatte zwei schwarze, sehr schön geschnittene Augen unter kühn geschwungenen Brauen, eine lilienweiße Haut, rosige Wangen … kurz, ein Zauberbild, das mir den Verstand raubte.* Noch nach all den Jahren schreibt er mit vollem Pathos, nahezu außer sich: *Erwehrt euch, ihr Sterblichen, einer solchen Begegnung, wenn ihr die Kraft dazu habt! Verharrt, ihr Eiferer, wenn ihr es könnt, bei dem törichten Gedanken, euch in einem Kloster zu begraben, nachdem ihr gesehen habt, was ich in jenem Augenblick des 23. April in Zürich erlebte!*[190]

Sofort entwirft Casanova eine Strategie, wie er der Amazone am besten näherkommen kann. Als er erfährt, dass die Damen auf ihrem Zimmer speisen wollen, leiht er sich eine grüne Schürze und besticht den Hausmeister, um die Damen als Zimmerkellner bedienen zu können.

Das Spiel beginnt. Die Dame, auf die es ihm ankommt, ist eine Baronin de Roll. Die Casanova-Forschung hat ermittelt, dass es sich um Marie-Anne-Louise (Ludovika) Roll von Elmenholtz handelt, die mit einem entfernten Verwandten gleichen Namens verheiratet ist. Casanova benennt das Paar in den Memoiren, wohl aus Gründen der Diskretion, mit der Abkürzung »Madame de« und »Monsieur de«, ohne den Namen preiszugeben. Am nächsten Morgen reisen die Damen weiter nach Solothurn. Casanova folgt ihnen. Einige Tage später sieht man sich an der Tafel des französischen Botschafters wieder. Casanova ist froh, dass nach dem unverständlichen Schweizerdeutsch wieder Französisch gesprochen wird in Soleure (Solothurn). Inzwischen aber hatten zwei der Damen, die Casanova in der Verkleidung des Kellners bedient hatte, ihn erkannt und dem Botschafter zu verstehen gegeben, der Chevalier sei in Wahrheit nur ein Kellner. Casanova klärt die Sache auf, seine Gastrolle als Kellner wird herzlich belacht.

Die hässlichste der Damen aus dem Vierspänner, eine »Madame F.«, beginnt, großes Interesse an Casanova zu zeigen. Der jedoch wittert ihren *boshaften Sinn* und langweilt sich, *da sie Geist zeigen wollte, obwohl sie keinen hatte.*[191] Man tanzt. Mit der Dame seines neuesten Begehrens tanzt er den Kontertanz und macht ihr den Hof. Er schafft es sogar, die Sympathie des Ehemanns zu gewinnen, und beschließt, so lange in Solothurn zu bleiben, *wie es nötig war, um vollkommen glücklich zu werden.* Er mietet ein Landhaus samt Dienerschaft und Haushälterin und ist bald verstrickt in die Geplänkel der Solothurner Gesellschaft rund um den Botschafter. Aber Madame F. erweist sich als Viper, die Casanovas Aufenthalt vergiftet, indem sie ihm nachstellt und sich tief gekränkt gibt, als er sich verweigert. Sie droht ihm offen mit Rache.

Um der Posse einen weiteren dramaturgischen Knoten hinzuzufügen, führt Casanova in seine Schilderung jetzt eine zweite junge und schöne Frau ein: die verwitwete Madame Dubois. Sie erscheint in der Rolle der Haushälterin und ist eine Frau, die *eher zur Geliebten eines Menschen meinesgleichen als zur Haushälterin geschaffen zu sein* scheint.[192] Diese Dubois ist bald der Liebling der ganzen Gesellschaft, die sich nicht darauf verständigen kann, dass eine derart schöne, gebildete und geistreiche Frau nur die Haushälterin des Monsieur Casanova sein soll. Natürlich fragt sich das auch Casanova. Er wird es offen aussprechen. Nachdem die Dubois in einem Tischgespräch angemerkt hatte, es gebe einen Unterschied zwischen Denken und vernünftigem Überlegen, wirft Casanova ein: *Sie würden vernünftig handeln, wenn Sie sich überreden ließen, mit mir zu schlafen, und Sie halten es für viel vernünftiger, wenn Sie nicht einwilligen.* Die Antwort der klugen Haushälterin: *Zwischen der Vernunft des Mannes und der einer Frau ist der Unterschied ebenso groß wie zwischen den Geschlechtern.*[193]

Wie es sich für eine Posse gehört, schürzt sich jetzt der Knoten zur klassischen Verwechslungskomödie: Madame F. hat sich unter einem Vorwand für einige Tage als Gast in Casanovas Haus einquartiert und wohnt bereits dort, als das Ehepaar de Roll auf Casanovas Einladung hin einzieht. Die Baronin und Casanova verabreden sich auf die Nacht. Als aber Casanova die

Begehrte in ihrem Bett besuchen will, wird er in der völligen Finsternis des Flurs von einer Hand ergriffen, die ihm den Mund zuhält und ihn in ein Bett zieht. Er glaubt, es sei die vor Leidenschaft enthemmte Baronin. Es ist jedoch Madame F., die sich auf diese Weise an ihm rächen will. Sie hat den Tripper und will den begehrten und zugleich verhassten Mann damit anstecken.

Die Auswirkungen dieser unverschämten Täuschung sind beträchtlich, denn die Baronin hat die ganze Nacht auf den Liebhaber gewartet und stellt ihn am nächsten Morgen zur Rede. Es gelingt Casanova jedoch, alles zu erklären und die Verprellte zu beruhigen. Aber die beiden Verliebten können das Vereitelte nicht nachholen, weil Casanova sich in der Nacht infiziert hat.

Das Stück aber, wie Casanova die Geschehnisse mehrfach nennt, *ist noch nicht aus* und hat *nichts von seiner Komik verloren.*[194]

Gesteuert von den schlauen Ratschlägen der Dubois, verwandelt sich Casanova wieder in den mit allen Wassern gewaschenen Filou und schmiedet einen Racheplan, nach dessen Verwirklichung Madame F., das *der Hölle entsprungene Scheusal,* glauben muss, dass nicht Casanova es war, sondern sein Diener, der sich *an ihrem Gerippe vergnügt* und sich die Krankheit geholt hat.

Die *reizende Komödie,* der Schelmenroman rundet sich ab, indem Casanova erzählt, wie die Baronin und er sich in *unwandelbarer Zuneigung* voneinander verabschieden und zugleich die Freundschaft zwischen ihm und der Dubois in Leidenschaft und Liebe umschlägt: *Hat die Freundschaft ihren höchsten Grad erreicht, wird sie zur Liebe.*[195] Erst an späterer Stelle der Memoiren wird Casanova mitteilen, dass aus dieser Liebe ein Sohn hervorgegangen ist. Seine melancholische Erkenntnis aus der Begegnung mit der schönen Haushälterin: *sie ist eine der zehn oder zwölf Frauen, die ich in meiner Jugend am zärtlichsten geliebt habe. Sie besaß alles, was man sich für eine glückliche Ehe hätte wünschen können ... Hätte ich eine Frau geheiratet, die so geschickt gewesen wäre, mich zu lenken und zu beherrschen, ohne mich mein Joch fühlen zu lassen, so hätte ich mir mein Vermögen bewahrt, Kinder gehabt und wäre jetzt nicht mutterseelenallein und arm.*[196]

Die Charpillon

Dass ihm so etwas passieren konnte! Und dass er selbst ziemlich genau darüber berichtet: über die Affäre mit einer 17-jährigen Londoner Prostituierten, die ihn aufs Übelste hereinlegt! Gerade erst liegt eine dubiose und demütigende Affäre hinter ihm – die Bekanntschaft mit der Tänzerin Catherine Renaud. Er kannte die Renaud schon von seinem Aufenthalt in Dresden (1753). Sie war die Geliebte des Grafen Brühl, so dass Casanova damals keine Chance bei ihr hatte. Dann aber, 1761, suchte sie sich Casanova als Beute aus. Sie drängte ihn zum Glücksspiel, bis er alles verlor, was er besaß. Als Gegengabe steckte sie ihn mit einer Geschlechtskrankheit an.

Jetzt, im London des Frühsommers 1763 – Casanova ist 38 Jahre alt – wendet er sich der schönen, aber raffinierten 17-Jährigen zu. Sie heißt Marianne Brunner, nannte sich Augspurgher und hat in England den Namen Charpillon angenommen. Sie lebt mit ihrer Mutter und drei Tanten zusammen. Die Mutter und ihre Großmutter, die eine Pfarrerstochter ist, haben eine Karriere als Prostituierte hinter sich. Die drei Tanten verdienen ihr Geld als Kupplerinnen und vermarkten auch ihre Nichte. Marianne ist eine Kindfrau. Sie erregt sofort Casanovas Aufmerksamkeit. Und ehe der auch nur ahnen kann, was ihm bevorsteht, hat sie ihn auch schon an der Angel. Ihre Devise: alles nehmen, alles versprechen, nichts geben. Im Rückblick zeichnet er ihr Bild trotz der schlimmen Erfahrung mit zärtlicher Faszination: *Ihre Haare waren kastanienbraun, ihre Augen blau. Ihre Haut vom reinsten Weiß ... Ihre Brust war klein, aber vollkommen, ihre Hände weich, zart und ein wenig länger als gewöhnlich, ihre Füße zierlich und ihr Gang sicher und hoheitsvoll. Ihre sanften, freimütigen Züge verrieten ein Gemüt, das die Zartheit der Empfindung kannte, und jene Vornehmheit, die man im allgemeinen nur durch hohe Geburt erwirbt. In diesen beiden einzigen Punkten hatte die Natur Gefallen daran gefunden, ihr Gesicht lügen zu lassen ... Dieses Mädchen hatte von vornherein die Absicht, mich unglücklich zu machen, noch bevor sie mich kennengelernt hatte; und sie hatte es mir sogar gesagt.*[197] Die 17-Jährige erweist sich trotz ihrer sanften Schönheit als »Furie der Verneinung und Vernichtung«.[198]

Casanova tritt als verschwenderischer Gönner auf, überhäuft das hübsche Mädchen mit Geschenken, lädt sie samt Mutter und Tanten zum Dinner ein und lässt keine Gelegenheit aus, in ihre Nähe zu kommen. Sie aber weicht immer wieder aus, lässt ihn abblitzen und ermuntert ihn geschickt zu weiteren Vorleistungen. Als er den Damen schließlich sogar ein Haus in Chelsea mietet und einen Unterhaltsvertrag für die Mutter unterschreibt, hofft er, nun endlich Marianne als Geliebte zu gewinnen.

Am ersten Abend im neuen Haus schützt das Mädchen Unwohlsein vor. Als Casanova entdeckt, dass dies gar nicht der Wahrheit entspricht, gerät er außer Kontrolle und ohrfeigt sie. Im gleichen Augenblick aber regt sich sein Gewissen als Gentleman: Er entschuldigt sich, indem er einen großen Wandspiegel und ein zwölfteiliges Teeservice aus Meißener Porzellan spendiert. In den Memoiren schildert er, schonungslos gegen sich selbst, wie er völlig außer sich war vor Begehren. Nahezu um jeden Preis will er Marianne zu seiner Geliebten machen. *Aber die kleine Hexe hatte sich vorgenommen, meinen Plan zu vereiteln.*[199]

Casanova ist nicht mehr bei sich: Er nimmt sogar hin, dass er Marianne mit einem Friseur im Bett vorfindet. Er verprügelt den Friseur und zerschlägt jedes Möbelstück, das ihm in die Quere kommt. Aber er wendet sich nicht ab von der durchtriebenen Kindfrau, die ihn von sich fernhält und doch nicht loslässt. Er versucht, sie *mit Sanftmut, Zorn, Vernunftsgründen, Vorhaltungen, Drohungen, Wut, Verzweiflung, Bitten, Tränen, Unterwürfigkeit und bitteren Schmähungen* für sich zu gewinnen.[200] Vergeblich. Er ist wehrlos gegen dieses üble Spiel von Verweigerung, neuer Verlockung, Anmache und wieder neuer Verweigerung. Casanova hat einfach kein Instrumentarium bereit, um mit einer solchen Frau umzugehen.

Schließlich verliert er sich selbst so weit, dass er glaubt, seinem Leben ein Ende machen zu müssen. Mariannes Mutter hatte ihm mitgeteilt, ihre Tochter liege im Sterben und habe bereits die letzte Ölung empfangen. Unter dem Eindruck dieser Nachricht schreibt er ein Testament zugunsten von Signor Bragadin und geht los, um sich in der Nähe der Westminster Bridge zu erschießen. Er plant, dies so zu tun, dass er dabei in den Fluss stürzt. Die Rocktaschen hat er sich mit Blei gefüllt. Ein Venezianer stirbt im Wasser. Und wenn er nicht in Venedig sterben darf, will er wenigstens symbolisch, im Wasser treibend, den Tod in Venedig finden.

Es kommt jedoch anders: Auf der Brücke sieht ihn ein Freund, erkennt die Situation und überredet ihn, mit ihm durch das Viertel zu ziehen. Sie landen in einigen Etablissements und schließlich im Tanzlokal Ranelagh House. Was Casanova dort sieht, heilt ihn mit einem Schlag von seiner selbstzerstörerischen Obsession: Die Charpillon tanzt ausgelassen ein Menuett und ist keineswegs, wie ihre Mutter behauptet hatte, todkrank. Casanova erkennt, wie sehr er sich täuschen ließ, und glaubt, sich in einem Bordell über die Demütigung hinwegtrösten zu können. Dort aber muss er feststellen, dass der ganze Ärger ihn impotent gemacht hat. Voller Wut verklagt er jetzt Mariannes Mutter wegen Wechselbetrugs und Erpressung, sie ihrerseits klagt gegen ihn wegen Vergewaltigung.[201]

Casanova datiert mit seiner unglücklichen Beziehung zur Charpillon das Ende seines glückhaften Liebeslebens: *An diesem verhängnisvollen Tag zu Anfang September 1763 begann ich zu sterben und hörte auf zu leben.*[202]

Die Verhältnisse werden allmählich eng für ihn. Sein Vermögen ist geschrumpft. Er hat bereits wieder Schulden aufgehäuft, und die nächste Wechselaffäre dürfte nur eine Frage der Zeit sein. Bevor er heimlich aus London verschwindet, lässt er sich aber noch zu einer lächerlichen Rache verleiten: Er kauft einen Papagei, bringt ihm den Satz bei: *Miss Charpillon ist eine noch größere Hure als ihre Mutter,* und verkauft den Vogel wieder, zur Schadenfreude des zwielichtigen Milieus, in das er durch seine eigene Verwegenheit geraten war.

Eine weitere Episode beschließt seine Erinnerung an den Aufenthalt in England. Sie mutet an wie das Satyrspiel nach der Tragödie: Casanova wird verhaftet, weil er angeblich den Plan gefasst habe, das Gesicht der Charpillon zu entstellen. Vor dem Richter kann er jedoch glaubwürdig versichern, dass er niemals auch nur die Absicht gehabt habe, worauf dieser ihm lakonisch erwidert: *In diesem Falle beglückwünsche ich Sie. Sie werden zum Mittagessen zu Hause sein.*[203]

Es dauert jedoch nicht lange, bis Casanova wieder in eine Affäre mit geplatzten Wechseln verwickelt wird. Er erkennt jetzt, dass er diesmal sogar um sein Leben fürchten muss, weil die englische Justiz schnell mit einem Todesurteil bei der Hand ist. In Geldangelegenheiten versteht man in London keinen Spaß.[204] *Wenn man Abenteuern nachläuft, kann man in dieser Welt allzu leicht wegen Kleinigkeiten gehängt werden, wenn man nur ein wenig beschränkt und unachtsam ist.*[205]

Casanova war weder beschränkt noch unachtsam. Trotzdem fängt er sich zu allem Überfluss auch noch eine besonders schwere Form der Gonorrhoe ein, so dass er auf ärztliche Hilfe angewiesen ist. Er reist so schnell wie irgend möglich ab: über Dover und Calais nach Brüssel, von dort nach Ypern und Tournai. In Wesel am Niederrhein lässt er sich endlich überreden, eine Kur zu machen. Sechs Wochen benötigt er, um sich in der Obhut eines kundigen Arztes bei absoluter Ruhe ausheilen zu lassen. Erst jetzt, 1764 in Wesel, war sein englisches Abenteuer wirklich beendet. Er reist über Braunschweig und Wolfenbüttel nach Berlin.[206]

Die Affäre hat auch ihr Gutes: Casanovas Verhältnis zu Frauen ändert sich durch die Erfahrung mit der Charpillon so grundlegend, dass realistische Vorsicht zu einem Grundzug seines Wesens wird. Von nun an schützt er sich selbst durch die gesunde Furcht vor Verwundung und Demütigung, auch wenn er nach wie vor Liebe und Geborgenheit sucht. Es scheint, als habe seine draufgängerische und angstfreie Neigung zu den Frauen durch die Erfahrung mit der Charpillon einen Bruch erfahren, der in letzter Konsequenz sogar seine sexuelle Potenz beeinträchtigt hat.

Viele Züge der Lebensweise Casanovas passen genau in die libertinistische Sexualmoral des 18. Jahrhunderts, dessen Oberschicht unter dem Firniss einer oberflächlich begriffenen Aufklärung und unter dem Einfluss politischer und gesellschaftlicher

Umwälzungen die philosophische und ethische Orientierung
verloren hatte. Ein Blick auf Casanovas schriftstellerisches Werk
wird zeigen, wie er dieser Orientierungslosigkeit zu begegnen
sucht und wie sich »über alles Liebesgetümmel hinaus« der
Autor Casanova erhebt.[207]

Lia

Auch nach der Erfahrung mit der Charpillon bleibt Casanova
bei seinem Lebensthema: dem Reigen der Liebe, den er mit
immer neuer Verliebtheit von vorn beginnt und mit immer neuer
Leidenschaft tanzt. Noch als alter Mann, beim Niederschreiben
seiner Erinnerungen, philosophiert er über die Liebe: *Unerklär-*
liche Liebe! Gott der Natur! Nichts ist süßer als ihre Bitternis,
nichts ist bitterer als ihre Süße. Göttliches Ungeheuer, das man
nur mit widersprüchlichen Definitionen fassen kann.[208]

Das göttliche Ungeheuer beginnt ihn zu demütigen. Er ist gerade 46 Jahre alt, als er von tiefer Resignation befallen wird: *Ich*
fühlte mich nicht mehr jung. Sechsundvierzig Jahre erschienen
mir ein hohes Alter. Es geschah mir zuweilen, dass ich den Lie-
besgenuss weniger stark, weniger bezaubernd fand, als ich ihn
mir vorher vorgestellt hatte. Außerdem nahm schon seit acht
Jahren meine Manneskraft allmählich ab.[209]

Er nimmt wahr, dass er die Frauen nicht mehr auf den ersten
Blick fasziniert, sondern erst viel reden muss, bevor eine Frau
ihm ihre Aufmerksamkeit schenkt und ihre Gunst wie eine
Gnade gewährt.

Wie im Licht der Herbstsonne, die erst langsam die Morgen-
nebel vertreibt, erscheint das Liebeserlebnis, das Casanova als
letztes in den Memoiren erwähnt, ohne genaue Datierung: die Begegnung mit der schönen Jüdin Lia. Wiederum zeigt seine Darstellung alle Merkmale einer literarischen Gestaltung. Immer
wieder durch retardierende Momente die Spannung steigernd,
schildert Casanova das Aufblühen einer wunderbaren Zuneigung. Erst ganz allmählich gelingt es ihm, die scheinbare Inte-

resselosigkeit des Mädchens zu überwinden und dabei zu entdecken, dass hinter der natürlichen Sprödigkeit Lias eine jungfräuliche und neugierige Liebeskünstlerin steckt.

Am Anfang dieser Episode steht eine Reisebekanntschaft. Casanova nimmt den jüdischen Kaufmann Mardochai in seiner Kutsche mit. Die Reise geht von Senigallia nach Ancona. Mardochai ist Geldverleiher und lädt Casanova ein, in seinem Haus ein Zimmer zu mieten und dort zu wohnen, solange er in Ancona zu bleiben gedenkt. Seine Tochter Lia[210] werde sich um ihn kümmern. Als Casanova diese Tochter beschreibt, *eine achtzehn- oder zwanzigjährige Schöne, die ganz treuherzig vor mir in einem Leibchen erschien, das ihre feste, alabasterweiße Brust kaum verhüllte*[211], ist dem Leser der Memoiren klar, wie die Geschichte weitergehen wird.

Casanova beginnt zu flirten, Lia ziert sich: *Kein Kuss, keine Berührung.* Casanova erkennt, dass Lia genau weiß, wie sie auf einen Mann wirkt, und außerdem sehr neugierig ist. Casanova tut den nächsten Schritt und zeigt dem Mädchen die erotischen Miniaturen von Pietro Aretino, die er in einer Kassette mit sich führt.[212] *Lia begann zu lachen und erklarte, das sei gut gemalt.*[213]

Mit jedem Blick steigt die Spannung zwischen den beiden. In der Nacht bemerkt Casanova Licht im Nebenzimmer und sieht durch einen Türspalt, wie Lia vollkommen nackt mit einem ebenfalls nackten jungen Mann die Stellungen des Aretino eine nach der anderen wie eine gymnastische Übung ausprobiert. *Sie sprachen flüsternd miteinander und boten mir alle vier oder fünf Minuten ein neues Bild. Der Wechsel der Stellungen ließ mich Lias Schönheiten in allen Einzelheiten sehen.*[214]

Casanova ist erregt und empört zugleich. Er beschließt, sofort abzureisen, und segelt mit einer Barke in Richtung Fiume. Doch nach zwanzig Meilen dreht der Wind so ungünstig, dass der Kapitän nach Ancona zurückfährt und Casanova in Mardochais Haus zurückkehrt. In der Nacht schleicht sich Lia in Casanovas Zimmer: *Sie trat ans Bett, ließ ihren Rock fallen, dann ihr Hemd, warf die Decke beiseite und schmiegte sich an mich.*[215] Casanova entjungfert sie und bleibt vier glückliche Wochen in Ancona. Dann bricht er nach Triest auf. Sein Ziel: Venedig.

Zum Hintergrund der Erzählung über Lia gehört Casanovas naiv-katholischer Antijudaismus, für den die Juden die Gottesmörder sind, die Jesus ans Kreuz geschlagen haben und die im Übrigen üble Wucherer sind, wenn man sich bei ihnen Geld leiht. Diese religiös begründete Feindseligkeit diskutiert Casanova in aller Offenheit mit Lias Vater und überrascht den jüdischen Kaufmann sogar mit hebräischen Zitaten aus der Bibel. Seine Vorurteile und Ressentiments vergisst er jedoch in den Armen der schönen Lia.

Die Kinder

Wie viele Kinder Casanova gezeugt hat, wird ebenso wenig nachzuzählen sein wie die Zahl der Frauen, mit denen er geschlafen hat. In den Memoiren erzählt Casanova von seinen Söhnen und Töchtern eher beiläufig, wenn auch nie ohne Stolz. Auch wenn er mit seinen Kindern nie zusammengelebt hat, ja oft viele Jahre über nicht einmal von ihrer Existenz wusste und ihnen erst spät begegnete – er war stolz auf sie und glücklich darüber, Kinder zu haben. *Ich lachte innerlich darüber, dass ich überall in Europa Söhnen von mir begegnete.*[216] Noch mehr freute er sich, wenn er einer seiner Töchter begegnete.[217]

Casanovisten haben neun natürliche Kinder Casanovas gezählt, was angesichts seiner sexuellen Aktivität und der damals höchst unvollkommenen Verhütungsmöglichkeiten keine hohe Zahl ist.[218]

Die Vermeidung von ungewollten Schwangerschaften ist, trotz oder wegen der sexuellen Freizügigkeit im 18. Jahrhundert, ein ständiges Thema in den Memoiren. Wiederholt berichtet Casanova von einem Coitus interruptus, seiner wohl bevorzugten Methode der Verhütung.[219]

Häufig ist auch vom Gebrauch der damals üblichen Kondome die Rede.[220] Casanova nennt die Präservative *traurige Futterale.*[221] Kurioserweise hatten die Kondome an der offenen Seite ein Zugband, das zu einer Schleife gebunden wurde und zugleich als Schmuck gedacht war.[222] Casanova zieht eine Art Kugelpessar vor, eine Goldkugel, die er dann auch im Besitz der Partnerin belässt: *Es genügt, wenn während des Gefechtes die Kugel in der Tiefe der Liebeskammer liegt. Das Metall besitzt eine Abwehrkraft, die jede Empfängnis verhindert.*[223]

Man machte sich im 18. Jahrhundert also durchaus Gedanken über die Verhütung ungewollter Schwangerschaften. Aber die Entschlossenheit zu verhüten hielt sich in Grenzen. Die Geburt eines Kindes wurde mehr oder weniger als unvermeidliches Naturereignis empfunden. Zwar wurden Abtreibungen vorgenommen, war jedoch ein Kind erst einmal geboren, wurde es fast immer akzeptiert und, wenn es nicht bei der Mutter bleiben konnte, in Adoptionsfamilien oder Klöstern versorgt und großgezogen.

So überrascht es nicht, dass Casanova mit einem gewissen Gleichmut reagiert, wenn er unerwartet auf ein von ihm gezeugtes Kind stößt. Er zeigt Vaterstolz, wozu auch gehört, dass er bei einigen seiner Kinder ausdrücklich und ohne jede Verlegenheit hervorhebt, dass sie ihm wie aus dem Gesicht geschnitten sind. *Ihre Züge waren genau die meinen, nur waren sie bei ihr schön.*[224]

Andere seiner Kinder ähneln eher der Mutter, was für Casanova zur Folge hat, dass er sich, wie im Fall der schönen Leonilda, auf der Stelle unwissentlich in seine Tochter verliebt.[225] Die 17-Jährige ist die Mätresse des Herzogs von Matalone, dem Impotenz nachgesagt wird und der mit seiner Ehefrau in Paris lebt, in Neapel aber, »um die Form zu wahren«, eine Geliebte hat, eben die schöne und geistreiche Leonilda. Das Mädchen beherrscht mehrere Sprachen, liebt das Theater, die Oper und die Literatur. Sie residiert in einem herrschaftlichen Haus, das dem Herzog gehört und überall mit erotischen Zeichnungen geschmückt ist, was der Potenz des Herzogs aber auch nicht aufhilft. Casanova dagegen steht, wie immer, sofort in Flammen, und seine Idee, die charmante Person umgehend zu heiraten, stößt nicht nur bei Leonilda auf Begeisterung. Auch der Herzog, der eine elegante Möglichkeit sieht, sich seiner Geliebten zu entledigen, begrüßt Casanovas Idee.

Zügig wird ein Hochzeitstermin festgesetzt und Leonildas Mutter benachrichtigt. Die Dramaturgie der Erzählung in der *Geschichte meines Lebens* nähert sich dem ersten Höhepunkt. Die glückliche Braut schreibt ihrer Mutter: *Kommen Sie rasch, liebe Mama, zur Unterzeichnung meines Ehevertrages mit einem Mann, den ich aus den Händen seiner Durchlaucht erhalte und mit dem ich am Montag nach Rom abreise.*[226]

Als Leonildas Mutter in Neapel erscheint, um den zukünftigen Mann ihrer Tochter kennenzulernen, stößt die Schwiegermutter in spe einen schrillen Schrei aus. Sie erkennt im Schwiegersohn ihren früheren Geliebten – und Leonildas Vater. *Das war der Augenblick, in dem uns die Erhabenheit der Tragödie überwältigte.*[227] Dem bis zur Stunde ahnungslosen Casanova bleibt also wieder einmal die eheliche Bindung erspart. Um in der erhabenen Tragödie nicht das Gesicht zu verlieren, bietet Casanova nun der Mutter an, sie zu heiraten.

Leonildas Mutter ist Lucrezia Castelli, die er vor 18 Jahren geschwängert hatte. Er war damals 19 Jahre alt, Lucrezia 29 und verheiratet mit dem Anwalt Castelli. Auf dem zweiten Höhepunkt seiner Geschichte – der Anwalt kommt vorübergehend gar nicht mehr vor – geht Casanova mit Mutter und Tochter ins Bett. In allen Einzelheiten schildert er, wie er, Lucrezia und Leonilda sich ausziehen, Küsse und Umarmungen bis zum *Liebestod* austauschen, die Tochter der Mutter mit der Hand zum Orgasmus verhilft und beide Eltern sich an der nackten Schönheit ihrer Tochter erfreuen: *Liebe Freundin, wir haben einen Engel in die Welt gesetzt.*[228]

Diese Episode, deren geschichtliche Wahrheit von etlichen Historikern und Interpreten der Memoiren angezweifelt wird,[229] erreicht noch einen dritten Höhepunkt: Neun Monate nach der Liebesnacht mit der Tochter wird ein gesunder Knabe geboren. Dieser Sohn und Enkel in einer Person wird jedoch in den Memoiren nicht einmal mit einem Namen ausgestattet. Was für den Sohn seiner Tochter gilt, trifft auch für die meisten der anderen Nachkommen zu: Sie bleiben namenlos. Sie werden nur nebenbei erwähnt. Es gab eben keine wirkliche Lebensbeziehung zwischen Casanova und seinen Kindern. Es gab weder das Prinzip

Familie noch das Prinzip Verantwortung. Casanova macht sich keine Gedanken, weder über den Unterhalt noch die Erziehung und Ausbildung. Die Kinder sind für ihn ein Kollateralereignis, ein biologischer Nebeneffekt seiner Liebesabenteuer.

Dies so zu verstehen war keine besondere Eigenart Casanovas. Es entsprach dem Stil der Zeit. Man leitete, trotz der mangelhaften Verhütungsmöglichkeiten, aus einer sexuellen Begegnung weder eine dauerhafte Verpflichtung noch eine bleibende Verantwortlichkeit ab. Die Leichtigkeit, mit der die Männer und Frauen bestimmter Kreise im 18. Jahrhundert sexuelle Kontakte aufnahmen, schloss nicht nur eine gewisse Leichtfertigkeit ein, sondern auch die lockere Entschlossenheit, sich durch eine sexuelle Begegnung nicht aus der Bahn werfen zu lassen. Als Casanova sich 1763 in London nach einem schnellen Gelegenheitsbeischlaf in einer Kutsche darüber wundert, dass die Partnerin ihn zwei Wochen später nicht mehr zu kennen scheint, muss er sich sagen lassen: *Ich erinnere mich sehr gut; aber solche Narreteien geben noch kein Recht auf Bekanntschaft.*[230]

Casanova notiert diese Episode als kuriose Erfahrung. Denn es gehört zu seinem Charakter, dass er jede Frau als Person ernst genommen hat, so dass er niemals aufhören konnte, jeder einzelnen Partnerin auf Augenhöhe zu begegnen, solange sie seine Geliebte war – und meistens auch noch ein wenig danach.

DER FEMINIST

Casanovas Liebesabenteuer sind nicht wirklich das wichtigste oder gar einzige Thema seiner Memoiren. Vieles, was er gedacht und aufgeschrieben hat, passt überhaupt nicht in das gängige und immer wiederholte Klischee eines hemmungslosen Zwangskopulanten, der die Qualität seines Liebeslebens und die Quantität seiner Liebesabenteuer miteinander verwechselt. Die Züge dieses ungebändigten, ungezügelten und ungezähmten Mannes, der hinter seinen Masken und hinter Pudergesicht und Perücke zu erkennen ist, müssen möglicherweise ganz neu interpretiert werden. In Wirklichkeit war er auch, vielleicht sogar vor allem ein Mann, den man heute mit Fug und Recht einen Feministen nennen würde, einen veritablen Feministen.

Junge Leute von heute beantworten die Frage, wer ein Feminist sei, erstaunlich entspannt und gänzlich undogmatisch: »Was ich überhaupt nicht fasse ist, dass so wenige Menschen sich als Feministen definieren, egal ob Frauen oder Männer. Weil, wer Gleichberechtigung befürwortet, ja per Definition auch Feminist ist.«[231]

Ähnlich locker ist Casanovas Haltung, und sie ist, wenn auch nur in Nebensätzen, auch schon von Fachleuten gewürdigt worden. Der Biograph Roberto Gervaso schrieb 1977 die folgende Charakteristik Casanovas: »Venuspriester, Diplomat, Philosoph, Geschäftsmann, Wissenschaftler, Kabbalist und nicht zuletzt ein großer, wenn nicht sehr großer Schriftsteller; und erst recht ein Feminist im wahrsten Sinne des Wortes, ein Verfechter der natürlichen Rechte der Frauen, ihr Freund und Vertrauter.«[232]

Casanova war kein Theoretiker der Aufklärung. Er war ja überhaupt nur in Ansätzen ein Theoretiker. Seine gesellschaftlichen Überzeugungen wuchsen aus der Erfahrung und dem pragmatischen Denken einer aufgeklärten Vernunft, ganz gleich, um welchen Lebensbereich es sich handelte. So wünschte er sich die Frau als geistvolle und ihr eigenes Leben lebende Partnerin. Seine geistige Unabhängigkeit zeigte sich aber auch in anderen Fragen: Jenseits aller Dogmatik und trotz seiner kirchlichen Prägung trat er gegen das korrupte Mönchswesen in Italien an oder lehnte generell den Gewissenszwang in kirchlichen Kreisen ab.

Casanova war also nicht der frühe Systematiker eines feministischen Weltbildes oder der Exponent einer feministischen Doktrin.[233] Aber er hatte Anteil an den Gedanken der europäischen Aufklärung und stand damit am Anfang jenes Zeitalters, das feministische Gedanken überhaupt erst ermöglichte, formulierte und notwendig machte.[234] Zwar teilte er nicht die politischen Positionen der sich ankündigenden Französischen Revolution. Er war ein Anhänger des alten Systems, für das jeder Hauch von Demokratie und jeder Gedanke an politische Gleichheit oder Gleichberechtigung ein Gräuel war. Aber in seinen anthropologischen Überzeugungen lehnte er – mehr praktisch als theoretisch – jede Form der Ungleichheit, Diskriminierung oder Unterdrückung ab, erst recht eine Unterdrückung von Menschen aufgrund ihres Geschlechts. Sexismus war ihm ebenso fremd wie Rassismus.

Allein deshalb ist die These, Casanova sei ein Feminist, weder eine Provokation noch grober Unfug, sondern einer ernsthaften Prüfung wert. Wie an einem Geländer kann man anhand dieser These den Weg in eine historische Epoche zurückverfolgen, die aus heutiger Sicht insgesamt eher ein gestörtes Verhältnis zur Gleichberechtigung der Frau hatte.

Natürlich ist es vor allem eine Frage der Definition oder der Doktrin, ob man es für gerechtfertigt hält, Casanova einen Feministen zu nennen. Simone de Beauvoir – Alice Schwarzer nennt sie die »einflussreichste weibliche Intellektuelle des 20. Jahrhunderts« und die »führende Denkerin des universellen Feminismus«[235] – schreibt in ihrem bahnbrechenden Buch *Das andere Geschlecht* über Stendhal als feministischen Mann: »Gewöhnlich sind die Feministen rationale Geister, die in allen Dingen den universalen Gesichtspunkt hervorkehren. Stendhal aber befürwortete nicht nur im Namen einer allgemeinen Freiheit, sondern im Namen des individuellen Glückes die Emanzipation der Frauen.«²³⁶

Auch Casanova hat im Namen des individuellen Glücks die traditionellen Rollenzuweisungen seiner Zeit zwar nicht abgeschafft, aber immer wieder durchbrochen. Er wollte, dass eine Frau, in die er sich verliebt hatte, selbstbestimmt handelte. Er hat jede Frau, die er begehrte, als gleichberechtigte Partnerin gesehen, die selber darüber bestimmen kann, ob sie Sex mit ihm haben will oder nicht. Er überlässt deshalb den Frauen die Initiative, wenn es um den Zeitpunkt oder den Ort eines Treffens geht. Er respektiert das Recht der Frau, über ihren Körper selbst zu entscheiden – auch wenn er seiner männlichen Natur folgt und die Rolle des undomestizierten Verführers annimmt und hemmungslos ausspielt.

Natürlich kann man auch Formulierungen und Situationen aus den Bekenntnissen seiner Memoiren zusammenstellen, in denen Casanova nach feministischen Maßstäben als gedankenloser Macho erscheint. Die allgemeine Promiskuität des panerotischen 18. Jahrhunderts, deren Nutznießer er war, ging ja doch zu Lasten der Frauen, zumindest, was all die ungewollten Schwangerschaften und Abtreibungen betrifft.

Zweifellos hat auch Casanova einen Teil der untergründig wirksamen Vorurteile seiner Zeit übernommen und sich entsprechend seltsam anmutende Gedanken gemacht. Zum Beispiel: *Die Frauen haben also recht, wenn sie unserem Verlangen nicht nachgeben. Aber wenn das Verlangen beider Geschlechter gleich stark ist, warum geschieht es dann nie, dass sich ein Mann einer Frau versagt, die er liebt und die um ihn wirbt? Der Grund kann nur in Folgendem liegen: Dem Mann, der liebt und sich geliebt weiß, sind die Freuden, die er seiner Überzeugung nach dem geliebten Wesen schenkt, wichtiger als jene, die sie ihrerseits bei der Vereinigung zu schenken vermag. Aus diesem Grund drängt es ihn, sie zu beglücken. Der Frau, die in ihren eigenen Interessen befangen ist, müssen die erlebten Freuden wichtiger sein als jene, die sie schenkt; deshalb schiebt sie die Hingabe hinaus, so lange sie kann, denn wenn sie sich ergibt, fürchtet sie, das zu verlieren, woran ihr am meisten liegt, ihre eigenen Freuden ...* [237]

Der abstruse Gedankengang gibt einfach das männliche Vorurteil wieder, dass der Mann hauptsächlich das Glück der Partnerin herbeiführen wolle, die Frau dagegen vor allem die eigenen Interessen und die eigene Lust im Sinn habe. Der altruistische Mann schaut also von oben herab auf das egoistische Weib. Hier denkt Casanova nicht auf der Höhe seines eigentlichen Niveaus.

Gravierender noch ist eine »Notiz über den Liebesgenuss«, in der er zu einem Vergleich greift, der ganz dazu angetan ist, alle seine feministischen Einsichten und Ansichten Lügen zu strafen. Allen Ernstes vergleicht er die Frau mit einem Ragout, das der Mann verspeist. *Beim Verspeisen von verschiedenen Ragouts empfindet er* (der Mann) *jedes Mal ein anderes Vergnügen. Dasselbe ist der Fall beim Genuss der Liebe. Jede Frau ist ein von allen anderen verschiedenes Ragout.*[238] Dieser sprachliche Fehlgriff scheint ein frivoles Bild des Verhältnisses von Mann und Frau zu offenbaren. Aber dieses Bild wird zur Ausnahme, sobald man sich die anderen Zeugnisse von Casanovas Frauenliebe vergegenwärtigt.

Casanova lernt erst allmählich, die gesellschaftlichen Zusammenhänge zu durchschauen. So wundert er sich, dass in Frankreich die Mädchen so früh und so schnell verheiratet werden. Erst langsam begreift er, warum das so gehandhabt wird: weil ein Mädchen durch die Heirat gesellschaftlich existent wird und erst dann die Chance hat, neben einem Mann und trotzdem selbständig zu leben – vor allem dann, wenn die Frau neben ihrem Ehemann einen Liebhaber haben und dadurch eine Ahnung von Autonomie erfahren kann.[239]

Dem notorischen Liebhaber Casanova schwebt ein ganz anderer Weg zur Selbständigkeit der Frau vor. Die Vorurteile seiner Zeit über Männer und Frauen hat er in sich und für sich aufgelöst und – wenn auch nicht immer verbal und begrifflich, so doch in der Praxis des Lebens – überwunden. Jede Gewaltandrohung oder gar Gewaltanwendung aufgrund von Überlegenheitsgefühlen oder Überlegenheitsideologien ist ihm zuwider. Als er sich einmal, außer sich vor Zorn, hinreißen lässt, gegen eine Frau vorzugehen, wie im Fall der Prostituierten Charpillon, entschuldigt er sich sofort und unternimmt alles, um den Fehler wiedergutzumachen.[240]

Dass er immer die ungebundene Freiheit des Nichtverheirateten einer ehelichen Bindung vorzog, offenbart zwar seine Widersprüchlichkeit, seine Ambivalenz und Inkonsequenz, bestätigt ihn aber als Feministen. Er hat weder die Frau noch sich selbst in die Fesseln einer konventionellen Ehe mit den starren Rollenzuweisungen des 18. Jahrhunderts zwingen wollen. Zwar hat er gelegentlich mit dem Gedanken an eine Heirat gespielt und mehreren Frauen die Ehe versprochen. Letztlich aber hat er die Einbindung in ein System gegenseitiger Abhängigkeiten zu vermeiden gewusst. Damit hat er – so, wie die rechtlich organisierte Ehe seiner Zeit nun einmal aussah – die Frauen vor einer rigiden Vereinnahmung durch den Mann in Schutz genommen. *Ich kannte mich zu gut, um nicht vorauszusehen, dass ich in einem geordneten Ehestand unglücklich würde, und damit auch meine Partnerin.*[241] Wenn Casanova also immer wieder die Ehe vermeidet oder verweigert, auch wenn er sie einige Male verspricht, umgeht er die sozialen und wirtschaftlichen Implikationen der Eherealitäten seiner Zeit.

Trotzdem ist die Gleichberechtigung von Männern und Frauen für ihn ein unveräußerliches Menschenrecht. Gerade weil er die Ehewirklichkeit seiner Zeit für sich selber als Lebensmöglichkeit ausschließt, ist die Gleichberechtigung von Mann und Frau für ihn selbstverständlich, auch wenn er die Rechte der Frau nicht formell zu seinem Thema macht. Trotz seiner theologischen Ausbildung wäre er zum Beispiel nie auf den Gedanken gekommen, den die scholastische Theologie im Anschluss an Aristoteles allen Ernstes formuliert hat: dass die Frau, verglichen mit dem Mann, ein unfertiger und misslungener Teil der Schöpfung sei – ein Naturwesen, das vom Mann als Kulturträger bevormundet und beherrscht werden müsse. Eine derartige Verachtung und Benachteiligung der Frau aufgrund ihrer Geschlechtszugehörigkeit war für Casanova indiskutabel.

In indirekter Form, nämlich in der Form einer Satire, hat Casanova einige Ansätze zu einer Theorie des Feminismus formuliert. Er erzählt in seinen Memoiren, wie er in einer Buchhandlung in Bologna zwei Druckschriften geschenkt bekommt. Ein schielender Abate überreicht ihm *die neuesten Früchte des Genies zweier junger Professoren der Universität.* Die erste der Schriften verkündet, man müsse den Frauen alle Fehler verzeihen, *weil sie von der Gebärmutter abhängig seien, die sie gegen ihren Willen handeln lasse.*[242] Die zweite Abhandlung[243] ist eine Kritik der ersten und behauptet, der Uterus könne die Vernunft der Frau gar nicht beeinflussen, weil *die Anatomie noch nie den geringsten Verbindungsgang zwischen diesem Eingeweide, der Hülle des Fötus, und dem Gehirn entdeckt habe.*

Sofort reizt es Casanova, eine Widerlegung zu schreiben. In drei Tagen formuliert er seine Entgegnung: *Ich machte mich über die beiden Verfasser lustig und behandelte den Stoff leichthin, jedoch nicht ohne ihn ernstlich zu prüfen.*[244] In Anlehnung an Horaz nennt er die Satire *Lana Caprina* und entlarvt mit diesem Hinweis auf die »Ziegenwolle« oder den »Ziegenbart« den ganzen Disput der beiden Professoren als einen Streit um nichts.[245] *Ich bin jener, der sich über beide lustig macht.*[246] Der Titel nennt das Problem: Es ist gar keins. Es ist ein Streit um des Kaisers Bart, viel Lärm um nichts, viel Aufhebens um ein bisschen Ziegenwolle.

Die »profeministische Satire« (Gervaso) verhöhnt die damals verbreitete Meinung, wonach die Frau, wenn sie denn überhaupt denkt, mit dem Uterus denkt und deshalb nicht einmal über einen eigenen Willen verfügt. Casanova lässt sich sehr detailliert auf die Argumente der beiden Gegner ein. Die Detailgenauigkeit bringt ihn in eine gewisse Abhängigkeit vom Klein-Klein der beiden Mediziner, so dass der Schwung der eigenen Gedanken manchmal gebremst wird. Trotzdem gelingen ihm brillante Angriffssentenzen: *Die Frau hat einen Uterus, der Mann hat Sperma – das ist schon der ganze Unterschied. Wenn aber die Gedanken aus der Seele und nicht aus dem Körper kommen, weshalb inkriminiert der Autor den weiblichen Uterus, nicht aber das männliche Sperma?*[247] Casanova argumentiert ganz klar, dass die Denkfähigkeit weder mit dem Uterus noch mit dem Sperma zu tun hat – eine Argumentation, die offenbar nötig war wegen der beiden Autoren, gegen die er sich wendet. Ebenso eindeutig ist seine Schlussfolgerung: dass *die Frau als Frau und der Mann als Mann denkt,* weil Männer und Frauen anders erzogen werden und andere Rollen in der Gesellschaft spielen, der Mann zum Beispiel von Kindheit an auf Angriff und Verteidigung getrimmt ist, tötet und getötet wird.[248] Von hier aus ist auch der Weg nicht mehr weit bis zu der Meinung, dass die Frauen *in der Welt mehr Gutes und weniger Schlechtes tun als die Männer.*[249]

Casanova formuliert also, fernab von jeder Form der Gleichmacherei, seine Theorie der Gleichberechtigung von Mann und Frau. Seine Gedanken sind emanzipatorisch. Sie zielen, ohne jede feministische Dogmatik, auf die Anerkennung und Gleichstellung der Frau. Roberto Gervaso hat also recht, wenn er schreibt: »Casanova macht sich hier in einer Weise zum Fürsprecher weiblicher Rechte, die selbst heute noch als revolutionär-emanzipatorisch bezeichnet werden muss.«[250]

Niemals hat er sich mit jener Denktradition identifiziert, die später, im Jahre 1900, zu einer Publikation mit dem Titel *Über den physiologischen Schwachsinn des Weibes* führen konnte.[251] Er hat den Aberglauben der zeitgenössischen Medizin bekämpft, wonach Frauen mit der abenteuerlichen Begründung für unzurechnungsfähig erklärt wurden, es gebe keine physische Verbindung zwischen der Gebärmutter und dem Gehirn. Deshalb bestehe zwischen Weiblichkeit und Vernunft keinerlei Zusammenhang. Casanova dagegen argumentiert aufgeklärt und führt die Unterschiede zwischen den Geschlechtern auf die Erziehung und die gesellschaftlichen Bedingungen weiblicher Lebensverwirklichung zurück.

Wenn es denn in der Gesellschaftstheorie und im philosophischen Menschenbild der Aufklärungszeit noch die Meinung gab, die Frau sei ein zweitrangiges Geschöpf und nur der Mann sei das »Ebenbild Gottes«, dann hat Casanova sich dieser Art von Männlichkeitswahn nicht angeschlossen, auch wenn er in manchen Einzelheiten der Lebenspraxis ein Mann seines Jahrhunderts blieb.[252]

Trotz seiner individuellen Hochschätzung der Frau gehörte Casanova nicht zu den Vorkämpfern der Frauenemanzipation – natürlich nicht. Die umfassende Befreiung der Frau von der wirtschaftlichen, gesellschaftlichen und psychologischen Abhängigkeit vom Mann lag außerhalb von Casanovas Horizont.[253] Die Thesen und Theorien des gerade erst aufkommenden Feminismus konnten ihn noch nicht bewegen, auch wenn er selber ganz ähnliche Thesen und Theorieansätze formuliert hat. Die Frage ist deshalb vor allem: Lebte dieser Mann in seiner Grundhaltung Frauen gegenüber so, dass man ihn einen Feministen nennen kann?[254]

Simone de Beauvoir hat so gefragt. Sie schreibt über Stendhal, dieser habe »tief romantisch« und zugleich »entschieden feministisch« gedacht: »In seinen Augen ist die Frau ganz einfach ein menschliches Wesen.«[255] Der Vergleich zwischen Casanova und Stendhal ist naheliegend. Immerhin hat der französische Kritiker Paul Lacroix 1857 gemeint, Stendhal sei der Verfasser der *Geschichte meines Lebens,* Casanova habe zwar gelebt, aber nur jemand vom Range Stendhals habe so schreiben können.

Casanova ist der Gegentyp zu Don Juan geworden.[256] Man kann ihn aber nicht in der Rolle eines Typs oder Gegentyps belassen, selbst wenn er sich selbst zum Typ stilisiert hätte.[257] Ein biographisches Porträt kann und muss den Typos Casanova individualisieren und ihm dadurch seine Einmaligkeit und Unverwechselbarkeit lassen. Das heißt gerade nicht, ihn zu idealisieren oder als singuläre Ausnahmeerscheinung zu verstehen. Casanova bleibt ein Kind seiner Zeit. In der Alchemie seiner Persönlichkeit verschmelzen seine Individualität und sein Zeitalter in einer einzigen Rolle, die er mit Lust und Talent und mit der Bereitschaft, Grenzen zu überschreiten, gespielt hat.

Der Mann von Welt

Casanovas Memoirenwerk zeigt seinen Verfasser als das, was er immer sein wollte: als Grandseigneur und Chevalier, als Mann von Welt. In seinen Erinnerungen ist Casanova dies voll und ganz. Immer ist er offen und neugierig auf Menschen zugegangen, die ihn spontan interessierten und bei denen er das gleiche Interesse voraussetzte oder im Augenblick der Begegnung wahrnahm. Und immer wollte er dazugehören, wenn er auf jemanden stieß, den er schätzte oder sogar bewunderte.

Seine Weltläufigkeit hatte sich früh herausgebildet. Im Kontakt mit vielen herausragenden Zeitgenossen aus Kultur und Politik weitete sich sein Horizont, baute sich seine Menschen- und Weltkenntnis auf. Er wurde der Mann von Welt, der er von Geburt nicht war, vielleicht aber doch von Geblüt.

Im Alter von 25 Jahren hielt Casanova es für nützlich, einer Freimaurerloge beizutreten. Es war in Lyon, im August 1750, auf der Durchreise von Venedig nach Paris. Er wurde Lehrling in einer Loge, die sich »Amitié, amis choisis« nannte. Die nächsten Stufen, die des Gesellen und des Meisters, erreichte er in Paris, in der »Loge des Herzogs von Clermont«. Über beide Logen ist wenig bekannt. Auch Casanova hält sich auffällig bedeckt. In den Memoiren teilt er nur sehr karg mit, *eine ehrenwerte Persönlichkeit* habe ihm dazu verholfen, *unter die Erleuchteten aufgenommen zu werden*. Anschließend schreibt er von einem Geheimnis der Freimaurerei, das geheim bleiben solle und das ohnehin niemand verraten könne, weil niemand es kenne.[258]

Es fällt auf, dass Casanova sehr selten auf die Freimaurerei zu sprechen kommt, obgleich es in seiner Zeit nahezu selbstverständlich war, dass Künstler, Intellektuelle und Adlige irgendeiner Loge oder irgendeiner Geheimgesellschaft angehörten, und obgleich er sicherlich von den Kontakten zu Freimaurern profitiert hat. Die Geheimgesellschaften waren damals – es gab noch keine politischen Parteien – nahezu das einzige Forum, auf dem über die Standesgrenzen hinweg ein freier Gedankenaustausch über politische und religiöse Fragen möglich war. *Jeder junge Mann, der reist, um die große Welt kennenzulernen, der sich heutzutage niemandem unterlegen und sich nicht vom Verkehr mit seinesgleichen ausgeschlossen sehen will, muss sich in das einführen lassen, was man die Freimaurerei nennt, und sei es auch nur, um wenigstens oberflächlich zu wissen, was das ist.*[259]

Die Geheimhaltungspraxis der Freimaurer gab Anlass zu wilden Spekulationen und abenteuerlichen Gerüchten: In geheimen Ritualen mit rätselhaften Symbolen, Zeichen und Sprüchen würden die Mitglieder zwar nicht nur nach mystischen Erkenntnissen und wahrer Humanität streben, sie hätten zugleich auch die Weltherrschaft im Sinn – und das sei eben eine Gefahr für alles Bestehende. Es ist im Dunstkreis dieser Gerüchteküche nicht verwunderlich, dass Casanovas Einkerkerung in die Bleikammern von Venedig unter anderem mit seiner Zugehörigkeit zu den Freimaurern begründet wurde und man ihm damit subversive Umtriebe unterstellte.

Dass Papst Clemens XII. im Jahre 1738 alle Freimaurer durch die Bulle »In eminenti« mit Exkommunikation bedrohte, hat kaum einen Freimaurer veranlasst, den Logen den Rücken zu kehren und auf die Erweiterung seines Horizonts zu verzichten. Obgleich Casanova sich als römisch-katholisch verstand, hat er sich nicht nur den Freimaurern, sondern auch dem Bund der Rosenkreuzer angeschlossen, dem noch stärker elitebewussten Ableger der alten Logen. Casanova wollte seine Neigung zu Magie und Alchemie ausleben und sich daran von niemandem hindern lassen. Er dachte hier wie seine ungleichen Brüder im Geiste, Cagliostro und Saint-Germain, die ebenfalls zugleich Freimaurer und Rosenkreuzer waren.[260] Casanova setzte darauf, dass ihm die europaweiten Verbindungen der Geheimbünde die Türen öffneten, durch die er gehen wollte. Der Fürst de Ligne, Graf Lamberg oder Graf Waldstein sind nur einige der

Namen, die für diese Verbindungen stehen. Es gab in diesen Jahren kaum einen Philosophen, Literaten oder Musiker, der keine Verbindung zu den Logen gehabt hätte.

Auch bei seinen geschäftlichen Unternehmungen spielte die Verbindung zur Loge eine Rolle, so zum Beispiel in Amsterdam, als ein gewisser Mijnheer D. O. ihn einlud, mit ihm in der Loge zu soupieren, und Casanova am nächsten Tag diskret erklärte, er habe in einer Gesellschaft gespeist, die über dreihundert Millionen verfügen könne.[261]

Hermann Kesten geht, was Casanovas Verbindung zu den Freimaurern angeht, noch einen Schritt weiter. Er vermutet, unter Berufung auf den Casanovaforscher Joseph Le Gras, Casanova sei schon ab 1760 ein Agent und geheimer Funktionär der Großloge gewesen. Er habe die Aufgabe gehabt, die internationalen Verbindungen der Freimaurer zu pflegen, Geheimbefehle zu überbringen und Berichte über den Zustand der einzelnen Logen anzufertigen. Nur so seien seine unaufhörlichen Reisen und seine finanziellen Spielräume zu erklären. Seine Tätigkeit für die Freimaurer sei die eigentliche Taktgeberin für seine oft unvorbereiteten Aufenthalte in den europäischen Zentren und seine plötzlichen Aufbrüche gewesen. Gegen diese Vermutung spricht allerdings, dass Casanova weder in seinen Memoiren noch in seinen Briefen jemals andeutet, für die Freimaurer unterwegs gewesen zu sein. Er verweist zwar einmal auf Geheimnisse, die er mit sich trage – aber dabei kann es sich auch um kleinere politische oder wirtschaftliche Missionen gehandelt haben.[262]

Winckelmann

1760 in Rom: die große Welt der Künstler, Literaten und Intellektuellen, der die gebildeten und wohlhabenden Kardinäle samt ihren Mätressen zusätzlichen Glanz verliehen. Im Hause der Contessa Cheraffini, der Mätresse des Kardinals Albani, lernt Casanova Johann Joachim Winckelmann kennen und befreundet sich mit ihm.[263] Casanova nennt ihn Abate Winckelmann. Der schon damals berühmte Archäologe war nach einem Studium der evangelischen Theologie zum Katholizismus konvertiert und wurde 1763 Präsident der Altertümer und Scriptor der Vatikanischen Bibliothek. Da zu dieser Zeit auch Giacomos Bruder Giovanni als Maler in Rom lebt – Giovanni Casanova arbeitet im Auftrag des Kardinals Albani mit dem Maler Anton Raphael Mengs zusammen und wohnt, wie Mengs, im Haus Via Vittoria 54, in der Nähe der Piazza d'Espagna – kommt Giacomo mit vielen Künstlern der Stadt in Berührung. Hier trifft er auch Mengs, der mit Winckelmann eng befreundet ist. *Winckelmann schlug mit den Söhnen und Töchtern von Mengs, die ihn über alles liebten, auf dem Fußboden Purzelbäume.*[264]

In den Memoiren erwähnt Casanova auch die homosexuellen Neigungen Winckelmanns. Offenbar hat der große Archäologe mit Casanova darüber gesprochen, nachdem dieser unabsichtlich Zeuge geworden war, wie ein junger Bursche aus dem Arbeitszimmer Winckelmanns flüchtete und dabei noch seine Hosen ordnete. *Sie müssen wissen, sagte Winckelmann, dass ich nicht nur alles andere als ein Päderast bin, sondern auch mein ganzes Leben lang erklärt habe, ich könne nicht begreifen, wie diese Neigung dem Menschengeschlecht so verlockend habe erscheinen können. Wenn ich Ihnen das nach dem sage, was Sie gesehen haben, werden Sie mich für einen Heuchler halten. Hören Sie die Erklärung! In meiner langen Beschäftigung mit der Antike bin ich zuerst ihr Bewunderer, dann ihr Anbeter geworden; und deren Vertreter waren, wie Sie wissen, fast alle Anhänger der Knabenliebe, ohne ein Hehl daraus zu machen ...*[265]

Voltaire

Intensiver als mit Winckelmann ist die Begegnung und intellektuelle Auseinandersetzung mit Voltaire, den Casanova im gleichen Jahr 1760, vom 21. bis 24. August, anlässlich einer Reise durch die Schweiz aufsucht. In Solothurn, damals der Sitz des französischen Gesandten in der Schweiz, hatte er soeben eine Rolle in Voltaires Theaterstück *Le Café ou l'Ecossaise* übernommen. Durch die Einrichtung des Liebhabertheaters war es möglich, dass auch Laienschauspieler auf der Bühne auftraten.

Auf dem Weg zu Voltaire besucht Casanova in Roche bei Montreux den berühmten Arzt, Botaniker und Dichter Albrecht von Haller. In einem Brief von Louis de Muralt-Favre an Haller ist zu lesen: »Nach dem Besuch bei Ihnen möchte er noch Voltaire besuchen, den er auf die vielen Fehler in seinen Büchern hinweisen möchte.«[266] Diese oberlehrerhafte Attitüde Casanovas ist bemerkenswert. Ob sie eine gute Voraussetzung für eine glückliche Begegnung mit Voltaire ist? Kann ein Gespräch der beiden auf Augenhöhe überhaupt zustande kommen? Wird es den berühmten Voltaire nicht eher befremden, dass jemand wie Casanova so etwas überhaupt für denkbar hält? Jedenfalls erwähnt Voltaire an keiner Stelle den immerhin viertägigen Besuch. Nicht einmal den Namen Casanovas erwähnt Voltaire. Casanova hingegen widmet der Begegnung mehr als zwanzig Seiten in seinen Memoiren.[267]

Voltaire ist 66 Jahre alt, als er den 35-jährigen Casanova an seinem Wohnsitz Les Délices bei Genf empfängt.[268] Voltaire ist der gefeierte und umstrittene Olympier, der Autor von berühmten Romanen wie *Candide* oder Bühnenwerken wie *Brutus*. Er arbeitet an einem Philosophischen Taschenwörterbuch und kulturhistorischen und geschichtsphilosophischen Werken wie dem *Versuch über die allgemeine Geschichte, über die Sitten und den Geist der Nationen von Karl dem Großen bis in unsere Tage*. Er gilt als der intellektuelle Statthalter der Aufklärung in Europa und ist eine nahezu kultisch verehrte Autorität. Casanova dagegen ist ein Niemand, berühmt eigentlich nur wegen seiner spektakulären Flucht aus den Bleikammern.[269] Es ist eine asymmetrische Konstellation: Hier der auf dem Höhepunkt seines Ruhmes stehende Dichter und Philosoph, der, von den einen bejubelt, von den anderen gehasst, wie ein König des Geistes seine Audienzen gibt; dort der junge Abenteurer, der zwar klug und witzig auftreten kann, der aber trotzdem alle Zweifel an seiner

Seriosität zu rechtfertigen scheint. Der junge Mann gibt sich als Intellektueller, den kein Argument aus der Fassung bringen kann. Erst der alte Memoirenschreiber von Dux wird zugeben, dass er bei Voltaire wohl kaum den richtigen Ton getroffen hat: *Wir gingen dann zu Monsieur de Voltaire, der eben in diesem Augenblick von der Tafel kam. Er war von Adligen und Damen umgeben; so fiel meine Vorstellung recht feierlich aus. Diese Feierlichkeit war weit davon entfernt, mich bei Voltaire in günstiger Weise einzuführen.*[270]

Immerhin hat Voltaire ihn empfangen und sich vier Tage lang auf ihn eingelassen. Neben angeregter Tischplauderei – Casanova schildert sie in aller Ausführlichkeit – diskutiert man über Sprache und Dichtung, Tasso und Ariost, Homer, Dante und Petrarca, aber auch über Politik, Geschichte und Religion: über die sogenannte Konstantinische Schenkung, jene historische Fälschung, die den Anspruch des Papstes auf einen Kirchenstaat begründen sollte zum Beispiel. Auch über die Staatsform Venedigs und die Meinung Voltaires zu Religion und Kirche wird diskutiert.

Dabei zeigt sich, dass Casanova ein völlig anderes Verständnis von Bedeutung und Funktion der Religion hat als der französische Aufklärer. Die Gedanken der französischen Enzyklopädisten sind ihm fremd geblieben. Er lehnt sie ab. Voltaire will die Religion samt Kirche ausradieren (»zermalmt die Niederträchtige«). Casanova aber hält den religiösen Glauben samt Aberglauben für ein notwendiges und nützliches Instrument des Regierens: Der Aberglaube ist notwendig für die Existenz der Menschheit. Das Volk kann überhaupt nur zu seinem Wohl regiert werden, wenn es in religiöser Angst vor Strafe und ewiger Verdammnis lebt. Aberglaube ist Lebenshilfe. Klärt man die Massen auf, ist das der Beginn von Chaos und Anarchie. Wäre Voltaire ein wahrer Philosoph, so Casanovas Meinung, hätte er die Religion als *conditio humana* unangetastet gelassen. Diese Einschätzung wird sich in späteren Jahren, als Casanova öffentlich und als Geheimagent gegen Voltaire polemisiert, noch verfestigen und verschärfen. Aber bei seinem Besuch in Les Délices ist Voltaire, der wie immer von Verehrern und vor allem von schwärmerischen Frauen umgeben ist, noch recht zutraulich. Er führt den Gast sogar in sein Schlafzimmer, wo Casanova auf einem Tisch die *Summa Theologiae* des Thomas von Aquin bewundern kann, während der Gastgeber die Perücke und die Haube wechselt.

Wie eine Nachricht aus fernen Welten ist Casanovas Bericht darüber, wie Voltaire und er über die italienische Literatur nicht nur gescheite Gespräche führen, sondern auch ganze Sequenzen auswendig rezitieren. In einem untergründigen Wettstreit trägt zunächst Voltaire zwei lange Abschnitte des 34. und 35. Gesangs aus dem *Rasenden Roland* von Ariost vor, *ohne auch nur einen einzigen Vers auszulassen, ohne ein einziges Wort metrisch falsch zu betonen.*[271] Casanova ist ganz in seinem Element – Horaz, Vergil, Petrarca und Ariost sind die Leitsterne an seinem literarischen Götterhimmel – und erwidert mit einem Vortrag von 36 Strophen aus demselben Werk. Er rührt sich und seine Zuhörer zu Tränen. Auch Voltaire zeigt sich begeistert und umarmt seinen Gast. *Er umarmte mich, dankte mir und versprach, am nächsten Tag die gleichen Stanzen vorzutragen und ebenfalls zu weinen.* Lapidar vermerkt Casanova dazu: *Er hat sein Wort gehalten.*[272]

Die Ankündigung Voltaires, er werde am nächsten Tag weinen, klingt allerdings ein wenig so, als wolle er sich über seinen Gast lustig machen. Casanovas Schlussbemerkung nimmt diese Stimmung auf und wirft den Ball zurück. Jedenfalls verläuft die Begegnung zwischen Voltaire und Casanova in heiterer, geistreicher und herzlicher Stimmung, wenn auch die Dialoge bisweilen giftig sind und Voltaire nicht immer überspielen kann oder will, dass er mit dem jungen Italiener, der ihm eher wie ein oberflächlicher Schöngeist vorkommt, wenig anfangen kann.

Es ist deshalb nicht erstaunlich, dass der begonnene Diskurs zwischen den beiden nicht fortgeführt wird. Man hätte erwarten mögen, dass sich aus der Begegnung in Les Délices eine Freundschaft oder wenigstens ein Briefwechsel ergeben hätte – wie es wenige Jahre später zwischen Voltaire und dem Fürsten de Ligne geschah. Aber wenn Voltaire sagt, sein Ziel sei es, den Aberglauben abzuschaffen, musste Casanova sich auf der anderen Seite des Flusses vorfinden: Seine Nähe zur Magie und zur

Kabbala, seine alchemistischen Versuche und seine Behauptung, mit den Geistern der Toten kommunizieren zu können, schließen letztlich einen dauernden Gedankenaustausch mit Voltaire, dem Statthalter der rationalistischen Aufklärung, ebenso aus wie seine gegensätzlichen Meinungen zur Religion.

Anders bei Charles Joseph de Ligne, der schon zum Zeitpunkt seiner Begegnung mit Voltaire der »Prince Charmant de l'Europe« genannt wurde und später ein enger Freund Casanovas wurde. Er hatte 1763 einen Besuch bei Voltaire gemacht, war acht Tage geblieben und sah sich als Granden im Königreich des Geistes, an dessen Bett der große Voltaire schon am frühen Morgen erschien, um das Gespräch vom Vortag fortzusetzen. Voltaire scheint zu spüren, dass er mit Ligne einen der ungewöhnlichsten Menschen seiner Zeit vor sich hat – wie Goethe, der in Ligne den »frohsten Menschen des Jahrhunderts« sah. Aber anders als Casanova war Ligne schon damals ein gefeierter Autor, obgleich er zehn Jahre jünger war.[273] Allein wegen seines literarischen Ruhms mag Voltaire in ihm einen ebenbürtigen Gesprächspartner gesehen haben. Lignes Besuch in Les Délices jedenfalls war ein Ereignis, das Voltaire anschließend in Briefen erwähnte und aus dem sich eine Korrespondenz entwickelte.[274]

Die Beziehung zwischen Voltaire und Casanova gehorchte einem anderen Gesetz: Noch 1766, kurz nach dem Treffen in Les Délices, hatte Casanova Voltaires Stück *Le café, ou l'Eccossaise*[275] ins Italienische übersetzt und war in einer weiteren Inszenierung dieses Stücks als Schauspieler aufgetreten.[276] Dass Voltaire die Übersetzung nicht gelungen fand, steht auf einem anderen Blatt. Voltaires Urteil war wohl kaum der Grund für Casanovas bleibende Verstimmung, die ihn aber nicht daran gehindert hat, den großen Philosophen noch 1797 in seinem kurzgefassten *Abriss meines Lebens* zu erwähnen und ihm dadurch eine wichtige Rolle für sein Leben zuzusprechen. Umso auffälliger bleibt ein Rätsel: Irgendetwas muss im Verhältnis der beiden geschehen sein, das vielleicht gar nichts mit Voltaire, sondern nur mit Casanova zu tun hat. Denn Casanova wird zu einem scharfen Kritiker Voltaires. Am Ende denunziert er sogar dessen Leser bei der venezianischen Inquisition. Wie konnte Casanova einen derart weiten Weg von der Bewunderung zur Denunziation zurücklegen, ohne dies jemals zu erklären?

Als Voltaire am 30. Mai 1778 starb, machte Casanova gerade eine Kur in Abano Terme. Offenbar von der Nachricht überrascht, nimmt er wahr, wie heftig die geistige Welt Europas auf Voltaires Tod reagiert. Man widmet ihm hymnische Nachrufe, benennt Straßen nach ihm, stellt Denkmäler auf. War das zu viel für Casanovas Geschmack? Oder gab es tiefere Gründe für den Groll, den er von nun an gegen den großen Schriftsteller und Philosophen hegt? Vor anderthalb Jahrzehnten hatte er ihn noch voller Bewunderung aufgesucht und war durchaus höflich von ihm empfangen worden. Jetzt verreißt er seine Werke, verhöhnt seine Meinungen. Warum wütet er auf einmal gegen den großen und toten Helden der Aufklärung, warum greift er ihn auch persönlich so hemmungslos an? Voltaire sei egoistisch, aufgeblasen und eitel, erklärt Casanova auf einmal, und habe ohne seine täglichen fünfzig Tassen Kaffee und ohne Opium gar nicht mehr schreiben können.

Warum wird Casanova derart ausfällig? Ist es verletzte Eitelkeit, die ihn nach so vielen Jahren zur Rache für die Sticheleien und Herabsetzungen bei seinem Besuch im August 1764 treibt? Ist es der Zorn des Konservativen über Voltaires politische Meinungen? Oder handelt es sich nur, wie Roberto Gervaso meint, im Jahr 1781 um den Versuch, sich bei der venezianischen Inquisition zu empfehlen, indem er sich von dem verhassten Kritiker des Staates und der Kirche demonstrativ distanziert? Warum nimmt er Voltaire dann aber 1797 wieder in sein Bezugssystem auf? Man kann darüber nur spekulieren. Casanova hatte sich tatsächlich der Staatsinquisition als Informant angedient[277] und schrieb in einem Bericht vom 22. Dezember 1781 an die Geheimbehörde, in einigen Buchhandlungen befänden sich die Werke Voltaires, *unter denen einige gottlos sind*. Als käme er nicht los vom Geist des großen Aufklärers, schreibt er eine *Abhandlung gegen Voltaire* mit dem Titel *Erst denken, dann sprechen*. Casanova setzt der These von Voltaire, der Mensch müsse erst denken lernen, dann könne er auch sprechen, seine Ansicht entgegen, dass der Gebrauch der Sprache allem anderen vorausgehe – eine Kontroverse, die erst durch die Hirnforschung des 20. und 21. Jahrhunderts mit der nötigen Differenziertheit und Genauigkeit erörtert wird. In dieser Sache argumentieren Voltaire und Casanova durchaus auf gleichem Niveau. Gründe für eine Denunziation ergeben sich aus einer solchen Kontroverse jedenfalls nicht. Eigentlich haben beide mehr gemeinsam als sie denken. Sie stehen am gleichen Abgrund, denn die Abgründe des Aberglaubens sind zugleich auch die der Aberaufklärung.

Friedrich der Große

Casanova will um jeden Preis den engen Verhältnissen seiner Herkunft entkommen und ein Leben nach aristokratischem Vorbild führen. Er spricht bei den Königen von Preußen und Polen und bei der russischen Zarin vor, um zu Geld und einer sinnvollen Tätigkeit zu kommen und Aufnahme in die höfische Gesellschaft zu finden. Wie viele andere kreative Geister seiner Zeit[278] wendet er sich zunächst an Friedrich II. von Preußen, der im Ruf steht, eine moderne Staatsidee zu verwirklichen und viele Möglichkeiten zu bieten.

1764, also kurz nach dem Ende des Siebenjährigen Krieges, hält Casanova sich in Berlin auf. Es gelingt ihm, einen Gesprächstermin beim König zu bekommen. Friedrich ist bereit, ihn am 7. Juli um vier Uhr im Park von Sanssouci zu treffen. *Ich ging, in Schwarz gekleidet, um drei Uhr hin. Durch ein kleines Tor gelangte ich in den Schlosshof und erblickte keine Menschenseele, keine Wache, keinen Pförtner, keine Lakaien. Alles lag in tiefstem Schweigen.*[279] Der König war pünktlich. *Kaum hatte er mich bemerkt, kam er auf mich zu, lüftete mit spöttischer Miene seinen alten Hut, sprach mich mit meinem Namen an und fragte mich in abweisendem Ton, was ich von ihm wolle.*[280] Das Gespräch kam mühsam in Gang: Man redete über die Gartenanlagen, die Wasserspiele, die Schwierigkeiten, ausreichenden Wasserdruck herzustellen, über die Seestreitkräfte der

Republik Venedig und über allgemeine Finanz- und Steuerfragen.[281]

Dann auf einmal bleibt Friedrich stehen, baut sich vor Casanova auf, mustert ihn von Kopf bis Fuß und sagt dann: »Sie sind ein sehr schöner Mann.« Ob er beim Anblick des hochgewachsenen Mannes – Casanova misst 1,87 Meter – an seine Grenadiere denkt? Dies jedenfalls kommt Casanova in den Sinn, als er dem König erwidert: *Ist es möglich, dass Eure Majestät nach einem langen, rein sachlichen Vortrag an mir nur die geringste der Qualitäten entdecken, durch die sich Ihre Grenadiere auszeichnen?*[282] Was die Majestät erwiderte, ist nicht überliefert.

Wenige Tage später erhält Casanova die Nachricht, der König habe Gefallen an ihm gefunden und gedenke, ihn *für irgendetwas* anzustellen. Der große Friedrich, der soeben die schlesischen Kriege mehr schlecht als recht hinter sich gebracht hat und sicherlich, gemessen an Casanova, der größere Abenteurer genannt werden muss, denkt also darüber nach, wie er dem schönen Mann eine Anstellung verschaffen kann. Casanova verschiebt daraufhin seine Abreise, wartet und nutzt die Zeit für Besichtigungen und Vergnügungen.

Wie er in seinen Memoiren festhält, hatte er in Berlin eine Tänzerin wiedergetroffen, die er schon als Schüler in Venedig kennengelernt hatte: Giovanna Denis.[283] Sie war das kleine Mädchen, das ihn durch ihren Tanz so bezaubert hatte, dass er ihr einen Ring vom Geld seines Lehrers kaufte.[284] Die Denis ist inzwischen berühmt und hat gute Beziehungen zum preußischen Hof. Giovanna und Giacomo geben sich als Nichte und Onkel aus und flanieren gemeinsam durch Berlin und Potsdam. Sie erleben den König bei einem Konzert im kleinen Orangerietheater des Schlosses Charlottenburg und bei einer Parade in Potsdam. *Er kommandierte sein erstes Bataillon, dessen Soldaten alle in den Uhrtäschchen ihrer Hosen eine goldene Uhr hatten. So belohnte der König den Mut, den sie bewiesen hatten.*[285]

Die Denis und Casanova haben auch Gelegenheit, das in den Jahren 1745 bis 1747 erbaute Schloss Sanssouci zu besichtigen. Der Venezianer ist beeindruckt von der Eleganz des Baus und mehr noch von der Schlichtheit der königlichen Wohnung. *Wir*

erblickten in einer Ecke des Zimmers hinter einem Wandschirm
ein schmales Bett; Hausrock und Pantoffel waren nicht vor-
handen. Der anwesende Diener zeigte uns eine Nachtmütze, die
der König aufsetzte, wenn er erkältet war; sonst behielt er sei-
nen Hut auf, was recht unbequem sein musste.[286]
Casanova nutzt, nach eigenem Bekunden, die Zeit in Berlin
und Potsdam – insgesamt werden es fast drei Monate – für die
Arbeit an seinem utopischen Roman *Icosameron*: Er studiert die
Werke von Tommaso Campanella, Thomas More, Francis
Bacon, Gottfried Wilhelm Leibniz und Athanasius Kircher.[287]
Die schönen Tage mit Giovanna gehen also schnell vorüber.

Fünf bis sechs Wochen nach dem Gespräch mit dem König im
Park von Sanssouci kommt, als Geschenk gemeint, die große
Enttäuschung: Der Lordmarschall teilt mit, Casanova könne in
die Dienste des Königs eintreten – als Erzieher in der gerade er-
öffneten Kadettenschule für pommersche Junker. Casanova
muss an sich halten, *um bei diesem ausgefallenen Vorschlag*
eines sonst doch so vernünftigen Mannes nicht laut herauszula-
chen.[288] Trotzdem besichtigt er die Schule. Er ist überrascht von
der Kargheit der Einrichtung, den ungepflegten Kadetten und
den Erziehern, *die mir wie ihre Diener vorkamen.* Aber damit
nicht genug: Er wird Zeuge eines peinlichen Auftritts mit dem
König in der Hauptrolle. *Mir verschlug es die Sprache, als ich*
sah, wie der große Friedrich in einem Anfall von Zorn einen
Nachttopf beanstandete, der neben dem Bett eines Kadetten
stand und dem Neugierigen den Anblick eines übelriechenden
Bodensatzes bot.[289]
Die anschließende hochnotpeinliche Befragung – Wem gehört
dieses Bett? Wo ist der Erzieher? – wird für Casanova sehr un-
erquicklich. Sie öffnet ihm die Augen für die Realitäten preußischer Lebensart. Die ganze Szene ist offenbar ein Schlüsselerlebnis für den urbanen Rokokomenschen aus Venedig. Jetzt
ist klar, dass er sich ein Leben in einem derartigen System nicht
vorstellen kann, schon gar nicht in diesen nördlichen Breitengra-
den. Die Lebensformen eines venezianischen Lebemannes sind
nicht zu vereinbaren mit dem Lebensstil im Staat des großen
Friedrich. Casanova zieht sich kurzentschlossen *auf Zehenspit-*

zen zurück und geht *zum Lordmarschall, um ihm schleunigst für das große Glück zu danken, das der Himmel mir durch seine Vermittlung bescherte. Er musste lachen, als ich ihm das Ganze in allen Einzelheiten erzählte, und mir recht geben, dass ich eine solche Anstellung verschmähte.*[290]

Katharina die Große

Die nächste Station, am Hof der Zarin Jekaterina Alexejewa. *Es war um die Zeit der Sommersonnenwende des Jahres 1765.*[291] Casanova ist vierzig, die russische Herrscherin 36 Jahre alt. Neun Monate wird sich Casanova am russischen Hof in Sankt Petersburg aufhalten. Er will versuchen, hier eine Stellung zu finden, *obwohl ich selbst nicht wusste, für welche Tätigkeit ich in einem Land geeignet sein könnte, das ich überdies nicht liebte.*[292] Er spricht nicht Russisch und muss sich darauf verlassen, dass auch in Sankt Petersburg Französisch die Hofsprache ist. Casanova hofft, für Katharina interessant zu sein. In ganz Europa war bekannt, dass die Zarin gebildete und tüchtige Menschen ins Land holte.[293] Und er hatte durchaus einiges zu bieten.

Casanova kennt bei seiner Ankunft in Sankt Petersburg niemanden, der ihn der Herrscherin aus deutschem Hause vorstellen könnte.[294] Doch finden sich bald Hofleute, die ihm einen Rat geben: Er solle frühmorgens in den Sommergarten gehen. Dort sei die Zarin sehr häufig anzutreffen. Sie werde ihn sicherlich ansprechen, wenn sie ihn dort erblicke – selbstverständlich in Französisch. So kam es auch. *Die Fürstin war von mittlerer Größe, doch gut gebaut und von einer majestätischen Haltung; sie besaß die Gabe, alle für sich zu gewinnen, die sie an ihrer Bekanntschaft interessiert glaubte.*[295]

Katharina verwickelt den eleganten und attraktiven Fremden sogleich in ein Gespräch. Casanova erzählt vom Preußenkönig – das Interesse der Zarin kann er voraussetzen: der Siebenjährige Krieg ist vorbei, die Machtverhältnisse in Europa verschieben sich. Casanova kommt von sich aus auf die Abweichungen des julianischen vom gregorianischen Kalender. Obgleich in ganz Europa der gregorianische Kalender längst Allgemeingut ist, gilt in Russland noch der julianische.[296] Mit einer Diskussion über dieses Thema will Casanova sich wohl als Fachmann für Kalenderfragen empfehlen. Die Zarin zeigt sich aber als äußerst kundige und selbständig denkende Gesprächspartnerin. *Sie sagte in einfachen Formulierungen ihre Meinung, und ihr Geist schien ebenso unerschütterlich wie ihre gute Laune, deren Gleichmäßigkeit ihr lachendes Gesicht verkündete.*[297] Katharina verteidigt den russischen Kalender, unter anderem mit dem Argument, sie wolle nicht zwei oder drei Millionen ihrer Untertanen um ihren Geburts- oder Namenstag bringen.[298] Auch für die Anpflanzung von Maulbeerbäumen und die Zucht von Seidenraupen kann Casanova die Herrscherin nicht erwärmen – zu Recht nicht, denn das Klima in Russland ist für beides ungeeignet.[299]

Katharina gab sich als Anhängerin der Aufklärung. Sie begann, Volksschulen, Gymnasien und Ingenieurschulen einzuführen, und gründete Hospitäler und Obdachlosenasyle. Im Verlauf ihrer 34-jährigen Regierungszeit wird sie eine einheitliche Verwaltung und Rechtsprechung anstreben und deutsche Bauern ins Land holen (die Wolgadeutschen), denen sie neben Steuerfreiheit und Verfügungsrecht über ihr Land auch die Religionsfreiheit verspricht. Dass sie im Toleranzedikt vom 17. Juni 1773 die Duldung aller religiösen Bekenntnisse verfügt, davon aber die vielen Juden im Land ausnimmt, zeigt allerdings die Grenzen ihrer Aufgeklärtheit. Sie korrespondiert zwar mit Voltaire, Diderot, d'Alembert, Montesquieu und Cesare Beccaria, unter anderem über eine Gewaltenteilung und eine Reform des Strafrechts. Im Regierungsalltag aber stärkt sie die Privilegien des Adels, dem sechzig Prozent vom Grund und Boden gehören. Sie beendet zwar die Leibeigenschaft der Bauern und deren totale Abhängigkeit von ihren Gutsherren, schafft aber damit nur eine neue Abhängigkeit: die vom Staat.

Die neue Abhängigkeit erleichtert den Zugriff des Staates auf die Bauernsöhne für eine Zwangsrekrutierung zur Armee (Staatsbauern). Soziale Unruhen bleiben nicht aus. Gegen sie geht Katharina mit militärischer Härte vor. Auch die Außenpolitik der Zarin ist expansiv. Die Eroberung Konstantinopels und die Neugründung eines byzantinischen Reiches unter Russlands Führung scheitern jedoch.[300]

Casanova ist trotz der Zurückhaltung Katharinas von ihr begeistert. Er hält sie für genialer als den großen Friedrich. Sie ist neu in ihrer Rolle als Herrscherin des riesigen Zarenreichs. Erst drei Jahre zuvor, 1762, war ihr Mann, Zar Peter III. aus dem Hause Holstein-Gottorf, ein Neffe der Zarin Elisabeth, für abgesetzt erklärt, gefangen genommen und getötet worden, wahrscheinlich unter Mitwirkung seiner Ehefrau.

Eine Stellung bietet Katharina Casanova nicht an. Er verlässt Sankt Petersburg. In den Memoiren findet sich keine abschließende Beurteilung, nicht einmal ein Zeichen der Enttäuschung. Reine Spekulation ist jedoch der Gedanke, Casanova hätte sich Hoffnungen gemacht, Katharinas Liebhaber zu werden.

König Stanislaus

Casanova reist über Riga und Königsberg nach Warschau, um dort sein Glück zu versuchen. Er erreicht Warschau im Oktober 1765. Auch hier will er einen Akteur der europäischen Politik auf sich aufmerksam machen: Stanislaus II. August Poniatowski, einen der früheren Geliebten der Zarin,[301] der gerade erst, 1764, von Katharinas Gnaden König von Polen geworden ist und eine eher unglückliche Figur abgibt. Er ist, politisch gesehen, wenig mehr als eine Marionette, eingeklemmt zwischen dem Einfluss Russlands und den Ansprüchen des alteingesessenen polnischen Adels. Poniatowski will, gegen den Willen der Zarin, in seinem Land Reformen durchsetzen. Er bleibt aber nicht Herr der Reformdynamik. Er kann Aufstände und Anarchie nicht verhindern und schwächt damit die polnische Nation so sehr, dass die machtlüsternen Nachbarn Russland, Preußen und Österreich damit beginnen, das Land unter sich aufzuteilen und seine staatliche Existenz auszulöschen.[302]

Von der hohen Politik spricht Casanova in seinen Memoiren nicht. Er berichtet aber, wie er dem König bei einem Essen vorgestellt wird. Eine Reihe von Empfehlungsschreiben hat ihm zu dieser Ehre verholfen, vor allem ein Brief des englischen Botschafters in Sankt Petersburg, Fürst Adam Czartorysky. Fünf Monate lang knüpft Casanova Kontakte am Hof. Er beginnt, sich in die Warschauer Gesellschaft zu integrieren. Da macht eine unglückliche Verkettung von Ereignissen seine Pläne zunichte.

Am 4. März 1766 bittet König Stanislaus Casanova zu einem Abendessen und lädt ihn ein, danach zusammen mit ihm ins Theater zu gehen. Natürlich geht Casanova mit. Aber er weiß offenbar nicht, dass die Warschauer Theatergesellschaft in zwei rivalisierende Fan-Gemeinden gespalten ist: die eine verehrt die Tänzerin Anna Binetti,[303] die andere ist begeistert von Teresa Casacci. Da Casanovas Warschauer Freunde zu den Anhängern der Casacci gehören, hat er sich, ohne lange zu überlegen, der Wahl der Freunde angeschlossen. Die Binetti jedoch empfindet dies als Hochverrat. Sie veranlasst ihren Liebhaber, den Grafen Xaver Branicki, Großmarschall von Polen, einen öffentlichen Streit mit Casanova zu provozieren, um ihn in der Warschauer Gesellschaft unmöglich zu machen.

In der Theaterloge geschieht dann höchst Ungewöhnliches: Graf Branicki nennt Casanova einen »venezianischen Feigling«. Der damit in aller Öffentlichkeit Beleidigte fordert den Grafen zum Duell auf – wie ein Edelmann. Er muss sich aber darauf einlassen, die Pistole und nicht den Degen als Waffe zu nehmen. Das Ritual wird zelebriert. Obgleich Branicki als guter Schütze gilt, kann Casanova ihn verunsichern, indem er ankündigt, er werde auf den Kopf zielen. Beide schießen gleichzeitig. Branickis Kugel streift Casanovas Arm. Der »venezianische Feigling« aber trifft den Bauch des Gegners und verletzt dessen Eingeweide.

Die Affäre wächst sich aus und wird allgemein bekannt. Die Meldung vom Duell geht durch die Presse: Die europäischen

Zeitungen berichten von dem sensationellen Schusswechsel zwischen dem polnischen Grafen und dem reisenden Venezianer von zweifelhafter Herkunft.[304] Die *Vossische Zeitung*, die *Kölnische Zeitung*, das *Wienerische Diarium*, der *London Public Advertiser* berichten. Der Aufenthalt in Warschau wird für Casanova auf einmal zu einem internationalen Erfolg. Die Affäre wird in den weiteren Erzählungen aus dem Leben Casanovas eine ebenso identitätsstiftende Rolle spielen wie der Bericht von seiner Flucht aus den Bleikammern. Denn das Duell war immer noch ein Vorrecht des Adels. Er hatte sich dieses Recht erstritten. Jetzt gehörte er auf einmal dazu.

Die Standesgrenzen waren im 18. Jahrhundert nicht vollkommen undurchlässig. Künstler und Philosophen, Intellektuelle und Wissenschaftler fanden durchaus Zugang zu den Zirkeln der Adligen, wenn sie die Spielregeln der Ständegesellschaft anerkannten, die Regeln der pointierten und witzigen Konversation beherrschten und eine Gesellschaft durch ihren Esprit aufzumischen und die traditionelle Langeweile zu vertreiben wussten. Durch den Ehrenstreit mit dem Grafen Branicki ist Casanova, der Bürgerliche, praktisch in die europäische Adelsgesellschaft aufgenommen. Genau danach hatte er immer gestrebt.

Der Preis allerdings, den er dafür zu zahlen hat, ist nicht gering: Er kann nicht leugnen, sich über ein königliches Verbot hinweggesetzt zu haben. Um über die Sache erst einmal Gras wachsen zu lassen, unternimmt er eine sechswöchige Reise durch die polnische Provinz. Diesmal lässt er sich auf Land und Leute ein, sammelt Beobachtungen und Eindrücke, die er in seinem dreibändigen Werk über die Geschichte der polnischen Unruhen verwerten wird. Er nutzt die Gelegenheit, die politischen Richtungen in Polen zu studieren, und stellt fest, dass Polen zwar (noch) nicht territorial, wohl aber politisch ein geteiltes Land ist: die eine Seite ist russlandfreundlich, die andere orientiert sich nach Westen, besonders nach Preußen.

Als Casanova nach Warschau zurückkehrt, ist die Stimmung völlig verwandelt. Er wird auf einmal kühl, ja abweisend behandelt, und das nicht wegen des Duells. Finstere Gerüchte gehen um: Er sei in Paris *in effigie* gehängt worden, weil er mit Geldern der französischen Staatslotterie durchgebrannt sei. Der König sieht sich gezwungen, Casanova des Landes zu verweisen. Der hat jedoch noch Schulden in Höhe von 200 Dukaten und darf nicht abreisen, ohne diese Summe zu hinterlegen. Als der König davon erfährt, schickt er tausend Dukaten, damit Casanova seine Verhältnisse ordnen und abreisen kann.

Dieser vornehme Stil kennzeichnete den König und die Warschauer Hofgesellschaft, wie Casanova schon vorher erfahren konnte: Sein Duell-Gegner gab eine Ehrenerklärung für ihn ab und blieb mit ihm in Verbindung. Im selben Augenblick, als Branicki schwer verwundet niedergesunken war, hatte er sich als Edelmann erwiesen: *Sie haben mich getötet,* ruft er Casanova zu, *retten Sie sich, sonst verlieren Sie Ihren Kopf auf dem Schafott. Fliehen Sie sogleich, und wenn Sie kein Geld haben, so nehmen Sie hier meine Börse.*[305] In den *Warschauer Berichten* des *Wienerischen Diariums* wird mitgeteilt: »Der berüchtigte Casanova fand sich neulich, nach einer Abwesenheit von einigen Tagen, wieder hier ein, musste sich aber sogleich auf Befehl des Hofes von hier entfernen.«[306] Trotzdem bestätigen, zumindest in Casanovas eigenen Augen, die Ehrenhändel mit dem Grafen Branicki noch einmal den Entschluss von 1759, sich selbst mit dem Adelstitel eines Chevalier de Seingalt zu schmücken – als weitere Legitimation dafür, dass er – selbst wenn seine Herkunft zweifelhaft sein sollte – längst von der europäischen Adelsgesellschaft akzeptiert war.

Die Begegnungen mit dem König von Preußen, der russischen Zarin und dem polnischen König haben Casanova zwar nichts eingebracht, wenn man nur auf die verpassten Chancen einer Festanstellung schaut. Das gilt auch für die entsprechenden Begegnungen mit Maria Theresia und Joseph II. von Österreich, König Karl III. von Spanien und Georg III. von England. Aber für Casanova hatten die Reisen, die Aufenthalte, die Bekanntschaften, die Gespräche einen Wert in sich selbst – für sein Selbstbewusstsein und sein Selbstwertgefühl. Er hat sich auch nie über Erfolglosigkeit beklagt. Er ist inzwischen prominent genug, um an den gesellschaftlichen Höhepunkten des Lebens in Europa teilzunehmen: Er ist dabei, als in einer Sitzung der französischen Akademie der Wissenschaften der erste Aufstieg der Montgolfière, eines von den Brüdern Montgolfier entwickelten unbemannten Heißluftballons, gefeiert wird. Er hat sogar die Ehre, neben Benjamin Franklin zu sitzen.[307] Die Erinnerung daran nimmt er mit in sein weiteres Leben.[308] Er wird sie mitnehmen in sein drittes Leben, die Zeit auf Schloss Dux.

Auch hier, am entlegenen Aufenthaltsort, bleibt Casanova der Mann von Welt. Ganz zu Unrecht hat sich die Nachwelt darauf verständigt, in seiner letzten Lebensphase – also den letzten 13 Jahren seines Lebens – nur noch das Verrinnen der Lebenskraft und der Lebensfreude zu sehen, nur noch die letzte Station auf dem Weg ins Grab. Dieser Blick auf die Jahre in Dux sieht jedoch ab von Casanovas Arbeit als Schriftsteller, von seinen unternommenen Reisen, von seiner Teilnahme an gesellschaftlichen Ereignissen und seiner umfangreichen Korrespondenz. Selbst wenn ihn die *grausame Langeweile* und die Mühen des Alltags in der böhmischen Einöde angriffen: er hat der Frustration eine beachtliche Lebensleistung abgerungen. Die Legende von der trostlosen Langeweile der letzten Jahre sieht auch ab von den Freunden, die Casanova hier trifft, allen voran Charles de Ligne, mit dem er die Faszination für Frauen und erotische Abenteuer teilt, aber auch die Leidenschaft für Literatur und Naturwissenschaften. Ligne besucht, wenn er sich in Teplitz aufhält, den Freund auf Schloss Dux, wie umgekehrt Casanova oft zu Gast in Teplitz ist, wenn er dort am Theater eine Inszenierung auf die Bühne bringt oder aus seinen Schriften vorliest. Ligne ist über weite Strecken der *Geschichte meines Lebens* Casanovas erster Leser. Casanova sieht in ihm nicht nur den Aristokraten, sondern den Schriftstellerkollegen, dem er ebenbürtig ist. Umgekehrt hat man den Eindruck, dass Lignes Freundschaft nicht ganz ohne Herablassung war und der Fürst keinen Augenblick lang vergaß, dass er selber ein Mann des Hochadels und Casanova allenfalls von zweifelhaftem Adel, wenn nicht nur ein Intellektueller ohne Stand und Stammbaum war. Ein Mann von Welt ist Casanova allemal, auch für Charles de Ligne.

Kaum ein Freund der letzten Jahre hat sich so sehr auf Casano-

1 Casanova als
  junger Mann.
  Stich nach einem
  zeitgenössischen
  Bild von
  Francesco
  Casanova.

2 Schloss Dux (Duchov) in Böhmen. Hier wohnte Casanova in den
  letzten Jahren seines Lebens (1785–1798).

Histoire
de Jacques Casanova de Seingalt venitien
ecrite par lui même à Dux
en Boheme *Nequicquam sapit qui sibi non sapit*

Chapitre I.er

L'an 1428 D. Jacobe Casanova né à Saragosse capitale de l'Aragon, fils naturel de D. Francisco enleva du couvent D.a Anna Palafox le lendemain du jour qu'elle avoit fait ses voeux. Il étoit secretaire du roi D. Alphonse. Il se sauva avec elle à Rome où après une année de prison, le pape Martin III donna à D. Anna la dispense de ses voeux, et la benediction nuptiale à la recommandation de D. Jouan Casanova maître du sacré palais oncle de D. Jacobe. Tous les issus de ce mariage moururent en bas âge excepté D. Jouan qui epousa en 1475 Eléonore Albini dont il eut un fils nommé Marc-antoine.

L'an 1481 D. Jouan dut quiter Rome pour avoir tué un officier du roi de Naples. Il se sauva à Come avec sa femme, et son fils; puis il alla chercher fortune. Il mourut en voyage avec Christophe Colombo l'an 1493.

Marc-antoine devint bon poëte dans le gout de Martial, et fut secretaire du cardinal Pompée Colonna. Sa satire contre Jules de Medicis que nous lisons dans ses poésies, l'ayant obligé de quiter Rome, il retourna à Come, où il epousa Abondia Rezzonica.

Le même Jules de Medicis devenu pape Clement VII lui pardonna, et le fit retourner à Rome avec sa femme, où après qu'elle fut prise, et pillée par les imperiaux l'an 1526, il mourut de la peste. Sans cela il seroit mort de misere, car les soldats

3 Die erste Seite der *Geschichte meines Lebens*. »Mein Leben ist mein Stoff, mein Stoff ist mein Leben.«

4 Venedig. Blick auf den Dogenpalast. Gemälde von Michele Marie-
schi. Anfang 18. Jahrhundert.

5 Venedig. Rialtobrücke über den Canal Grande, um 1740.

6 Die Flucht aus den Bleikammern (1756). Kupferstich nach einer
Zeichnung von Jules Adolphe Chauvet.

7 Giovanni Battista Casanova, Giacomos Bruder. Zeichnung von
A. R. Mengs.

8 Venezianer in
Masken.
Gemälde von
Pietro Longhi,
um 1750.

9 Hommage an Casanova. Plakat nach einem Bild von Auguste Leroux.

10 *Ruhendes Mädchen* (Louison O'Morphy). Gemälde von François Boucher, etwa 1752.

11 Manon Baletti.
Gemälde von
Jean-Marc
Nattier, 1757.

12 Die Über-
raschung.

13 Kardinal de Bernis.
Stich von P. Antonio
Pazzi.

14 Voltaire

vas Charakter eingelassen wie Ligne, auch wenn Herablassung oder Distanz des Standesunterschieds zu manchen Widersprüchen oder Überspitzungen führte. In seiner Schrift *Aventuros* schreibt de Ligne: »Er ist ein schöner Mann, wenn er nicht hässlich wäre.« Ligne nennt Casanovas Hautfarbe »afrikanisch«, seinen Stil »langatmig, diffus und schwerfällig«, ermutigt ihn aber gleichwohl immer wieder, die Memoiren ohne Kürzungen zu veröffentlichen und keine falschen Rücksichten zu nehmen. Er bescheinigt dem Freund, dass er nichts ist und nichts hat als einen Mangel an physischen und moralischen Gütern. Trotzdem findet er Casanova »aller Freundschaft würdig«, bewundert seine Originalität, seine Naivität und sein dramatisches Geschick. Er erkennt seine Ehrenhaftigkeit, sein Zartgefühl und seinen Mut an. Bewunderung und Distanz sind bei Ligne immer miteinander verwoben. Dadurch ergibt sich eine komplexe Charakterstudie Casanovas: »Er hat lebhafte und geistreiche Augen, die immer Wachsamkeit, Unruhe und Misstrauen verraten ... Er lacht wenig, aber er bringt die anderen zum Lachen. Er ist ein Born des Wissens, aber er zitiert so oft von Homer und Horaz, dass einem davon übel wird. Er liebt, er begehrt alles, und wenn er alles gehabt hat, kann er auf alles verzichten. Besonders Frauen und junge Mädchen hat er im Kopf, und dass er die nicht so leicht herauskriegt, erbost ihn bis zur hellen Wut: gegen das schöne Geschlecht, gegen sich selbst, gegen den Himmel, gegen die Natur und vor allem gegen das Jahr 1725.«[309]

In Lignes Studie ist der Hinweis auf Casanovas heftige Autoaggression und dessen Wut auf die Stärke seiner erotischen Triebe überraschend. Aus Lignes Sicht ist seinem Freund Casanova jede Art von Abhängigkeit verhasst, selbst die Abhängigkeit von seiner allgegenwärtigen Lust auf sexuelle Aktivität. Casanova hasst sogar die Abhängigkeit von der Unabhängigkeit. Ligne schreibt diese Beobachtung 1795 nieder, greift also in seiner Erinnerung weit zurück. Casanova war damals siebzig Jahre alt, und die Zeiten, in denen er andere zum Lachen brachte, Homer und Horaz zitierte, alles liebte und alles begehrte, waren Vergangenheit. Nur die Wut war noch gegenwärtig.

Wenn Ligne von der hellen Wut seines Freundes auf das Jahr

1725, dessen Geburtsjahr spricht, ist damit ausgedrückt, dass Casanova zeitweilig sich und sein eigenes Leben verachtete. Sogar Selbstmordgedanken waren ihm nicht fremd.[310] Das Thema Selbstmord bewegt ihn so sehr, dass er darüber eine eigene Schrift veröffentlicht.[311]

Die *Geschichte meines Lebens* bricht im Jahr 1774 ab.[312] Aber das Leben ihres Autors geht weiter. Es wäre absurd, sich vorzustellen, die Jahre zwischen dem Abschluss der Memoiren und seinem Todestag hätten für einen Mann wie Casanova darin bestanden, nur noch in seinen Erinnerungen zu schwelgen und ansonsten übelgelaunt zu versauern. Trotzdem: Bei allem vorhandenen Talent, die Zeit in Schloss Dux sinnvoll zu verbringen, haben Casanova auch einsame und öde Stunden niedergedrückt. Er gibt es selber zu. Aber immer gab es auch das andere: Kontakte mit Freunden, Korrespondenz, kürzere Reisen, und immer wieder: Erinnerungen, die glückhaften Gedanken an Liebe und Anerkennung, aber auch die düsteren Rückblicke auf düstere Grenzerfahrungen.

Der Halbweltmann

Casanova, der Mann von Welt, ist auch ein Mann der Halbwelt. Er lässt nichts aus und scheut auch das Zwielicht nicht. Der Leser der Memoiren kann den Eindruck gewinnen, Casanova suche nahezu das zwielichtige Milieu: das Rotlicht, den Spieltisch, den Maskenball. Wenn er auf seinen rastlosen Reisen in einer Stadt oder an einem Hof angekommen ist, stellt er sehr bald die ihm wichtigen Verbindungen her: zu Schauspielern, obskuren Vermittlern von Frauen und Krediten, Kurtisanen der oberen Tausend, Statthaltern der örtlichen Philosophie, Medizin oder Literatur und natürlich auch den Alchemisten und Magiern. Dass Casanova aus sieben europäischen Städten nach mehr oder weniger kurzer Zeit ausgewiesen wurde, lässt den Verdacht aufkommen, es seien vielleicht doch nicht immer nur die städtischen oder staatlichen Stellen, die dafür verantwortlich sind. Es ist eben auch eine Gaunerkarriere, die Casanova in der *Geschichte meines Lebens* beschreibt. Jedes halbseidene Milieu zeigt die schillernden Farben des scheinbaren Vorteils, der gefälligen Täuschung und des augenzwinkernden Betrugs. Casanova macht sich darüber keine Illusionen, wenn er in die Maske des Gauners schlüpft.

Die Vermittlung von Mätressen zum Beispiel war im 18. Jahrhundert, mit der allgemeinen Promiskuität in adligen und großbürgerlichen Kreisen, ein regelrechter Geschäftszweig. Anders als bei der normalen, bindungslosen Prostitution ging es hier um längerfristige Beziehungen, die den ausgewählten Frauen und Mädchen Einfluss und Ansehen, Geld und oft sogar eine respektable Heirat boten.[313] Das ganze System funktionierte nach dem Gesetz von Angebot und Nachfrage und war Bestandteil eines galanten Reigens. Die hohen Herren waren zumeist nicht nur generös, sondern auch anständig. Denn die Spielregeln zwischen den Beteiligten waren von Anfang an klar. Wenn eine dieser

Frauen schwanger wurde, was sehr häufig vorkam und nahezu als normal angesehen wurde, ließ der Erzeuger des Bastards sich zumeist nicht lumpen, beschenkte die junge Mutter reichlich und kümmerte sich um die Unterbringung des Kindes in einem Kloster oder einer Familie. Oft fühlte er sich sogar für die weitere Erziehung der natürlichen Tochter oder des natürlichen Sohnes verantwortlich. Wenn Casanova wirklich der natürliche Sohn des Michele Grimani war, kann er selber als Beispiel für diese Art von Krisenbewältigung gelten.

Casanova hat für sich selbst einige Male einen Vermittler bemüht, wenn er ein länger dauerndes Liebesabenteuer suchte. Immer wieder hat er aber auch die Rolle des Kupplers für andere übernommen, zum Beispiel für König Ludwig XVI. von Frankreich und Kaiser Joseph II. von Österreich. Über die an diesem Spiel beteiligten Personen und die Zeitabläufe ist viel geforscht und viel spekuliert worden.[314] Es scheint jedoch erwiesen zu sein, dass Casanova aus seinen Kupplerdiensten nie ein Geschäft gemacht hat, jedenfalls nicht direkt. Es war eher gesellschaftliches Kalkül, das ihn bewegte, dem König von Frankreich oder dem österreichischen Kaiser junge Frauen zuzuführen. Man darf nicht vergessen, dass sich alles in einem Umfeld abspielte, für das die Vermittlung von jungen Gespielinnen weder etwas Anrüchiges noch etwas Unwürdiges hatte, weder für die Männer noch für die Frauen.

So war es auch im Fall der Marie Louise (Louison) Morphy.[315]

Casanova hatte sich selber für die 13-jährige Louison interessiert, konnte jedoch die 600 Francs nicht aufbringen, die das geschäftstüchtige Mädchen für seine Entjungferung verlangte. Wie er in den Memoiren schreibt, ließ Casanova sie von einem »deutschen Maler« nackt und in lasziver Bauchlage malen.[316] Das Bild wurde dem Pourvoyeur, dem Beauftragten des Königs für die Suche nach jungen Mädchen, zugespielt. Sogar der Name dieses Spezialbeauftragten ist bekannt: ein Kammerdiener namens Saint Quentin. Der König ließ sich das abgebildete Mädchen vorstellen. *Er setzte sich, nahm sie zwischen die Knie, streichelte sie und gab ihr, nachdem er sich mit seiner königlichen Hand vergewissert hatte, dass sie ganz unberührt war, einen Kuss.*[317] Der

König nahm Louison in seinen »Hirschpark« auf, eine Villa in der Nähe von Versailles, deren Name von einem früheren Tiergehege, dem Parc au Cerfs, abgeleitet war. Hier wohnten die Mädchen, die dann vom König inkognito besucht wurden. Bald stieg Louison zur Mätresse auf und gebar dem König zwei Kinder. Nach drei Jahren fiel sie jedoch in Ungnade, weil sie eine indiskrete Frage stellte, zu der sie eine Hofdame in intriganter Absicht angestiftet hatte. Sie fragte den König nach seiner gesetzlichen Ehefrau, also nach der Königin. Auf eine derartige Frage pflegte der König mit dem sofortigen Ende der Beziehung zu reagieren.[318]

In der Welt des Rokoko sind – als Kulisse für all die Masken, Rollen und erotischen Spiele – rauschende Feste die Höhepunkte des gesellschaftlichen Lebens. Glanzvolles Beispiel ist ein Fest, das Casanovas frühere Geliebte Teresa Imer in London gab. Diese Teresa nannte sich in England Madame Cornelys und spielte eine Rolle als Londoner Gesellschaftsdame.[319] Sie verschuldete sich für ihre berühmten Feste, wurde aber von den Engländern geliebt. Sie gab der Londoner Society zwölf Jahre lang Unterricht in Luxus und trug den Ehrentitel »Kaiserin des Geschmacks«. Gustav Gugitz schildert eines ihrer Feste:

»Man sah illuminierte Säulengänge und Triumphbögen, Säle in Gärten verwandelt, mit Orangerien und Springbrunnen geziert, labyrinthische Blumenbeete, transparente Gemälde und Inschriften, Treppen und Zugänge mit farbigen Lampen in Pyramidal- und anderen Formen gestellt und mit Guirlanden geschmückt, amphitheatralisch gestellte Esstafeln, die einen so sonderbaren als schönen Anblick gewährten, eine Reihe von Zimmern, deren jedes vollkommen nach dem Kostüme eines orientalischen Volkes aufs prächtigste möbliert war: persianisch, indisch, chinesisch usw. Bei all diesem herrschte eine Ordnung, die den Glanz der Feste noch mehr erhöhte. Am Stiftungstage brannten in den Sälen und Zimmern gewöhnlich neuntausend Wachskerzen und auch diese mussten durch mannigfaltige Stellungen und Figuren das Auge ergötzen. Die Fee dieses Zauberpalastes wusste von keinem Geldgeize, nur Ehrgeiz war ihre Leidenschaft, sie fand sich durch den außerordentlichen und allgemeinen Beifall belobet, den ihr selbst solche Personen in vollem Maße zollten, die den herrlichsten Festen unseres Weltteils beigewohnt hatten.«[320]

Es gehörte zu Casanovas Reiseleben in Europa, dass er sich wegen irgendeiner Spitzbüberei einige Male Hals über Kopf von einem Ort entfernen musste, um einer Verhaftung zu entgehen. Oft wird er auch kurzerhand aus einer Stadt ausgewiesen – aus unterschiedlichen Gründen: Er musste Florenz verlassen (1760), Modena (1761), Turin (1762), Warschau (1766), Wien, Paris (1767), und noch einmal Florenz (1782). Venedig, seine Heimatstadt, zwang ihn zweimal, ins Exil zu gehen. Mal war es eine Verleumdung, mal waren Gerüchte, mal ungeklärte Wechselgeschäfte, mal ein Duell oder überhöhte Schulden der Grund. In seinen Memoiren notiert Casanova diese einschneidenden Ereignisse sehr nüchtern und lapidar, oft sogar beiläufig, manchmal ohne Schuldzuweisungen und meist ohne Selbstmitleid.

Nach einem Überfall in Wien, durch den er seine Geldbörse eingebüßt hatte, musste er sich vom Polizeipräsidenten, dem Grafen Schrattenbach, vorhalten lassen, er habe gezinkte Karten besessen. Damit habe er gegen die Gesetze Ihrer Majestät der Kaiserin verstoßen, er müsse deshalb Wien innerhalb von 24 Stunden verlassen. Sei er bis zum nächsten Tag nicht abgereist, werde er mit Gewalt aus Wien entfernt. *Überfallen von Spitzbuben, aber auch von maßgeblichen Leuten verhöhnt, unfähig, die einen zu zerschmettern und mich an den anderen zu rächen, abgewiesen von der Gerechtigkeit, wo blieb ich? Was hatte ich getan?*[321] Wie immer, findet Casanova sich jedoch bald mit der Lage ab: *Da ich nun sah, dass ich in dieser verwünschten Angelegenheit niemals Recht erhalten würde, fasste ich den Entschluss, mich nicht mehr aufzuregen und abzureisen.*[322]

Der Abenteurer sucht das Abenteuer. Und er sucht Partner. Bei seiner Suche nach Frauen und Geld, Luxus und Ansehen lässt Casanova sich auf zweifelhafte Kumpaneien ein. Mit untrüglichem Instinkt findet er immer wieder obskure und abenteuerliche Figuren, die zumeist, wie er selbst, kreuz und quer in Europa unterwegs waren, weil sie sich immer nur für eine begrenzte Zeit an einem Ort halten konnten. Casanovas Bereitschaft, die Grenzen des Gesetzes und der guten Sitten zu überschreiten, entfaltet sich fast immer im Kontakt mit solchen Gleichgesinnten oder im Kampf mit notorischen Gegnern.

Wie Cagliostro oder der Graf von Saint-Germain im Allgemeinen, so stehen die Namen Pocchini und Passano im Besonderen für diese Gattung von Menschen zwischen Abenteuer und Gaunerei, Scheinbildung und Scharlatanerie. Antonio Pocchini aus Padua war, wahrscheinlich im Jahre 1741, wegen Zuhälterei auf die Insel Kythera (Cerigo) verbannt worden. Als Casanova auf seiner ersten Reise nach Konstantinopel hier an Land ging und einen Zwischenaufenthalt einlegte, bat Pocchini ihn um Geld. Pocchini wird noch mehrmals in Casanovas Umfeld auftauchen,[323] immer als dubioser Zuhälter, der seine Nichten und sogar eine Tochter vermarktet.[324] Die Erklärung, die Pocchini für seine Existenz als Zuhälter gibt, ist kulturgeschichtlich bemerkenswert. Casanova zitiert ihn: *Unser vorgebliches Verbrechen, das nirgends als solches gilt, bestand in unserer Gewohnheit, mit unseren Geliebten zusammenzuleben und auch auf jene unter unseren Freunden nicht eifersüchtig zu sein, die sie hübsch fanden und sich mit unserer Zustimmung an dem Genuss ihrer Reize erfreuten. Da wir keineswegs reich waren, hatten wir auch nicht die geringsten Bedenken, daraus Nutzen zu ziehen.*[325] Pocchini und seine Kumpane bringen es immer wieder fertig, Casanova in ihre Machenschaften hereinzuziehen. Casanova erkennt, durchaus selbstkritisch, seinen eigenen Anteil an den Verwicklungen: *Alles Unglück, das mir in Stuttgart zustieß, entsprang nur meinem unbesonnenen Verhalten.*[326] Dieses Milieu aus Alkohol und Drogen, Betrügereien und Spielschulden, Wechselgeschäften und Pfandleihen, das Ganze in Verbindung mit offener oder getarnter Prostitution, spiegelt das genaue Bild der Zeit: einer orientierungslosen Epoche zwischen dem verkommenen Ancien Régime und einer erst langsam heraufdämmernden Bürgergesellschaft, die ihren Wertekanon noch nicht entwickelt hat. Nicht nur Pocchini ist ein Produkt dieser Umgebung.

In Zwischenzeiten entstehen Zwischenwelten. Die Halbwelt oder Demi-monde, wie man sie später im 19. Jahrhundert nennen wird, verziert sich gern mit dem Kosmos der Literatur. In Livorno trifft Casanova auf einen Möchtegerndichter, der im Hauptberuf eher ein Gauner und Abenteurer ist. *Hätte ich mir die Zeit genommen, das Gesicht dieses etwa fünfzigjährigen Mannes näher anzusehen, hätte ich ihn als Spitzbuben eingeschätzt; aber seine Sonette lenkten mich ab.*[327] Sein Name: Giacomo Passano. Später wird Casanova von ihm sagen: *Er erwies sich als platter, dummer und böswilliger Schwätzer und als Säufer.*[328] Passano wird sich ebenfalls nicht zurückhalten und Casanova mit krimineller Ausdauer verfolgen. Der Seidenhändler und Bankier Giuseppe Bono berichtet in einem Brief vom Mai 1763 an Casanova, und der referiert es getreulich in seinen Memoiren: *Er will die Öffentlichkeit wissen lassen, dass Sie der größte Schurke sind, den es gibt, dass Sie Madame d'Urfé durch gottlose Lügen zugrunde richten, dass Sie ein Zauberer sind, ein Fälscher, Dieb, Spion, Münzenbeschneider, Verräter, Falschspieler, Verleumder, Wechselbetrüger, Hochstapler, kurz der verbrecherischste aller Menschen ...*[329] Was konnte diesen Passano veranlassen, so scharf gegen Casanova vorzugehen? Und wer war die Madame, die von Casanova angeblich zugrunde gerichtet wurde?

Madame d'Urfé

1757 hatte Casanova im Alter von 32 Jahren in Paris eine 52-jährige Witwe kennengelernt, die sehr reich und sehr überspannt war: die Marquise d'Urfé, eine geborene Jeanne Camus de Pontcarré. Casanova hatte einen ihrer Neffen von einer Ischiasentzündung geheilt, worauf der Geheilte überall von Casanovas Künsten schwärmte und ihm als Dank den Kontakt zu seiner Tante vermittelte – die Bekanntschaft mit ihr könne nützlich sein, da sie über viele Verbindungen und viel Geld verfüge. Madame d'Urfé hatte sich der Geheimlehre der Kabbala verschrieben.[330] Sie war ein bisschen verwirrt und tief davon überzeugt, dass sie mit den Elementargeistern sprechen müsse. *Sie hätte alles, was sie besaß, dafür geopfert ...*[331]

Félicien Marceau zitiert eine zeitgenössische Beschreibung des Pariser Hauses der d'Urfé: »Ihr Haus quoll über von Quacksalbern und Leuten, die den Geheimwissenschaften nachjagten.«[332] Die Marquise hatte sich ein okkultistisches Labor eingerichtet: mit Öfen, Tiegeln und Töpfen und einem speziellen Glühofen, der seit 15 Jahren ununterbrochen in Betrieb war. Sie besaß eine reich ausgestattete Bibliothek mit 40 000 Bänden. Die meisten von ihnen waren Werke der Magie und anderer Geheimlehren – die Grenze zwischen Wissenschaft und okkulten Spekulationen war bis ins späte 18. Jahrhundert fließend.

Die Marquise und Casanova finden schnell zueinander. *Madame d'Urfé hielt mich für reich und bildete sich ein, ich hätte mich mit der Lotterie der Militärakademie nur befasst, um mich zu tarnen. Ihrer Meinung nach verfügte ich nicht nur über den Stein der Weisen, sondern auch über die Fähigkeit, mit den Elementargeistern zu verkehren.*[333] Während eines Spaziergangs im Bois de Boulogne vertraut Jeanne d'Urfé dem kabbala-kundigen Casanova an, sie habe mit Anael, dem göttlichen Freitagsengel, geschlafen. In ihrer Ekstase habe sie aber nicht bemerkt, dass er schiele. Die Madame lebt allen Ernstes in der Wahnvorstellung, dass Männer mit den Elementargeistern sprechen können, Frauen aber nicht. »Sie hatte sich bis zum Wahnsinn in ihren Wahnsinn verstrickt«, resümiert Hermann Kesten.[334] Und Casanova begreift schnell, wes Geistes Kind die Marquise ist. Neugierig und abenteuerlustig, wie er ist, lässt sich Casanova auf ihren Wahnsinn und ihre Wahnwelt ein.

Er nimmt sie nicht vor sich selbst in Schutz, sondern führt sie immer wieder von Neuem hinters Licht. Dabei spielt das immense Vermögen der Madame eine nicht geringe Rolle, ihre verschwenderische Großzügigkeit und ihre sexuelle Begehrlichkeit. Casanova notiert, er habe ihr bald alles entführt: *ihre Seele, ihr Herz, ihren Geist und alles, was ihr an gesundem Menschenverstand verblieben war.*[335]

1758 oder 1759 besuchen beide gemeinsam den großen Jean-Jacques Rousseau, der sich damals in Montmorency als Kopist durchschlug. Die beiden Besucher berichten: *Wir fanden in ihm einen Menschen, der richtig urteilte und sich einfach und be-*

scheiden gab, der aber weder durch seine Person noch durch sei-nen Geist besonders hervorragte.[336]

In seinen Memoiren bezeichnet Casanova Rousseau als Phan-tasten, *ein wenig unhöflich* und *absonderlich,* spricht aber von ihm doch als von einem *unglücklichen großen Mann.*[337] Ver-mutlich hatten sich Rousseau und er kaum etwas zu sagen, schon gar nicht in Gegenwart der Marquise d'Urfé. Sie lebten in verschiedenen Welten.

Im Duxer Nachlass finden sich weitere herabsetzende Bemer-kungen über Rousseau: *Sein Gesicht war unedel, seine Manie-ren abstoßend und seine Reden hatten nie den sichtbaren Schwung, der denkende Menschen mit Geist erfüllt und sie ver-anlasst, ihm auf jede Weise entgegenzukommen.* Die Kritik an Rousseaus Beredsamkeit ist ihm – wohl im Vergleich zur eige-nen – besonders wichtig, weil sie sich seiner Meinung nach *lediglich auf Sophismen, Antithesen, gefällige Paradoxe und schöne Phrasen gründet.*[338]

Die Marquise hatte sich in den Kopf gesetzt – und das war es wohl auch, was Casanova zu diesem Zeitpunkt mehr beschäf-tigte als ein gelehrter Disput mit Rousseau –, als Mann wieder-geboren zu werden und so in Kontakt mit den Elementargeistern zu kommen. Mit der Hilfe Casanovas, dem sie immer wieder Geld zusteckte, wollte sie dieses Ziel erreichen, indem sie durch eine Reihe von magischen Handlungen ihre Seele in den Körper eines neugeborenen Jungen übertrüge und dadurch nach einer bestimmten Zeit selber ein Mann würde. Die Zeremonie der See-lenübertragung sollte als Kult der Mondgöttin Selene begonnen und dann zur Stunde der Sonne, der Venus und des Merkur voll-endet werden. Der Höhepunkt dieses Unfugs, so erinnert sich Casanova, sollte in einer rituellen Kopulation zwischen ihm und Madame d'Urfé erreicht werden, so dass die Marquise den Sohn empfangen konnte, der die Voraussetzung für ihre Wiedergeburt als Mann war.

Ein Bad im Zauberwasser, das Anzünden von Wacholder-branntwein in einer Amphore und das Rezitieren von kabbalis-tischen Orakelsprüchen leiteten die heilige Handlung ein. Da Casanova nicht sicher sein konnte, dass die bejahrte Marquise –

Casanova hielt sie für siebzig – ihm die nötige Erregung und Standfestigkeit schenken konnte, hatte er seine attraktive Freundin Marcolina mitgebracht. Wie Hermann Kesten 1952 mitteilt, nehmen »die meisten Casanovisten« an, dass Marcolina eine Erfindung des Erzählers Casanova ist. Ist es keine Erfindung, wäre die verdichtete Wahrheit der Geschichte diese: Marcolinas Anblick und ihre Nähe hätten bei Casanova für die Begeisterung gesorgt, die er brauchte, um mit der Marquise wenigstens ein einziges Mal zur sexuellen Erfüllung zu kommen und dann auch noch einen zweiten Orgasmus vorzutäuschen. Madame d'Urfé jedenfalls ist selig und bittet Casanova am nächsten Morgen, sie zu heiraten. Gleichzeitig teilt sie mit, sie fühle sich bereits jetzt als Mann. Dass sie beides in einem Atemzug äußert, offenbart ihren jetzt endgültig wirren Geisteszustand nach der magischen Nacht.

Am Morgen wartet man im Hause d'Urfé auf die Vollendung der Seelenübertragung. Am wenigsten allerdings wartet Casanova. Er weiß, was er erwarten kann und was nicht. Schließlich ist er nicht ohne Zynismus ans Werk gegangen: *Selbst wenn ich ihr in ehrlicher Offenheit gesagt hätte, dass alle ihre Ideen Hirngespinste seien, hätte sie mir nicht geglaubt.*[339]

Casanova musste natürlich damit rechnen, dass Madame d'Urfé irgendwann denen glauben würde, für die er ein Scharlatan war, der es nur auf das Vermögen der Marquise abgesehen hatte. Immerhin war es ihm im Lauf seiner Freundschaft mit Jeanne d'Urfé gelungen, sie um etwa eine Million Francs zu erleichtern. Aber in seiner Sicht war dies kaum auf ernsthaft kriminelle Energie zurückzuführen. Vielmehr hatte die Marquise durch ihre Verrücktheit und Verschwendungssucht selber für den Transfer eines Teils ihres Vermögens gesorgt. Ihre Verwandten sahen das anders und waren bald dabei, sich zu formieren und die Erbtante zur Vernunft zu rufen. Offenbar hatten sie dabei auch Erfolg. Denn als Casanova von einer Reise wieder nach Paris zurückkam, konnte er auf einmal nicht mehr bei Madame wohnen und musste in ein Hotel ziehen.

Das Ende der Geschichte von Casanova und der Marquise d'Urfé ist ein Rätsel, das bisher noch kein Casanovist lösen konnte. Im August 1763 teilt die Comtesse du Rumain, eine andere Gönnerin Casanovas, in einem Brief an Casanova mit, Madame d'Urfé sei tot. Tatsächlich aber ist Jeanne d'Urfé erst am 12. November 1775 gestorben. Es bleiben also Fragen offen: Hat Casanova die Todesnachricht geglaubt? Wann hat er die Wahrheit erfahren? Warum erwähnt er bei der Niederschrift seiner Memoiren, also fast dreißig Jahre später, die falsche Nachricht der Comtesse du Rumain? Wollte sich die Comtesse nach Casanovas Bruch mit der Marquise als einzige Gönnerin empfehlen? Oder hat sie nur sagen wollen, dass Madame d'Urfé für Casanova tot sei?

Es ist spekuliert worden, es handle sich wohl um die Ankündigung eines symbolischen Todes, der für das Ende der seltsamen Freundschaft zwischen der Marquise und dem Abenteurer stehe. Félicien Marceau stellt die Frage, ob »das verrückte Testament« eine Rolle gespielt hat, wonach Madame d'Urfé ihr gesamtes Vermögen dem nächsten Kind, das sie gebären werde, vermacht und zugleich Casanova als dessen Vormund eingesetzt habe. Was aber hätte dies mit dem vermuteten oder behaupteten Tod zu tun? Sicher ist nur, dass das Jahr 1763 ein Schlüsseljahr für die Beziehung zwischen Madame d'Urfé und Casanova war. Giacomo Passano war es in diesem Jahr gelungen, ihr Vertrauen in Casanova endgültig zu zerstören.[340]

Könnte die Lösung der Rätsel bei Passano zu suchen sein? Der um 1700 geborene Mann gehört zu den zwielichtigsten Gestalten am Rande von Casanovas Ausflügen in die Halbwelt. Er war, wie gesagt, ein Abenteurer und hatte sich mit mittelmäßigen Dichtungen und gemalten erotischen Miniaturen einen Platz in der Szene erobert. Casanova hatte ihm bei der Posse um Madame d'Urfés Wiedergeburt die Rolle des Frederico Gualdo zugedacht, des geheimnisvollen Obermeisters der Rosenkreuzer. Aber Passano entwickelte sich hinter Casanovas Rücken zum bösen Geist, obgleich er bei ihm unter Vertrag stand.[341] Offenbar wollte Passano bei der Marquise selber die Position Casanovas einnehmen und von ihrer legendären Großzügigkeit profitieren. Passano wollte seine Anschuldigungen auch vor Gericht bringen. Erst als Casanova mit einer Gegenklage droht, zieht er seine Anklage gegen Zahlung von 100 Louisdor zurück.[342] Dies bedeutet jedoch nicht, dass Casanova nun vor seinen Attacken sicher gewesen wäre. Mit übelster Nachrede stellt Passano seinem ehemaligen Dienstherrn bis nach Madrid und Barcelona nach. »Sie irren sich, wenn Sie irgendeinem anderen als Passano die Schuld an Ihrem Unglück geben wollen, dafür habe ich ausreichende Beweise«, schreibt der Bankier Bono in einem Brief, nachdem Casanova in Valencia inhaftiert worden war. Er hatte im Dezember 1768 einen Wegelagerer mit dem Degen verletzt – obgleich der ihn, zusammen mit einem Kumpan, angegriffen hatte.[343] Passano versuchte darüber hinaus, weitere Personen zu gerichtlichen Schritten gegen Casanova anzustacheln, ohne dabei Erfolg zu haben.

Umso erstaunlicher ist, dass Casanova einen Mann mit diesen Absichten als Diener und Sekretär engagiert hat.[344] Casanova konnte zwar immer »fünfe gerade sein lassen«, zumindest auf Zeit. In diesem Fall hatte er aber wohl auch ein gewisses Unrechtsbewusstsein, weil er die finanziellen Zuwendungen der Madame d'Urfé nicht redlich geteilt und sogar Geschenke einbehalten hatte, die für Passano bestimmt waren.

Trotz der wechselnden Stimmungen im Verhältnis der beiden ging Passano immer konsequenter und systematischer gegen Casanova vor. Er sammelte belastendes Material. Dabei glaubte er, auch bei einer früheren Geliebten Casanovas fündig werden zu können: bei Teresa Imer, die er unter dem Namen Madame Cornelys in London aufgetan hatte.[345] Passanos Ziel war es, Casanovas Betrug an der Marquise d'Urfé aufzudecken und sich selber bei der spendablen Madame zu empfehlen. Aber bei Teresa hatte er keinen Erfolg. Rives-Childs zitiert einen Brief der Madame Cornelys: »Sie sehen, mein Herr, dass ich von Monsieur de Casanova nur Freundlichkeit, Güte und Freundschaft erfahren habe, und ich wiederhole, dass ich ihn nur als einen Mann von Ehre und Rechtschaffenheit kenne, dessen Verhalten mir gegenüber (und zweifellos auch gegenüber allen anderen Menschen) stets das eines Ehrenmannes gewesen ist.«[346]

Passano gibt trotzdem nicht auf. Die Situation spitzt sich zu, als alle Beteiligten in Lyon zusammentreffen. Madame d'Urfé besaß ein Haus an der Place Bellecour, dem Mittelpunkt der Lyoner Altstadt. Casanova steigt im »Hotel au Parc« ab und besucht die Marquise sofort nach seiner Ankunft. Alle erwarten die von Casanovas Orakel vorherbestimmte kabbalistische Wiedergeburt der Madame als Mann.[347]

Im historischen Rückblick entsteht durch zwei unterschiedliche Darstellungen aus Casanovas Feder ein Problem, das die Beziehung zwischen ihm und Passano betrifft. In seinen Memoiren versucht Casanova, eine Darstellung zu korrigieren, die er selber in einem Brief aus dem Jahr 1768 gegeben hatte. In diesem Brief hatte er geschrieben, er habe Lyon bereits früher als Passano verlassen und sei schon nach England abgereist. In den Memoiren dagegen steht zu lesen, er habe 1763 Passano gezwungen, die Stadt zu verlassen, und sei selbst erst später abgereist.[348]

Er hat also aus einem für ihn fatalen Ausgang des Streits mit Passano eine Erfolgsgeschichte gemacht. In Wirklichkeit aber war diesmal Passano der Gewinner, weil er erreichte, was er wollte: das Vertrauen zwischen Madame d'Urfé und Casanova zu zerstören. Zwar hat auch Passano wenig von seinem Triumph über Casanova gehabt, denn am Ende standen beide als betrogene Betrüger da. Passano wollte Casanova wegen Münzbeschneidung vor Gericht bringen. Casanova wollte den Gegner wegen Verleumdung belangen. Schließlich gelang es der vermittelnden Freundschaft und der finanziellen Großzügigkeit des Finanzmannes Giuseppe Bono, einen außergerichtlichen Vergleich zustande zu bringen und Passano zu einem Widerruf zu bewegen. Passano bekam 1000 Louisdor, die nicht Casanova, sondern Bono zahlte, gab sich damit zufrieden und verließ Lyon. Zu Casanovas Glück war Passanos Anwalt längst zu der Meinung gekommen, *sein Klient sei ein Verrückter, der sich für ernstlich vergiftet halte und deshalb verzweifelt und zu allem fähig sei.*[349] Es gehört zur Geschichte dieser unglücklichen Feindschaft, dass die beiden Kontrahenten sich zum letzten Mal sahen, als in Barcelona beide unabhängig voneinander in Polizeigewahrsam geraten waren.[350] Passano starb, völlig verelendet, 1770 in Genua. Casanova dagegen begann, sein Leben in seriösere Bahnen zu lenken.

Casanovas Händel mit Pocchini und Passano zeigen eine Nähe zum Gaunermilieu. Aber er ist niemals auf Dauer zu einem Teil dieses Milieus geworden – vielleicht, weil sich die Spuren der zweifelhaften Kumpane im Zwielicht der Halbwelt rechtzeitig verloren haben, vielleicht, weil er immer wieder rechtzeitig weiterreiste, wahrscheinlich aber wohl, weil seine Existenz als Schriftsteller ihn in andere Bahnen lenkte.

DER REISELUSTIGE

Kreuz und quer durch Europa führen Casanovas Reisewege. Sein Lebensradius reicht von Venedig über Rom, Korfu, Neapel und Konstantinopel, Madrid, London, Paris und Amsterdam nach Berlin, Sankt Petersburg, Warschau, Wien, Prag und schließlich Dux in Böhmen, wo er zum ersten Mal und wider Willen sesshaft wird. Die Chronik seiner Reisen nennt 132 Namen von Städten und Schlössern.[351] Casanova verkörpert die Intensivform des Reisenden: den Abenteurer. Gugitz nennt ihn den »venezianischen Odysseus«.[352]

Auch im Inneren seiner Seele war Casanova ein *homo viator*, dem auf der Route der Neugier, den Straßen des Abenteuers und den Bühnen der Selbstdarstellung das Reisen zur Schlüsselmetapher seines Lebens geworden war. Wenn es galt, einem Problem zu entkommen und an einem anderen Ort neu anzufangen, legte er Tausende von Kilometern zurück: zu Fuß, auf dem Rücken eines Pferdes, eines Maultieres, eines Esels oder mit einer der komfortablen Kutschen, die er kaufte oder mietete.[353] Er, der »König des Augenblicks«[354], beherrschte die Kunst des Reisens, vor allem die Kunst der schmerzlosen Abreise, die immer wieder sich darin bewährt, dass einer den richtigen Moment für den Aufbruch erkennt, entweder durch das Wittern einer Gefahr oder einer inneren Uhr folgend.[355] Jeder Aufbruch wird ihm zur Verheißung des Neuen, jede Abreise zum Synonym für das Vergessen und das Abschließen mit dem, was vorbei sein soll.

Anhand von Casanovas Schilderung seiner Reisen kann man erfahren, wie man im 18. Jahrhundert reiste. Man rollte nicht anonym über die mehr oder weniger schlechten Straßen und Wege. Vielmehr war jede Reise ein Anlass für neugierige Beobachtungen und Kontakte. Man wusste, was man seinem Stand oder seinem Selbstwertgefühl schuldig war. Vor der Abreise gab man gern ein großes Abschiedsfest. Freunde bezahlten das Feuerwerk, man ließ sich Empfehlungsschreiben mitgeben, man tauschte Bedienstete, verabredete sich zu gemeinsamer Fahrt in der eigenen oder gemieteten Kutsche, und wenn es irgendwo auf dem Weg ein Fest oder eine Theateraufführung gab, war man dabei. Man speiste festlich, wann immer es möglich war, man scherzte – und man liebte, nur so zum Zeitvertreib. *Wir waren nur deshalb ein Liebespaar gewesen, weil wir der Liebe keine zu große Bedeutung beimaßen.*[356]

Um die erstaunliche Reiselust der Oberschicht im 18. Jahrhundert würdigen zu können, muss man sich die Bedingungen des Reisens vergegenwärtigen. Die Straßen waren holprig, staubig oder verschlammt. Die Gasthäuser am Weg waren, je nach Land und Gegend, eher karg als komfortabel. Ein Reiseführer, der 1749, 1756 und 1778 in London erschien, beschreibt die Umstände des Reisens in Holland, Deutschland, Italien und Frankreich.[357] Danach konnte der Reisende zumindest in Holland mit weichen Betten und sauberem Leinen rechnen. Doch waren die Schlafstellen in die Wand eingelassen und zum Teil so hoch, dass sich den Hals brechen konnte, wer aus dem Bett fiel.

Von den Unterkünften in Deutschland berichtet der aus England stammende Zeitgenosse Thomas Nugent, dass sie zwar billiger als in anderen Ländern waren, aber auch schlechter. Er empfiehlt, eigene Laken mitzubringen, um sie aufs Stroh zu legen – sauberes Stroh sei an vielen Orten noch das Beste, was man bekommen könne, »besonders in Westfalen«, wo die Reisenden aus allen Ständen bunt gemischt in einem Raum zusammenlägen. Als Kuriosität vermerkt der Brite, dass man sich in Deutschland nicht mit Betttüchern zudecke, sondern mit Federbetten, was er sich für den Winter, nicht aber für den Sommer vorstellen könne.

Nugent macht auch Angaben über die Reisegeschwindigkeit der Postwagen: Wegen der schlechten Wege seien es nur knapp dreißig Kilometer pro Tag, vor allem bei Regen und Wind. In Italien dagegen sei das Reisen vergnüglich und fortschrittlich, in Frankreich so angenehm wie nirgends sonst ...

Die Leichtigkeit des Reisens im 18. Jahrhundert ist also paradox: die Wege, das Wetter, die Temperaturen, die Ernährung, die Unterkünfte – alles ist mühsam. Aber wer halbwegs gesund ist, reist mit Vergnügen. Und wer nicht halbwegs gesund ist, wie zum Beispiel der todkranke Baron Knigge, reist trotzdem, notfalls eben im Bettwagen. Nur: Zur Oberschicht musste man gehören oder sich ihr zurechnen. Das nötige Kleingeld oder einen Diener sollte man schon bei sich haben. Sonst blieb man besser zu Hause.

Das 18. Jahrhundert war eine Epoche von verfeinerter Lebensart und überbordendem Luxus, von höchster Kultur in Architektur, Literatur und Musik, eine Zeit vergnüglicher Mobilität – dies alles aber nur für die besitzenden Stände der höchst unegalitären Gesellschaft. Vor allem der höfische Adel und die, die dazugehören wollten, pflegten an all den großen und kleinen Höfen in Deutschland und Europa einen Lebensstil, der weit entfernt war vom Leben der Untertanen, der Bürger und Bauern.

Wer nicht zu den Privilegierten gehörte, konnte nicht reisen. Er lebte oft genug in bitterer Armut von der Hand in den Mund. Es gab Handwerker, Land- und Bergarbeiter, die so wenig Entgelt für ihre Arbeit bekamen, dass sie eine Familie mit drei oder vier Kindern davon nicht ernähren und kleiden konnten. Die wirklich Armen kochten Gras und Unkraut, um überhaupt etwas zu essen zu haben, sie mahlten Unkrautsamen zu Mehl und waren schon froh, wenn sie Kartoffeln und Rüben, Linsen und Erbsen, Kohl und Sauerkraut hatten. Eine schlechte Ernte bedeutete Hunger. An Fleisch war für die meisten gar nicht zu denken. Die Menschen waren Unterernährung, Krankheit und Seuchen hilflos ausgeliefert. Die Lebenserwartung war entsprechend gering. Mehr als ein Drittel der Neugeborenen und Heranwachsenden starb in den ersten Lebensmonaten und -jahren. Die Wohnungen waren nicht nur eng, sondern auch feucht und unhygienisch, vor allem, wenn Mensch und Tier in einem einzigen Raum hausten und dieser Raum oft auch noch als Arbeitsstätte herhalten musste.

Casanova kannte das Leben der Armen aus Venedig und Padua, von seinen Reisen als armer Abate nach Kalabrien oder als junger Soldat, der irgendwo auf einem Strohlager schlief und mit den Söhnen der Armen zusammen war. Aber immer hatte es zu seinem Anspruch an das Leben gehört, dass er, Giacomo Casanova, Chevalier de Seingalt, auf die andere Seite gehörte. So wurde es zu seinem Geschäft, Grenzen zu überschreiten. Das musste er als reiselustiger Abenteurer auch im einfachen Sinn des Wortes, denn das Europa seiner Zeit war alles andere als ein Kontinent ohne Grenzen und Schranken. Jeder Uniformierte in all den vielen Kleinstaaten, vor allem im Heiligen Römischen Reich Deutscher Nation, wollte Pässe sehen, Genehmigungen erteilen, Zölle und Gebühren erheben. Aber der selbsternannte und sich selbst verwirklichende Herr von Stand überwand auch diese Beschränkungen mit Grandezza.

Casanova führte auf seinen Reisen immer eine Handbibliothek mit sich. Er brauchte Platz für etwa sechzig Bände. Und eine richtige Bibliothek wie die in Wolfenbüttel übte größte Anziehungskraft auf ihn aus. Als er 1764 einige Tage dort verbringt, kann er gar nicht aufhören, im Lesesaal zu sitzen und zu lesen. Für ihn ist die Herzog-August-Bibliothek »die dritte in Europa«. Hier kann er sich konzentrieren, während er an einer Übersetzung der *Ilias* arbeitet.[358] Von sich selbst begeistert, berichtet er: *In den acht Tagen, die ich dort verbrachte, verließ ich sie nur, um in mein Zimmer zu gehen, und verließ dieses nur, um in die Bibliothek zurückzukehren … Ich lebte dort in vollkommenem Frieden, dachte weder an Vergangenheit noch an Zukunft und vergaß über der Arbeit die Gegenwart.*[359]

Schon 1760, nach einem Aufenthalt im Kloster Einsiedeln, hatte er geschrieben: *Um glücklich zu sein, hielt ich nur eine Bibliothek für nötig, und ich war überzeugt, dass ich sie nach eigener Wahl würde zusammenstellen dürfen, wenn ich sie dem Kloster stiftete und mir nur ihren vollkommen freien Gebrauch während der ganzen Zeit meines Lebens ausbedang.*[360]

Zum Glücklichsein gehören für Casanova natürlich mehr als Bücher. Wichtig sind ihm die Begegnungen mit Menschen, vor allem mit weiblichen. Landschaften oder Städte gelten ihm nur als Kulissen für diese Begegnungen. *In Korfu … befasste ich mich in keiner Weise mit dem Studium von Land und Leuten.*[361] Im Brennpunkt seines Interesses steht naturgemäß, vor allem in seinen jungen Jahren, er selbst, die eigene Neugier und sein Wissensdurst. Dem folgt auf dem Fuße das Interesse an den Frauen. Schon als Seminarist denkt er über den Zusammenhang von Liebe und Neugier nach: *Am Beginn der Liebe steht, wie ich später gelernt habe, eine Neugier, die zusammen mit dem Trieb, den uns die Natur zu ihrer Erhaltung verleihen muss, alles vollbringt. Die Frau ist wie ein Buch, von dem, gut oder schlecht, zunächst die Titelseite gefallen muss ...* [362] Natürlich ist Casanova überzeugt, dass jedes lebende Buch auch *gelesen werden will.*

Der Reiz der Stadt

Reisen, das ist immer auch Ankommen. In jeder Stadt, die er besucht, taucht Casanova ohne Umwege mitten hinein ins urbane Leben. Ohne die Atmosphäre einer Stadt würde er schwermütig, er ist schließlich ein Venezianer. Und er ist schließlich ein Star. Er bezieht einen Gasthof, wenn eben möglich, den besten am Platz, macht sich frisch, mischt sich unters Volk, trinkt Schokolade im zentralen Café und besucht das Theaterstück, das gerade gegeben wird – und die Ankleidezimmer der Primadonnen und Primaballerinen.

Eine Stadt wie Neapel zum Beispiel fasziniert ihn, weil sie in gesellschaftlicher und historischer Hinsicht ein Ballungszentrum ist und mit 350 000 Einwohnern eine der großen Metropolen Europas. Hier treffen sich die Traditionen von Staufern, Habsburgern und Bourbonen, der Häuser Anjou und Aragón, der spanischen und der französischen Vizekönige. In den gleichen Jahren wie Casanova war auch Goethe dem Reiz der Stadt erlegen. Im März 1787 schrieb Goethe in sein Reisetagebuch: »Man mag sich hier an Rom gar nicht mehr zurückerinnern; gegen die hiesige freie Lage kommt einem die Hauptstadt der Welt im Tibergrunde wie ein altes, übelplaciertes Kloster vor.«

Auch in Neapel riskiert Casanova, wie in all den anderen Städten, sein Geld im Glücksspiel und sucht den Kontakt zu den Spitzen der Gesellschaft. Und als die Spiele ausgereizt, die Frauen glücklich und die Schulden lästig geworden sind, reist er weiter.[363]

Wenn man die Pferde oft genug wechseln konnte, waren sogar Langstreckenreisen ohne Unterbrechung möglich, vor allem, wenn man eine Schlafkutsche, eine Dormeuse, besaß. Gelegentlich war es praktisch, sich samt Kutsche auf einem Schiff transportieren zu lassen, wie Casanova es zum Beispiel rheinabwärts von Mainz nach Köln tat. Oder man machte es wie das heimlich bewunderte und zugleich verhasste Vorbild Voltaire. Der lenkte sein Wirtschaftsunternehmen, eine Bank und eine Uhrenmanufaktur, von seiner Kutsche aus, die als Wohn- und Schlafgelegenheit und auch als Büro diente. Casanova hatte die Wahl, mit der Kalesche, der Droschke, der Berline oder dem Fiaker zu fahren, sich mit dem Schlitten oder der Sänfte fortzubewegen oder mit der Schaluppe, der Fregatte, der Tartane oder der Barke in See zu stechen.

Die Reiseutensilien: Unter den unveröffentlichten Dokumenten aus Dux findet sich eine Liste Casanovas vom April 1797 mit der Überschrift »Was ich nach Dresden mitnehmen muss«. Der Erinnerungszettel des zu diesem Zeitpunkt 72-Jährigen führt penibel auf, was er mitnehmen will: eine Handtasche, einen Reisesack, eine Schachtel mit Spielzeug, eine Schachtel mit zwei Ananas, eine geschlossene Flasche mit Wein, zwei Fasane, zwei Hasen, sechs Rebhühner. Im Reisesack sollen Rock, Weste und Hosen, ein Schlafrock, Pantoffeln, Stiefel, Schnallen, eine Nachtmütze und ein Kamm verstaut werden, in der Handtasche fünf Hemden, fünf Kragen, eine Unterhose, eine Serviette, Seidenstrümpfe, Wollstrümpfe, 18 Taschentücher, ein seidenes Taschentuch, Seifen, Rasiermesser, Hefte, Briefe, Siegel und Siegellack. Eine Perücke und Tee gehören auch dazu.

Der Organisationsaufwand ist beträchtlich, die Vorausplanung schwierig, die Finanzierung der Einzelheiten kaum zu überblicken, da die Währungen und Münzeinheiten von Ort zu Ort wechseln.[364] Casanova musste oft gleichzeitig mit Louisdors, Zechinen und Scudi, Dukaten, Talern und Piastern hantieren. Seine Standardausrüstung für alle Fälle: vier Pistolen, zwei mit kurzem und zwei mit langem Lauf, und viel Schokolade und

Bouillonwürfel – die beiden Modeneuheiten der Aufklärungszeit ...

Entfernungen spielen offenbar kaum eine Rolle. Casanova
hatte Zeit, gute Nerven und einen guten Magen, vor allem aber
eine unbändige Lust am Reisen, am liebsten in der eigenen Kutsche. Zwischen 1749 und 1795 leistete er sich insgesamt 17 Pri-
vatfahrzeuge. Er kaufte sie gebraucht und bevorzugte dabei
immer die neuesten englischen Modelle: leichte, stahlgefederte
Wagen. In den Städten mietete er auch repräsentative Kutschen,
um eindrucksvoll zu einer Aufwartung, einem Ball oder zum
Spiel vorfahren zu können.[365] Innerhalb von Venedig, vor allem
bei seinen nächtlichen Liebesabenteuern, benutzte er den »San-
dolo«, einen Kahn, in dem der Ruderer nicht steht wie in der
Gondel, sondern mit dem Gesicht zum Bug sitzt. Mit dem San-
dolo kann man schneller und geschmeidiger manövrieren als mit
der Gondel.

Auf den Überlandstrecken benutzte Casanova das Poststra-
ßennetz, das damals eine Gesamtlänge von 28 320 Kilometern
hatte. Folgt man den topographischen Angaben der Memoiren,
legte er insgesamt mindestens 55 620 Kilometer zurück. Rech-
net man die Strecken hinzu, die er zu Schiff bewältigte (auf See
und auf den Binnengewässern waren das 9900 Kilometer), so
kommt man auf etwa 65 520 Kilometer Lebensreise.[366] In der
Zeit nach 1774 – mit diesem Jahr schließt Casanova seine Memoiren ab – legt er bis zu seinem Tod noch einmal 13 600 Kilometer zurück, zur Hälfte in Postkutschen, zur Hälfte im eigenen
Wagen oder dem des Grafen Waldstein.[367]

War es wirklich nur die pure Reiselust, die ihn immer wieder
hinaustrieb – oder gab es noch andere, geheime Gründe für alle
die Reisen; Gründe, deren Gewicht die vielen Kilometer quer
durch Europa erklären könnten?

Es gab Aufträge und Missionen wie die in Dünkirchen oder
Amsterdam;[368] es gab die überlange Suche nach einer Anstellung
wie in Paris, Weimar, Berlin, Sankt Petersburg, Warschau oder
Wien; es gab Verabredungen mit Geschäftspartnern oder den
Frauen seines Lebens. Vor allem aber gab es den Wunsch dazu-
zugehören. Vor jedem Bediensteten, jedem Konkurrenten, jedem

Gönner und jeder Frau wollte er dazugehören zum Jet-Set seiner Zeit. Wer reist, zeigt aller Welt: Ich werde gebraucht, wo auch immer; ich werde erwartet, wo auch immer; ich bin wichtig, wo auch immer. Und vor allem: ich reise, weil ich nach Hause will.

Es ist erstaunlich, dass die politische Lage Europas in Casanovas Erinnerung eine so geringe Rolle spielt – bis die große Revolution in Frankreich ihn zur Weißglut reizt. Vielleicht hat sich der Europareisende auch bewusst zurückgehalten, weil er seine Gesprächspartner in Potsdam, Sankt Petersburg und Warschau in prekären Situationen antraf und er sie nicht vorführen wollte, nicht einmal nach all den Jahren bei der Niederschrift der Memoiren. Preußens Zustand war nach dem Ende des Siebenjährigen Krieges desolat. Im Frieden von Hubertusburg, abgeschlossen am 15. Februar 1763, hatte Friedrich zwar die Großmachtstellung Preußens erhalten oder wiederherstellen können, doch war der Preis dafür hoch: Preußen war ein verwüstetes und überschuldetes Land. Der König musste zusehen, wie die Weltmächte England und Frankreich – ebenso rücksichtslos, wie er in Schlesien eingefallen war – ihren überseeischen Interessen nachgingen und sich nun mit neuer Kraft als Kolonialmächte in die europäischen Angelegenheiten einmischten. Er musste zusehen, wie Russlands Einfluss auf Westeuropa stieg und Österreich trotz des Verlustes von Schlesien ein begehrter Bündnispartner blieb. Es entsprach also durchaus der Schwerkraft der politischen Realitäten, wenn Friedrich für Casanova keine Verwendung hatte. Eher muss man sich wundern, dass er den reisenden Venezianer überhaupt zu einem Gespräch empfangen hat.[369]

An der nächsten Station dieser Reise war die Ausgangslage ganz anders. In Riga traf Casanova den Prinzen von Kurland, Karl Ernst von Biron. Der Prinz war Freimaurer wie Casanova. Beide verstanden sich auf Anhieb. Beide schienen aus dem gleichen Holz geschnitzt zu sein, beide liebten das Glücksspiel und die Alchemie und redeten, soviel wir wissen, nicht von der hohen Politik, sondern vor allem über den Abbau von Mineralien. Und da der Weg von der Alchemie zum Betrug nicht weit ist, konnte Casanova dem lebenslustigen Prinzen später auch noch eine Rezeptur für die Umwandlung von Silber in Gold verkaufen.

Paris

Auf dem Weg nach Paris. Januar 1750. Acht Personen in einer Diligence, einem ovalen Reisewagen. Es ist unbequem. Casanova findet die Konstruktion schlecht ausgedacht, sagt aber nichts, *denn als Italiener musste ich alles, was es in Frankreich gab, großartig finden.*[370] Auf der Fahrt wird ihm übel. Er muss sich übergeben. Sofort stellt die kleine Reisegesellschaft Vermutungen darüber an, ob der großgewachsene Italiener wohl zu viel gegessen oder einen schwachen Magen habe. Casanova beendet die Debatte mit dem Satz: *Sie haben beide unrecht, denn ich habe einen ausgezeichneten Magen, und ich habe überhaupt nicht zu Abend gegessen.* Ein älterer Herr belehrt ihn, er habe sich unhöflich ausgedrückt – man solle nicht sagen »Sie haben unrecht«, sondern »Sie haben nicht recht«. Ein *wunderschöner Vortrag über die Höflichkeit* schließt sich an: *Sagen Sie pardon, nicht non, non ist kein französisches Wort.*[371]

Trotz dieser Beschwerden gefallen dem jungen Reisenden – er wird in diesem Jahr gerade 25 und ist zum ersten Mal in Frankreich unterwegs – die Schönheit der Landstraßen auf dem Weg nach Paris, die Sauberkeit der Gasthöfe, die gute Küche, die Schnelligkeit der Bedienung, die ausgezeichneten Betten.[372] Der junge Mann nimmt aber auch den Despotismus des Ancien Régime wahr, der *Köpfe abhackt und alle umbringt, die aus der Masse hervorragen und ihre Meinung zu sagen wagen.*[373]

Casanova schildert sich als politisch und kritisch, ganz wie es sich für einen »angehenden Literaten« – so wird er in der französischen Hauptstadt vorgestellt – gehört. Der angehende Literat wird sich in Paris niederlassen. Er engagiert einen Diener, den er »Esprit« nennt, und notiert, dass Frankreich wohl das einzige Land sei, wo man mit Esprit sein Glück machen könne. Er lernt Französisch. Sein Lehrer ist ein gewisser Prosper Jolyot de Crébillon der Ältere, ein 76 Jahre alter Schriftsteller, der Pfeife raucht und sich mit zwanzig Katzen umgeben hat.[374] Crébillon ist noch etwas größer gewachsen als Casanova. Er liebt die französische Sprache und freut sich auf einen Schüler, der neugierig und unersättlich ist und dauernd Fragen stellt. Er unterrichtet den 25-Jährigen sogar ohne Entgelt.

Casanova versteht es, sich trotz seiner noch ärmlichen Französischkenntnisse in das Gesellschaftsleben der Stadt und des Hofes einzufädeln. Es gelingt ihm, in der Opern- und Theaterwelt Fuß zu fassen und als Literat akzeptiert zu werden. Er hat die Ehre, einer Mahlzeit der Königin zuschauen zu dürfen, und findet den einzigen Satz, den Ihre Majestät bei dieser Gelegenheit spricht, mit allem *esprit de finesse* noch nach all den Jahren erwähnenswert: *Ich glaube, Hühnerfrikassee ist jedem anderen Ragout vorzuziehen.*

Mit spürbarer Ironie schildert Casanova das Szenario: wie die Königin von Frankreich, die sehr alt und fromm aussieht, an einem langen Tisch vor einem einzigen Gedeck Platz nimmt, ihr Hühnerfrikassee verspeist, zehn bis zwölf Höflinge sich schweigend im Halbkreis aufstellen und Monsieur de Lowendal, der Eroberer von Bergen-op-Zoom,[375] die königliche Bemerkung über das Hühnerfrikassee mit dem Satz quittiert: *Ich bin der gleichen Meinung, Madame.* Casanova registriert, dass der alte Haudegen diese Ansicht *im gleichen Ton kundtat wie ein Kriegsrat ein Todesurteil ausspricht.*[376]

Casanova lernt vieles in Paris, zum Beispiel, dass es nützlich sein kann, poetische Ideen zuerst in ungereimten Alexandrinern niederzuschreiben und dann als Prosastück zu überarbeiten – mit diesen Überlegungen will er wohl seine Teilnahme am literarischen Diskurs der Hauptstadt belegen.[377] Und er erfährt, dass es nicht immer nützlich ist, die persönlichen Kontakte über die italienische Theatergemeinde zu knüpfen. Denn die italienischen Schauspieler in Paris, die eine Art Exilgemeinde bilden, verführen den Neuankömmling zu amourösen Abenteuern in den Bordellen der Stadt, unter Einschluss der obligaten Geschlechtskrankheiten.

Was Casanova auch lernt, ist das enorme Interesse der Untertanen an ihrem König. Sein eigenes Interesse am König von Frankreich schließt vor allem die Bewunderung für die »Knospen an den Brüsten der Töchter, der Mesdames de France« ein. Er erspäht die Knospen beim Auftritt der königlichen Familie vom Straßenrand aus. Darüber hinaus aber nutzt er seinen ersten Aufenthalt in Paris auch zu einer politischen Orientierung über das Verhältnis der Franzosen zu ihrem König. *Frankreich hat auf dem Thron schon mehrere träge Monarchen erlebt, denen die Arbeit verhasst und Sorgen ein Gräuel waren; sie trachteten nur danach, ihre Ruhe zu haben … aber die Welt hat noch nie einen König erlebt wie diesen, der sich in gutem Glauben an die Spitze seines Volkes stellte, das sich zusammenrottete, um ihn abzusetzen.*[378]

Mit einer fiktiven Rede Ludwigs XV. beschreibt Casanova – in der Rückblende seiner Memoiren, also nach dem Revolutionsgeschehen in Paris – den Antagonismus zwischen der Monarchie und den aufkommenden demokratischen Kräften: *Seid ihr die Gesetzgeber, und ich werde alle eure Gesetze unter der Bedingung ausführen lassen, dass ihr mir gegen Widerspenstige, die nicht gehorchen wollen, Beistand leistet … Ihr werdet praktisch an meine Stelle treten. Nur die Adligen und die Geistlichkeit werden sich dagegen wehren … Es liegt an euch, ihnen physisch und moralisch die Flügel so zu stutzen, dass sie nicht mehr in der Lage sind, eurer Macht Schranken zu setzen und euch zu schaden … Ich verlange nichts weiter, als dass ihr euch beeilt, damit ich endlich auf die Jagd gehen kann, denn ich bin es satt, mich zu langweilen.*[379]

Diese Fiktion ist eine der wenigen politischen Stellungnahmen Casanovas in den Memoiren. An ihr wird deutlich, dass er keine Systemkritik am Prinzip der Monarchie übt, sondern lediglich die Person des trägen und arbeitsscheuen Königs kritisiert. Das Volk dagegen ist für ihn *eine Horde von Henkern* und *ein unvernünftiges Tier von ungeheurer Größe*.[380]

Casanovas erster Aufenthalt in Paris endet 1752 – nach etlichen Tändeleien, Affären und Ehrenhändeln – mit der Abreise nach Dresden. Er reist zusammen mit seinem Bruder Francesco, bei dem er in Paris gewohnt hat. Dresden ist die Stadt, in der die Mutter der Brüder Casanova als Schauspielerin lebt und große Erfolge feiert. Dresden soll zugleich – noch vor Paris – die Stadt sein mit dem *glänzendsten Hof Europas, an dem die Künste blühten*.

Als weltgewandter Venezianer spürt Casanova schnell, dass es mit der Lebenskultur in Dresden nicht weit her ist: *Ich fand dort keine feine Lebensart, denn König August war nicht fein, und die Sachsen sind es von Natur aus nicht, wenn ihnen der Herrscher nicht das Beispiel gibt.*[381]

Als Giacomo zum zweiten Mal in das ihn so faszinierende Paris kommt, hat er gerade die Kerkerhaft in den Bleikammern von Venedig hinter sich. Und er will sein neues Leben in der Stadt beginnen, an die er so gute Erinnerungen hat. Am Morgen des 5. Januar 1757 erreicht er die Stadtgrenze und weiß noch nicht, dass Ungeheuerliches passiert ist: Soeben ist ein Attentat auf den König von Frankreich verübt worden.

Erst als die Reisegruppe, mit der Casanova unterwegs ist, von der Polizei angehalten und überprüft wird, erfährt er, was geschehen ist. Ein unbekannter Mann namens Robert François Damiens hatte versucht, Ludwig XV. mit einem Dolch zu töten.[382] Die Aufregung in Paris ist gewaltig. *Damals,* notiert Casanova in seinen Memoiren, also lange nach der Revolution und mit deutlichem Vorbehalt, *bildeten sich die Franzosen noch ein, ihren König zu lieben, und zeigten es in übertriebener Weise; heute hat man sie etwas besser kennengelernt. Aber im Grunde bleiben sich die Franzosen immer gleich. Diese Nation kann nicht anders als immer im Zustand des Aufruhrs leben; bei ihr ist nichts echt, alles ist nur Schein. Sie gleicht einem Schiff, das nichts als segeln will und dazu Wind braucht; und der Wind, der gerade bläst, ist immer gut. Ein Schiff ist auch im Wappen von Paris.*[383]

Der Attentäter Damiens wurde am 28. März 1757 öffentlich auf der Place de Grève, der heutigen Place de l'Hôtel-de-Ville, hingerichtet, und zwar auf unbeschreiblich grausame Weise. Kulturgeschichtlich bemerkenswert ist, dass Casanova auf Bitten einiger Damen eine Wohnung anmietete, von der aus man das »haarsträubende Schauspiel«, die stundenlange Folterung, die Vierteilung und anschließende Verbrennung des Attentäters verfolgen konnte. Wie Casanova berichtet, spielte für die Beobachter des bestialischen Verfahrens eine auch sonst bei Hinrichtungen beobachtete sexuelle Erregung eine Rolle. Nicht so für ihn: *Als Damiens gefoltert wurde und ich ihn brüllen hörte, ob-*

wohl nur noch die Hälfte seines Körpers übrig war, musste ich meine Augen abwenden.[384] Ein Freund Casanovas dagegen nutzte die Gelegenheit, am Fenster hinter einer Frau stehend, seinen sexuellen Appetit zu stillen. *Volle zwei Stunden hörte ich das Geraschel des Kleides.*[385]

Casanova wohnte bei seinem zweiten Paris-Aufenthalt zunächst im Haus der Familie Balletti und mietete dann eine Wohnung in der Rue du Petit Lion Saint-Sauveur. Immer wenn er in einer Stadt länger bleiben wollte, zog er eine Wohnung dem Hotel vor. Sein erster Antrittsbesuch in Paris galt dem alten Freund und Kumpan aus stürmischen Zeiten in Venedig, Pierre de Bernis, der gerade Außenminister von Frankreich geworden war – wohl durch die Vermittlung der Madame Pompadour, mit der zusammen Bernis eine historische Entwicklung eingeleitet hatte: das Bündnis Frankreichs und Österreichs gegen England und Preußen. Ludwig XV. und Maria Theresia hatten diese militärpolitische Wende nach jahrhundertelanger Gegnerschaft ihrer Länder vollzogen.

Als Casanova jetzt bei Bernis vorsprach, nahm der sofort wieder die Rolle des großzügigen Förderers an, steckte – wie er es in Venedig getan hatte – seinem alten Freund eine Rolle mit 100 Louisdor zu.[386] Er versprach auch, Casanova dem Generalkontrolleur für Landwirtschaft, Handel, Finanzen und Innere Angelegenheiten, Jean de Boulogne, zu empfehlen. Bernis behauptete gegenüber dem Finanzexperten, Casanova habe eine ganz besondere Begabung für Finanzangelegenheiten. Prompt bekam Casanova Zugang zu dem Finanzguru Joseph de Paris-Duverney, dem er vertraulich mitteilen konnte, er kenne ein System, das der königlichen Schatulle einen Zugewinn von mehr als 100 Millionen Francs einbrächte. Mit dem »System« meinte Casanova die staatliche Lotterie.[387] Zusammen mit dem Italiener Jean Calzabigi, dem Legationssekretär des Königreiches beider Sizilien, der sich gerade in Paris aufhielt und sich ebenfalls mit der Planung einer staatlichen Lotterie beschäftigte, entwickelte Casanova ebenso unerschrocken wie unerfahren eine Lotterie, deren Direktor er war und die nicht nur dem Hof, sondern auch ihm selbst beträchtliche Einnahmen sicherte.

Außenminister de Bernis war zufrieden mit der neuen Tätigkeit seines Schützlings und sorgte weiter für ihn. Er wollte sicherstellen, dass Casanova nichts von den amourösen Abenteuern seiner Zeit in Venedig ausplauderte.[388] Er entsandte Casanova mit einem Geheimauftrag nach Dünkirchen, um Informationen über eine Flottenkonzentration zu beschaffen. Außer den französischen lagen auch schwedische Schiffe in Dünkirchen bereit, um einen Überfall auf die englische Küste auszuführen. Die näheren Umstände dieser Aktion sind nicht recht zu durchschauen. Casanova selber hatte Zweifel am Sinn seines Auftrags und kritisierte die Verschwendungssucht, mit der ein Auftrag von 12 000 Francs finanziert wurde, obgleich die Informationen auch von einem französischen Offizier für 500 Francs hätten beschafft werden können.[389]

Casanova war auch nach 1789 ein Anhänger des alten Regimes. Aber das schloss für ihn die Kritik an Missständen in den Zeiten der Monarchie nicht aus: *Sie verschwendeten das Geld, das sie nichts kostete, an ihre Kreaturen und an jene, die Liebkind waren. Sie herrschten despotisch, das Volk wurde mit Füßen getreten, der Staat war verschuldet, die Finanzen so zerrüttet, dass der unausbleibliche Bankrott ihn zum Sturz gebracht hätte; eine Revolution musste kommen. Das sind die Worte der Volksvertreter, die heute in Frankreich regieren ... Armes Volk! Einfältiges Volk, das an Hunger und Elend stirbt oder sich überall in Europa hinschlachten lässt, um jene zu bereichern, die es betrogen haben.*[390]

Wie bei seinem ersten Pariser Aufenthalt in den Jahren 1750 bis 1752, stürzt sich Casanova auch jetzt, 1757, in das gesellschaftliche Leben einer Stadt, die in vielem wie seine Heimatstadt Venedig funktionierte: Gasthäuser, Spielhäuser, Bordelle, Feste, Empfänge, Bälle, Klatsch und Tratsch, Intrigen und Gefälligkeiten. In diese Zeit fällt das Ereignis, das Casanovas Leben stärker beeinflusst hat als alle seine amourösen Eroberungen mit ihren flüchtigen Glückserlebnissen und ihren schnellen Abschieden: Er lernt die Marquise d'Urfé kennen.[391] Ein jahrelanger Wirbel um den Stein der Weisen, die Alchemie, die Chimäre einer Wiedergeburt, kurzum: eine Geschichte von ok-

kultem Unfug, handfestem Betrug und viel Geld hat damit begonnen.[392]

Vorerst aber ist der Lotterie-Einnehmer und heimliche Kabbalist Giacomo Casanova in seinem Element. Er ist der Gesprächspartner illustrer Persönlichkeiten der Pariser Gesellschaft.[393] Und er ist Finanzbeauftragter des Königs.

Amsterdam

Ein erneutes Treffen mit seinem alten Gönner de Bernis bestätigt Casanova darin, eine finanzpolitische Mission der Regierung zu übernehmen und nach Amsterdam zu reisen. Casanova
soll Wertpapiere des Königreichs Frankreich bei Amsterdamer
Banken an eine Handelsgesellschaft abtreten und dafür die Papiere eines anderen Staates aufnehmen. Casanovas Auftragge-
ber glaubten, die Papiere ließen sich leichter zu Geld machen als
die schlecht notierten französischen.[394] Die Stadt Amsterdam
hatte sich – seit der spanischen Judenverfolgung im Zuge der
Reconquista und seit den europäischen Religionskriegen –
durch ihre Liberalität zur Finanzmetropole Europas entwickelt.[395] Als die Marquise d'Urfé von Casanovas Regierungs-
auftrag hörte, bat sie ihn, an der Amsterdamer Börse in ihrem
Namen Aktien der Ostindien-Kompagnie im Wert von 60 000
Francs zu verkaufen. Weitere Aufträge schlossen sich an, und
bald war klar, dass Casanova erfolgreich sein und mit großem
Gewinn nach Paris zurückkehren würde – als Millionär.

Auch in anderer Hinsicht war Casanova in Amsterdam erfolgreich. Er hatte galante Begegnungen und traf seine frühere
Geliebte Teresa Imer wieder, die eine besondere Überraschung
für ihn bereithielt. Sie hatte eine fünfjährige Tochter bei sich. Mit
einem Auszug aus dem Taufregister konnte sie belegen, dass das
Kind Casanovas Tochter war. Giacomo bietet ihr sofort an, für
die kleine Sophie zu sorgen. Teresa aber will ihre Tochter nicht
aus der Hand geben und bittet, an Sophies Statt ihren zwölfjäh-

rigen Sohn Giuseppe Pompeati zu akzeptieren und für dessen Erziehung zu sorgen. Casanova willigt ein und ist wenig später mit Pompeati auf dem Weg nach Paris.[396] Er findet den Jungen jedoch duckmäuserisch, falsch und argwöhnisch, ungenügend erzogen, voller Verstellung, Misstrauen und geheuchelter Vertraulichkeit.[397] Er wird ihn nicht lange in seiner Nähe behalten.

In Amsterdam reich geworden, mietet Casanova in Paris zuerst eine Wohnung, dann ein Haus, und versucht seinen neu erworbenen Reichtum als Unternehmer zu vergrößern. Er gründet eine Manufaktur für das Bedrucken chinesischer Seidenstoffe.[398] Dies wäre der Zeitpunkt gewesen, sein Reiseleben zu beenden, sesshaft zu werden und sich sorgfältig um sein Unternehmen zu kümmern. Am Ende aber steht, wie so oft bei seinen Geschäften, der Bankrott. Casanova wird sogar wegen unklarer Finanzaktionen verhaftet. Die unermüdlich getreue Madame d'Urfé zahlt die verlangte Kaution, so dass er schon nach vierstündiger Haft freigelassen wird und sich, auf Anraten der Marquise, auf dem Boulevard, in der Oper und der Italienischen Komödie demonstrativ zeigen kann.

Die Inhaftierung aber ist für seine offenbar einseitige Liebe zu Paris eine schwere Kränkung und eine nachhaltige Enttäuschung: *Obwohl meine Gefängnishaft nur einige Stunden gedauert hatte, verleidete sie mir Paris und flößte mir einen unüberwindlichen Hass gegen alle Prozesse ein, den ich bis heute bewahrt habe.*[399] Für einige Zeit verlässt er Paris und reist zunächst noch einmal in die Niederlande. *Dann entschloss ich mich, vor meiner Rückkehr nach Paris eine kleine Reise nach Deutschland zu unternehmen.*[400]

In Deutschland

Warum Casanova 1760 nach Deutschland reisen will, teilt er nicht mit. Dies hat Spekulationen genährt, wonach er als Geheimagent mit unbekanntem Auftrag unterwegs war. Beweise dafür gibt es nicht. Was an seinen Berichten aus Deutschland auffällt, ist wieder sein geradezu demonstratives Eintauchen in das gesellschaftliche Leben der Städte, die er aufsucht.

In Köln, wo die französischen Truppen im Winterquartier liegen, geht er unmittelbar nach der Ankunft in die Komödie. Er zieht sich um *(ich wollte glänzen)*, kauft einen Sitzplatz auf der Bühne, so dass niemand ihn übersehen kann. Am nächsten Tag – der Karneval hat die ganze Stadt auf den Kopf gestellt – besucht er einen Ball, den der österreichische Militärattaché, General Graf Ketteler, gibt. Casanovas demonstratives Auftreten im französischen Winterquartier Köln hat Gründe: Casanova weiß offenbar, dass er unter Beobachtung steht und die französische Gesandtschaft angewiesen ist, alle seine Schritte genau zu überwachen. Er wird verdächtigt, ein Spion in holländischen Diensten zu sein. Die Verdachtsgründe teilt Casanova nicht mit. Jedenfalls lässt Casanova sich nicht davon abhalten, der Frau des Bürgermeisters van Groote den Hof zu machen. Den Bürgermeister von Köln schildert er als einen *biederen Mann, der zwar weder jung noch schön, aber sehr zuvorkommend war.*[401] Casanova verliebt sich in die Bürgermeistersgattin Mimi van Groote und gewinnt ihre Zuneigung unter anderem mit zwölf Tiegeln seiner stark duftenden Pomade. Mimi hatte ihm gegenüber geäußert: *Eine solche Pomade wäre das Glück meines Lebens.* Casanova wittert seine Chance und beschließt, während des ganzen Karnevals in Köln zu bleiben. Er fährt nach Bonn zu einem Ball des Kurfürsten Clemens August von Wittelsbach, widmet sich dem Glücksspiel und lässt seiner Vorliebe für Masken freien Lauf, indem er im Kostüm zweier verschiedener Dominos auftritt. Ganz nebenbei sprengt er beim Spiel eine Bank,[402] wird zum Essen beim Kurfürsten eingeladen und gebeten, nach Tisch von seiner Flucht aus den Bleikammern zu erzählen. Er gibt, auf Anstiftung der Bügermeistersfrau, auf Schloss Brühl ein Frühstück und tritt auf wie ein Fürst. So gelingt es ihm im Handumdrehen, nicht nur seiner neuen Flamme, sondern der ganzen Stadt zu imponieren. Seine Verliebtheit stellt er offen zur Schau. Nach einigen Täuschungsmanövern und Dreistigkeiten erreicht er sein Ziel: *Wir verbrachten sieben Stunden in trunkenem Glück und füllten die seltenen Pausen mit verliebten Worten, die uns zu neuen Wonnen anspornten.*[403]

Casanovas Schilderung der Ereignisse in Köln, Bonn und Brühl trifft auf einige Bedenken der Historiker. Gustav Gugitz zum Beispiel findet, der doch allen unbekannte Abenteurer Casanova könne gar nicht so schnell Zugang zur adeligen Gesellschaft von Köln und Bonn gefunden haben. Es sei auch höchst unwahrscheinlich, dass der Kurfürst Clemens August seine prachtvollen Räume in Schloss Brühl einfach so für ein Frühstück zur Verfügung gestellt habe. Außerdem sei nicht ganz klar, an welchem Abend der Reisende in Köln und wann er in Bonn an einem Maskenball habe teilnehmen können.[404]

Wie in vielen anderen Zusammenhängen während Casanovas Reiseleben müssen auch hier einige Fragen offen bleiben. Aussage steht gegen Meinung, Bericht gegen Bedenken. Wenn jedoch Casanovas Schilderung der Ereignisse der Wahrheit entspricht, wäre das ein Hinweis darauf, dass er nicht als Privatmann unterwegs war, sondern als Vertreter einer mächtigen Institution Zugang zur rheinischen Gesellschaft und zum Kurfürsten hatte. Diese »mächtige Institution« könnte eine Freimaurerloge gewesen sein.

Bald ist Casanova in Stuttgart anzutreffen. Wie in den meisten Städten, die er besucht, dockt er im Milieu der italienischen Oper an, trifft Schauspieler und vor allem Schauspielerinnen und Tänzerinnen, von denen jede sich rühmt, *wenigstens ein Mal seine liebessüchtige Durchlaucht beglückt zu haben.* Gemeint ist in diesem Fall Herzog Karl Eugen von Württemberg. Casanova notiert, dass der Herzog seine unerhört aufwändige Hofhaltung auf Kosten Frankreichs bestreitet und das Geld vor allem für das Theater und eine von ihm gegründete und finanzierte »Militärpflanzschule« ausgibt: *Es war eine schöne Armee, die sich im ganzen Krieg nur durch Fehler hervorgetan hatte.*[405] Von einem Zeitgenossen, der 1772 den württembergischen Hof besuchte, kennen wir eine Schilderung der herzoglichen Truppe. Karl August von Hardenberg schreibt in seinen *Denkwürdigkeiten*: »In Ludwigsburg liegen alle seine Trouppen, ohngefähr 6000 Mann – gut dressiret, die Cavallerie unberitten.«[406]

Casanova unterstellt, dass der Fürst den ganzen Aufwand vor allem betreibe, *um von sich reden zu machen*. Er notiert, dass die Subsidien Frankreichs für den enormen Aufwand nicht ausreichten und der Herzog ein System von Frondiensten errichtet habe, was einige Jahre später sogar zu einem Verfahren beim Reichskammergericht in Wetzlar führte.[407]

Casanova läuft in Stuttgart, wieder einmal, seinem Unglück in die Arme. Dem Bericht darüber setzt er in den Memoiren die Einsicht voran, er hätte wohl besser abreisen sollen, um sich alle die Unannehmlichkeiten zu ersparen, *die ich mir durch eigene Schuld in dieser Stadt zuzog*.[408] Die Unannehmlichkeiten begannen damit, dass Casanova sich von drei württembergischen Offizieren in ein Bordell locken und zum Kartenspiel überreden ließ. Er verlor im Handumdrehen 4000 Louisdor, nachdem das Trio ihm eine Droge in den Wein gemischt hatte. Er musste sich in einer Sänfte nach Hause tragen lassen, weil er nicht mehr gehen konnte. Als er sich auszog, bemerkte er, dass seine Uhren und die goldene Tabaksdose gestohlen worden waren. Am nächsten Tag bat er den Herzog um Hilfe und forderte die Bestrafung der Offiziere. Vergeblich. Wegen seiner Spielschulden erhielt er sogar Hausarrest.

Doch wieder gelingt ihm die Flucht. Eine alte Freundin, die venezianische Tänzerin Anna Binetti, besaß eine Wohnung, die unmittelbar an der Stadtmauer lag.[409] Durch ein Fenster wird Casanova an einem Seil hinabgelassen. Unten steht eine Kutsche bereit. Da seine Freunde das Geld und die Wertsachen, die ihm verblieben waren, schon aus der Wohnung hinausgeschafft hatten, kann er entkommen. Ein Diener bleibt zurück, um die Wachtposten zu täuschen, er wird später in Fürstenberg wieder zu seinem Herrn stoßen. Beide machen sich dann auf den Weg über Tübingen und Schaffhausen nach Zürich zu neuen Abenteuern.

Unter den unveröffentlichten Dokumenten findet sich eine Bemerkung, die eine gewisse Enttäuschung Casanovas über Deutschland und die Deutschen widerspiegelt. Casanova beklagt sich darüber, *dass die Gelehrten Despoten sind und dass jeder meint, es sei ihm erlaubt, auf Briefe nicht zu antworten ... Jeder Deut-*

*sche grüßt denjenigen höflich wieder, der ihm einen Gruß ent-
bietet, aber er beantwortet nur selten einen Brief ...* [410] Auf welche Erfahrung Casanova sich hier bezieht, ist nicht zu erkennen.

Er möchte ein Mönch werden

Von Deutschland aus in die Schweiz: Casanova geht zu Fuß, wie
oft, wenn er nicht genau weiß, wohin er sich wenden soll. 1760,
noch benommen von den Ereignissen in Stuttgart,[411] ist er in
Zürich angekommen und wandert in die Richtung der Berge.
Im Kanton Schwyz trifft er auf ein Kloster, das sich als die berühmte Abtei Einsiedeln herausstellt. Angesichts des stattlichen
Klosterbaus malt er sich aus, als Mönch in diesem Kloster zu
leben.

Seine Vision von Frieden und Sicherheit beeindruckt ihn selber so sehr, dass er sich vom Abt Nicolas Imfeld von Sarnen zu
einem Essen einladen lässt, um mit ihm über seinen Eintritt in
die Klostergemeinschaft zu sprechen.[412] Der Abt erzählt zwar
Ammenmärchen: Christus habe die Klosterkirche höchstper-
sönlich eingeweiht und der Abdruck seiner Finger sei noch zu
sehen. Aber er ist klug genug, Casanova den Rat zu geben, er
solle zunächst einmal 14 Tage warten, bevor er ins Kloster ein-
trete. Dann werde er, der Abt, ihm Nachricht geben, ob er Casanovas Ankündigung als Berufung betrachten wolle.

Die Rechnung des verständigen Abtes geht auf: Die Sache erledigt sich. Noch ehe Casanova offiziell seine Aufnahme ins
Kloster beantragen kann, hat der Anblick einer schönen Frau
ihn davon überzeugt, dass er den Verlockungen des Klosterle-
bens doch nicht nachgeben sollte.[413]

Im Land der Kindheit

Die großen Umwege, die Casanovas Rückkehr nach Venedig verzögern, führen immer wieder durch die italienischen Staaten, die Republiken Florenz, Genua und Siena, die Königreiche Neapel und Sizilien, die Herzogtümer Modena, Ferrara, Mailand und Savoyen, und schließlich auch durch den Kirchenstaat, der damals von Bologna bis Rom und von Civitavecchia bis Ancona reichte. Casanova reiste mit verschiedenen Pässen und darüber hinaus mit den üblichen Empfehlungsschreiben, die einen Pass ersetzen konnten. Ein Beispiel für diese Art von Briefen ist ein Empfehlungsschreiben des Kardinals Albani an den päpstlichen Nuntius in Wien, Monsignore Borromei: »Der Chevalier Giacomo Casanova de Seingalt wird Eurer Exzellenz diesen Brief überreichen. Ich liebe und schätze ihn sehr, denn ich habe ihn hier als ehrenwerten Mann kennengelernt, versiert in der Literatur wie auch in Angelegenheiten des Hofes und des Handels. Dementsprechend beeile ich mich, ihn Eurer Exzellenz zu empfehlen, und bitte, ihm einen freundlichen Empfang zu sichern und ihm überall Ihren wertvollen Schutz angedeihen zu lassen.«[14]

Der größte Teil Italiens war damals für einen Venezianer Ausland, jedoch mit dem Vorteil der gemeinsamen Muttersprache – auch wenn das Italienische in Casanovas Ohren nicht ganz so herrlich klingen mochte wie das geliebte Venezianisch. Padua, Parma, Ancona, Rom, Kalabrien, Bologna, Cesena, Civitavecchia, Florenz, Genua, Livorno, Modena, Pesaro, Pisa, Pistoia, Rimini, Siena, Triest, Turin und Neapel – Stationen der ewigen Reise, die Casanova durch die Kulturlandschaften Italiens führt. Manchmal wird die Reise zum Aufenthalt. Gelegentlich bleibt er monatelang an einem Ort, beobachtet Land und Leute, knüpft Verbindungen, versucht, zu Geld und Vergnügen zu kommen, und fordert die Götter des Glücksspiels heraus.

Die Casanova-Forschung kann sich für die Reisen in Italien, abgesehen von der *Geschichte meines Lebens,* auch auf externe Dokumente stützen: Briefe eines Polizeichefs, Polizei-Akten, Hotelregister, Kirchenbücher, Bankauskünfte und Gerichtsprotokolle.[415] Mal erfährt man daraus Näheres über den Ablauf einer Ausweisung, mal über Schulden, mal über neue Freundschaften wie die mit Paolo Baretti oder dem Freimaurer Gamba della Perosa und immer wieder über alte und neue Liebesaffären. Mal ist Casanova Gast, mal ist er Gastgeber, und in den Zwischenzeiten betreibt er, auch von Italien aus, die magische Wiedergeburt der Madame d'Urfé, seiner wichtigsten Geldquelle dieser Jahre.[416]

Die Insel, die man England nennt

Ganz und gar unbefangen stellt Casanova sich den neuen Eindrücken in einem neuen Land: *Die Insel, die man England nennt, ist von einem ganz anderen Anstrich als der Kontinent. Das Meer ist erstaunlich, da es sich um den Ozean handelt, denn es ist Ebbe und Flut unterworfen. Das Wasser der Themse hat einen anderen Geschmack als das aller Flüsse der Welt ...* Er schreibt vom Hornvieh, den Fischen, den Pferden – die er allesamt als von ganz anderer Art empfindet. Und schließlich auch von den Inselbewohnern: *Die Menschen haben einen besonderen, der ganzen Nation eigentümlichen Charakter, der sie glauben lässt, sie seien allen anderen überlegen.* Diese Beobachtung schließt Casanova mit der Bemerkung ab: *Diese Einbildung ist bei allen Nationen verbreitet. Jede hält sich für die erste. Sie haben alle recht.*[417]

Im Detail würdigt Casanova die Sauberkeit des Landes, die Gediegenheit der Nahrung, die ausgezeichneten Straßen, die prächtigen Wagen, die Angemessenheit der Fahrpreise. Er ist aber auch nicht blind für die Schattenseiten. Für ihn, den Mann des Ancien Régime, gehört dazu *der demokratische Geist,* der das Volk noch mehr beherrschte als das französische. Diese Beurteilung begründet er, nach einer Audienz bei König Georg III., so: *Ein Mann, der für eine Audienz angezogen ist, darf es nicht wagen, zu Fuß durch die Straßen von London zu gehen; ein*

Packträger, ein Tagedieb, ein Gassenjunge aus der Hefe des Volkes würde ihn mit Schmutz bewerfen, ihm ins Gesicht lachen, ihn anrempeln, um ihn zu irgendeiner missfälligen Äußerung zu veranlassen und Grund zu haben, mit den Fäusten auf ihn loszugehen.[418]

Casanova ist zu diesem Zeitpunkt reich. Standesgemäß hat er ein dreistöckiges Haus in der Pall Mall gemietet. Neun Monate, vom 13. Juni 1763 bis zum 13. März 1764, hält er sich in London auf. Bei der Niederschrift der Memoiren erscheint es ihm, als hätte er die finstere Zeit in der britischen Hauptstadt gebraucht, um jene Wende in seinem Leben wahrzunehmen, die an einem einzigen Tag im September alles veränderte. Er muss eine höchst demütigende Erfahrung machen und empfindet dies als den Anfang vom Ende.[419]

Casanova spricht kein Englisch. Vielleicht ist das einer der Gründe dafür, dass er in seinen Memoiren kein Wort über die politische Situation des Landes verliert. Aus England und Schottland war gerade erst, 1707, Großbritannien geworden. Da Frankreich seit 1756 durch den Siebenjährigen Krieg auf dem Kontinent gebunden und viel stärker als Großbritannien belastet war, hatten die Engländer ihre Kolonialmacht in Nordamerika und Indien ausbauen, Kanada erobern und sich dieses im Frieden von Paris (1763) auch vertraglich sichern können. Der Abfall der Kolonien in Nordamerika und die Geburt der Vereinigten Staaten von Amerika sollten nichts daran ändern, dass Großbritannien die überlegene Seemacht im neuen Spiel der Kräfte war. Ob Casanova diesen weltpolitischen Hintergrund wahrgenommen hat, ist nicht zu erkennen. Aufgeschrieben und in seine Memoiren einbezogen hat er ihn nicht.

Unabhängig davon haben ihn viele Eigenschaften der Engländer fasziniert. Nach einem sehr ausführlichen Bericht über die innige Liebe zu der sanften Portugiesin Pauline[420] kommt er auf die Eigenarten der Engländer zurück. Obgleich er deren Sprache nicht versteht, bekommt er mit, wie einer der Gäste in einem *Café, in dem zwanzig Leute die Zeitung lesen,* als Lebensweisheit verkündet: *Um einen Menschen zu kennen, muss man wissen, über wie viel Geld er verfügt.*[421]

Er wundert sich über befremdliche Sitten am Straßenrand: *Vier oder fünf Personen verrichteten in Abständen voneinander ihre Bedürfnisse und zeigten dabei den Vorübergehenden ihr Hinterteil.* Auf Casanovas Bemerkung, *diese Schweine hätten sich eher uns zuwenden sollen,* erfährt er die ganz andere Auffassung seines Begleiters: *Keineswegs, denn dann würde man sie erkennen.* Der Begleiter hat offenbar kein Verständnis für Casanovas Beschwerde: *Wer befiehlt denn den Vorüberfahrenden hinzublicken?*[422]

Auch die britische Begeisterung für das Wetten, für Hahnenkämpfe und für Spielregeln bei tätlichen Auseinandersetzungen ist Casanova noch nach Jahrzehnten eine Bemerkung wert. *O Gesetze, o Sitten!*[423] Die Intensität seiner Auseinandersetzung mit den Menschen des Landes, in dem er sich aufhält, ist in England größer und deutlicher als in den zuvor besuchten Ländern. Er ist inzwischen 37 Jahre alt, reifer geworden und nicht mehr nur an der schnellen Liebe interessiert.[424]

Spanien

16. November 1767. Casanova reitet auf einem Maultier über die Pyrenäen. Ein zweites Tier trägt sein Gepäck. Er ist von Paris aus nach Madrid unterwegs, hat an der Grenze zwischen Frankreich und Spanien seine Kutsche verkauft und reitet nach Pamplona. Dort tauscht er die Maultiere wieder gegen eine Kutsche mit Pferden. In Madrid mietet er eine Wohnung in der Calle de la Cruz und nimmt Kontakt mit der spanischen Regierung auf.

Warum Casanova, zumindest vorgeblich, nach Spanien gereist ist, erfahren wir aus der Schilderung eines Gesprächs mit dem Ministerpräsidenten Graf Aranda, der *damals in Madrid mächtiger als der König selbst* war. Casanova erklärt ihm: *Ich möchte die Sitten und Gebräuche einer achtenswerten Nation studieren, die ich noch nicht kenne; außerdem möchte ich meine*

bescheidenen Talente anbieten, wenn ich mich der Regierung
nützlich machen kann.[425]

Die Regierung hat von diesem Angebot niemals Gebrauch gemacht. Gegen eine Zusammenarbeit zwischen Casanova und
der spanischen Regierung sprach vor allem, dass er bei der
Staatsinquisition in Venedig in Ungnade stand. Es gelingt ihm
aber trotzdem, Zugang zur Gesellschaft zu finden. Er ist Gast im
Haus des berühmten Malers Anton Raphael Mengs, den er
schon aus Rom kennt und der von 1761 bis 1771 als Hofmaler
Carlos' III. in Madrid ein großes Haus führt. Casanova besucht
Maskenbälle, geht häufig ins Theater und nimmt sofort Gelegenheit, sich über die unverschämten und unfreien Spielregeln
im katholischen Spanien zu wundern. Ihm fällt auf, dass die
Logen des Theaters statt einer gemauerten Brüstung nur eine auf
zwei dünnen Säulen befestigte Balustrade haben, so dass man
vom Saal aus *die Beine der Männer und die Röcke der Frauen*
sehen kann und dadurch, wie ihm erklärt wird, unzüchtige
Handlungen vereitelt würden.[426]

In Madrid muss Casanova zunächst einmal frieren. Es ist no-
vemberkalt. Das Holzkohlebecken in seinem Zimmer gibt nicht
genügend Wärme. Er lässt einen Ofen kommen, dessen Abzugs-
rohr durch das Fenster nach draußen geführt wird. Kühl wie die
Temperatur in Madrid ist auch der Empfang beim Regierungs-
chef Graf Aranda, der Casanova an die venezianische Botschaft
verweist. Dort trifft er – die Welt des 18. Jahrhunderts ist klein –
den Sohn des Mannes, der ihn 1755 bei der Staatsinquisition
denunziert hatte: Manuzzi. Der junge Manuzzi ist Botschafts-
sekretär, nennt sich Graf Manuzzi und ist der »Ninion« des Botschafters Mocenigo, also dessen Lustknabe. Manuzzi erweist
sich als hilfsbereit, so dass Casanova von mehreren spanischen
Granden empfangen wird. Noch ahnt Casanova nicht, dass das
Zusammentreffen mit Manuzzi eine Gefahr für Leib und Leben
zur Folge hat.

Das Interesse für Spanien war zunächst von allerlei Vorurteilen
bestimmt. Casanova konnte nicht ahnen, dass sich diese Vorurteile schon bald bestätigen sollten. Spanien erweist sich tatsächlich als Land der Inquisition, der Überwachung und der Bigotte-

rie. Der Staat ist geschwächt. Nach dem spanischen Erbfolgekrieg waren alle europäischen Besitzungen Spaniens verlorengegangen. Der regierende König Carlos III. konnte zwar den Niedergang aufhalten, indem er die Zentralmacht durch eine Verwaltungsreform stärkte, eine neue, nach Nordafrika ausgerichtete Handelspolitik betrieb und den Einfluss der Kirche zurückdrängte. Aber obgleich er sich als aufgeklärter Monarch verstand, blieben die Spuren autoritärer Unterdrückung überall sichtbar. Casanova sollte sie in all ihrer Härte zu spüren bekommen.

Anders als er es früher gehandhabt hatte, betrachtet er jetzt Land und Leute aufgeschlossen und neugierig: Er beschreibt die spanische Sprache, die stark vom Arabischen beeinflusst ist und wohlklingend wäre, gäbe es nicht so oft diese Kehllaute, die jeden Wohlklang stören; die *mit Stolz gemischte Faulheit* der Kastilianer; die nur von außen verschließbaren Zimmertüren in den Gasthöfen, so dass die Inquisition jederzeit kontrollieren kann, was dahinter geschieht und ob vielleicht unverheiratete Paare gemeinsam nächtigen; das Verbot von Hosen ohne Latz; die ständigen Kontrollen, zum Beispiel, ob jemand ausländischen Tabak in seiner Dose mit sich führt; die in Kapuzinerkutten gekleideten Frauen, die dadurch Gott wohlgefälliger zu sein glauben; den Priester, der von den Angestellten einer Poststation verprügelt wird, weil er einen Empfehlungsbrief vorzeigt, der vom verhassten Finanzminister unterschrieben ist ... [427]

Unbegreiflich bleibt ihm die Bigotterie, die er in allen Kreisen vorfindet: Keine Kurtisane geht ihrem Geschäft nach, *ohne das Kruzifix mit einem Taschentuch verhüllt und die Bilder, die Heilige darstellen, gegen die Wand gedreht zu haben.*[428] Und ihn wundert die Nähe von Religion und Denunziation, also das allgegenwärtige Prinzip Inquisition.

Die spanischen Männer findet er *eher hässlich als schön*, voller Vorurteile und feindselig, abergläubisch und unbelehrbar. Die Frauen hingegen kommen ihm sehr hübsch vor, sie *glühen vor Verlangen* und ziehen den wilden und mutigen Mann jedem *Schüchternen, Achtungsvollen und Beherrschten* vor, weshalb es in Madrid keine Frau wagen kann, *im Wagen auszufahren, wenn sie nicht von einem sogenannten Pagen begleitet ist, der auf dem Vordersitz Platz nimmt und nur mitfährt, um auf sie aufzupassen.*[429]

In Casanovas Bericht über seinen spanischen Aufenthalt spürt man als Leser von Anfang an die latente Bedrohung, an die der Autor sich noch nach Jahrzehnten erinnert. Ihn scheint vor allem die Inquisition tief zu beunruhigen. Er wundert sich, ja scheint sich zu ängstigen, weil die Spanier bei allem, was sie tun, den Bezug zur Religion herstellen, also den Horizont öffnen für die ewige Seligkeit oder die ebenso ewige Verdammnis. Über die zerbrechen sie sich den Kopf nicht nur in eigener Sache, sondern auch in den Angelegenheiten wildfremder Mitmenschen, weshalb sie sich für berechtigt und verpflichtet halten, jedermann und jedefrau schamlos zu kontrollieren und der Öffentlichkeit preiszugeben.

Casanova spürt die latente Gewaltbereitschaft, zu der eine solche Gesinnung fähig macht. Ein dreißig Jahre alter Priester hat die leicht enthüllte Brust einer Madonna mit Kind durch ein aufgemaltes Taschentuch zudecken lassen. Gewalttätig begründet er das mit dem Satz: »Mögen alle schönen Bilder zugrunde gehen, die nur den mindesten Anlass zur Todsünde geben.«[430]

Der weitgereiste Frauenkenner begreift, dass ein Mädchen, bei dem Indoktrination und überkommene Vorurteile zur Blockade ihrer sexuellen Begierde geführt haben, viel ekstatischere Lust empfinden kann, wenn sie sich erst einmal entschlossen hat, ihrer Sexualität freien Lauf zu lassen. *Keine Wahrheit ist übrigens sicherer als die, dass ein frommes Mädchen, wenn es sich mit ihrem Geliebten fleischlich vereint, das Vergnügen hundertmal stärker empfindet als eines ohne Vorurteile. Diese Wahrheit liegt zu sehr in der Natur begründet, als dass es mir notwendig scheint, sie meinem Leser zu beweisen.*[431]

Natürlich hat Casanova in Spanien auch bald ein Liebeserlebnis, das von dieser Wahrheit der Natur profitiert, obgleich es sehr verquält beginnt: *Ach, diese unglückselige Frömmigkeit ... Sie gab zu, mich zu lieben, und hoffte, zu einer anderen Form der Liebe zu gelangen. Ein so widernatürliches Verlangen kann nur in einer rechtschaffenen Seele entstehen, wenn sie blind einer Religion folgt, die sie dort eine Sünde sehen lässt, wo die Natur eine solche nicht anerkennen kann.*[432]

Casanova erzählt hier von seiner Liebe zu Donna Ignacia, der Tochter eines angeblich adeligen Schuhmachers. Casanova hat die junge Frau in einer Kirche gesehen und verspürt augenblicklich *eine flüchtige Zuneigung* zu ihr. Er folgt ihr bis in ihr Elternhaus, spricht bei ihrem Vater vor und fragt ihn, ob er die Tochter zu einem Ball ausführen dürfe. Ignacia ist natürlich entzückt von dieser Aussicht – sie hätte sonst kaum Gelegenheit gehabt, einen Adelsball zu besuchen. Schnell entwickelt sich das neckische Spiel: Er flirtet, sie ziert sich. Er lässt nicht nach, ihr Widerstand erlahmt.

An dieser Stelle seiner Memoiren baut Casanova retardierende Momente ein: zwei Cousinen Ignacias kommen ins Spiel. Casanova und die drei Mädchen verkleiden sich, um zu viert auf den Schlussball vor dem Anbruch der Fastenzeit zu gehen. Casanova lässt sich dabei einige lüsterne Berührungen nicht entgehen, ohne ernsthaft etwas von den Mädchen zu wollen. Nach dem Ball werden die Cousinen nach Hause geschickt; Ignacia legt es darauf an, mit Casanova allein zu sein und mit ihm Kaffee zu trinken. Die Spannung zwischen den beiden steigt – und sie soll ja auch für den Leser der Memoiren steigen. Aber dann taucht plötzlich Ignacias Freund und Verlobter auf und bittet ohne Umschweife, beim Kaffee dabei sein zu dürfen. Damit ist die Gelegenheit vorüber, die Geschichte zwischen Casanova und Ignacia weiterzuspinnen – jedenfalls für diesen Tag.

Wenig später gibt es noch einmal verquälte Gespräche mit Ignacia – über Beichte, Sünde und Verdammungsängste. Dann aber kommen die längst Verliebten endlich zum Ziel. Nachdem der Beichtvater Ignacia die Absolution verweigert, erwacht ihr Stolz. Sie erklärt sich bereit, mit Casanova zu schlafen. *Nach dieser Erklärung, die mich die ganze Schönheit ihrer Seele erkennen ließ, nahm ich sie in meine Arme und führte sie zu meinem Bett, wo ich sie bis zu den ersten Strahlen der Morgenröte, von allen Bedenken vollkommen befreit, umfangen hielt.*[433]

Am übernächsten Tag wird Casanova auf der Straße von einem übel aussehenden Mann angesprochen, der ihn vor einem Zugriff der Polizei warnt. Er werde wegen unerlaubten Waffenbesitzes gesucht.[434] Casanova ignoriert die Warnung, weigert sich zu fliehen – und landet im Gefängnis. Es verwundert nicht, dass Casanova in Spanien noch einmal mit einem Gefängnis Bekanntschaft machen muss. Seine Erfahrungen mit der spanischen Justiz sprengen und bestätigen zugleich sein Bild von diesem Land, in dem er ein gutes Jahr, von November 1767 bis Dezember 1768, zubringt. Er wird, wie ihm schon auf der Straße angekündigt worden war, von seinem *niederträchtigen Pagen* denunziert und tatsächlich von der Polizei festgenommen – wegen unerlaubten Waffenbesitzes. Er führt wie stets zwei Pistolen mit sich. Überdies steht sein Name auf einer Liste der Inquisitoren, die Personen aufführt, die die Ostermesse nicht besucht haben.

Casanova wird in ein verwanztes und verlaustes Gefängnis im ehemaligen Königspalast »Buen Retiro« gebracht. *Flöhe, Wanzen und Läuse sind in Spanien so verbreitet, dass niemand mehr daran Anstoß nimmt. Man betrachtet sie wohl als eine Art Haustiere.*[435] Wegen des Ungeziefers und weil der Boden mit Urin überschwemmt ist, kann er sich zum Schlafen nicht hinlegen. Er verbringt die Nächte sitzend auf einem Schemel, immerzu attackiert von anderen Gefangenen, die darauf aus sind, an seinen Geldbeutel zu kommen.

Schließlich setzt er durch, dass er Papier und Feder bekommt und Briefe schreiben darf. Er wendet sich an mehrere Minister und Freunde, denen er zutraut, sich für ihn einzusetzen. Der Maler Mengs, *ehrgeizig und stolz, doch argwöhnisch und auf der Hut vor allem, was ihn in Ungelegenheiten bringen konnte,*[436] schickt ihm Essen ins Gefängnis, obgleich er ungehalten darüber ist, durch Casanova ins Gerede zu kommen. Für Casanova ist Mengs, seinem Rang als Maler zum Trotz, *ein Dummkopf und wollte doch als gelehrt gelten; er war dem Trunk ergeben, schweinisch, jähzornig, eifersüchtig und geizig und wollte doch als tugendhaft gelten, hilfsbereit, doch vorsichtig und fast immer verdrossen.*[437]

Donna Ignacia und ihr Vater besuchen Casanova im Glauben an seine Unschuld, wenn auch in maßloser Trauer. In einer späteren Vernehmung kann Casanova endlich seine Unschuld beweisen. Auch seine wütenden Briefe haben Eindruck gemacht.

Ohne förmliches Verfahren erhält er seine Waffen zurück und wird entlassen. So schnell wie möglich will er jetzt aus Madrid abreisen. Er ahnt nicht, dass er in Barcelona noch einmal mit der spanischen Justiz in Berührung kommt und er diesmal sogar um sein Leben bangen muss.

Die Affäre in Barcelona, wie Casanova sie erzählt, gleicht einem finsteren Kriminalstück: Während eines Spaziergangs wird Casanova von einem Offizier der wallonischen Leibgarde des Königs angesprochen. *Sie sind ein Fremder und kennen vielleicht weder die Verhältnisse noch die spanischen Sitten; deshalb wissen Sie auch nicht, dass Sie viel wagen, wenn Sie jede Nacht zu Nina gehen, sobald der Graf sie verlassen hat.*[438] Die italienische Tänzerin Nina Bergonzi ist die Geliebte des Grafen Ricla, des Generalkapitäns des Fürstentums Katalonien, *der ein geistvoller Mann sein mochte, als Spanier jedoch in Fragen der Galanterie nicht sehr weitherzig sein konnte.*[439] Nina hat sich in den Kopf gesetzt, sich auch von Casanova lieben zu lassen. Sie kommt für seine Ausgaben auf und bringt ihn in einem Gasthof unter. Jeden Abend empfängt sie ihn.

Am 14. November 1767 begreift Casanova die Zusammenhänge: In Ninas Wohnung trifft er seinen altbewährten Feind Passano, der Miniaturen vorzeigen und verkaufen will. Auf der Stelle nimmt Casanova Nina bei der Hand und führt sie in ein Nebenzimmer, um sie energisch zu bitten, den Mann sofort wegzuschicken. *Ich werde Ihnen später alles erklären.*[440]

Am nächsten Abend, als Casanova seinen nächtlichen Besuch bei Nina beendet hat und auf die Straße tritt, wird er von zwei bewaffneten Männern überfallen. Casanova zieht den Degen, gleichzeitig fällt ein Schuss. Casanovas Degen durchstößt die Brust des einen Angreifers, sein eigener Überrock zeigt zwei Durchschusslöcher. Im Schutz der Dunkelheit erreicht er seinen Gasthof und erzählt dem Wirt alle Einzelheiten des Zwischenfalls. Anschließend geht er schlafen.

Am Morgen um sieben Uhr erscheint ein Offizier, verlangt Casanovas Papiere und fordert ihn auf mitzukommen, ins Gefängnis der Zitadelle. *Allein gelassen, sank ich in Nachdenken.* Casanova fragt sich, ob die Inhaftierung und Beschlagnahme der Papiere im Zusammenhang mit dem nächtlichen Überfall stehen könnten. Als er aus dem Fenster schaut, sieht er, wie *der schurkische Passano* von einem Korporal in das Gefängnisgebäude geführt wird. *Beim Eintritt hob der Spitzbube den Blick und lachte, als er mich sah. Sein Erscheinen machte mich stutzig. Ich verstand überhaupt nichts mehr.* Wer steht hinter dem Anschlag, wer hinter der Verhaftung? Graf Ricla, der einen Rivalen beseitigen will, oder Passano, der ihn noch immer voller Hass verfolgt? Gibt es eine dritte Möglichkeit?

Die Haftbedingungen sind erträglich. Casanova findet das Gefängnis annehmbar. Außerdem ist er sicher, dass er nicht lange bleiben muss, weil seine Papiere in Ordnung sind und weil es sich offenkundig um Notwehr handelte, wenn er bei dem Überfall einen der Täter verletzt oder getötet haben sollte. Gegen ein Entgelt werden ein Tisch und ein Stuhl gebracht. Er bekommt Papier und Bleistift, Kerzen und Halter.

Dann aber wird er plötzlich in eine Turmzelle verlegt. Schärfere Haftbedingungen: keine Bücher, keine Briefe, das Essen wird untersucht, ob vielleicht eine Botschaft darin versteckt ist. 42 Tage wird er in diesem Verlies bleiben. Er nutzt die Zeit, um – ohne Bücher und ohne Quellen – die Grundlagen für sein späteres dreibändiges Werk über die *Geschichte der Regierung Venedigs* von Amelot de la Houssaie niederzuschreiben.[441] Warum er im Gefängnis sitzt, kann er immer noch nicht verstehen. Er bekommt weder einen Anwalt noch irgendeine Information.

Am 28. Dezember, dem kirchlichen Fest der »Unschuldigen Kinder«, wird er auf einmal freigelassen. Seine Papiere seien gültig, er könne gehen, müsse aber die Stadt Barcelona innerhalb von drei Tagen und das Fürstentum Katalonien innerhalb von acht Tagen verlassen. *Das, mein lieber Leser, ist die seltsame Geschichte meiner Erlebnisse in Barcelona; nie hast du etwas gelesen, was wahrer und getreuer berichtet wurde.* Ihm bleibt die Verwunderung über ein Land und eine Justiz, die sich ohne weiteres seiner Person bemächtigt und rigoros jede Information und jeden Respekt verweigert. Offenbar hat er die Haft in den Bleikammern nicht als derart entwürdigend empfunden wie jetzt die spanische Gefangenschaft.

Lebensgefahr

Die seltsame Geschichte ist noch nicht zu Ende erzählt. Als Casanova von Barcelona aus mit einer Kutsche in Richtung der französischen Grenze fährt, bemerkt er, dass drei bewaffnete, übel aussehende Männer ihm folgen. Im Gasthof, in dem er übernachtet, findet der erfahrene Kutscher heraus, dass die drei Männer Auftragsmörder sind und Casanova in den Wäldern an der Grenze auflauern und ihn töten wollen.

Der Kutscher kennt jedoch einen Umweg und sorgt dafür, dass Casanova unbehelligt die Grenze erreichen kann. *Ich atmete auf, wieder in Frankreich zu sein, nachdem mir in Spanien so viel Missgeschick zugestoßen war; ich fühlte mich wie neugeboren und fand mich regelrecht verjüngt.*[442] Und als traue er diesem Gefühl nicht ganz, formuliert er eine allgemeine lebensphilosophische Erkenntnis: *... es ist auf Erden nicht möglich, glücklich zu sein, ohne sich glücklich zu fühlen.* Also gilt umgekehrt für ihn: Ich fühle mich glücklich, also bin ich glücklich.

Noch immer aber hatte Casanova nicht verstanden, was hinter dem Mordversuch in den Pyrenäen stand. Erst ein Brief seines Bruders aus Paris wird ihn aufklären. Francesco teilt ihm mit, er habe ihn, Giacomo, für tot halten müssen. Sein Brief nach Paris habe ihm aber gezeigt, dass er noch lebe. Der junge Graf Manuzzi habe ihm, Francesco, geschrieben, Giacomo sei in den Pyrenäen, an der spanisch-französischen Grenze, überfallen und ermordet worden. Das war Manuzzis Fehler: dass er zwar den Mordauftrag gegeben, sich dann aber nicht vergewissert hatte, ob die Mörder erfolgreich gewesen waren. Warum aber wollte Manuzzi Casanovas Tod?

In seiner Sorglosigkeit, die sich manchmal zur Gedankenlosigkeit auswuchs, hatte Casanova in einigen Gesprächen mit Freunden erwähnt, Manuzzi heiße zwar wirklich Manuzzi, seine Titel aber seien allesamt frei erfunden. Außerdem halte Manuzzi sich den venezianischen Botschafter Mocenigo als *widernatürliche Mätresse.* Diese Äußerungen wurden dem »Grafen Manuzzi« von einem Baron, der in akuten Geldnöten steckte, hinterbracht und für Geld verkauft. Manuzzi war außer sich vor Zorn und bewirkte über den venezianischen Gesandten in Spanien, den erwähnten Mocenigo, dass kein Herr von Stand mehr bereit war, Casanova zu empfangen.[443] Dadurch war Casanova innerhalb weniger Tage völlig isoliert. Auch ein Entschuldigungsschreiben konnte daran nichts mehr ändern: *Ein solches Wüten war unfassbar. Manuzzi prunkte mit seiner Macht über seine Geliebte, den Gesandten. Um sich zu rächen, überschritt er die Grenzen des Anstands.*[444]

Erstaunlicher noch als die Motive Manuzzis ist Casanovas Umgang mit dem versuchten Mordanschlag. Als er Jahre später dem Mann wiederbegegnet, der ihn umbringen wollte, verzichtet er auf Rache und sogar auf eine Anzeige. *Mein Herz gewann die Oberhand über meinen Verstand, wie es mir schon mehrfach bei anderen Gelegenheiten ergangen war, und ich nahm den Friedensschluss an, den er mir anbot und um den er mich bat.*[445] Der Hass war offenbar verraucht, die Herren waren wieder großmütig, widmeten sich dem Glücksspiel und speisten gemeinsam zu Mittag. Auch dies gehört zu den Besonderheiten der Rokoko-Epoche: Nichts ist so ernst, dass man darüber die galante Lebensart vergessen müsste.

Wien und die Keuschheitskommissare

Kaiserin Maria Theresia, Mutter von 16 Kindern, widmete der Keuschheit ihrer Untertanen besondere Aufmerksamkeit. Überaus kritisch gingen ihre Beamten mit dem zügellosen Künstlervolk in der Stadt um. Wer ihre enggeführten Moral- und Sittsamkeitsvorstellungen in Frage zu stellen wagte, wurde ohne Umschweife ausgewiesen.[446] Sogar Diplomatengepäck durchsuchten die kaiserlichen Kommissare auf »falsche Bücher« hin. Bei dem sächsischen Geschäftsträger in Wien, Graf Vitzthum beispielsweise, wurden Bücher über den Sittenverfall im Ancien Régime, über das Papsttum und den Zölibat gegen alle Usancen der Diplomatie beschlagnahmt.

Casanova war 28 Jahre alt, als er 1753 zum ersten Mal nach Wien kam. 1766, 1783 und 1784 hielt er sich weitere Male dort auf. Aber eine große Zuneigung zwischen ihm und Wien konnte es nicht geben, auch nicht, als 1765 der aufklärerisch gesinnte Sohn Maria Theresias, Joseph II., zum Mitregenten erhoben wurde. Casanova notiert lakonisch: *Von der Kunst des Regierens verstand er nichts, denn er hatte keine Kenntnis von menschlichen Herzen.*[447] *Alles in Wien war schön; es gab dort viel Geld und viel Luxus, aber große Hemmnisse für die Anbeter der Venus. Schändliche Spione, die man Keuschheitskommissare nannte, waren die unerbittlichen Quälgeister aller hübschen Mädchen; die Kaiserin hatte alle Tugenden, nicht aber die der Duldsamkeit, wenn es sich um unerlaubte Liebe zwischen Mann und Frau handelte ... Die Unzucht erschien ihr unverzeihlich, und gegen diese wandte sich ihr Eifer und überschlug sich.*[448]

Die Kaiserin hatte, als Herrscherin eines Staates in schwierigen Zeiten, eigentlich andere Sorgen, als auf die Sexualmoral ihrer Untertanen zu achten. Schlesien, die Österreichischen Niederlande, Polen, das Auf und Ab der Allianzpolitik, die Vorbereitung der Bauernbefreiung, die Abschaffung der Folter, die Aufhebung von Steuerprivilegien des Adels und des Klerus, die Einrichtung von Volksschulen waren nur einige der Politikbereiche, die die ganze Aufmerksamkeit der Kaiserin hätten beanspruchen können.

Bei einem seiner Besuche in Wien spürt Casanova sogleich die bizarre Unverschämtheit der kaiserlichen Keuschheitsbeamten am eigenen Leib: Casanova kommt am Weihnachtstag 1766 in Wien an, und zwar in Begleitung einer recht zweifelhaften Dame, die als Gräfin Blazin und selbständige Modehändlerin unterwegs ist. Im Gasthof nehmen die beiden getrennte Zimmer, die allerdings nebeneinander liegen. Dies genügt offenbar, um zwei Männer auf den Plan zu rufen, die am nächsten Morgen um acht Uhr auftauchen, um zu kontrollieren, ob beide Betten benutzt worden sind. Die Keuschheitswächter verlangen, dass die Dame in ein entlegenes Zimmer wechselt – was die beiden natürlich nicht daran hindert, die Nächte gemeinsam zu verbringen.⁴⁴⁹ Die Blazin reist bald allein weiter. Casanova bleibt in Wien, offenbar ohne dass es später viel zu erzählen gab. So *lebte ich in Wien in größter Unauffälligkeit, unterhielt mich und fühlte mich wohl.*⁴⁵⁰

Trotzdem endet auch dieser Aufenthalt in Wien mit einem Ausweisungsbefehl. Gelockt von einem höchstens 13-jährigen Mädchen, läuft Casanova in eine Falle, hinter der ihn ein alter Feind erwartet: Antonio Pocchini.⁴⁵¹ Diesen italienischen Abenteurer und Gauner kannte Casanova schon aus London.⁴⁵² Pocchinis Spezialität war es, mit sehr jungen Mädchen zu reisen, die er als seine Töchter ausgab, in Wirklichkeit aber Prostituierte waren. Zwischen ihm und Casanova gab es bei der Wiederbegegnung in Wien sehr bald Streit: Ein Wort gab das andere, und dann, als Pocchini ihn der Lüge bezichtigte, goss Casanova seinem italienischen Landsmann ein Glas Milch ins Gesicht. Es ging um scheinbare Ehrenhändel, um einen Diebstahl – Unbekannte stahlen Casanova zweihundert Dukaten –, um eine Uhr und eine Geldbörse. Schamlos verleumdete Pocchini seinen Gegner und streute die ungeheuerlichsten Verdächtigungen gegen ihn aus, zum Beispiel, er sei ein Falschspieler. Durch die Vermittlung des mächtigen Grafen Kaunitz konnte Casanova zwar einen Aufschub des Ausweisungsbefehls erwirken, musste Wien aber trotzdem verlassen. Erst sechs Jahre später wird er in die ihm so unfreundliche Stadt zurückkehren.⁴⁵³

Auch der letzte Aufenthalt in Wien endet peinlich: Casanova verliebt sich in eine junge Frau, die allgemein »die kleine Kaspar« genannt wird. Aber ausgerechnet diese junge Frau wird von Kaiser Joseph II. umworben, der sie nicht nur liebt, sondern auch fördert. Nur durch glückliche Vergeblichkeiten entgeht Casanova der Gefahr, zum Rivalen des Kaisers zu werden.⁴⁵⁴ Er verlässt Wien. Von der kleinen Kaspar kann er nur träumen.

Er wird weiterhin auf Reisen sein: auf der Suche nach einer sinnvollen Tätigkeit, vor allem aber auf der Suche nach einer Möglichkeit, zurückzukehren ans heimliche Ziel aller seiner Träume: Venedig.

LIEBHABER DER WISSENSCHAFT

1734. Giacomo ist neun Jahre alt. Auf dem Brenta-Kanal zwischen Venedig und Padua liegt der kleine, immer noch kränkliche Giacomo auf einer Liege im Burchiello[455] und sieht aus dem Fenster, wie die Bäume am Ufer vorüberziehen.

Das Bett war so niedrig, dass ich das Land nicht sehen konnte. Ich erblickte durch das Fenster nur die Wipfel der Bäume, mit denen die Ufer des Flusses durchweg gesäumt sind. Das Schiff schwamm dahin, doch mit einer so gleichmäßigen Bewegung, dass ich davon nichts spüren konnte ... Wie kommt es, fragte ich, dass die Bäume wandern ... Meine Mutter seufzte und sagte mitleidig zu mir: Das Schiff bewegt sich und nicht die Bäume. Zieh dich jetzt an. Ich begriff augenblicklich, wie diese Erscheinung zustande kam, und mit meinem erwachenden und ganz unvoreingenommenen Verstand dachte ich folgerichtig weiter: Dann ist es also möglich, sagte ich zu ihr, dass sich auch die Sonne nicht bewegt, sondern dass wir es sind, die von Osten nach Westen wandern ... [456]

In diesem Augenblick hatte Giacomo Casanova die Alternative zum ptolemäischen Weltbild gefunden. So erinnert sich jedenfalls der Memoirenschreiber von Dux. Es klingt wie die Erzählung aus dem Leben eines berühmten Astronomen, dessen Legende nach einer frühen Beobachtungsgabe und einem genialen Interesse an der Bewegung der Himmelskörper verlangt.

Wie bei den ersten Naturbeobachtungen, die er mit kindlichem Genius anstellt, verarbeitet Giacomo in den folgenden Jahren auch andere Wahrnehmungen: das Funktionieren technischer Geräte, chemische Prozesse, mathematische Aufgaben.[457] Anlässe und Auslöser sind die magischen Zeremonien der Hexe von Murano,[458] der in Facetten geschliffene Kristall des Vaters, der alle Gegenstände vervielfacht, wenn man ihn vor die Augen hält,[459] die raffinierte Bühnentechnik und Pyrotechnik der Theater, in denen der Vater als Schauspieler arbeitet, die Manipulationen der Ärzte, die Versuche der Chemiker und Alchemisten oder die Ruder- und Segelpraxis in der Lagune von Venedig. Casanova berichtet in der *Geschichte meines Lebens* auch von seiner frühen Lektüre wissenschaftlicher Schriften im Haus des Abate Gozzi und in der Universität von Padua mit ihrem berühmten Anatomischen Theater.

Auf seinen Reisen nimmt Casanova alle neuen Eindrücke ernst und sucht nach einer Erklärung der Phänomene aus Natur und Technik. Er lebt in einer Epoche, in der der gebildete Mensch noch dachte, er könne alles wissen und alles verstehen, zum Beispiel die geheimnisvollen nächtlichen Lichtreflexe, die man auf Sumpfgas zurückführen kann.[460] *Ich muss indessen wahrheitsgemäß gestehen, dass mich der Anblick dieser kleinen Lichterscheinung, ungeachtet meiner physikalischen Kenntnisse, doch auf eigenartige Gedanken brachte. Ich war klug genug, niemandem etwas davon zu erzählen.*[461]

Selbstbewusst prahlt der erwachsene Casanova mit seinen Kenntnissen in Naturwissenschaft und Technik. Er hält sich für einen großen Gelehrten und Mathematiker. In einem Brief an den kurpfälzischen Regierungsrat Heinrich Anton Freiherr Beckers von Westerstetten schreibt er: *Ich weiß über Bergwerke, Mineralien, Salz, Schwefel und fast alles, was diesen Bereich betrifft, Bescheid. Ich selbst bin weder Ingenieur noch Wasserbauer, aber ich weiß, was dazu nötig ist. Jener Bereich der Chemie, der die Farben betrifft, ist mir vertraut, und ich verstehe Baumwolle, Leinen und Hanf mit geringen Kosten färben zu lassen. Ich habe Manufakturen für Kupfer, Malachit und Salpeter gebaut. Ich habe einen Plan, die Züchtung von Schafen zu verbessern, um ihre Wolle zu vervollkommnen.*[462]

Seine naturkundlichen Kenntnisse verführen ihn gelegentlich zu kleinen Gaunereien – über die er dann später sehr aufrichtig, ohne Rücksicht auf sich selbst, berichtet. Wissend, dass Quecksilber sich mit Blei und Wismut verbindet und eine solche Verbindung wie reines Quecksilber aussieht, kommt er auf die Idee, das teurere Quecksilber mit dem billigeren Blei und Wismut zu versetzen, eine wunderbare Vermehrung des Quecksilbers auszurufen und die Mischung als reines Quecksilber zu verkaufen. Es ist eine Gaunerphilosophie, die er daran anschließt: *Betrug ist gemein; eine rechtschaffene List ist jedoch nichts anderes als geschickt angewandte Klugheit, und das ist eine Tugend. Allerdings sieht sie oft einer Gaunerei ähnlich, aber das muss man hinnehmen.*[463]

Trotz seiner Ausflüge ins Unseriöse studiert Casanova die Chemie ebenso wie die kabbalistische Alchemie.[464] Im Verständnis seiner Zeit waren beide auch gar nicht so weit voneinander entfernt. Der Weg von der Chemie zur Alchemie war schnell zurückgelegt. Bei dem Versuch, aus Silber und Kupfer Gold herzustellen, konnte Casanova natürlich nur scheitern – ebenso wie all die anderen vor und nach ihm. Auch der eigentlich so nüchterne und aufgeklärte Friedrich II. von Preußen musste sich schließlich von seinen Hoffnungen und Begehrlichkeiten verabschieden und sich damit abfinden, dass durch alchemistische Experimente kein Gold zu gewinnen ist. 1764, bei dem legendären Gespräch zwischen Friedrich und Casanova im Park von Sanssouci, war dann auch nicht mehr die Rede von Alchemie im Allgemeinen und Gold im Besonderen.[465]

Ob Casanovas Überredungskünste ausgereicht hätten, den alten Fritz noch einmal für alchemistische Versuche zur Herstellung von Gold zu gewinnen, wenn er nur davon angefangen hätte? Undenkbar ist es nicht, da Friedrichs Geldbedarf so kurz nach dem Ende des Siebenjährigen Krieges selbst einen aufgeklärten Geist dazu verleiten konnte, auch noch die obskursten Quellen zu erschließen.

Wer sich auf die Alchemie einließ, kam an der Kabbala und anderen Formen der Mystik nicht vorbei. Seit der Vertreibung der Juden aus Spanien im Jahre 1492 war die Spiritualität der jüdischen Kabbala in Europa allgegenwärtig. Im 18. Jahrhundert erlebte sie eine neue Blütezeit. Casanovas Gönner Bragadin und seine Familie pflegten die Tradition der Kabbala und des Talmudismus. Sogar der Franziskanerorden stellte führende Köpfe der Alchemie. Der Sonnengesang des Francesco d'Assisi, die Vorstellungswelt des Franziskaners Raimundus Lullus und die Lehren des Bonaventura hatten das Bewusstsein einer tiefen Entsprechung zwischen dem Schöpfer und seinen Geschöpfen begründet.[466] Die Anfänge eines naturwissenschaftlichen Umgangs mit der Realität fallen zeitlich zusammen mit dem Höhepunkt einer Naturanschauung, in der alles möglich erscheint: vom Stein der Weisen[467] bis zu einer universellen Medizin, die alle Krankheiten heilt und das Leben verlängert, aber auch den erkenntnis- und gesundheitsfördernden Umgang mit den Elementargeistern garantiert.

Auch in der Mathematik ist Casanova ein Amateur oder Dilettant im ursprünglichen Sinn der Begriffe. An seinen langen Tagen im entlegenen Schloss Dux stößt er auf ein Problem, von dem in der mythischen Sagenwelt der griechischen Antike berichtet wird: Der kubusförmige Apollo-Altar in Delos sollte nach dem Willen des delphischen Orakels auf das Doppelte seines Volumens vergrößert werden, um den Gott während einer Seuche gnädig zu stimmen.[468]

Ist dieses Problem nicht ganz einfach zu lösen? Man braucht doch nur eine Formel für die Kantenlänge zu finden oder, anders gesagt, eine Formel für die Beziehung von Kantenlänge und Volumen. Genau dies aber scheint so schwierig zu sein, dass über zwei Jahrtausende keine wirkliche Lösung gelang und das Problem wie die sprichwörtliche Quadratur des Kreises oder die Drittelung des Winkels gehandelt wurde. Da Casanova eher ein Unterhaltungsmathematiker als ein mathematischer Profi war, kann man das Selbstbewusstsein bemerkenswert finden, mit dem er glaubt, das »delische Problem« gelöst zu haben. *Es sei mir also die Hoffnung gestattet, dass in Zukunft die Frage nach der Verdoppelung des Würfels nicht mehr gestellt zu werden braucht.*[469]

Casanovas Schrift *Lösung des delischen Problems, aufgezeigt von Giacomo Casanova de Seingalt, Bibliothekar seiner Erlaucht, des Grafen Waldstein, Herrn auf Dux in Böhmen* umfasst, zusammen mit zwei Zusätzen, siebzig Seiten.[470] Sie enthält Berechnungen und geometrische Kurven und, in einzelnen Paragraphen, Bemerkungen über Größe, Mechanik, regelmäßige Formen, Gleichgewicht, Vergrößerung, Geschwindigkeit, Abstraktionen, das begrenzte Unendliche, Materie, kubische Progressionen und Analysen der Wurzel eines Kubus. In diesen Paragraphen entfaltet Casanova seine Naturphilosophie. Was den

Würfel betrifft, lautet sein Ergebnis: *Wie groß immer ein Würfel sein mag, man wird ihn sogleich verdoppeln, wenn man seine Seitenlänge in 364 Teile teilt und dazu noch 94 Teile hinzufügt.*[471] Dies ist gewiss keine exakte Ableitung. Sie bringt nur eine gewisse Annäherung an die genaue Lösung des mathematischen Problems. Sie ist denn auch weniger von mathematischem als von historischem Interesse: Casanovas Bemühung um die Lösung des delischen Problems wirft ein lebendiges Licht auf die gebildete Welt im Europa jener Zeit.

Zwar scheitert Casanova bei der Verdoppelung des Würfels daran, dass er die Grenzen der klassischen Geometrie nicht überschreiten kann. Heute setzt man Kurven zweiten oder dritten Grades oder einfach ein Computerprogramm ein. Casanova aber erörtert am Beispiel der Verdoppelung des Würfels die mathematischen und naturwissenschaftlichen Fragen auf hohem Niveau. Die Kompetenz in dieser Sache ist, unabhängig vom Ergebnis, Teil seines intellektuellen Profils. Casanova stellt Berechnungen an, hantiert mit den Gesetzen von Algebra und Geometrie, misst Entfernungen und Winkel, Volumen und Flächen.

So philosophiert er über das Gleichgewicht, über Bewegung und Geschwindigkeit, Materie und Geist, Nerven und Gehirnfunktion, Axiom und Theorie. Und die Namen, auf die er sich bezieht, mit denen er gewissermaßen in einen Dialog eintritt, muten an wie das Who's who der abendländischen Tradition: Anaxagoras, Heraklit, Pythagoras und Euklid, Sokrates, Platon und Aristoteles, Vergil, Horaz, Catull, Plutarch und Cicero, Wilhelm von Ockham, Dante, Michelangelo, Macchiavelli und Montesquieu, Kopernikus, Newton, Pascal, Luther, Leibniz, Voltaire und Rousseau.

Ärztliche Kunst

Casanovas heimliche Liebe und große Begabung war die Medizin. Wie er selbst schreibt, wäre er gern Arzt geworden: *Meine eigentliche Berufung wäre das Studium der Medizin und später die Ausübung dieses Berufs gewesen, zu dem ich große Neigung verspürte; aber man hörte nicht auf mich.*[472] Die kabbalistische Medizin nutzt er nur, um bei den Anhängern der Geheimwissenschaften Eindruck zu machen. Wichtig ist ihm die naturwissenschaftliche Medizin. Seinen Kenntnissen in diesem Fach – in Verbindung mit seinem sehr gesunden Selbstbewusstsein und seiner geistesgegenwärtigen Dreistigkeit – hatte er ja den entscheidenden Einstieg in seine Lebenskarriere zu verdanken. Die Liebe zu den Wissenschaften war die Voraussetzung dafür gewesen, dass er den Senator Bragadin retten konnte und damit seine neue Vatergestalt fand.[473]

Casanova hatte auch gezeigt, dass er über die erste Hilfe hinaus, was für die damalige Zeit recht ungewöhnlich war, medizinisches Wissen in eine philosophische, ganzheitliche Sicht vom Menschen zu integrieren wusste. Er erkennt die Wechselwirkung von Körper und Geist, Leib und Seele und kann dadurch Heilerfolge erzielen, die Zeitgenossen und spätere Beobachter aufmerken lassen.[474] Casanova gehört, im historischen Rückblick gesehen, damit zur Avantgarde der ganzheitlichen Medizin, die schon im 18. Jahrhundert entwickelt, aber noch nicht durchweg angewendet wurde.[475]

Die europäische Aufklärung des 18. Jahrhunderts hatte den Blick vom Jenseits auf das Diesseits gelenkt, so dass die körperliche und seelische Gesundheit des Menschen, die Verbesserung und Verlängerung des Lebens, in den Mittelpunkt des Bewusstseins rückte. Höchste Autorität ist jetzt die Natur. Der Arzt ist zum Priester geworden. Er vermittelt die Gesetze der Lebensordnung. Gesundheit und Moral sind jetzt die beiden Erscheinungsformen menschlichen Glücks. Moralphilosophie und Medizin gehören zusammen. Christoph Wilhelm Hufeland wird 1796 sein Erfolgsbuch *Makrobiotik. Die Kunst, das menschliche Leben zu verlängern* herausbringen und darin Goethes *Wilhelm Meister* zitieren: »Was falsch lebt, wird früh zerstört«.[476]

Casanova lebt offenbar »richtig«. Er bedenkt aber nicht nur den Zusammenhang von richtigem Leben, Gesundheit und Lebensverlängerung, sondern auch die Verbindung von Philosophie, Religion und Tod. Nicht ohne gelassene Ironie schreibt er:

Da ich mich also erst nach meinem Lebensende in der vollkom-
menen Gewissheit wiegen darf, unsterblich zu sein, wird man
mir verzeihen, wenn ich es nicht eilig habe, zur Erkenntnis die-
ser Wahrheit zu gelangen. Eine Erkenntnis, die das Leben kos-
tet, ist zu teuer erkauft.[477]

Einstweilen befasst er sich mit seiner Gesundheit. Obgleich er während der Kinderjahre höchst anfällig für jederlei Krankheit war, hat sich sein Immunsystem offenbar gut entwickelt. Er verfügt über enorme Selbstheilungskräfte. Sein Sinn für Maß und Ausgeglichenheit führt ihn zu einem gesunden Misstrauen gegen die üblichen Behandlungsmethoden. Quecksilberkuren sind ihm ebenso suspekt wie die allgemeine Praxis, bei jeder Gelegenheit einen Aderlass vorzunehmen oder Arzneien höchst ungenau zu verabreichen.[478] Er kennt den Grundsatz, wonach Gift in den Händen eines Weisen ein Heilmittel sein kann, aber auch umgekehrt, dass ein Heilmittel in den Händen eines Toren ein Gift ist.

Seine medizinischen und chemischen Kenntnisse sind auch für Casanova selbst nützlich. Er verbindet sein Wissen mit einem sicheren Körpergefühl und dem Empfinden für seelische Balance. Besonders in Krisensituationen mobilisiert er alles, was er in sich hat. So fordert er zur Vorbereitung seiner Flucht aus den Bleikammern von einem Arzt Schwefel an, vorgeblich um einen Juckreiz zu behandeln, in Wirklichkeit aber, um Zündhölzer herzustellen, die er für seine nächtlichen Schürfarbeiten braucht. Oder er macht den Fußboden seiner Zelle mit Essig mürbe, um so leichter ein Loch ausheben zu können.[479]

Im Zentrum von Casanovas medizinischer Gedankenwelt steht die Frage der richtigen Ernährung. *Da ich meine Ernäh-*
rung immer meiner körperlichen Verfassung anpasste, erfreute
ich mich stets einer guten Gesundheit; und nachdem ich gelernt
hatte, dass ihr immer Maßlosigkeit, sowohl im Essen wie in der
Enthaltsamkeit, abträglich ist, hatte ich nie einen anderen Arzt
als mich selbst.[480] Diese Auskunft klingt ein wenig anmaßend, weil Casanova bei seinen Geschlechtskrankheiten – in den Memoiren ist davon elfmal die Rede – durchaus fremde Hilfe in Anspruch nehmen musste.

In Ernährungsfragen folgt er dem Schweizer Arzt Théodore

Tronchin, von dem er sagt: *Seine ärztliche Kunst beruhte haupt-sächlich auf Diät; aber um sie verordnen zu können, musste er ein großer kritischer Geist sein.*[481] Instinktsicher scheint Casa-nova seinen gelegentlichen Beschwerden durch die richtige Er-nährung zu begegnen: Fühlt er sich nicht wohl, setzt er sich kur-zerhand auf Diät – und wenige Wochen danach ist er wieder kerngesund. Auch wenn er jemanden kosmetisch behandelt – eine französische Herzogin litt zum Beispiel unter Pickeln im Gesicht –, verbietet er alle chemischen Schönheitstinkturen, ver-ordnet ein Abführmittel und schreibt genau vor, was die Patien-tin essen soll.

Sein Unbehagen an der Ernährungsweise der Engländer verlei-tet ihn zu grundsätzlichen Spekulationen über den Zusammen-hang von Ernährung und Suizidneigung: *Die Qualität der Spei-sen und Getränke, von denen sich die Engländer ernähren, könnte sie ebenfalls zu der Gewalttat treiben, von der hier die Rede ist. Große Mengen Fleisches, das sie mit nur wenig Brot verzehren, ohne dass sie jemals Suppe äßen und nur selten gekochtes, viel Pö-kelfleisch, Bier und Schnäpse, denen sie in unglaublichem Maße zusprechen, erzeugen in ihnen vielleicht einen Verdauungssaft, ein Blut, einen Lebensstoff, die genau zu bestimmen ich nicht genug Arzt bin. Sie lösen bei der einzelnen Person jene organische Krankheit aus, die sie dann, ich weiß nicht wie, zu dem Schluss ge-langen lässt, sie seien gezwungen, sich das Leben zu nehmen.*[482]

Casanovas naturwissenschaftliches Interesse reicht bis zu den Methoden der Chirurgie. In seinem Roman *Icosameron* berich-tet er sehr detailliert von chirurgischen Eingriffen: *Mit meinem kleinen Operationsmesser entfernte ich eine Art Geschwulst ganz hinten im Schlund, wobei ich mich sehr wohl in acht nahm, die zum Kehlkopf gehörenden Muskeln nicht zu verletzen.*[483] Im gleichen Roman schildert Casanova sogar schwierige Augen-operationen, die der Ich-Erzähler und Held der Geschichte an Menschen und Schweinen ausführt.

Auch Casanovas alchemistische Experimente setzen chemi-sche und mathematische Kenntnisse voraus. Casanova nutzt die kabbalistische Zahlenkombinatorik, in der die Zusammenfüh-rung aller Wissensgebiete denkbar und machbar erscheint. Der

enge Kontakt zur Marquise d'Urfé wäre kaum zustande gekommen ohne den Erfahrungsaustausch in chemischen Fragen
wie etwa der Nutzung von Schwefelsäure, Salpeter und Salz-
säure für die Bearbeitung von Platin. Das ganze Jahrhundert –
und vor allem die Gesellschaftskreise, in denen Casanova sich
bewegt – ist wie besessen von der Idee, Gold und Diamanten
künstlich herstellen zu können. Man baut Chemielaboratorien
und physikalische Versuchsanlagen. Kaiser wie Franz I. Stephan
und Könige wie Ludwig XV. von Frankreich versuchen sich in
der Diamantenvergrößerung. Schillernde Existenzen wie der
Graf von Saint-Germain oder Cagliostro können sich in diesem
allgemeinen Klima aus Neugier, okkulten Heilslehren und Ge-
winnerwartung entfalten.[484]

Wie diese Magier, Okkultisten und Scharlatane ihre Geschäfte
betrieben, zeigt eine von Casanova erzählte Episode. Bei einem
Mittagessen im Haus der Marquise d'Urfé trug die Gastgeberin
einen großen armierten Magneten um den Hals. Sie behauptete,
früher oder später würde er einen Blitz auf sich ziehen, und sie
würde dann zur Sonne auffahren. »*Das wird er zweifellos*«*, ent-*
gegnete der Scharlatan (Saint-Germain), »*aber ich bin hier der*
einzige auf der ganzen Welt, der imstande ist, dem Magneten eine
tausendfach größere Kraft zu verleihen, als die gewöhnlichen Phy-
siker ihm geben können.«[485] Der Aufschneider Saint-Germain
und all die anderen Hochstapler kreisen mit ihren Ambitionen
um diesen Kern einer durch die Aufklärung freigesetzten Natur-
forschung. Damit beförderten auch sie trotz ihrer Irrtümer und
Schummeleien die Anfänge der Naturwissenschaften in Europa.

Angewandte Wissenschaft

Es ist nur konsequent, wenn Casanova sich dafür einsetzt, dass
die Wissenschaften technisch umgesetzt und für das alltägliche
Leben nutzbar gemacht werden. Er ist dabei, sich vom Bonvi-
vant und Liebhaber der Wissenschaften in einen risikofreudigen

Unternehmer zu verwandeln. Historisch belegt ist für das Jahr 1758 die Gründung einer Manufaktur für bemalte chinesische Seide in Paris. Diese Gründung wurde zunächst nicht mit dem Namen Casanova in Verbindung gebracht, weil ein Ausländer namens Scotti die Manufaktur angemeldet hatte. Da Casanova jedoch gelegentlich Namen aus seiner Familie benutzte und seine Verwandten in Parma Scotti hießen, gilt in der Forschung der Gründungsvermerk als Nachweis für das Geschäft, von dem Casanova in seinen Memoiren spricht.[486] Ein professioneller »Plänemacher« tritt als Unternehmensberater auf und spricht ihm gegenüber von den *gewaltigen Gewinnen der Seidenmanufakturen, aber auch von denen, die ein Mann machen könnte, der die Mittel und den Unternehmungsgeist hätte, eine Werkstatt für bemalte Seidenstoffe nach Art derer aus Peking aufzumachen … Er überzeugte mich, dass ganz Europa nach diesen Stoffen greifen und der Unternehmer trotz des niedrigen Preises noch seine hundert Prozent daran verdienen würde.*[487]

Um das Unternehmen zu finanzieren, vergibt Casanova Aktien. *Ich teilte mein Unternehmen in dreißig Anteile, von denen ich fünf meinem Maler und Zeichner, dem künftigen Direktor, überließ; ich behielt die übrigen fünfundzwanzig für mich, um sie an Gesellschafter abzutreten …* [488]

Die Prognose des Unternehmensberaters, der ihm auch eine reichliche Personalausstattung vorschlägt, wird sich nicht erfüllen. Denn Casanova kann erst nach einem Jahr mit Einnahmen rechnen. Bis dahin aber soll er vorfinanzieren. Zudem kommt, bedingt durch den Siebenjährigen Krieg, der Absatz kostbarer Stoffe nicht recht in Schwung. Vielleicht ist Casanova als Fabrikant auch nicht ganz bei der Sache. Denn die zwanzig angeheuerten Arbeiterinnen sieht er hauptsächlich als seinen Harem: *Was mir sehr gut gefiel, wovor ich aber eher hätte zittern sollen, war der Anblick von zwanzig Mädchen, alle zwischen achtzehn und fünfundzwanzig Jahre alt, alle von bescheidenem Wesen, und mehr als die Hälfte recht hübsch.*[489] Die bescheidenen Wesen beginnen, *das Haus und die Möbel zu beanspruchen,* sobald sie begriffen haben, dass Casanova einige von ihnen als Bettgenossinnen begehrt.[490]

Das Ende der unternehmerischen Aktivität in Paris ist von finanziellen Turbulenzen bestimmt: Casanovas Kassierer brennt mit dem gesamten Barvermögen der Firma durch. Etwa 50 000 Francs gehen verloren. Casanovas Compagnon Garnier sieht den Konkurs voraus, verlangt die Rückgabe seiner Anteile und klagt auf Annullierung seines Vertrags. Gleichzeitig treffen zwei Zwangsvollstreckungsbefehle ein, über die in den Memoiren keine Einzelheiten zu finden sind.

Historiker wie Charles Samaran und James Rives-Childs haben Gerichtsakten gefunden, aus denen Casanovas Bedrängnis hervorgeht: Wechselgeschäfte seines Bruders Francesco ziehen ihn in Mitleidenschaft, beide Brüder werden von einem gewissen Charles Henri Oberti auf Zahlung verklagt. Giacomo seinerseits verklagt den Kläger. Der aber behauptet, die Unterschrift unter den Wertpapieren sei gefälscht. Auch eine zweite Klage wegen eines Wechselgeschäfts operiert mit dem Vorwurf, Casanova habe Unterschriften gefälscht. Es gehen sogar Gerüchte um, er solle gehängt werden. Samaran und Rives-Childs haben allerdings kein Urteil und kein Dokument gefunden, aus dem hervorginge, dass Casanova eine Straftat begangen hätte. Rives-Childs führt als zusätzliches Argument für Casanovas Unschuld an, dass kurze Zeit nach den Anklagen, am 29. September 1759, der französische Außenminister, der Herzog von Choiseul, einen Empfehlungsbrief an den Botschafter Frankreichs in Den Haag schrieb und um dessen Unterstützung beim nächsten Aufenthalt Casanovas in Holland bat. Casanova selbst erzählt in den Memoiren, er habe in Holland im Auftrag der französischen Regierung wegen einer Anleihe verhandelt.

Aus der historischen Distanz ist bei all den dubiosen Verwicklungen um gefälschte oder geplatzte Wechsel die Schuldfrage nicht mehr zu beantworten. Sicher ist nur, dass Casanova auch in seiner Pariser Zeit geschäftliche Verbindungen zu höchst zweifelhaften Figuren aus dem Gaunermilieu unterhielt, so dass wechselrechtliche Auseinandersetzungen nicht verwunderlich sind.

Casanova liebte das Leben. Er liebte die überbordende Fülle, die Verschwendung im Namen der Lebensfreude und den Luxus im Namen des Augenblicks. Er liebte weder das Geld an sich noch als Grundlage, um großen Besitz anzuhäufen. Er liebte es, um es ausgeben zu können. Geld war für ihn die Währung für Lebensgenuss und Lebensqualität, das Zahlungsmittel für menschliche und gesellschaftliche Kontakte. Um sich Luxus und Ansehen, Großzügigkeit und Verschwendung, Freunde und Geliebte leisten zu können, brauchte er Geld, viel Geld. Da ihm weder Adel noch Vermögen in die Wiege gelegt waren, musste er immer wieder neue Methoden erfinden, um zu Geld zu kommen.

Eine dieser Methoden bestand darin, reiche Gönner (wie Signor Bragadin, Botschafter de Bernis oder Madame d'Urfé) zu motivieren, ihn finanziell zu unterstützen. Die andere Möglichkeit war, lukrative Aufträge zu ergattern, und wieder eine andere, als Unternehmer aufzutreten und sich mit einer originellen Geschäftsidee Kredite oder Lizenzen zu verschaffen, die zu entsprechenden Einkünften führen sollten.[491]

Vom Nutzen der Mathematik

Casanova weiß zwar, dass er *von den Finanzen keine Ahnung hat*.[492] Es ärgert ihn, dass er *nicht wenigstens den Fachjargon beherrscht*.[493] Trotzdem präsentiert er sich – wenn es gerade passt – unerschrocken als Experte. Als zum Beispiel im Gespräch mit dem Finanzkontrolleur der französischen Regierung das Stichwort »Lotterie« fällt, ist seine Stunde gekommen. Für Lotterien ist er wirklich ein Experte, insofern er viel von Mathematik versteht. Casanova gibt also zu verstehen, dass er ein Lotteriekonzept kennt, das dem König von Frankreich enorme Einnahmen garantiert: *Wenn Ihnen das Wesen der politischen Arithmetik bekannt ist, können Sie nur davon ausgehen.*[494] Casanova leitet das System der Lotterie aus der modernen Wahrscheinlichkeitsrechnung ab und beschreibt die Lotterie als Win-win-Spiel für Staat und Bürger: *dass auf diese Weise … dem Staate zur Befrie-*

digung seiner Bedürfnisse und zum Wohl der Allgemeinheit ein betrachtlicher Gewinn erwuchs, ohne die Einwohner mit lästigen Steuern bedrücken zu müssen.[495]

Casanovas geistiges Profil zeigt sich auch darin, dass er einen originellen anthropologischen Gedanken in die Begründung des Lotteriespiels einführt: *Es ist der gleiche Geist, der im Altertum die Menschen zur Verehrung eines imaginären Wesens führte und der heute die Allgemeinheit dazu anstachelt, ihr Glück im Spiel zu versuchen.*[496]

Casanova hat also verstanden, dass die enge Nachbarschaft von religiösen Gefühlen und Geld, wie es der Zufall oder eben die Götter schenken, die Menschheit nicht loslassen wird. Er hat auch verstanden, dass Glücksspiel und Geld zum Religionsersatz werden können. Vollmundig erklärt Casanova, er könne vor allen Mathematikern Europas beweisen, dass der König in dieser Lotterie niemals weniger als zwanzig Prozent gewinnen werde. Bedenkenträger fertigt er ebenso beherzt ab wie Konkurrenten. Er lehnt auch eine Trägergesellschaft ab, die selbständig arbeitet und dann dem König eine bestimmte Summe entrichtet. *Die Lotterie, wenn ich mich mit ihr befassen soll, muss königlich sein oder überhaupt nichts.*[497] Immer reklamiert Casanova Wahrheiten, die aus *mathematischen und politischen Berechnungen* resultieren.

In den politischen Gremien, zu denen auch der berühmte Mathematiker und Mitherausgeber der großen Enzyklopädie, Jean le Rond d'Alembert gehört, argumentiert er so überzeugend, dass die Einrichtung einer Lotterie beschlossen wird. Die Zulassungsbescheide sind auf den 15. August und 15. Oktober 1757 datiert. Die erste Ziehung findet am 18. April 1758 statt. Casanova wird zum Direktor ernannt, erhält sechs Annahmebüros und eine jährliche Vergütung von 4000 Francs. Damit ist er ein gemachter Mann.

Wie immer in seinem Leben wird auch dieser Erfolg nicht von Dauer sein. Seine Erfahrungen mit der Lotterie in Paris wird er aber unbekümmert für einen Vorschlag nutzbar machen, den er für die Einrichtung einer Lotterie in Rom formuliert und in dem er grundsätzliche Überlegungen zur Bedeutung von Lotterien für den Staat und für die Bürger anstellt.[498] Es leuchtet ein, dass es bis heute staatliche Lotterien gibt. Sie sind eine Einnahmequelle für den Staat. Casanova kannte die Geschichte vom jungen Voltaire, dem es gelungen war, einen Fehler im Lotteriesystem auszunutzen und dadurch 500 000 Livres einzunehmen, die er in spanische Reedereien investierte. Dass diese Reedereien ihr Geld vor allem mit dem Sklavenhandel verdienten, steht auf einem anderen Blatt. Es mag für den Aufklärer Voltaire peinlich gewesen sein, aber es war gewinnbringend, für ihn und den Staat.[499]

Ob Voltaires Geschäftstüchtigkeit für Casanova ein Vorbild war, ist nicht gewiss. Casanovas Betätigung als Unternehmensberater ist breit gestreut und beschränkt sich nicht auf die Einführung von Lotterien. Er schlägt auch andere gewinnorientierte Unternehmungen vor: Für Warschau, die *Hauptstadt eines Königreiches, das wie geschaffen ist, seine Bewohner glücklich zu machen,*[500] regt er die Gründung einer Seifenfabrik an. Das Produkt aus fettem Olivenöl soll ohne Erhitzung hergestellt werden und *weiß, rot, blau, grün, schwarz, marmoriert, fest oder flüssig nach Wahl, parfümiert und einfach sein.* Mit vierzig Angestellten und einer Maschinenanlage will er 1000 Pfund Seife pro Woche produzieren.

Was den Polen recht ist, soll den Spaniern billig sein – was den Polen die Seife, soll den Spaniern der Tabak sein. In umsichtigen volkswirtschaftlichen Gedankengängen regt Casanova an, die Tabakeinfuhr zu drosseln und in eigener Produktion einen konkurrenzfähigen Tabak herzustellen und im Inland zu verarbeiten.

Für das Russland der Zarin Katharina wird er einen Plan für die Anpflanzung von Maulbeerbäumen zur Züchtung von Seidenraupen entwerfen. Er ahnt allerdings nicht, wie sehr der Anbau von Maulbeerbäumen und die Haltung von Seidenraupen von den klimatischen Rahmenbedingungen abhängen. Über den konkreten Fall hinaus erörtert er aber die Grundsätze der landwirtschaftlichen Ökonomie, der Düngung und der Haltung von Haustieren mit großer Liebe zum Detail, wobei er über weite Strecken politisch argumentiert: *Alle Mittel, die Landwirtschaft im Allgemeinen zu verbessern, sind zur Erfolglosigkeit verur-*

teilt, wenn der Gesetzgeber sie nicht unterstützt. Ohne die Hilfe von guten Gesetzen bleiben alle Vorschläge unvollkommen. Der Geist der Regierung, die Handhabung der Finanzen, und die alten überholten Vorschriften sind oft so hemmend für die Landwirtschaft, dass diese nichts erhoffen kann, ohne dass diese Hindernisse von Grund auf beseitigt werden. Aber man vermeidet die Änderungen, man fürchtet die Unbequemlichkeiten, obwohl sie in keinem Verhältnis zu den zu erzielenden Vorteilen stehen.[501]

Für Ludwig XVI. von Frankreich skizziert er in einer Reisenotiz von 1783 den Bau eines Schifffahrtskanals entlang den Pyrenäen zwischen Narbonne und Bayonne. Er erklärt recht großspurig: Wenn ich die Einwilligung des Souveräns erhalte, verpflichte ich mich, ihm den Kanal bauen zu lassen, ohne dass es ihn etwas kostet.[502] Die Einwilligung des Souveräns hat er nie erhalten. Er selbst scheint das Projekt irgendwann vergessen zu haben. Er hat es nicht mehr erwähnt. Längst haben andere Teile der Welt seine Aufmerksamkeit gefunden. Unter schifffahrtstechnischen Gesichtspunkten ist die Idee einer Verbindung zwischen Atlantik und Mittelmeer jedoch lange lebendig geblieben.

DER SPIELER

Immer wollte Casanova dem Milieu der kleinen Gauner entkommen, sobald er hineingeraten war. Das Milieu des grünen
Tuchs aber hat er geliebt. Am Spieltisch fühlte er sich wohl, weil
es ihm wirklich ums Spielen ging und weil er, wenn es sein
musste, auch verlieren konnte. Casanova erzählt vom Spielen
wie von der natürlichsten Sache der Welt: So, wie man Geld
brauche, um zu leben, so brauche der Mensch nun einmal das
Glücksspiel. Und um Geld, und scheinbar nur um Geld, geht es
am Anfang seiner Spielerkarriere. Ob aus dem Versuch, zu Geld
zu kommen, bald eine Sucht geworden ist, die nie zur Ruhe
kommt, auch wenn die Verluste existenzbedrohend werden? Jedenfalls ist Casanovas Leidenschaft für Spielkarten von Anfang
an nur ein klein wenig geringer als die, die er für Frauen und Bücher an den Tag legt.[503]

Schon als junger Abate spielt er. Und er spielt um Geld, weil er
Geld braucht. Er erzählt: Zusammen mit einer kleinen Reisegesellschaft geht er 1743 auf einer Schiffsreise von Venedig nach
Ancona in Chioggia für kurze Zeit von Bord. In einem Café am
Hafen trifft er einen alten Kommilitonen aus der Studentenzeit
in Padua und gerät in eine Clique, zu der auch ein gewisser Pater
Corsini gehört. Dieser Mönch schleppt ihn abends in ein Wirtshaus und macht ihn mit recht lockeren Freunden bekannt. Kaum
ist die Mahlzeit zu Ende, legt einer dieser Gesellen eine Pharao-
bank auf.

Pharao, auch Pharo oder Faro, ist im 18. Jahrhundert eines der
beliebtesten Kartenspiele, neben Bassette, Pikett, Biribisso, Fünf-
zehnerspiel und Whist. Es wird mit zwei Kartenpaketen von je
52 Karten gespielt. Einer der meistens fünf Spieler legt eine Bank
auf, das heißt, er legt seine Kasse mit einem bestimmten Betrag
auf den Tisch. Um diesen Betrag wird gespielt. Die Regeln sind

so, dass der Bankhalter auf die Dauer der Gewinner ist, falls die Bank nicht vorher gesprengt wird und zahlungsunfähig ist. Eine Bank aufzulegen und die Mitspieler zum Spiel zu animieren kann also ein Geschäft sein. Oder auch nicht.⁵⁰⁴

Casanova erzählt, wie er am Anfang verliert und sofort aufgeben will, sich dann aber doch überreden lässt, weiterzuspielen, sich Geld zu leihen und damit selber eine Bank aufzulegen. Er verliert wieder. *Die Hoffnung, mein Geld wiederzugewinnen, brachte mich um den Rest meiner Mittel. Ich kroch zu dem Koch ins Bett, der schon schlief. Er wachte auf und brummte, ich sei ein Wüstling. Ich antwortete, er habe recht.*⁵⁰⁵

Mit diesem ersten Spiel in Chioggia ist aus dem Glücksritter ein Glücksspieler geworden. Ein Teufelskreis hat ihn eingefangen: Um an Geld zu kommen, spielt er. Er verliert. Um den Verlust auszugleichen, spielt er weiter.⁵⁰⁶ Jeder Verlust treibt ihn tiefer in die Unfähigkeit aufzuhören. Die Hoffnung, oft getarnt als ein gutes Gefühl der Zuversicht, wird immer wieder zum Antrieb für eine neue Runde. Der Spieler verliert die Wirklichkeit aus den Augen: Er überschätzt die Wahrscheinlichkeit des Gewinnens. Es entsteht ein Kreislauf der Illusionen. Die Spielsituation bestimmt das Lebensgefühl. Der Spieler verwechselt sein Leben und das Spiel. Dem Beobachter offenbart sich der Ursprung der Spielsucht: der Wunsch, das Glück zu finden, Anerkennung also und Liebe. Das Geld ist das Symbol und das Surrogat für beides.⁵⁰⁷

Das Glücksspiel gehört zum Alltag der Gesellschaftskreise, in denen Casanova sich aufhält. Wohin immer er kommt, es wird gespielt. *Ich ging zum Souper; es wurde bis zum Morgen gespielt.*⁵⁰⁸ Ebenso beiläufig kann er bei einer anderen Gelegenheit mitteilen: *Ich maskierte mich rasch und ging in die Oper. Ich setzte mich an einen Pharaotisch, spielte und verlor mein ganzes Geld.*⁵⁰⁹

In der *Geschichte meines Lebens* erzählt Casanova häufig ganz nebenbei, wie er Spielschulden anhäuft und dadurch in peinliche Finanznöte und Ehrenhändel gerät. Dabei macht er seine Erfahrungen. Er lernt zum Beispiel, was ein »Grieche« ist: ein professioneller Spielbetrüger, mit dem man sich nicht einlassen und den man auf keinen Fall als Bankhalter akzeptieren sollte. Er selbst hat sich nie als »Grieche« verstanden. Casanova war kein gewerbsmäßiger Falschspieler – auch wenn er nichts dabei fand, Schelme und Dummköpfe zu betrügen. »Dass er jedoch selbst falsch gespielt hätte, ist eine unbewiesene Vermutung und entsprach keineswegs seiner Veranlagung«, meint Heinz von Sauter.[510] Was er gelernt hat, ist, Verluste gleichmütig zu verschmerzen. Auf dem Weg nach Konstantinopel verbringt er auf Korfu die Tage vor allem im Café, *restlos dem Pharaospiel verfallen,* obgleich er ständig verliert. *Nie ging ich mit dem Trost nach Hause, gewonnen zu haben, und niemals hatte ich die Kraft, Schluss zu machen, solange ich nach Verlust meines ganzen Geldes noch Wertgegenstände besaß.*[511]

Er lernt allmählich, nie gegen die Bank zu spielen, sondern selber die Bank aufzulegen und die Karten auszugeben.[512] Aber genau dies ist für ihn ein Problem. Denn in Venedig darf er die Rolle eines Bankhalters gar nicht übernehmen – weil er kein adeliger Patrizier ist. Die Vorschriften sind klar, wenn sie auch nicht so streng gehandhabt werden, vor allem nicht außerhalb des Ridotto.[513] Wichtig vor allem ist der äußere Anschein: Wer die Bank halten will, muss in der Kleidung eines Nobile auftreten, einschließlich einer Perücke, braucht aber keine Maske zu tragen. Zeitgenössische Bilder zeigen die bürgerlichen Spieler im »Tabarro«, einem schwarzen Umhang, über dem ein kurzes Cape getragen wird, mit einem Dreispitz auf dem Kopf und einer weißen Maske vor dem Gesicht.[514]

Durch diese Kleiderordnung sollte der Standesunterschied deutlich herausgestellt werden. Denn das Bankhalten war ein Privileg des Adels und gehörte zu den auch sonst üblichen Übervorteilungsmethoden, die der venezianische Adel für sich in Anspruch nahm. Casanovas spätere Idee, sich selbst zu adeln und sich Chevalier de Seingalt zu nennen,[515] ist sicher auch eine Reaktion auf die ständige Benachteiligung durch die Ständeordnung. Sie ist aber auch eine Parteinahme. Er will die Ordnung der Stände nicht abschaffen. Er will vielmehr zu den privilegierten Schichten gehören und glaubt, darauf auch einen Anspruch zu haben, erst recht, wenn seine Vermutung zutrifft, dass sein leiblicher Vater ein Patrizier ist.

Wenn Casanova zum Spiel antritt, fährt er möglichst wie ein

Adliger vor: mit eigener Kutsche, einem Bediensteten und einer schönen Begleiterin. Deren Schönheit und Eleganz sollen seinen Stil und seinen Geschmack, seine Bonität und Seriosität zur Schau stellen, vielleicht sogar seine Zugehörigkeit zum Adel vermuten lassen, auch wenn er die vorgeschriebene Maske trägt. Ein Hauch von Hochstapelei gehört auch hier zu Casanovas Leben – ebenso wie zum ganzen 18. Jahrhundert, das nicht nur ein Jahrhundert der Herrschaft, des Vergnügens und der Langeweile war, wie Stefan Zweig geschrieben hat, sondern vor allem eine Epoche, die ständig über ihre Verhältnisse lebte. Deshalb die Allgegenwart der Maske, des Glücksspiels, der Schulden, der Kredite, der Wechselgeschäfte.

Wenn es aber irgendwo einen Ort gab, an dem Casanova die weiße Maske für sein Leben gern abgelegt hätte, dann am Spieltisch im Ridotto. Hier, in der Spielhölle der Republik, war die Maske als Sicherheitsabstand zwischen den Ständen gedacht. Genau diesen Abstand hätte er so gern aufgehoben, um wie ein adeliger Bankhalter Ansehen und Geld zu gewinnen.

Zum prickelnden Vergnügen beim Glücksspiel gehört auch die latente Gefahr. Wer ein Bein unter den Spieltisch stellt, hat das andere schon im Gefängnis. In Genua zum Beispiel hatte Casanova einmal 2000 Zechinen in Goldstücken gewonnen. Als er eine dieser Münzen weiterverschenkt, wird offenbar, dass alle Goldstücke beschnitten, also durch Befeilung in Gewicht und Wert vermindert sind – in Genua ein Vergehen, das mit der Verurteilung zum Tode enden konnte. Der Beschenkte wird verhaftet, nachdem er die Münze in Umlauf brachte. Casanova kann ihn aus dem Gefängnis herausholen, indem er alle Münzen einschmelzen und neu prägen lässt. Am Ende bleiben von den 2000 Zechinen nur 1200 übrig.

Verlust oder Gefängnis, das ist oft die Alternative. Wenn man Spielschulden hat und sich auf Wechselgeschäfte einlässt, kann es leicht passieren, dass ein Wechsel faul ist oder zu Protest geht – ebenfalls ein Grund für Ärger mit der Polizei.

Das Spiel ist, wie es im Rokoko nicht anders sein kann, ein galanter Zeitvertreib auch für verliebte Paare. So gehen Casanova und seine Geliebte, die Nonne M. M., nach der Oper in den Ridotto, selbstverständlich maskiert. Casanova will zwar nicht spielen, aber die Geliebte zieht ihn hinein. Sie schlägt vor, mit ihm halbpart zu spielen, das heißt Gewinn und Verlust zu teilen. Sie gewinnt, spielt weiter und verliert. Als sie kein Geld mehr hat, holt sie »eine Handvoll Goldstücke« aus Casanovas Tasche, setzt erneut und – sprengt die Bank. Für den Augenblick wohlhabend, gehen die beiden essen und nutzen danach die drei Stunden, die ihnen noch bis zum Abschied bleiben – für die Vergnügungen der Liebe. Dann muss M. M. zurück ins Kloster.[516]

Glücksspiel und Liebesspiel

Die Liebe und das Spiel gehören für Giacomo Casanova zusammen, weil für ihn auch die Liebe ein Spiel ist und er das Spiel liebt wie die Liebe. Friedrich Georg Jünger, der im Gegensatz zu seinem Bruder Ernst heute weithin unbekannt ist, markiert in seinem Essay »Spiel und Spieler«[517] die Grenze, an der sich das Spiel mit dem Aberglauben verbindet. Mit kabbalistischen, vorgetäuschten Berechnungen kann Casanova den Senator Bragadin und die Marquise d'Urfé an der Nase herumführen.[518] Jünger sieht, dass ein Spiel, wenn es einmal zur Leidenschaft geworden ist, sich nicht mehr in die Ecke stellen und isolieren lässt. »Alles kann Spiel werden. Das Glücksspiel ist nur eine der Arten des Spiels, und zwar die niedrigste, was schon daran zu erkennen ist, dass es den Gesetzen der Wahrscheinlichkeitsrechnung unterworfen ist.«[519] Deshalb schließen sich die Spielleidenschaft, die sonst keine andere Leidenschaft neben sich duldet, und die Leidenschaft für das andere Geschlecht nicht aus: Beide folgen einem einzigen Prinzip, dem des ungezähmten, wilden Lebens. Casanova nimmt auch hier für sich das Recht in Anspruch, seiner Natur zu folgen. Jünger schreibt: »Die Sprache der Leidenschaft ist bei ihm feurig und rosa, bilderreich und durchsetzt mit griechischer und römischer Mythologie, woran sich zeigt, dass sie heidnisch ist wie alle Lust.«[520] Und weil Casanova immer der Natur gefolgt ist, lässt sie, die Treulose, ihn im Alter mit der bitteren Erkenntnis zurück: *Ein alter Mann hat die ganze Natur zum Feinde.*[521]

Als Casanova noch kein alter Mann und die Natur noch auf seiner Seite war, zeigt er als Spieler eine erstaunliche Ausdauer und offenbart zugleich, dass diese Ausdauer sich aus kühler Berechnung und nicht aus süchtiger Abhängigkeit herleitet. In Sulzbach – *ich hätte mich an diesem traurigen Ort gelangweilt, hätte ich nicht spielen können* – sitzt der 38-jährige Casanova mit einem Offizier am Spieltisch. Es geht um fünfzig Louisdor. Es wird vereinbart, dass derjenige zahlen muss, der zuerst aufgibt. Das Spiel beginnt um drei Uhr nachmittags. Sie spielen die folgende Nacht, den nächsten Tag und auch die zweite Nacht. Bei Tagesanbruch des zweiten Tages sinkt der Offizier ohnmächtig unter den Tisch. Casanova gibt dem Schreiber, der 42 Stunden ausgeharrt hatte, ein dickes Trinkgeld, geht in die Apotheke, nimmt ein leichtes Brechmittel, übergibt sich, schläft ein paar Stunden und setzt sich nachmittags um drei Uhr, um fünfzig Louisdor reicher und mit bestem Appetit, zu Tisch.[522]

Wenige Jahre später, im August 1767 – Casanova ist jetzt 42 Jahre alt –, macht er im Modebad Spa in der Provinz Lüttich eine Erfahrung, die ihm neu ist und die ihn tief verblüfft. Er ist nach Spa gekommen, weil der Kurort eine Spielerhochburg ist und weil er hofft, hier das Spiel mit der Liebe verbinden zu können. Enttäuscht stellt er aber fest, dass in Spa *die Leidenschaft für das Spiel stärker ist als die für die Frauen; in Spa hat der Spieler keine Zeit, sich mit den Vorzügen eines Mädchens zu befassen ...*[523]

Weil die Hotels in der Hochsaison ausgebucht sind, bezieht Casanova im Haus eines Huthändlers ein Privatzimmer. Sofort macht er der Nichte des Hausherrn den Hof und versucht sich noch einmal in der Rolle des Verführers. Aber das Mädchen erteilt ihm eine brutale Lektion: Sie schlägt ihn mit der geballten Faust ins Gesicht. Casanova muss sich mit einer blutenden Nase, dem Spiel und der Konversation unter Bekannten begnügen, die er bald im Kurort trifft – den Fürsten de Ligne oder den Abenteurer de la Croce zum Beispiel. Croce allerdings muss den

Ort sehr bald wegen seiner Spielschulden verlassen und lässt seine schwangere Freundin zurück. Casanova kümmert sich, hilfsbereit wie immer, um die Verzweifelte und trauert, als sie und das Neugeborene im Kindbett sterben.

Erst später, in der Abgeschiedenheit von Schloss Dux, wird ihm das Spiel schal werden. Wie der Genuss der Liebe ihm abhanden kommt ohne die Reize der jungen Frauen, von denen im Alter keine mehr sichtbar ist, so verliert sich auch die Spielleidenschaft: Casanova braucht zum Genuss des Spielens den großen Auftritt, das Publikum, das Drama. Wenn er das nicht haben kann, ist das ganze Spiel nichts wert. Keine Frau, kein Spiel, kein Publikum – früher war dies für Casanova der Anlass, sich auf seine Reiselust zu besinnen und einfach weiterzureisen.

DER SCHRIFTSTELLER

Man muss sich Casanova als einen schreibenden Menschen vorstellen. Immer stärker werden ihm Leben und Schreiben zu einer Einheit. Seit er die venezianische Bühne verlassen hat und zur Ruhe kommt, ist Schreiben sein Leben und Leben ist Schreiben. Und: Schreiben ist Überleben. In den Jahren, die er auf Schloss Dux verbringt, beschreibt er Tausende von Seiten. Auch vorher schon hatte er immer wieder mit der Feder in den Lauf seines Lebens eingegriffen. Er war eben nicht der neurotische Panerotiker, der sich nur die Zeit zwischen zwei Affären mit schöngeistigen Exkursionen vertrieb. Historische Werke, Komödien, Gedichte, Dialoge, einen Roman, mathematische, medizinische und etymologische Abhandlungen – das schreibt man nicht mal eben zwischendurch. Was Casanova schrieb, erforderte seine ganze Aufmerksamkeit und Disziplin. Er war an den Inhalten interessiert, die er schreibend begriff und seinen Lesern vermittelte. Die Inhalte seines Lebens waren die Fragen der Zeit: die Freiheit des Menschen, die Vernunft und die Dummheit, die Liebe und der Tod, Gut und Böse, Selbstmord und Hass, Erkenntnis und Erleben.

Casanova hat viel geschrieben und viel veröffentlicht. Bis zu seinem Lebensende erschienen 24 Werke. Seine ersten Arbeiten, die beiden Dissertationen an der Universität Padua, sind verlorengegangen. Die erste Doktorarbeit war eine zivilrechtliche Studie über das Testament *(De testamentis)*, die zweite eine kirchenrechtliche Arbeit über die Frage, ob die Juden neue Synagogen bauen dürfen *(Utrum Hebraei possint construere novas Synagogas)*.[524]

Als Casanova in Schloss Dux die Schriftstellerei zur Hauptbeschäftigung machte, war er weit über die Fünfzig. James Rives-Childs schreibt 1977 in der Widmung seiner Casanova-

Biographie von dem Genie Casanova, »dem der gebührende Platz im Pantheon der Literatur bis auf den heutigen Tag vorenthalten wird«. Das stimmt nur zur Hälfte: Die Memoiren, deren unverfälschte Fassung erst seit 1960 vorliegt, werden zur Weltliteratur gezählt.[525]

Anders verhält es sich mit den übrigen Werken des Schriftstellers Casanova. Würden sie überhaupt noch gelesen, wenn sie nicht vom Verfasser der *Histoire de ma vie* geschrieben worden wären? Bei vielen Schriftstellern ist es so, dass man sich für die Nebenwerke nur interessiert, weil man den Autor aus seinem Hauptwerk kennt. Wie viele Werke unserer großen klassischen Dichter beachten wir nur, weil sie aus der Feder eines Großen stammen? Die Frage ist also nicht, ob jedes kleine Werk eines Autors wegen seiner Qualität unsere Aufmerksamkeit erregt, sondern, ob die Person des Verfassers die Schwelle unserer Beachtung erreicht und ob auch ein Nebenwerk Wissenswertes über ihn aussagt.

Schon 1752, als Casanova im Alter von 27 Jahren seine Mutter in Dresden besucht, übersetzt er die Texte einer französischen Oper, die dann im Februar 1753 aufgeführt wird. Nur das Programmheft dieser Aufführung, Inhaltsangabe und Personenliste – die Mutter sang, die Schwester tanzte – blieben erhalten, nicht aber der Operntext selbst. Der Stoff entsprach der Mode: der iranische Mythos von Zoroaster. Die Musik hatte Jean-Philippe Rameau komponiert. Im gleichen Jahr schreibt Casanova für die italienische Theatergruppe in Paris eine französische Komödie *(Les Thessaliennes)*, die aber bald in Vergessenheit gerät.[526]

Casanovas erstes größeres Werk ist 1769 die Widerlegung einer Streitschrift, die der französische Botschafter Nicolo de la Houssaie unter dem Namen Amelot de la Houssaie gegen die venezianische Verfassung und besonders gegen die Machtbefugnisse des »Rates der Zehn« geschrieben hatte. Dem setzt Casanova seine *Confutazione della Storia del Governo Veneto d'Amelot de la Houssaie* entgegen, die sich wie eine Bewerbung für die Wiederaufnahme in sein geliebtes Venedig liest. Er erklärt in dieser »Widerlegung«, eine aristokratische Republik sei die beste aller denkbaren Staatsformen. Sie sei als aufgeklärter

Despotismus sogar so erhaben über alle übrigen Regierungsformen, dass sie automatisch, selbst wenn sie den Gesetzen zuwiderhandle, zum Nutzen der Allgemeinheit tätig werde. Damit stellt Casanova sich auf die falsche Seite, wenn man von seinen eigenen Ansprüchen und der Theorie des aufgeklärten Staates ausgeht. Denn für Casanovas Wertekanon können die Praktiken des Polizeistaates eigentlich nur unerträglich sein – umso mehr, als er selbst einmal das Opfer der Staatsinquisition geworden ist. Dies muss ihm bewusst gewesen sein. Aber der Wunsch, in die Heimat zurückkehren zu können, ist so übermäßig stark, dass er vor keiner Willfährigkeit zurückscheut.

Durch seine *Confutazione* will Casanova sich beim »Rat der Zehn« und den Inquisitoren beliebt machen und die Erlaubnis zur Rückkehr nach Venedig bewirken. Er übergibt ein Exemplar der Schrift an einen Mittelsmann namens Berlende, der den Auftrag hat, den Text an die Inquisitoren im »Rat der Zehn« weiterzugeben. Vorausgegangen war 1763 (am 18. November) ein Begnadigungsersuchen an den Dogen von Venedig. Die Bittschrift war jedoch ohne Antwort geblieben – und auch jetzt lässt sich das Gremium nicht beeindrucken und hält die Verbannung Casanovas aufrecht.

Die Widerlegung des Amelot de la Houssaie soll Casanova in 42 Tagen während seiner Haft in Madrid niedergeschrieben haben. Vom Umfang der Schrift – im Druck sind es drei Bände – und von den Lebensbedingungen im Gefängnis her gesehen, klingt das recht unwahrscheinlich. Da Casanova dort, nach 42 Tagen, am 28. Dezember 1768 entlassen wurde, müsste die *Confutazione* vor diesem Datum fertiggestellt worden sein. Wahrscheinlicher ist, dass er die Schrift in der Haftzeit konzipiert und erst später ausgeführt hat. Die dreibändige gedruckte Ausgabe war dann sofort ein Erfolg und innerhalb eines Jahres ausverkauft. Einer der Gründe für diesen Erfolg dürfte darin gelegen haben, dass die Streitschrift des Amelot de la Houssaie die Missstände des Inquisitionsstaates Venedig benannt hatte – man also durch Casanovas Auseinandersetzung indirekt erfahren konnte, wie es in der Lagunenstadt hinter den Fassaden und Kulissen möglicherweise zuging.

Den »Rat der Zehn«, den der französische Diplomat als »Eck-pfeiler des ganzen Staates« wertet, gab es schon seit dem Jahre 1310. Damals wurde er als Antwort auf eine Verschwörung zweier Adelsfamilien gegründet, der Tiepolo und der Querini. In den folgenden viereinhalb Jahrhunderten aber hatte die vene-zianische Regierung ihre Polizeigewalt immer mehr ausgebaut und aus dem Sicherheitsorgan ein Unterdrückungsinstrument ge-macht. Zum Beispiel gehörten die drei Staatsinquisitoren dem »Rat der Zehn« an. Die obersten Richter waren dadurch Teil der Exekutive. Eine Berufungsmöglichkeit gegen das Urteil des Rats gab es also nicht.[527]

Amelot geißelt diese Regierungsform und -praxis in Venedig als autoritär und unmoralisch. Er warf der Regierung vor, in macchiavellistischem Zynismus die Staatsbürger zu unterdrü-cken. Casanova argumentiert dagegen, weniger aus Überzeu-gung als aus taktischen Überlegungen: Er will zurück nach Ve-nedig.

Casanova mutet sich und dem Leser noch weitere Schritte der Anbiederung an die venezianischen Behörden zu: Er polemisiert gegen Voltaire, den er doch besucht und bewundert hatte. Jetzt warnt er vor ihm und sagt, der Franzose verspotte religiöse Wahrheiten und damit eben jene Autorität, auf die Staat und Kirche setzen müssten.[528] Casanova versteigt sich sogar zu der Meinung, das Volk könne überhaupt nur durch die Androhung von göttlichen Strafen regiert werden. Am Vorabend der großen Revolution erklärt Giacomo Casanova also, die Aufklärung der Massen führe nur zu Chaos und Anarchie.

Die frühere theoretische Annäherung an die Gedankenwelt der französischen Aufklärer wie Rousseau, Voltaire, Diderot, d'Alembert oder Montesquieu erscheint aus dem Sichtwinkel der *Confutazione* als aufgesetzt. Casanova will zwar die Frei-heit für sich, nicht aber Gleichheit und Brüderlichkeit für alle als Grundlage einer funktionierenden Gesellschaftsordnung ak-zeptieren. Eine Regierung der Volksmassen hält er für unfähig, das Chaos zu vermeiden. Er hat sich also mit den Schichten der Gesellschaft arrangiert, denen er zwar der Herkunft nach nicht angehört, zu denen er aber um jeden Preis gehören will.

Über die Französische Revolution

Casanova begnügt sich nicht mit der Verteidigung der venezianischen Herrschaftsform. Er setzt sich auch mit der Französischen Revolution auseinander. In einem 120-Seiten-Brief an Robespierre soll er seinem Hass auf die Revolution feien Lauf gelassen haben. Dieser Brief ist verschollen. Erhalten geblieben ist aber ein Fragment aus dem Italienischen, das den Revolutionsführer Robespierre als *Zerstörer des Thrones* anspricht: *Wilder Schänder des heiligen Tempels. Jedes treuen Volkes Verführer. Meineidiger und Gottloser.* Vor ihm und der ganzen Revolution warnt Casanova die Herrschenden: *Zittert, Ihr geweihten Könige! Dieser hier ist der ruchlose Mörder, der seine fluchbeladene Hand ausstreckt, um den Faden Eurer Lebenstage zu zerreißen ...*[529]

Erhalten geblieben sind auch seine *Reflexionen über die französische Revolution*, die er in den Jahren 1793 und 1794, also auf dem Höhepunkt des Terrors schrieb. In einem ersten Entwurf mit der Widmung *An ihre Hoheit die Prinzessin Clary, geborene Prinzessin von Ligne und an ihre ganze Gesellschaft* wendet Casanova sich gegen die Behauptung, die Revolution sei eine historische Notwendigkeit gewesen. *Was Frankreich ins Verderben zog, war die Niedertracht oder Unfähigkeit der Minister ... Eine Monarchie kann nur bestehen, wenn sie sich zwei Dinge vor Augen hält: Voraussicht und Vorsicht. Die Voraussicht ist der Minister der Vorsicht und die Vorsicht ist wiederum der getreue Minister der Voraussicht.*[530]

In einem *Zweiten Entwurf seines Briefes an die Fürstin Clary über die französische Revolution* (1795) argumentiert er auf einmal nahezu verspielt und behauptet: *Die verdammte französische Revolution beschäftigt mich den ganzen Tag.* Dann kommt er auf die Frage der Notwendigkeit zurück, indem er – vielleicht mit bitterer Ironie – über die Rolle räsoniert, die eine bestimmte Pomade bei der Behandlung eines Ausschlags der Herzogin von Chartres gespielt habe. Wäre ihr diese Pomade nicht aus der Hölle geschickt worden, so dass ihr Gesichtsausschlag verschwand, hätte der Herzog die Abscheu vor seiner Frau nicht überwunden und hätte nicht mit ihr den Sohn gezeugt, der an allem schuld ist: Louis Philippe Joseph, Herzog von Orléans, der sich 1789 als Mitglied der Generalstände dem Dritten Stand anschloss und deshalb Philippe Égalité genannt wurde. 1793 stimmte er für den Tod des Königs und starb schließlich selber am 6. November 1793 unter der Guillotine.

In einem anderen Fragment mit dem Titel *Über den Tod Robespierres* zieht Casanova die Verbindungslinie zwischen Revolution und Inquisition: *Dieses blutrünstige Ungeheuer glaubte, dass die christliche Religion sich nur erhalten könne durch das Mittel einer unerbittlichen Inquisition, und dass diese selbe Inquisition nur bestehen könne durch die Grausamkeiten, welche sie planmäßig in den Ländern ausübt, in denen die Regierung es ihnen gestattet, sich an der Macht zu halten. Robespierre meinte nicht unlogisch zu denken. Wenn man ganze Nationen, so wird er sich gesagt haben, zur christlichen Religion zwingen kann durch Scheiterhaufen, so wird man mit weniger Schwierigkeit ein Königreich zur Republik zwingen, indem man alles, was nach Aristokratie riecht, hinschlachtet.*[531]

Die Revolution und Robespierre scheinen Casanova in den dramatischen Tagen des Terrors tatsächlich sehr zu beschäftigen. In unterschiedlichen Texten arbeitet er sich am Mythos Robespierre ab: So im fiktiven *Dialog zwischen dem philanthropischen Robespierre und einem misanthropischen Galeerensträfling namens Bonneville* (1794). Sogar in Versen beschäftigt er sich mit ihm: *Glaubt Robespierre unsterblich zu werden / wenn er sich zu einem verabscheuungswürdigen und grausamen Ungeheuer macht?*[532]

Er wendet sich rhetorisch an die »Assemblée Nationale«, die *sehr törichte Versammlung, zusammengesetzt aus erfahrungslosen Dummköpfen, die nicht weiter sahen als ihre Nase.*[533] In kurzen politischen Notizen versucht er, die Revolution zu entmythisieren und vom Kopf auf die Füße zu stellen: *Ich finde niemanden in der Geschichte, der sich aus einem anderen Grunde an die Spitze eines Volkes gesetzt hätte, als um sein Glück zu machen ... Die jungen Helden der Revolution* sind *junge Leute, die nach Ruhm streben, ohne zu wissen, wo er wohnt.* Dem »Directoire« der Revolution unterstellt er, dass es nur danach strebe, *sich zu erhalten und den Frieden so weit wie möglich zu entfernen, denn in ihm sieht er sein Grab.* Casanova nimmt also mit seinen Gedanken zur Französischen Revolution Teil am Diskurs nahezu aller Intellektuellen Europas. Trotz der rhetorischen Fanfarenstöße waren die meisten Stellungnahmen, wie letztlich auch die von Casanova, unentschieden oder zwiespältig, in gewisser Weise hilflos. Man bejahte die Idee von Freiheit, Gleichheit, Brüderlichkeit zwar grundsätzlich, verabscheute jedoch fast einhellig die Rebellion der Massen und vor allem die Tötung des französischen Königs und seiner Gemahlin Marie Antoinette.

Geschichte der polnischen Unruhen

Schon zwei Jahrzehnte früher, 1774, hatte Casanova sich als Historiker versucht und an einer *Geschichte der polnischen Unruhen* gearbeitet.[534] Mit Polen und seiner Geschichte hatte er sich ausführlich beschäftigt und war dabei, sich zu einer klaren politischen Meinung über die Aufteilung Polens durch die Nachbarmächte Russland, Preußen und Österreich durchzuringen.

Das Interesse für Polen hatte mit seinem Aufenthalt in Warschau im Jahre 1765 begonnen. Auf der Suche nach einer sinnvollen und einträglichen Tätigkeit war er von Sankt Petersburg aus in Warschau angekommen und dort innerhalb weniger Wochen in die Gesellschaft am Hof des polnischen Königs Stanislaus Poniatowski aufgenommen worden. Seine Erfahrungen in Warschau waren für ihn ein Grund, die polnische Nation ins Herz zu schließen und ihre Interessen zu verteidigen.

In den Dokumenten aus dem Duxer Archiv finden sich zwei Stellungnahmen Casanovas zur sogenannten ersten polnischen Teilung, die nicht nur seine Hochachtung für die polnische Nation, für Europa und für das Völkerrecht zeigen, sondern darüber hinaus seinen politischen Weitblick in einer Angelegenheit, deren Bedeutung für ganz Europa er, im Unterschied zu den

Machthabern, erkannt hatte.[535] *Die gleichzeitigen und selb-
ständigen Erklärungen, welche die Höfe von Wien, Petersburg
und Berlin in Warschau verbreitet haben, um die Teilung Polens
zu beleuchten, können nur dazu dienen, die Ungerechtigkeit klarer zu machen, welche die Höfe gegen diese Republik begehen,
und die Gefahren, mit denen sie den Rest Europas bedrohen ...
Man wird niemanden davon überzeugen, dass das, was ein Verbrechen in Berlin oder Wien wäre, in Warschau eine Tugend
sei ... Sich der schönsten Provinzen eines Königreiches unter
dem Vorwand zu bemächtigen, ihm die Ruhe wiederzugeben
und ihm seine natürlichen Grenzen aufzuzeigen, das heißt der
Welt ins Gesicht erklären, dass die Gerechtigkeit, die Wahrheit
und der gute Glauben nur Namen sind, mit denen man nach Be-
lieben spielt ... Der Anspruch der vereinigten Höfe ... erscheint
umso seltsamer, als die Mächtigen selbst von vornherein die
Prinzipien bekämpft haben, die ihre Interessen sie nunmehr an-
wenden lassen: der König von Preußen in seinem Anti-Macchia-
vell, die Zarin in ihren Kundgebungen, die sie über die polnischen Angelegenheiten veröffentlicht hat, und die Kaiserin und
Königin in ihren Erklärungen, welche sie an allen Höfen
Europas verbreiten ließ, als der König von Preußen, das Schwert
in der Hand, in Schlesien einbrach.[536]*

Diese historische Analyse zeigt Casanova als politischen Kopf.
Er erinnert die Verantwortlichen an ihre eigenen Prinzipien und
fordert die Grundregeln politischer Moral ein. Natürlich blieben Casanovas Argumente und Gedanken ohne jede politische
Wirkung. Der ersten Teilung von 1772 folgten weitere, von
Russland, Preußen und Österreich erzwungene Gebietsabtre-
tungen (1793 und 1795), bis schließlich nach der Niederschla-
gung eines Aufstandes, 1795, die politische Existenz des polnischen Staates vorläufig endete.

15 Das Pharao-Spiel. Kupferstich, um 1760.

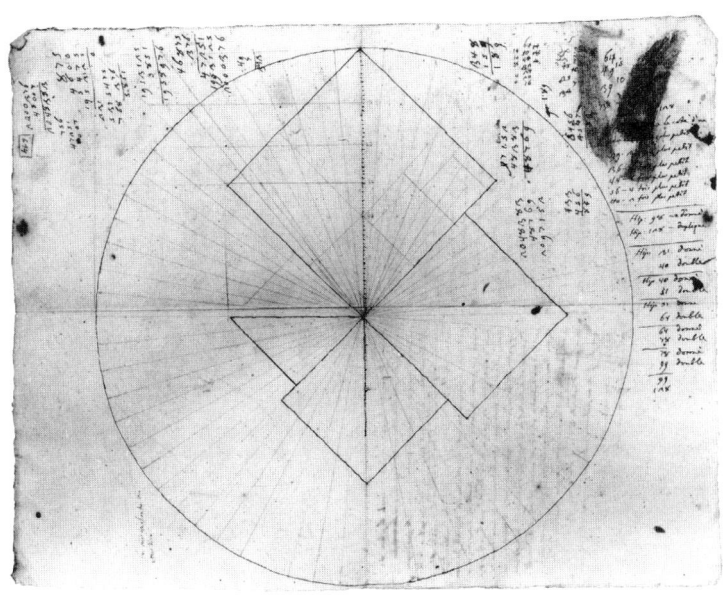

16 Konstruktionszeichnung zur Verdoppelung des Würfels von
   Casanovas Hand.

17 Friedrich II.
König von
Preußen.
Gemälde von
Georg Ziesenis,
1763.

18 Katharina II. Zarin von
Russland. Gemälde von
Pietro Antonio Rotari,
1760.

19 Stanislaw Poniatowski,
König von Polen. Kupfer-
stich nach einem Gemälde
von L. E. Le Brun.

20 Die Herzog-August-Bibliothek in Wolfenbüttel. Casanova besuchte die berühmte Bibliothek im Jahr 1764.

21 Schloss Sanssouci. Hier empfing Friedrich der Große Giacomo Casanova. Kupferstich von Georg Balthasar Probst, um 1750.

22 Paris. Gemälde von Jean Baptiste Lallemand, 1755.

23 Wien. Radierung, 1780.

24 Charles Fürst de Ligne

25 Joseph Karl
Emmanuel Graf
Waldstein

26 Johann Ferdinand Opiz

27 Maximilian
Joseph Graf
Lamberg

28 Lorenzo
Da Ponte

29 Prag. Aquatinta von Johann Berka, 1820.

30 Casanova als alter Mann. Portrait von Berka, entstanden in Prag,
    1788.

Das Trickfernglas

In Casanovas literarischen Schriften finden sich immer wieder die Spuren seiner naturwissenschaftlichen und technischen Interessen. Er schreibt als wahrer Amateur, als Liebhaber also. In seiner 1791 veröffentlichten Tragikomödie *Das Polemoskop oder die durch Geistesgegenwart entlarvte Verleumdung* steht ein optisches Gerät im Mittelpunkt der dramaturgischen Verwicklungen: das Polemoskop. Damit ist ein meistens monokulares Trickfernglas, eine Art Opernglas, gemeint, dessen Strahlengang durch ein oder zwei Spiegel abgeleitet wird, so dass man »um die Ecke« sehen kann. Die Weiterentwicklung dieses Fernglases war das Scherenfernrohr, das in die Militärgeschichte eingegangen ist. Daher stammt auch der Name Polemoskop, was wörtlich Kriegssehgerät heißt. Man konnte damit über den Rand des Schützengrabens oder aus einem Fenster sehen, ohne den eigenen Kopf zu riskieren. Im galanten 18. Jahrhundert war es sehr willkommen, dass man ein solches Fernglas auf die Bühne richten, in Wirklichkeit aber heimlich jemanden aus dem Publikum beobachten konnte, etwa die interessante Dame aus der Loge weiter rechts. Oder umgekehrt: Man fasst unbemerkt die eine Dame ins Auge, während man scheinbar etwas anderes fixiert. In Casanovas Bühnenstück entsteht die Verwicklung dadurch, dass ein junger Graf mit dem Polemoskop scheinbar eine verwitwete Marquise beobachtet, die sich sofort geschmeichelt und angesprochen, ja sogar geliebt fühlt. In Wahrheit gilt der lange Blick einer anderen Dame. Das folgenreiche Missverständnis geht auf die Konstruktion des Opernglases zurück. Damit wird ein technisches Gerät zum zentralen Requisit eines Theaterstücks.

Casanova hat in seinem Bühnenstück den Stoff aus dem Leben gegriffen. Jedenfalls behauptet er das: *Der Handlungsfaden dieser kleinen Tragikomödie hat sich wirklich ereignet und ist fast allen französischen Offizieren bestens bekannt, die zu jenen Zeiten in Italien dienten und von denen heute noch einige leben.*[537] In den Memoiren erzählt Casanova von den Ehrenhändeln zweier französischer Offiziere, von denen er 1749 in Cremona gehört und die ihn zu seiner Tragikomödie inspiriert hatten.[538] Das naturwissenschaftlich-technische Interesse führt ihm also immer wieder die Feder.

Über den Selbstmord

Casanova hat seine eigene Erfahrung damit gemacht, sich das Leben nehmen zu wollen: auf dem Tiefpunkt seines Lebensweges, nach der maßlosen Enttäuschung durch die Charpillon, als er im London des Jahres 1764 seine Pistole und schweres Blei in die Taschen gesteckt hatte, um sich auf der Themse-Brücke zu erschießen. Es kam jedoch anders.[539]

Aber das Thema des Suizids hat ihn noch einmal eingeholt – in seiner schriftstellerischen Arbeit. In einer *Abhandlung über den Selbstmord (Discorso sul suicidio)*, die als Teil der *Confutazione* erschien, verfolgt Casanova unter anderem das gleiche Ziel wie mit der *Confutazione* im Ganzen: Er will die Erlaubnis zur Rückkehr nach Venedig erwirken und hofft, dass angepasste Veröffentlichungen die Inquisitoren großzügig stimmen. Aber abgesehen von diesem Ziel war Casanova an der philosophischen und ethischen Frage des Suizids wirklich interessiert. Das damals in ganz Europa vieldiskutierte Thema – Goethes *Werther*, der daran großen Anteil hatte, erschien 1774 und wurde schnell zu einem internationalen Erfolg – war für Casanova ein willkommener Anlass, sich als Philosoph zu Wort zu melden. Erneut wollte er in den kritischen Disput um Voltaire und Rousseau eintreten und die großen Fragen der Philosophie diskutieren wie die Unsterblichkeit der Seele oder die Freiheit des Willens.[540]

Für Casanova ist die alles entscheidende Frage, ob ein Selbstmörder seine Seele für unsterblich hält oder nicht. Die unterschiedliche Einstellung zum Freitod bei Griechen und Römern erklärt er als Folge der unterschiedlichen Vorstellung vom Leben oder Nichtleben nach dem Tod: Die Griechen verachteten und verabscheuten den Selbstmord, weil sie an die Unsterblichkeit der Seele glaubten. Die Römer hingegen töteten sich mit überraschender Leichtigkeit selbst, weil sie überzeugt waren, dass mit dem Ende des individuellen Lebens für diesen Menschen alles zu Ende ist. Casanova lehnt den Selbstmord ab – vor allem, weil jede Ausführung der Tat etwas Gewalttätiges hat: *Gott schütze uns vor den Verzweifelten. Einem Menschen, der beabsichtigt, sich selbst zu zerstören, kann jede beliebige andere Gewalttat in den Sinn kommen.*[541]

Mit Horaz verurteilt er den Selbstmord und greift noch einmal den *erhabenen Philosophen Voltaire* an, der zwar – so Casanova – eine lebendige Feder führt und sich wie kaum ein anderer gefällig, präzise und scharfsinnig auszudrücken versteht, der in seinem Plädoyer für den Selbstmord jedoch unredlich argumentiert, absichtlich betrügt und seine Zeitgenossen für Einfaltspinsel hält, und der nicht wahrhaben will, dass Selbstmörder sich nur zerstören, weil sie den Verstand verloren haben.

Casanova setzt seine philosophischen Erörterungen zum Selbstmord fort, indem er 13 Jahre später dem Essay acht Dialoge zu acht Einzelthemen folgen lässt: Glaube, Gott, Herkunft, Natur, Täuschungen, Evidenz, Notwendigkeit, Physik, und in einem Schlussdialog zum Thema Selbstmord zurückkehrt. Man fühlt sich an Platons Dialoge oder an die gelehrte Disputation der klassischen Universität erinnert, wenn man dem eleganten Austausch der Gedanken und Argumente folgt: *Ich habe dich verstanden; aber das ist eine andere Frage, die wir an geeigneter Stelle verhandeln werden ...*[542]

In einer späteren Auflage berichtet Casanova in einer Vorrede an die Leser, er habe nach dem Erscheinen seines Essays über den Selbstmord von zwei Personen gehört, die vor 13 Jahren seinen Text gelesen und anschließend Selbstmord verübt hätten, obgleich er doch klar gegen den Suizid geschrieben habe: *Hätten sie mich nicht gelesen, zählten sie vielleicht noch zu den Lebenden.*[543] Aus diesem Grund werde er dieses Mal zugunsten des Selbstmords argumentieren und hoffen, so schlecht zu argumentieren, dass der Leser sich entschließen könne, bis zum Zeitpunkt seines natürlichen Todes am Leben zu bleiben.

Sollte dies nur eine verspielte Masche sein? Will Casanova dem Leser einreden, so ernst solle man die ganze Sache nicht nehmen und so eng solle man das Für und Wider nicht sehen? Jedenfalls erklärt Casanova, er werde sich freuen, wenn er den Leser nicht überzeugen könne ...

Als wolle er diesen Leser von allzu intensiven Selbstmordgedanken ablenken, spricht er in seiner Schrift über den Selbstmord in eigenen Dialogen von ganz anderen Dingen des Lebens. Erst im neunten Dialog kommt er wieder auf das Thema Selbstmord zurück und entwirft kurzerhand die Utopie einer ganz anderen Schöpfung: einen Planeten ohne Stürme, Regenfluten und Vulkane, eine Erde ohne die lästigen Insekten, einen Kosmos mit den Menschen zuträglicheren Abläufen des Sonnen- und des Mondjahres, mit besserem Klima und angenehmerem Jahreszeitenwechsel, mit gleich gutem Wasser für alle und gleichmäßig fruchtbarem Boden; dazu Menschen mit stärkerem Körper, undurchdringlicher Haut und Flügeln, mit weniger schwachem Geist, unempfänglich für Hass, Geiz, Zorn und schlechte Gefühle; Menschen, die nicht bedroht sind durch Krankheit, durch den Verlust der Zähne, des Sehvermögens oder des Gehörs. Casanovas Idealmensch, wie er ihn geschaffen hätte, wäre ewig jung und hätte – ein verblüffender Gedanke in Casanovas Kopf – keiner Frau bedurft, um sich fortzupflanzen oder *jene Neigung der Natur zu befriedigen, die uns das andere Geschlecht anbeten lässt, woraus so viel Leid erwächst.*[544] Casanova folgt hier dem großen Interesse seiner Zeit an utopischen Entwürfen, die einen Rahmen abgeben für eigene Gedanken über Gott und die Welt.[545]

Über die Philosophie und die Philosophen

Im Nachlass Casanovas findet sich ein kleines Heft von 14 beidseitig beschriebenen Blättern, die schwer zu datieren sind.[546] Dass sie in italienischer Sprache geschrieben sind, ist ein Anhaltspunkt, weil Casanova etwa um 1782 begann, seine literarischen Arbeiten auf Französisch zu schreiben, der Text also vor dieser Zeit verfasst sein dürfte. Das Manuskript hat den lateinischen Titel *Philosophi regant aut principes philosophantur (Die Philosophen sollten regieren oder die Fürsten philosophieren)*. Casanova äußert unter diesem Titel seine tiefe Besorgnis über die schwindende Bedeutung der Philosophie im Leben der europäischen Gesellschaften. Der Philosoph habe in der antiken Gesellschaft in hohem Ansehen gestanden, jetzt aber sei ein folgenschwerer Bedeutungsverlust der Philosophie nicht mehr zu übersehen: *Heute gibt es nichts Verdächtigeres als den Titel eines Philosophen: Häufig entspringt er der Geringschätzung, mit der man ihn verdächtig machen möchte; er stellt eine Art gemäßigter Beleidigung dar. Der Titel bezeichnet einen ruppigen Charakter, einen Griesgram, ganz eingenommen von spekulativen Nichtigkeiten, beansprucht durch fruchtlose, unnötige Beschäftigungen, der Gesellschaft eine Last.*[547]

In diesem elegant und geistreich formulierten kulturgeschichtlichen Aufriss beklagt Casanova, dass die Philosophie immer mehr an den Rand des gesellschaftlichen und politischen Lebens geraten ist. Die Ursache dafür sieht er *in den Mängeln unserer Erziehung*. Dann holt er zu einem Rundumschlag gegen die Universitäten aus: *Man braucht sich nur an die Ehren zu erinnern, die den Feinheiten der Theologie, den heiklen Spitzfindigkeiten der Jurisprudenz, den Ungewissheiten der Medizin verschwenderisch zuteil wurden, und an die Vernachlässigung, welche die Philosophie bedrückte ... Die wenigen Philosophen, die uns erleuchteten, als wieder hellere Zeiten anbrachen, verdanken wir denn auch nicht den Universitäten ...*[548]

In kaum einer seiner Schriften ist Casanova so weit seiner Zeit voraus wie in dieser Arbeit über die Philosophie und die Philosophen. Er erkennt das Problem der auseinanderfallenden Einzelwissenschaften und versteht die Philosophie als *die Kunst, die Grundbegriffe und die Beziehungen zwischen all unseren Kenntnissen zu finden*.[549] Diese Kunst will er mit der Kunst des Regierens verbunden wissen, und zwar durch Personalunion: *Die Völker werden glücklich sein, wenn die Philosophen Minister und die Minister Philosophen sind.*[550]

Der utopische Roman

1787 gibt Casanova in Prag einen utopischen Roman in Druck, der seinen Anspruch auf die Teilnahme am Zeitgespräch zeigt.[551] Der vollständige Titel dieses Romans lautet: *Icosameron oder die Geschichte von Eduard und Elisabeth, die einundachtzig Jahre bei den Megamikren, den Urbewohnern des Protokosmos im Innern unserer Erdkugel verbrachten. Aus dem Englischen übersetzt von Jacques Casanova.* Das Werk erscheint 1788 in fünf Bänden. Casanova gibt sich als Übersetzer aus, ist aber der Autor. Viele Jahre hatte er sich mit dem Stoff befasst und die reiche utopische Literatur seiner Zeit gelesen: den *Sonnenstaat* von Tommaso Campanella (1602), *Utopia* von Thomas More (1516), *Nova Atlantis* von Francis Bacon (1627) und die *Unterirdische Welt* des Jesuiten Athanasius Kircher (1665). *Diese Lektüre ließ in mir den Wunsch reifen, einen philosophischen Roman in Prosa zu schreiben, um die Freiheit zu haben, alles, was ich sagen wollte, sagen zu können, und den Ort der Handlung so zu wählen, dass niemand zu ihm dringen konnte.*[552]

In einer kleinen Schrift, *L'Esprit de l'Icosaméron*, äußert er sich zum geistigen Inhalt seines Werkes. Danach ist es sein Ziel, *ohne Pedanterie zu belehren* und *ganz einfach die »sogenannte« Vernunft lächerlich zu machen und sie durch die wirkliche Vernunft zu ersetzen, die der Mensch durch das Studium der Philosophie gewinnt.*[553] Dass sich die neue Welt, als deren Schöpfer sich Casanova sieht, im Mittelpunkt der Erde befindet, ist für ihn der metaphorische Ausdruck von irdischer Wirklichkeit.[554] Diese Welt ist nicht aus den Wolken gefallen. *Es ist drei Jahre her, dass mich, als ich in Venedig war, die Lust packte, mich zum Schöpfer einer neuen Welt aufzuwerfen, eines neuen menschlichen Geschlechts, eines neuen Gesetzbuches, einer guten Religion, einer anderen Art und Weise der Ernährung, des Wohnens, des Zusammenlebens, der Fortpflanzung.*[555] Gesetz, Religion, Ernährung, Wohnen, Fortpflanzung – das sind die Themen, die ihn jetzt bewegen, und es ist bezeichnend, dass er Wert darauf legt, dass ihm diese Ideen in Venedig gekommen sind.

Besonders die Ernährungsfragen haben es ihm angetan: *Die Köche und Apotheker, alles ausgebildete Chemiker, gelten als bedeutende Persönlichkeiten … Um Küchenchef zu werden, muss man die Approbation eines naturwissenschaftlichen Kollegiums besitzen, dessen Mitglieder höchst gelehrt und sehr geachtet sind und die alle Prüfungen in allgemeiner Pflanzenkunde abgelegt haben.*[556] An den »Megamikren«[557] demonstriert er, dass für ihn der menschliche Geist imstande ist, etwas völlig Neues hervorzubringen. Dadurch wird es möglich, ein Paradies zu schaffen. Und dieses Paradies ist politisch. Casanovas konservative, dem Ancien Régime verhafteten politische Überzeugungen schaffen sich hier ein Koordinatensystem, in dem die modernen Naturwissenschaften und die Medizin zusammenwirken für einen beispiellosen Fortschritt. Zur Beschreibung der Megamikren-Welt zieht Casanova neue Erkenntnisse der Naturwissenschaften heran, erörtert zum Beispiel die ballistischen Folgen der Gravitationsfelder, durch die Eduards und Elisabeths Reise zum Mittelpunkt der Erde führt, bis diese im Innersten der Erdkugel auf einen Hohlraum treffen, in dessen Mitte eine Zentralsonne schwebt. Für alle Bewohner der Hohlkugel scheint die Sonne immerzu genau von oben, so dass sie sich vor ihren Strahlen schützen müssen.

Casanova macht genaue Vermessungsangaben über Umfang und Durchmesser der Megamikren-Welt und berechnet, von dort ausgehend, auch den Durchmesser der Sonne. In dieser Welt finden sich achtzig Königreiche und zehn Republiken, in denen die Menschen keinen Schlaf brauchen, glücklich sind und sich den schönen Künsten, vor allem aber den Naturwissenschaften widmen. Sie fahren mit Automobilen, die wie Spielzeuge durch aufgezogene Federn angetrieben werden. Allen Megamikren ist die gleiche Lebensdauer zugeteilt. Sie werden 96 Jahre alt und sterben kerngesund, ohne gealtert zu sein.[558]

Eduard und Elisabeth integrieren sich in das Leben der Megamikren und machen sich nützlich. Elisabeth widmet sich der Herstellung von erlesenen Düften, Eduard führt die Druckerkunst ein und kümmert sich, ohne dies philosophisch und ethisch zu reflektieren, um Schwarzpulver und Feuerwaffen. In einer eigenen Fabrik für Feuerwerkskörper lagert er *Pulver,*

Kohle, Salpeter, Eisenfeilspäne, Schwefel, Sägemehl, Kampfer, Knallsilber, Harz und alkalische Geruchssubstanzen.[559]

Wenn Eduard nebenbei dann auch noch die Reibungselektrizität entdeckt, wird vollends deutlich, dass Casanova das Romankonstrukt benutzt, um seine naturwissenschaftlichen Kenntnisse einzubringen und sich zu den Naturwissenschaften seiner Zeit in Beziehung zu setzen, zum Beispiel zu Alessandro Graf Volta mit seinen elektrophysikalischen Arbeiten. Casanova fühlt sich aber auch veranlasst, in seinen Gedanken über den *Geist des Icosameron* den Anspruch zu erheben, *neu im Stoff, neu in der Methode seiner Formung, neu im Aufbau der Erzählung, neu in seinen Motiven, neu in den Mitteln, neu in der Behandlung der Natur, neu im Maße der Zeit, mit neuem Himmel einer neuen Welt, neuen Elementen und neuen Menschen* vor die Öffentlichkeit zu treten,[560] doch stellt er demonstrativ sein literarisches und naturwissenschaftliches Interesse zurück und erinnert an das Ziel seines Romans: die »sogenannte« Vernunft lächerlich zu machen und das Studium der Philosophie zu empfehlen.[561]

Casanova hatte es schwer, für dieses Buch einen Verleger zu finden, obgleich Graf Lamberg und Johann Ferdinand Opiz ihm bei der Suche halfen. Am 22. September 1788 schreibt Opiz an Lamberg: »Casanova ist ganz desparat seines *Icosameron* wegen.« Der Autor reist im gleichen Jahr schließlich selber nach Leipzig, um die Drucklegung zu befördern. Aber erst 1790 erscheint der utopische Roman in Prag.

In seiner literarischen Produktion greift Casanova auch nach alten Themen. Im Sommer 1779 besinnt er sich während einer Kur in Abano noch einmal auf Voltaire. Er will eine Streitschrift gegen den Vater der Aufklärung schreiben: *Scrutinio del libro Eloges de M. de Voltaire*. Noch immer zeigt er sich gekränkt, weil Voltaire 1760 auf die ihm zugesandte Übersetzung seines *Ecossaise* und auf seinen Begleitbrief nicht geantwortet hat.

Doch auch ohne die persönliche Kränkung wäre ein andauernder Kontakt zwischen Casanova und Voltaire schwierig geworden. Die beiden spielten nicht in derselben Liga. Ihre Denkmuster waren derart unterschiedlich, dass ein dauerhafter

Gedankenaustausch viel größere Distanzen hätte überwinden müssen, als Casanova sich vorstellen mochte. Casanovas Verwurzelung im italienischen Katholizismus war nicht zusammenzubringen mit Voltaires entschiedener Ablehnung der Kirche und ihrer Lehren. Für Voltaire war die Religion eine Bestie, die die Menschen verschlingt. Für Casanova war diese Bestie aber der Garant für Ordnung und Wohlergehen. Also blieb ihm statt eines Austausches der Argumente nur das Scrutinium, die beurteilende Bewertung, die Kritik, der Kommentar.

Eine weitere alte Rechnung war zu begleichen: die Auseinandersetzung mit einigen Gestalten, die an seinem Lebensweg gestanden haben und an denen er nun sein geistiges Profil schärfen will. 1786 veröffentlicht Casanova das *Soliloque d'un penseur*, das Selbstgespräch eines Denkers, der sich als Freigeist versteht. Er findet in Giuseppe Balsamo, der sich (seit 1776) Graf Cagliostro nennt, einen Angstgegner, den er zugleich bewundert und verachtet, zumal dessen Popularität die seine bei Weitem übersteigt. Casanova hatte bisher den europaweit bekannten Abenteurer, Spiritisten und »Goldmacher« nur ein einziges Mal getroffen: am 26. Mai 1769 in Aix-en-Provence, als Balsamo mit seiner Frau Lorenza Feliciani[562] angeblich auf dem Rückweg von einer Pilgerreise nach Santiago di Compostela war.[563] Indirekt wird Casanova dann noch einmal mit Cagliostro zu tun haben, als seine Verehrerin und Brieffreundin Elisabeth Charlotte von der Recke ihn kurz vor seinem Tod an den großen Scharlatan erinnert. Casanova erfährt, dass Cagliostro der Reichsgräfin vorgegaukelt hatte, er könne durch seine magischen Fähigkeiten eine Verbindung zu den Menschen herstellen, die Charlotte soeben verloren hatte: zu ihrer Tochter und ihrem Bruder. Die kluge Frau hatte jedoch bald erkannt, dass Cagliostro ein Scharlatan war, und hatte ihn bloßgestellt.

Bewundert und nicht verachtet hat Casanova einen andern Bruder im Geiste: den Grafen von Saint-Germain.[564] Ihm fühlt sich Casanova stärker verbunden als dem Sizilianer Giuseppe Balsamo alias Graf von Cagliostro. Obgleich auch die Herkunft Saint-Germains nicht ganz geklärt ist, gilt er als Sohn der Prinzessin von Pfalz-Neuburg, also als adelig von Geburt. Casanova schildert ihn voller Bewunderung: *Anstatt zu essen, redet dieser Mann von Anfang bis Ende der Mahlzeit, und ich hörte ihm mit größter Aufmerksamkeit zu, denn niemand sprach besser als er. Er gab sich in jeder Hinsicht als Wunderknabe, er wollte verblüffen und verblüffte auch tatsächlich. Er hatte eine entschiedene Art zu sprechen, die jedoch nicht missfiel, denn er war gelehrt, sprach fließend alle Sprachen, war sehr musikalisch, ein großer Kenner der Chemie, besaß angenehme Züge und verstand es, sich bei allen Frauen beliebt zu machen.*[565]

Trotz der Bewunderung stellt sich eine innere Distanz zu Saint-Germain ein, als dieser die unglaublichsten Geschichten auftischt, wie zum Beispiel diese: Er habe mit den Vätern des Konzils von Trient gegessen. Diese Behauptung ist barer Unsinn, weil die Kirchenversammlung in den Jahren 1545 bis 1563 stattgefunden hatte. Dennoch bleibt Casanova dabei: *Ich habe zeit meines Lebens nie einen gewandteren und verführerischeren Schwindler kennengelernt.*[566] Alle denkbaren Einwände konnten also seine Sympathie nicht beseitigen.

Ein letztes Mal sieht Casanova den argwöhnisch Bewunderten in Tournai. Man spricht noch einmal über alte Bekannte wie die Madame d'Urfé, noch einmal führt der Graf ein chemisches Experiment mit einer Münze vor, dann verabschieden sie sich: *Das war das letzte Mal, dass ich diesen berühmten und gelehrten Betrüger sah, der vor sechs oder sieben Jahren in Scleswick (Schleswig) starb.*[567]

Über die Sprache als politisches Instrument

Casanovas letzte Veröffentlichung, die kurz vor seinem Tod in Dresden erschien, ist eine Streitschrift, mit der er sich noch einmal in einen gelehrten Disput einschaltet. Der deutsche Sprachwissenschaftler Leonard Wilhelm Snetlage hatte ein französisch-deutsches Wörterbuch herausgebracht, das die sprachlichen Neuschöpfungen der französischen Revolutionsbewegung zusammenstellt.[568] Dieses Wörterbuch war – Casanova erkannte es sofort – mehr als eine sprachwissenschaftliche Sammlung des französischen Revolutionsvokabulars. Es war eine bewundernde Parteinahme für die Kultur des revolutionären Frankreich. Snetlage feiert die ideologische Aufladung traditioneller Begriffe mit dem Gedankengut des »neuen« Frankreich.[569] Genau dies deckt Casanova in einer scharfsinnigen Streitschrift auf, die er in Form eines Briefes an den Herausgeber veröffentlicht.[570]

Die Casanova-Forschung hat die Schrift kaum beachtet. Erst Wolfgang Theile hat 2004 die grundsätzliche Bedeutung dieser Arbeit Casanovas herausgearbeitet und als Wortmeldung gegen den Einfluss des revolutionären Frankreich auf die deutsche Kultur gewürdigt.[571] Demnach hat Casanova das Wörterbuch Snetlages als Politikum verstanden, und zwar zu einem Zeitpunkt, als die militärischen Erfolge der Französischen Republik beträchtlich waren – von den einen bejubelt, von den anderen gefürchtet. Casanova sah in Snetlages Wörterbuch das Instrument eines ärgerlichen und gefährlichen Kulturtransfers aus dem revolutionären Frankreich in das übrige Europa. Das Wörterbuch erschien ihm als Einfallstor für republikanische Umtriebe. Dem Herausgeber Snetlage wirft Casanova unangemessene Bewunderung und lächerliche Lobhudelei der Revolution vor. Überhaupt verdiene Frankreich unter der neuen Herrschaft den Ausdruck Kulturnation nicht mehr. Er unterstellt Snetlage sogar agitatorische Absichten und spricht ihn als »Partisan der Revolution« an.[572] Theile resümiert: »Dort, wo Snetlage schwärmerisch die Geburt des Neuen verkündete, diagnostiziert Casanova lediglich eine Fehlgeburt.«[573]

Casanovas Ablehnung der revolutionären französischen Kultur richtet sich also nicht nur gegen die Vordenker und Sprachführer der Revolution, sondern gegen das französische Volk im Ganzen, das er als anarchistisch, eitel, leicht verführbar, wankelmütig und unfähig zur Freundschaft charakterisiert.

Der Brief an den »cher confrère« Snetlage ist Casanovas letzte öffentliche Äußerung. Ein letztes Mal zeigt er seine wache Teilnahme am Zeitgespräch. Sie ist sicherlich mehr als das Dokument »einer sehr altersgrantigen Subjektivität«.[574] Sie ist eine höchst engagierte Wortmeldung zur aktuellen Praxis der Kulturvermittlung zwischen Frankreich und Deutschland.[575]

Insgesamt hat die schriftstellerische Arbeit Giacomo Casanovas zu seiner Lebenszeit nicht das Echo ausgelöst, das er erwartet und erhofft hat. Erst die späte Veröffentlichung der Memoiren hat ihm, Jahre nach seinem Tod, literarischen Weltruhm gebracht.

DER GEHEIMAGENT

14. September 1774. Casanova betritt nach 18 Jahren der Verbannung wieder die Bühne seiner Stadt. Es ist ein Auftritt voller Freude und voller Enttäuschung. Am 3. September hatte er einen Passierschein für die Einreise in die *Serenissima* bekommen, unterschrieben von den drei amtierenden Inquisitoren. Von Triest aus, wo er zwei Jahre lang antichambriert hatte, macht er sich auf den Weg. Heim in seine Stadt.

Ich bin wahnsinnig vor lauter Glück schreibt er in einem Brief an den Grafen Lamberg.

Aber dieses Venedig ist nicht mehr seine Stadt. Die Häuser, die Kanäle, die Brücken, die Gondeln – alles ist wie ehedem. Aber doch ist alles anders, vor allem er selbst. Der Tod hat längst alles verändert. Sein großer Gönner und Adoptivvater Matteo Bragadin ist gestorben. Auch Marco Barbaro, der ihn freigebig unterstützt hatte, ist tot. Woher jetzt eine Empfehlung, eine Einladung, eine Verbindung und ein wenig Geld für den Anfang nehmen?

Der Sekretär im Dogenpalast begrüßt ihn freundlich, tropft zugleich aber Gift in seine Seele, indem er erklärt, seine Flucht vor 18 Jahren sei ja eigentlich überflüssig gewesen, er wäre ohnehin bald freigelassen worden. Die Inquisitoren selbst empfangen Casanova zu einem Essen, bei dem er nun auch ihnen die Geschichte seiner Flucht erzählen soll. Aber danach lassen sie ihn allein. Mittellos und ratlos steht er da. Er hofft, bald wieder dazuzugehören, bald einen Freund, einen Arbeitgeber aufzutun, bald einer Einladung folgen zu können. Doch Tage und Nächte vergehen, ohne dass sich jemand um ihn kümmert. Marco Dandolo, sein dritter Schutzengel aus Jugendzeiten, kann ihm zwar eine Wohnung anbieten, aber Einfluss und Geld hat Dandolo selbst nicht mehr, genauso wenig wie Pietro Zaguri, der sich für seine Rückkehr stark gemacht hatte. Bei Zaguri reicht es gerade noch für ein bisschen Taschengeld, das er dem Freund geben kann. Mit ihm wird er später von Dux aus im Briefkontakt bleiben.[576]

Was in diesen Tagen zwischen Jubel und Enttäuschung aber das Schlimmste ist: Casanovas Selbstvertrauen hat gelitten. Er fühlt sich mit seinen 49 Jahren so alt, dass er nicht sicher ist, ob er das Spiel der jungen Jahre wieder aufnehmen kann, das Spiel mit den Frauen.[577]

In dieser Krise des Selbstwertgefühls tut er einen Schritt, der im historischen Rückblick – nach den Erfahrungen des 20. Jahrhunderts mit NKWD, Gestapo oder Stasi – ungeheuerlich und naiv zugleich anmutet, der dem heutigen Betrachter aber auch nahelegt, nach einer verborgenen Motivation Ausschau zu halten: Giacomo Casanova dient sich für Geld als inoffizieller Mitarbeiter der venezianischen Staatsinquisition an. Es ist eine Tätigkeit, die er als Nebenbeschäftigung annimmt: »In Erkenntnis der Notwendigkeit, das dem beinahe vollständigen Mangel an Vertrauensleuten abzuhelfen sei … haben ihre Exzellenzen beschlossen, Eifer und Fähigkeiten von Giacomo Casanova bei der Ausübung einer solchen Tätigkeit zu erproben, wofür sie ihm ein Monatsgehalt von 215 Dukaten laufender Währung aussetzen, das ihm so lange gezahlt wird, wie er sich den Anordnungen des Tribunals gemäß verhält.«[578] Giacomo Casanova wird Spitzel und Informant der staatlichen Sicherheitsbehörde.

Dieser Schritt ist aus der historischen Distanz nur schwer verständlich. Casanova wurde für jene Institution tätig, die ihn schutzlos und wehrlos in die Bleikammern gesperrt hatte und deren Verhaltensweisen seinem Rechtsempfinden in jeder Hinsicht widersprachen. Bei seiner Verhaftung im Juli 1755 hatte er noch die venezianische Regierung vernichten wollen: *Ich kochte vor Rachegelüsten, die ich mir nicht verheimlichte. Ich sah mich schon an der Spitze des Volkes, um die Regierung auszutilgen und die Aristokraten niederzumetzeln; alles musste zermalmt werden. Ich begnügte mich nicht damit, Henkern das Abschlachten meiner Unterdrücker zu befehlen, sondern ich musste das Gemetzel eigenhändig durchführen.*[579]

Nach mehr als zwanzig Jahren war von diesem revolutionären

Umsturzwillen nichts mehr übrig geblieben. Aber waren vielleicht die Rachegelüste noch lebendig? Er wechselt die Seite. Wer aber waren die, an denen er nun seine Lust auf Rache ausleben konnte?

Casanova ist einer von 400 inoffiziellen Mitarbeitern der Inquisition. Es gibt 49 Spitzelberichte von ihm unter dem Decknamen Pratolini. Sie liegen im Staatsarchiv von Venedig. Der letzte Bericht trägt das Datum des 31. Oktober 1782. Dieser Tag ist der 16. Jahrestag seiner Flucht aus dem berüchtigten Gefängnis ebenjener Institution, für die er jetzt arbeitet. Er denunziert Freunde und Bekannte, Buchhändler und Besitzer von Werken seines früheren Idols und Wunschgegners Voltaire oder des großen Jean-Jacques Rousseau, der ihm zwar menschlich und intellektuell immer fremd geblieben war, dessen internationalen Ruf er aber kannte und den er sogar einmal aufgesucht hatte.[580]

Zwar war er als »Confidente« nicht als ein Geheimagent eingesetzt, der mit politischer, militärischer oder wirtschaftlicher Spionage zu tun hatte. Aber wo ist da der Unterschied? Casanovas Berichte an die *verehrten und erlauchten Herren Staatsinquisitoren* lesen sich als devote und beflissene Spitzelberichte in Fragen der öffentlichen und privaten Moral, der Sitten und der Religion: *Die hübsche Gattin des Sanfermo ... ist in den Nobiluomo Minio verliebt, und zwar gegen den Willen ihres Gatten, der keinen anderen Nebenbuhler haben möchte als den Nobiluomo Renier ... der ihr, wenn auch ohne große Gegenliebe zu finden, zur Zeit aufwartet ...*[581]

Die Beschränkung der Spitzeltätigkeit auf Moral und Religion – nur ausnahmsweise spioniert er auch in politischen Angelegenheiten – führt möglicherweise näher an die Lösung des Rätsels. Casanova meldet angebliche Vergehen, für die er selber im Lauf seines Lebens ein kundiger Spezialist war. Es ist, als wolle er demonstrieren, dass die Venezianer heute noch genauso handelten, wie es ihm damals vorgehalten wurde. *Die extreme Freizügigkeit des Umgangs der Geschlechter untereinander, die Schamlosigkeit der Frauen, die laxe Haltung der Männer sind die Ursachen dieser von Gottlosigkeit und Egoismus inzwischen legalisierten Erzübel. Die jungen Menschen, die in die Welt tre-*

ten, nehmen sie schon ganz ungerührt als Selbstverständlichkeiten hin, was zur vollkommenen Unglaubwürdigkeit aller bisherigen pädagogischen Prinzipien führen und großen Schaden anrichten wird ... [582]

Dazu passt, dass Casanova jetzt über *maßlosen Luxus, zügellose Frauen, übermäßige Freiheit im Widerspruch zu den unerlässlichen Familienpflichten* klagt und die *Habsucht, Gottlosigkeit, allgemeine Zerrüttung der Erziehung als Gefahr* an die Wand malt und sogar den Kirchenanwälten als den willfährigen Dienern der Eliten zur Last legt, dass sie eine Annullierung der Ehe viel zu leicht machten. Er, der Weniges so konsequent vermieden hat wie die Ehe, steigert sich jetzt in die Rolle des Anwalts ehelicher Idylle. *Man kann nicht mehr dulden, dass die kirchlichen Gerichte die Ehe als eine auferlegte Strafe betrachten und sie einschätzen wie Strafrichter die Kerker, zu denen die irdische Gerechtigkeit nur die Schuldigen verurteilen will.* [583]

Man kann nur Mutmaßungen anstellen, was mit Casanova geschehen sein muss, wenn er sich jetzt so verhält und sich als eine Art Savonarola hinter den Kulissen der Staatsinquisition aufspielt. Will er den Inquisitoren nach dem Mund reden oder sich als Statthalter der öffentlichen Moral für eine Karriere in der staatlichen Behörde empfehlen? Hat er die Normen der Staatsinquisition so sehr verinnerlicht, dass er glaubt, die Ordnungshüter an Eifer übertreffen zu müssen? Liegt der Schlüssel zum Verstehen in einer nur noch tiefenpsychologisch zu erklärenden »Identifikation mit dem Aggressor«, wie sie später bei Opfern von Haft und Folter diagnostiziert worden ist? Oder macht er sich gar über die Inquisition lustig und steigert seine Denunziation bis zur Karikatur? Oder will er die aristokratischen Kreise in Venedig vorführen, weil er längst ahnt, dass er nie dazugehören wird? Hat sein Rachefeldzug, wie er ihn bald mit spitzer Feder in Szene setzen wird, längst begonnen, als er sich zum Teil des Apparats macht, der ihn bedroht?

Autoritäre und totalitäre Systeme haben nie Probleme damit gehabt, in der Bevölkerung kooperationswillige Spitzel und Denunzianten zu rekrutieren. Der Mensch ist als Gruppentier ein Wesen, das gern andere kontrolliert und Macht über sie ausübt.

Menschen, die sich dem zu entziehen vermögen, sind eher die Ausnahme. Casanova wäre in dieser Hinsicht also eine Ausnahmeexistenz gewesen, wenn er einem staatlichen Angebot zur Mitwirkung an einer vorgeblichen Gemeinschaftsaufgabe nicht gefolgt wäre. Wenn er mitwirkt, handelt er also wie der ganz normale Untertan irgendeines Systems. Er hat seine Interessen im Auge, sonst nichts.

Ob es sich jedoch um Opportunismus oder Überzeugung, psychische Verwirrung oder umgeleitete Rachegelüste handelt – einem Mann von Casanovas Intelligenz steht weder die Maske des moralischen Fundamentalisten noch die des naiven Büßers zu Gesicht. Er ist von seinem Naturell her auch überhaupt nicht der Typ des Spitzels, des inoffiziellen Denunzianten oder des Geheimagenten. Kann es also ganz andere Motive für Casanovas Verhalten geben?

Der italienische Casanova-Forscher Gino Damerini meint zum Beispiel, als Pratolini habe Casanova vermeiden wollen, noch einmal das Opfer der Staatsinquisition zu werden. Er sei also aus irrationaler Angst vor neuer Verfolgung sicherheitshalber selber zum Spitzel geworden.[584] In der Tat waren bei Casanovas Rückkehr nach Venedig noch immer einige der Inquisitionsleute am Werk, die ihn 1755 hinter Schloss und Riegel gebracht hatten. Allen voran Giambattista Manuzzi.[585] Casanova musste damit rechnen, dass er nach seiner Repatriierung beobachtet wurde und durch eine einzige Denunziation erneut in die Fänge der skrupellosen Institution geraten konnte.

Trotzdem bleibt es unverständlich, wenn Casanova jetzt den tiefbesorgten Moralwächter gibt, sich über die Verderbtheit der Sitten im Allgemeinen beschwert und im Besonderen beklagt, dass es unter den Verheirateten nur noch wenige gibt, die sich mit den Freuden des ehelichen Lebens zufriedengeben. Er geißelt die vorschnelle Auflösung von Ehen durch die zuständigen Richter ebenso wie die wachsende Selbständigkeit der Frauen.[586]

Warum greift er sich gerade diese Thematik heraus? Casanova stellt sich, zumindest scheinbar, auf die Seite des venezianischen Systems. Ist dies vielleicht ein letzter Versuch, in den Kreisen anerkannt zu werden, denen er eigentlich angehören müsste, wenn er als Sohn des Michele Grimani anerkannt wäre? Bezeichnend jedenfalls ist, dass es die kirchlichen Anwälte sind, die er beschuldigt, aus eigennützigen Motiven ganze Familien und verwandtschaftliche Beziehungen zu zerrütten, berechtigte Ansprüche unehelicher Kinder zu ignorieren und umgekehrt eheliche Kinder zu Bastarden zu erklären und überhaupt Elend und Hass zu erzeugen.[587] Die Nähe zu seiner eigenen Situation als möglicher Sohn eines Adligen ist unverkennbar.

Hinter der Maske des Pratolini erscheint allerdings auch wieder der alte Casanova. Er arbeitet alles andere als eifrig und effizient. Ob sich darin Halbherzigkeit des Engagements und ein innerer Widerstand ausdrücken? Auch umgekehrt hält sich das Interesse an einer Zusammenarbeit in engen Grenzen. Die fast beiläufige Aufmerksamkeit der Behörde an seinen Berichten lässt darauf schließen, dass man ihn weder für eifrig noch für talentiert noch für sonderlich wichtig hielt. Der Sekretär und die Inquisitoren selbst taten denn auch Casanova – und seinem Bild in der Geschichte – den Gefallen, seine Spitzeldienste nach kurzer Zeit zu beenden und Antonio Pratolini in Ruhe zu lassen.[588]

Auf der Suche nach Lesern

Die Zeit in Venedig war auch von ganz anderen Aktivitäten Casanovas bestimmt. Seit seiner Rückkehr nach Venedig im Jahre 1774 hatte er über seine finanzielle Versorgung nachgedacht: Er will publizieren und damit Geld verdienen. Als Erstes beginnt er, Homers *Ilias* ins Italienische zu übersetzen und zu kommentieren. Obgleich er das Altgriechische beherrscht, nimmt er eine lateinische Übertragung als Textvorlage. Das ist ein Fehler: Die gebildete Leserschaft hätte sich mehr für seine Übersetzung interessiert, wenn er aus der Originalsprache geschöpft hätte. Nur 339 Subskribenten kann er gewinnen. Gutes Geld ist aber mit einer so geringen Abonnentenzahl nicht zu verdienen, weder für den Autor noch für den Verleger. Trotzdem erscheint der erste

Band mit fünf Gesängen bei dem venezianischen Verleger Modesto Fenzo. Aber Casanova muss an seine finanzielle Zukunft denken und, anstatt bei geringfügigen Honoraren weiterhin zu übersetzen, andere Veröffentlichungen planen.

Als Voltaire im Jahre 1778 stirbt und die Intellektuellen in ganz Europa in teils ehrliche, teils hymnisch-exaltierte Trauer verfallen, fühlt Casanova sich aufgerufen, ein Pamphlet gegen den großen alten Mann der Aufklärung zu schreiben und – 18 Jahre nach seiner Begegnung mit ihm – philosophisch und persönlich mit ihm abzurechnen.[589] Jetzt nennt er ihn einen aufgeblasenen Egoisten. Und er mokiert sich darüber, dass einer, der François Marie Arouet hieß, sich mit dem Namen Voltaire geschmückt habe – ein seltsamer Vorwurf aus der Feder von jemandem, der sich selber den Namen eines Chevalier de Seingalt zugelegt hatte und der jetzt auch noch gegen den Grundsatz verstößt, von einem Toten nichts Schlechtes zu sagen.

Wahrscheinlich hat Casanova in seinen kritischen Äußerungen über Voltaire auch eine Möglichkeit gesehen, sich bei den Inquisitoren weiterhin beliebt zu machen. Die staatlichen Machthaber der Jahre vor der großen Revolution von 1789 fürchteten und verdammten den Aufklärer Voltaire ebenso, wie die Vertreter der römischen Kirche es taten. Aber Zustimmung oder auch nur Interesse an Casanovas Pamphlet zeigten sie nicht. Auch das lesende Publikum hielt die geifernde Kritik weder für anständig noch für angemessen. Er selber sollte sich gegen Ende seines Lebens von der Polemik gegen Voltaire distanzieren.

Casanova versucht in der Kulturszene Fuß zu fassen. Was ihm fehlt, sind nicht die Ideen. Worauf er verzichten muss, sind die Gönner, die Beschützer, die Berater. In den Jahren von 1774 bis 1782 unternimmt Casanova immer wieder neue Versuche, sich als Autor zu etablieren und mit schriftstellerischer Arbeit seinen Lebensunterhalt zu verdienen: Er gründet eine monatlich erscheinende Zeitschrift mit dem Titel *Opusculi miscellanei*, die auch wirklich nur vermischte kleine Werke aus der eigenen Produktion abdruckt und ohne inhaltliches Konzept Auszüge aus Casanovas *Geschichte der polnischen Unruhen* und einen Bericht über sein Duell in Warschau bringt,[590] aber auch Abhandlungen über völlig disparate Fragen wie Optik, Schamgefühl, orientalisches Schisma, außerdem Gedichte, Briefe und Rezensionen. Nach sechs Monaten war das Ende der *Opusculi* erreicht – es fehlen die Subskribenten, es fehlen die Käufer, es fehlt das Publikum.[591] Casanova lässt sich jedoch nicht entmutigen. Schon bald gibt er eine Wochenschrift heraus, die Theaterkritiken veröffentlicht. Elf Nummern des *Messager de Thalie* können erscheinen. Dann ist auch dieses Projekt am Ende. Im Januar 1781 macht Casanova Bankrott.

Sein schriftstellerischer Erfolg hält sich also in engen Grenzen. Dennoch sind seine literarischen Arbeiten aus dieser Zeit bemerkenswert. Sie sind Zeugen der Weite seines Horizonts und seines Interesses an den Fragen der Zeit und den Grundfragen des Lebens. Vor allem aber gehören sie zum biographischen Profil eines Mannes, der sich nicht aufgibt, wenn die Lebensumstände bedrückend werden.

Casanova versucht jetzt sein Glück als venezianischer Theaterdirektor: Er mietet das Teatro St. Angelo und engagiert eine französische Theatertruppe. Der *Bote der Thalia (Le Messager de Thalie)* ist als Begleitpublikation zum Theaterprogramm gedacht. Aber wie die Zeitschrift ist auch das Theater selbst ohne Erfolg. Nach elf Monaten muss Casanova beides beenden.

Dem Missgeschick in der Welt des Theaters, der Bücher und der Zeitschriften kann Casanova dieses Mal wenigstens in seinem Privatleben eine glückliche Erfahrung entgegensetzen. Er lernt eine einfache Näherin kennen, findet Gegenliebe und zieht mit ihr samt Mutter, Schwester und Bruder in eine bescheidene Wohnung am Canal di Castello.[592] Die junge Frau, sie heißt Francesca Buschini, mag vielleicht etwas gewöhnlich und naiv sein, aber sie ist ein Glücksfall für den alternden »Augenblicksvielfraß« (Zweig), der sich jetzt damit begnügt, zufrieden zu sein.[593] Die öffentliche Bindung an Francesca und ihre Familie zeigt auch das Ende seiner Erwartung, in den Kreis der adeligen Familien Venedigs aufgenommen zu werden. Vielleicht handelt Casanova auch in resignierendem Trotz, wenn er sich sein Leben weit draußen im Außenbezirk einrichtet.

Casanova selbst spürt die Verwandlung seiner Lebenshoffnungen und gibt für Francesca seine Junggesellen-Freiheit auf. Er wird häuslich und treu. Er wohnt bis zu seinem endgültigen Abschied von Venedig bei der Geliebten und Haushälterin. Sie verkörpert für ihn Venedig, seine Heimat, der er auch dann treu bleiben wird, wenn er in der Fremde lebt.

Nach den unternehmerischen Rückschlägen mit den Zeitschriften und dem Theater verhilft ihm eine Anstellung als Sekretär beim Marquese Carlo Spinola, einem Genueser Diplomaten, doch noch zu einer bürgerlichen Existenz. Sein alter Dämon aber ist alles andere als tot. Der gerade erst vor Anker gegangene Abenteurer zerstört noch einmal das Schiff seines Lebens. So glücklich er über seine Heimkehr auch gewesen sein mag, seine Ungeschicklichkeit wird ihn bald zwingen, Venedig wieder zu verlassen.

Ein Streit um nichts

Auslöser ist diesmal ein Streit um eine Wette. Der Marquese Spinola und ein gewisser Graf Carletti[594] hatten vor einigen Jahren gewettet – es ging darum, wer wen heiratet. Spinola hatte die Wette verloren, die Wettschuld aber nie beglichen. Bei einem Besuch in Venedig trifft Carletti zufällig auf Casanova und erfährt, dass er jetzt der Sekretär seines Schuldners ist. Carletti bittet Casanova, seinen Dienstherrn an die Wettschuld von 250 Zechinen zu erinnern, und sagt ihm eine Belohnung zu, falls er Erfolg hat. Casanova geht zu Spinola, erwirkt dessen Unterschrift unter einen Schuldschein und erwartet sein Honorar. Carletti aber will nur in Abhängigkeit von Spinolas tatsächlichen Zahlungen und in Raten zahlen. Casanova akzeptiert das nicht und beschuldigt Carletti des Wortbruchs. Im anschließenden Streit wird der Graf handgreiflich – Casanova ist für ihn nur ein Domestike, den er glaubt schlagen, beschimpfen und beleidigen zu können.

Die Auseinandersetzung findet im Haus des Patriziers Giovanni Carlo Grimani statt.[595] Casanova erwartet, dass Grimani von seinem Hausrecht Gebrauch macht und Carletti aus dem

Haus weist. Grimani aber schweigt und unternimmt gar nichts. Er gibt sogar zu verstehen, dass seiner Meinung nach Casanova im Unrecht ist. Damit stellt er sich auf die Seite des Angreifers. Casanova fühlt sich über alle Maßen gedemütigt. Er weiß zwar, dass er nicht für ebenbürtig gehalten wird, aber er hält sich für gleichberechtigt und als Gast im Hause Grimani auch für schutzwürdig. Er durchschaut, dass Grimani ihn nur deshalb nicht in Schutz nimmt, weil er, Casanova, nicht »von Stand« ist. Grimani rührt damit an die empfindlichste Stelle in der Seele des Bürgerlichen, der sich Chevalier de Seingalt nennt und inzwischen sogar hier und da angedeutet hat, dass er eigentlich der natürliche Sohn eines Grimani, des venezianischen Patriziers Michele Grimani, sei, mit dem seine Mutter ein Verhältnis gehabt habe.

Casanova sinnt jetzt nur noch auf Rache und Genugtuung. Er hat endgültig begriffen, dass er niemals die Hoffnung haben kann, als Angehöriger der oberen Tausend in Venedig zu gelten. Diese alle seine Wünsche und Träume vernichtende Bilanz erklärt den Furor, mit dem Casanova in aller Öffentlichkeit wütet. Er reagiert so heftig, weil die eine große Wunde in seiner Seele niemals heilen konnte. Er wurde nie als Sohn eines Patriziers anerkannt. Seine wahre Abstammung wurde ihm verschwiegen. Das Familiengeheimnis wurde nie ausgesprochen. Casanova aber war davon überzeugt, ein Aristokrat zu sein.

Er schlüpft jetzt in die Maske des Racheengels und legt alle Hemmungen ab. Er beschließt, eine *Satire auf das erste aller Laster, auf den Hochmut* zu schreiben und keine Rücksichten mehr zu nehmen.[596] Seinen Zorn über den jungen Grimani schüttet er über der ganzen venezianischen Aristokratie aus, als wolle er die große Revolution in einer privaten Revolte nachvollziehen und die gesamte ehrenwerte Gesellschaft der Aristokraten für das ihm zugefügte Unrecht büßen lassen. Er revoltiert gegen die, zu denen er gehören möchte, bekennt sich zu der kleinen Näherin Francesca und lebt bei ihr und ihrer Familie. Der Schelmenroman ist endgültig zum Entwicklungsroman geworden.

Noch in einer seiner letzten Lebensäußerungen, dem »Abriss

meines Lebens« vom Dezember 1797, den er für Cäcilie von Roggendorff niederschrieb,[597] ist ihm unter den wenigen Eckdaten, die er in dieser Kürze überhaupt erwähnen kann, die folgende Bemerkung wichtig: *1782 überwarf ich mich jedoch mit dem ganzen venezianischen Adel.*[598]

Schon bald nach dem Ereignis im Hause Grimani veröffentlicht er die Streitschrift als eine Art Schlüsselroman, in dem alle beteiligten und betroffenen Figuren des venezianischen Adels und die Spitzen der Gesellschaft bis hin zum Papst als Gestalten aus der griechischen Mythologie auftreten. *Weder Liebe noch Frauen oder der ausgemistete Stall (Né Amori, Né Donne ovvero la stalla ripulta)* nennt er das Pamphlet und bringt eine Liste in Umlauf, in der die Figuren der mythologischen Handlung durch die Namen der venezianischen Szene entschlüsselt werden. Alle, vor allem der junge Grimani als Herkules, erscheinen in schlechtem Licht. Carletti ist in der Satire Klymenos, der »Kläffende Hund«, der am Ende verurteilt wird: Er soll ausgepeitscht werden und um die ganze Stadt Spießruten laufen. Ihm soll der Schwanz abgeschnitten und die Zähne ausgerissen, er selber von der ganzen Peloponnes verbannt werden.[599]

Der gedemütigte Casanova will also die Protagonisten seiner Affäre demütigen und erläutert den Lesern: *Stolz, Überheblichkeit, maßlose Eigenliebe, Gewalttätigkeit, Vertrauensbruch, Gemeinheit und feige Übervorteilung sind die Laster, die ich hier anzuprangern beabsichtige.*[600] Casanova verallgemeinert dabei seinen Hass auf Grimani, Carletti und Spinola und greift den gesamten Adel Venedigs an: *Wer sind diese Männer, die sich so völlig von allen Ehrenvorstellungen entbunden halten und dennoch daran glauben, dass sie einer höheren Schicht angehören?*[601]

Damit aber hat Casanova einen Krieg begonnen, den er nicht gewinnen kann, auch wenn die Gutachter der Universität Padua am 29. Juli 1782 bestätigen, dass in dem Werk »nichts gegen den Heiligen Katholischen Glauben und nach Bestätigung unseres Sekretärs ebenso nichts gegen Adel und gute Sitten enthalten ist ...«[602]

Aber Casanova hatte seine schriftstellerischen Waffen eingesetzt, um sich einen tiefen Ärger von der Seele zu schreiben – und um sich zu rächen. Er bemühte die Götter und Helden der griechischen Sagenwelt, um seiner Attacke Schärfe und Gewicht zu geben. Es kam ihm nur darauf an zuzuschlagen, und zwar sofort. Dabei war ihm die literarische Qualität des Textes gleichgültig.[603]

Die Satire *Né Amori, Né Donne* wird überdies durch thematische Abschweifungen immer wieder unterbrochen. Casanova will sich neben der Rache und über seine Gesellschaftskritik hinaus eigentlich mit anderen Dingen befassen. Ohne Rücksicht auf literarische Kompositionsgesetze lässt er seinem Interesse an Mathematik und Architektur freien Lauf und arbeitet sich an der Schilderung von Bauwerken und hydraulischen Anlagen ab. Er will sich, so scheint es, auch als Schriftsteller einer neuen Epoche seines Lebens stellen und dafür auch neue literarische Formen ausprobieren.

Trotzdem muss der Patrizier und Diplomat Francesco II. Lorenzo Morosini seinem Freund Casanova raten, die Stadt zu verlassen. Die Rabenmutter Venedig kennt keine Gnade. Sie verstößt ihn von Neuem. Der beleidigte Beleidiger muss sein Venedig und seine Francesca verlassen und wieder einmal von vorn anfangen. Am 22. September 1782 schreibt Casanova einen Abschiedsbrief an Morosini, in dem er sich mit vollendeter Höflichkeit und ungebrochenem Stolz zurückzieht: ... *beruhigt mich Ihrer Exzellenz Verurteilung sehr, weil ich voraussetze, dass jemand, der seinem Zorn Luft gemacht hat, den Gegenstand seines Ärgers vergessen kann* ... [604]

So schmerzlich der neuerliche Abschied von Venedig auch gewesen sein mag, so klar zeigt der Brief an Morosini, dass Casanova erhobenen Hauptes, aufrechten Ganges abtritt und auch seinen Humor und seine Würde nicht verloren hat. *Ich bin achtundfünfzig Jahre alt und kann mich nicht zu Fuß auf den Weg machen; der Winter ist bald da; der Gedanke, wieder ein Abenteurerleben zu führen, lässt mich lachen, besonders wenn ich mich im Spiegel betrachte.*[605]

Er geht Ende August 1782 nach Triest, kehrt wenige Tage später noch einmal nach Venedig zurück, um seine Sachen zu holen, hält sich vier Wochen in Wien und, als letzte Annäherung an die

Heimat, eine Woche in Udine auf. Noch ein letztes Mal besucht er Venedig: Er lässt sich zu seiner Wohnung fahren, steigt aber nicht einmal aus der Gondel und verabschiedet sich von Francesca. Über Mestre und Bassano reist er ziellos umher: Trient, Innsbruck, Augsburg, Frankfurt am Main, Mainz, Köln, Aachen und Spa, Den Haag, Rotterdam, Antwerpen, Brüssel, Paris, das auch nicht mehr ist, was es für ihn einmal war. Zusammen mit seinem Bruder Francesco geht es von Paris aus über Frankfurt und Dresden nach Wien, wo er im Februar 1784 eine kurze Anstellung als Sekretär des Gesandten Foscarini findet, bis sich ihm nach dessen unerwartetem Tod die Chance eröffnet, als Bibliothekar im Schloss Dux zu bleiben.[606]

Francesca schreibt ihm anrührende Briefe. Ihre Zeilen sind klug und warmherzig, ohne große Reflexionen, doch manchmal witzig: »Hier gibt es keine anderen Neuigkeiten als Teuerung, Pest und Krieg.«[607] Sie erzählt einfach, wie sie lebt, wen sie trifft, welche Sorgen sie hat und wie sehr sie an den »teuersten Geliebten« und »geliebtesten Freund« denkt. Ohne irgendetwas zu fordern, außer dass sie hin und wieder um Geld bittet, ist sie zulassend und zutraulich: »Behalten Sie mich lieb, und denken Sie an mich! Nun will ich Ihnen nicht länger lästig fallen. Ich umarme Sie von ganzem Herzen und bleibe Ihre treue und aufrichtige Freundin.«[608]

Casanova antwortet ihr, schildert offenbar auch seine eigenen Probleme, auf die Francesca einfühlsam eingeht: »Ich wünsche Ihnen also Gesundheit und Geld.« Der Briefwechsel – erhalten sind nur Francescas Briefe – zeigt eine anrührende gegenseitige Anhänglichkeit.[609] Casanova unterstützt Francesca und ihre Familie finanziell, wenngleich in viel bescheidenerem Maß als früher. Er will ihr eine Heirat vermitteln, um sie versorgt zu wissen. Sie lehnt dies aber ab. Francesca und Giacomo haben sich nicht wiedergesehen. Der letzte erhaltene Brief ist vom 5. Oktober 1787 datiert.

Der Briefschreiber

Casanovas Verbindung mit der Welt beschränkt sich in den Jahren auf Schloss Dux auf gelegentliche Reisen und Besuche, vor allem aber auf seine Korrespondenz. Die Briefe, die Casanova schreibt und empfängt, sind bewegende Zeugnisse einer Lebensphase, in der er versucht, »dabeizubleiben« und zugleich den Abschied zu proben.

Es ist eine enorme Korrespondenz, die er neben seinen schriftstellerischen Veröffentlichungen, der mühevollen autobiographischen Erinnerungsarbeit, dem Roman *Eduard und Elisabeth* und den mathematischen, literaturkritischen, philosophisch-theologischen und ökonomischen Schriften bewältigt.[610] Die Briefe ergänzen das Bild, das Casanova in der Dichtung und Wahrheit seiner Memoiren von sich selbst zeichnet.

Viele Briefe von und an Casanova, vor allem die aus seinen Wanderjahren, sind nicht erhalten geblieben. Mit der Zeit in Dux wächst die Zahl der erhaltenen Briefe. Sie alle zeigen den Mann von Welt, den Venezianer, den Liebhaber der Wissenschaften und nicht zuletzt die treue Seele, die den Kontakt zu vielen Gefährtinnen und Gefährten seines Lebensweges aufrechterhält.

Die Briefe sind die Entsprechung und Ergänzung zur *Geschichte meines Lebens*. Die Selbstdarstellung der Memoiren, so ehrlich und schonungslos sie auch sein mag, bedarf für den historischen Betrachter der Bestätigung von außen. Das Selbstbildnis erscheint erst in leuchtenden Farben, wenn es durchsichtig wird für einen Hintergrund: das Bild, das die Briefe seiner Partnerinnen und Partner, seiner Freunde und Freundinnen von ihm geben. Dieses Bild ist wichtiger noch als die wenigen Äußerungen von Zeitgenossen über ihn. In der Korrespondenz wird aus dem »Typ Casanova«, der er in der Außenwahrnehmung bis heute ist, die Person, das In-

dividuum Giacomo Casanova. Die Korrespondenz, vor allem die
der letzten Lebensjahre, spiegelt das Verhältnis, das Casanova zu
den Menschen seiner Umgebung in Wirklichkeit hatte. In den ge-
sammelten Briefen an ihn nehmen die privaten und intimen Briefe
den größten Raum ein.

Der Verstand braucht die Zerstreuung:
Graf Lamberg

Die Briefe, die Casanova in seiner Duxer Zeit mit den für ihn
wichtigen Zeitgenossen wechselt, zeigen – auch in ihrer unvoll-
ständigen Überlieferung – einen ganz anderen Menschen als den
Klischee-Casanova der Rezeption des 19. und 20. Jahrhunderts.
Mit einer der interessantesten Persönlichkeiten der zweiten
Hälfte des 18. Jahrhunderts, Max Joseph Graf Lamberg, war Casanova eng befreundet. Lamberg stammte aus einem uralten Geschlecht in der Steiermark und hatte in Halle und Breslau studiert.
Casanova lernte ihn 1757, im Haus des österreichischen Gesandten in Paris, kennen. Nach einer großen Reise, die Lamberg
nach Italien, Korsika, Sardinien, Tunis und in die Schweiz führte,
ließ er sich zunächst in Landshut, dann 1776 in Brünn nieder.
Dort konnte er Casanova unter seine Fittiche nehmen, als der in
Dux einzog. Folgt man Lambergs Briefen – Casanovas Briefe an
Lamberg sind verschollen –, so hat der angeblich immerzu Einsame von Schloss Dux in ihm einen wahren Freund gefunden, der
zu echter Fürsorge fähig war und von dem er geschätzt und bewundert wurde. »Sie werden imstande sein, mein Vielgeliebter«,
schreibt Lamberg, »aus Ihrer erhabenen Gedankenwelt zu schöpfen.«[611] Lamberg weiß auch Casanovas Wortgewandtheit zu
würdigen, die »Anmut und Geschliffenheit« seiner Ausdrucksweise, den »brillanten und hervorragenden Stil«.[612]
    Er kümmert sich vor allem darum, dass Casanova nicht verein-
samt. Am 5. Januar 1789 schreibt er an Johann Ferdinand Opiz:
»Freund Casanova ist wieder unentschlossen, traurig und denkt
nach Freiheit.« Lamberg glaubt, dass übermäßige Einsamkeit

die Klarheit der Gedanken trübe, und erinnert den Freund daran, dass der Mensch nur im Gespräch Entspannung findet. Der Verstand »braucht die Zerstreuung der großen Städte, die Gesellschaft großer und gebildeter Menschen, kurz gesagt, das Leben der Sinne«.[613]

Lamberg und Casanova tauschen ihre Gedanken aus, verständigen sich über Neuerscheinungen auf dem Buchmarkt und immer wieder über die politischen Entwicklungen (»Dänemark hat sich endlich von der russischen Partei gelöst ...« – »Was die Lage in Frankreich betrifft ...« – »Was sagen Sie dazu, dass der König von Neapel ...«).[614] Zwischen Klatsch (»Haben Sie schon gehört ...?«) und Korrektur (»Achten Sie sorgfältig darauf ...«) ist in diesem Briefwechsel alles möglich. Lamberg rät dem Freund geradeheraus, er solle aufhören, sich mit der Verdoppelung des Würfels zu befassen, denn die sei unmöglich.[615] Lamberg kennt sich aus. Er hat mit französischen Gelehrten wie Voltaire, d'Alembert und La Mettrie korrespondiert, ist Mitglied vieler Akademien, befasst sich mit Physik, Chemie und Mathematik und hat selber Maschinen und Apparate erfunden und eine Kurzschrift entwickelt.[616]

460 Briefe von Lamberg habe er erhalten, schreibt Casanova in einem Brief an Opiz. 172 sind erhalten geblieben. Als Lamberg am 21. Juni 1792 stirbt, ist Casanova tief getroffen. Er ist überzeugt, dass Lamberg einem ärztlichen Kunstfehler zum Opfer gefallen ist. Er vermisst die wärmende Ausstrahlung dieser Freundschaft, und die Düsternis des Alltags in Dux bedroht ihn wieder.

Was soll ich aus Venedig berichten: Pietro Antonio Zaguri

Nach Lambergs Tod wird der Kontakt zu einem alten Freund aus Venedig besonders lebenswichtig. Der 1733 in Venedig geborene Patrizier und ehemalige Senator Pietro Antonio Zaguri hatte sich für Casanovas Rückkehr nach Venedig eingesetzt.[617]

Jetzt, als Casanova wieder fern von seiner Heimat leben muss, wird Zaguri zur einzigen Verbindung zwischen ihm und seiner Heimatstadt, nach der er sich in jeder Phase seines Lebens gesehnt hat und an deren Geschicken er auch von Dux aus neugierigen Anteil nimmt. Zaguri berichtet immer wieder über Ereignisse und Personalien aus Venedig (»Was soll ich aus Venedig berichten?«), erörtert aber auch einfühlsam und gutinformiert die europäische Politik (»Zwischen Jülich und Düren wurden die Franzosen erbärmlich geschlagen ...« – »In Lyon wurde der Freiheitsbaum und die Statue Rousseaus umgestürzt ...«).[618]

Ein einziger Brief Casanovas an Zaguri ist erhalten geblieben. Dieser Brief vom 1. Dezember 1797, geschrieben wenige Monate vor Casanovas Tod, ist mehr als neun Druckseiten lang und erlaubt einen Einblick in Casanovas Meinungen zur politischen Lage in den Jahren nach dem Sturm auf die Bastille. Ohne sich mit den Ideen der französischen Revolution ideologisch auseinanderzusetzen, zeigt er in kühler Betrachtung die Widersprüche der politischen Praxis auf. Casanova bezeichnet die Geschehnisse seit 1789 als *infernalische Scheindemokratie* und als *schauerliche Tragikomödie, denn für eine richtige Komödie enthält sie zu viele Possen*.[619] Casanova kritisiert, dass Ludwig XVI. die einst von Ludwig XV. aufgelösten Gerichtshöfe wiederhergestellt hat. *Er glaubte wohl, der aus dem Käfig befreite Tiger würde zu einem Lamm. Der König bezahlte diesen Irrtum mit seinem Kopf und riss sein ganzes Reich mit sich ins Verderben. Die teuflischen Scherze der bluttriefenden Revolution sind aller Welt bekannt.*[620] In seiner Analyse der Ereignisse geht er auch auf die Rolle der französischen Truppen in Europa ein und verurteilt deren Vorgehen in Italien und in Venedig, dessen staatliche Existenz Napoleon zerschlug und das er im Friedensvertrag von Campoformio an Österreich vergab.[621] *Zu den Friedensverträgen findet man nicht eine einzige Bedingung, die nicht niedriger Habsucht entspringt.*[622]

Erstaunliche Prognosen schließen Casanovas Analyse ab: Die Freiheit und Souveränität Venedigs ist beendet, aber diese Freiheit wird überall nur noch ein leeres Trugbild sein. Die Menschen werden sich mit dem goldenen Zepter abfinden. Sie werden ein Viertel ihrer Einkünfte als Steuern zahlen müssen, aber sie werden unter der neuen Herrschaft ihre Erzeugnisse um den doppelten Preis verkaufen können. Es wird weiterhin gesellschaftliche Vergnügungen und neue Adelstitel geben. Die neue Handhabung des Rechts (Code Napoleon) wird zunächst befremden, dann aber als Element der Gleichheit geschätzt werden. Militärischer Ruhm wird nicht mehr so viel gelten wie im alten Venedig. Verarmte Patrizier werden Entschädigung verlangen, nur weil ihre Ahnen einen Sitz im Großen Rat der venezianischen Republik hatten. Viele werden unglücklich sein: *Advokaten, Prokuratoren, Gerichtsdiener, Beamte, Schreiber, Sekretäre, Notare und was weiß ich.*[623]

Für Casanova ist es trotz seiner Kritik an der französischen Herrschaft ein Grund zur Freude, dass es in Venedig *weder Sbirren noch Messergrandi*, also weder die traditionelle Art von Polizisten noch einen Polizeipräfekten geben wird. Hier reagiert Casanova in Erinnerung an seine Haft in den Bleikammern besonders emotional. Ansonsten sind seine Analysen und Prognosen von erstaunlicher Kühle. Er beobachtet mit den Augen des distanzierten Historikers, wenn er die Entwicklung einer neuen politischen Ordnung beschreibt. Dabei ist er eigentlich ja ein Gegner der Französischen Revolution und ein Anhänger des Ancien Régime. *Letzte Woche erfuhr ich, man habe die Bevölkerung zu einer Abstimmung in den Kirchen zusammenkommen lassen, um ihren Willen zu erfahren, und dabei habe sich ergeben, dass nur ein Prozent für die Demokratie sei. Darüber habe ich sehr gelacht. Bonaparte soll ausgerufen haben, er hätte das venezianische Volk nicht für so dumm gehalten. Ich bin jedoch überzeugt, dass man in Frankreich zu dem gleichen Ergebnis käme, wenn man sich die Mühe nähme, das Volk zu befragen.*[624]

Der Homme de lettres als Homo politicus: Es kann gar nicht anders sein, als dass in seinem Kopf die Bindung an das alte Regime und die Begeisterung für die Impulse der Aufklärung miteinander kämpfen.

Bei den politischen Analysen Casanovas kommt es aus heutiger Sicht weniger darauf an, ob sie zutreffend waren oder nicht. Was beim Betrachten seiner Persönlichkeit so erstaunlich ist, sind die

Umstände, unter denen sich Casanova am Ende seines Lebens auf derartige Details einlässt. Krank und dem Tode nahe, verfolgt er die Geschehnisse in Europa. Er ist also keineswegs von allen Informationen abgeschnitten. Er liest die Zeitung. Er korrespondiert. Er äußert sich über die Folgen der Umwälzung, nicht nur gegenüber Zaguri, mit dem er die Revolution in einer gewissen Ambivalenz diskutiert. In anderen Briefen, von denen wir nur die Entwürfe kennen, drückt er sich viel klarer aus: *Bedauern wir, Madame, alle diejenigen, welche behaupten, dass diese Revolution, die Frankreich bereits umgestürzt hat und im Begriff ist, ganz Europa umzustürzen, notwendig gewesen sei.* Diese Aussage überrascht. Denn sonst scheint er in seinen Äußerungen die politischen und sozialen Probleme seiner Zeit eher auszublenden.

Zaguri antwortet auf Casanovas Brief mit einem Bericht vom Abzug der verhassten Franzosen aus Venedig und der Ankunft der Österreicher: »Ich bin froh, dass die Deutschen kommen und dass die Franzosen, die älteren Brüder der Vandalen, verschwinden.«[625] Er berichtet seinem venezianischen Landsmann von den Verwüstungen, die Napoleons Truppen hinterließen: ein geplündertes Arsenal, versenkte Schiffe und Gondeln und schließlich den altehrwürdigen Bucintoro, das Prunkschiff des Dogen von Venedig, das die Soldaten »in einer Orgie des Wahnsinns« in Stücke gehauen hatten.

Zaguri überlebte Casanova. Er starb im März 1806 in Padua, verschuldet und resigniert. Für Casanova hatte er eine wichtige Funktion: Er stand dem Freund von ferne bei und gab ihm das Gefühl, das Ende der Epoche nicht allein miterleben zu müssen.

Heute ging ein Pulvermagazin in die Luft: Friedrich Karl von König

Es war ein Wiedersehen. In Dux. Sie kannten sich aus Venedig, aus der Zeit, als Casanova in seine Heimatstadt heimgekehrt war und Friedrich Karl von König ebenfalls dort lebte. Um 1780 muss es gewesen sein. König stammte zwar aus einer deutschen Familie, nannte Venedig aber seine Vaterstadt. Er war Freimaurer[626] und geriet deshalb in das Visier der Staatsinquisition, die bald seine Verbannung erwirkte. Als dann auch Casanova seine Heimat wieder verlassen musste,[627] trafen sich die beiden verbannten Venezianer in Dux. König besuchte Casanova. Beide erneuerten ihre Bekanntschaft und beschlossen, brieflich in Verbindung zu bleiben. Der Ton in Königs Briefen gerät bisweilen ein wenig herrisch: »Ich erwarte von Ihnen, mein lieber Freund, eine rasche und lange Antwort; bleiben Sie mir gewogen und seien Sie von meiner Freundschaft überzeugt.«[628] Doch Königs Briefe enthalten umfassende und genaue Informationen über Gesellschaft und Politik – von der Plauderei darüber, wer wen wann und wo getroffen oder geheiratet oder wer wem einen Brief geschrieben hat – bis zur Erörterung von Stadtneuigkeiten aus Venedig. Auch die militärischen Niederlagen und Siege auf den Schlachtfeldern Europas spielen eine immer wiederkehrende Rolle – die Kriege der napoleonischen Ära haben gerade begonnen: »Kehl ist noch immer nicht genommen ...«, »Es lief das Gerücht um, die Republik Venedig bereite sich darauf vor, aktiv am Krieg teilzunehmen ...«, oder: »Heute morgen ging ein Pulvermagazin mit fünfundsiebzigtausend Bomben in die Luft.«[629]

In Königs Briefen spiegelt sich die Hoffnung auf Frieden, so zum Beispiel, wenn er von Friedensverhandlungen berichtet[630] oder langfristige Entwicklungen anspricht wie die Vorgänge am russischen Hof oder die Beschlüsse des Großen Rates der Republik Venedig: »Gestern wurde im Rat beschlossen, dass die Regierung demokratisch sein solle und man die Franzosen bitten wolle, in die Stadt einzuziehen.«[631] Wie die anderen Kontakte Casanovas während seiner letzten Jahre zeigen die Briefe Königs, wie sehr Casanova am Zeitgeschehen teilnahm und wie sachlich und informiert er die Nachrichten aus der europäischen Politik verfolgte.

Ein Meilenstein im Leben:
Johann Ferdinand Opiz

Am Anfang war es ein friedlicher Gedankenaustausch. Casanova besuchte den Grafen Max Lamberg in Brünn und zog, mit einem Empfehlungsschreiben ausgestattet, weiter nach Cáslav (Tschaslau), wo Johann Ferdinand Opiz kaiserlich-königlicher Steuerinspektor war. Casanova und Opiz begegneten sich zum ersten Mal am 1. August 1785. Die beiden Männer konnten kaum unterschiedlicher sein.

Opiz war das Gegenteil von Casanova: ein Pedant »vom Typ des aufgeklärten Philisters«.[632] Lamberg hatte in seinem Empfehlungsbrief seinen Freund Casanova als »un homme célèbre et célébré« angekündigt: »Die Bekanntschaft dieses liebenswerten und seltenen Mannes wird ein Meilenstein in Ihrem Leben sein.«[633] Der Meilenstein sollte sich am Ende als ein gewaltiges Hindernis zwischen zwei grundverschiedenen Charakteren entpuppen.

Opiz war 16 Jahre jünger als Casanova.[634] Er war 1741 in Prag geboren worden, hatte dort das Jesuitengymnasium besucht und war im Alter von 16 Jahren in den Orden eingetreten. Nach fünf Jahren verließ Opiz die »Gesellschaft Jesu« und wurde zum erbitterten Feind der Jesuiten. Er und Casanova beschlossen, Freundschaft zu schließen und zu korrespondieren.[635] Opiz war ein eifriger Schreiber, der jedes geschriebene Wort kopierte, archivierte und in zwölf penibel geordneten Bänden hinterließ. In seiner akkuraten und pedantischen Art war er in allem ein Gegentyp zu Casanova, der großzügig und unvorsichtig lebte, sich aber im Kontakt mit Opiz auf erstaunliche Weise ganz anders gab. Der Unterschied zwischen dem genialischen Abenteurer und dem eher mittelmäßigen Beamten blieb aber immer spürbar. Der Briefwechsel spiegelt die Veränderungen im Umgang der beiden miteinander. Ohne dass ein konkreter Anlass erkennbar wäre, wird aus der gegenseitigen Bewunderung Skepsis und aus der freundschaftlichen Bejahung des anderen selbstverliebte Rechthaberei – das alles in Verbindung mit einem recht aggressiven Ton: »... als Philosoph und glühender Freund der Wahrheit und Menschlichkeit« schreibt Opiz an Casanova.[636] Und der an Opiz: »Schreiben Sie mir nichts, was Sie nicht wagen würden, mir ungestraft ins Gesicht zu sagen.«[637] Bei Meinungsverschiedenheiten kommt es beiden offenbar in erster Linie darauf an, sich selbst von jeder Schuld freizusprechen: »Wenn unser brieflicher Verkehr in Händel auszuarten scheint, so fühle wenigstens ich mich nicht schuldig ...«[638] In peinlicher Wiederholung bemühen schließlich beide Herren »unseren Herrn J. C.«, womit sie Jesus Christus meinen. Natürlich nimmt ihn jeder für sich in Anspruch. »Dass J. C. das Vorbild Ihrer Moral sei, bezweifle ich, aber ich bin entzückt, dass Sie es sich einbilden.«[639] Die Briefpartner schlagen sich lateinische Sentenzen und Sprichwörter um die Ohren, nicht ohne sich gegenseitig genau dieses zum Vorwurf zu machen. Sie bleiben in den Anfangs- und Schlussformeln von sarkastischer Höflichkeit (»Sehr verehrter Freund und Philosoph«), werden jedoch immer kleinlicher und zänkischer. Sie bemängeln die Ausdrucksweise, die Wortwahl, die Handschrift oder den Stil des jeweils anderen. Die Eitelkeit wird zum Menuett um sich selbst. Sie belehren einander in gestelzter Spitzfindigkeit – und Opiz registriert und sammelt alles für seine Akten. Nach seinem Willen soll am Ende alles veröffentlicht und damit im Schaufenster ausgestellt werden: Der Leser soll sich ein Urteil bilden und Schiedsrichter sein. Als der Ton immer schärfer wird, fertigt der pedantische Opiz eine Chronologie des Briefwechsels an (Mein dritter Brief ... Ihr erster Brief ...). Casanova kontert mit einer Glosse über den Stil seines Briefpartners, versucht ihn lächerlich zu machen, unterzieht die Äußerungen des früheren Freundes einer umständlichen Prüfung und betreibt Wortklauberei. Worauf Opiz auf gleichem Niveau antwortet, noch einmal eine Abschrift verfasst und sich schließlich verabschiedet: »Adieu also, lieber Herr! Mit Gott! Adieu! Lassen Sie sich es immer gut gehen! Leben Sie noch länger, als Sie bisher gelebt haben ... Was mich betrifft, werde ich nie aufhören, die Wahrheit zu lieben, die Menschen und die Künste, und da ich Sie ja ungeachtet Ihrer ungeheuren Menschenfeindlichkeit nicht hassen kann, werde ich immer Casanova sein und gleichzeitig werde ich trachten, immer Opiz zu sein – Scripsi.«[640] »Ich Casanova«, »Ich Opiz« – diese Identifikation mit dem Freund und Feind ist psychologisch aufschlussreich. Liegt hier der Schlüssel zu den Konflikten zwischen dem Alten vom Schloss und dem 16 Jahre Jüngeren?

Casanova kann bis zuletzt nicht loslassen, kartet noch einmal nach. Jeder von ihnen will offenbar das letzte Wort behalten. Damit endet der Briefwechsel in tragischer Verblendung und Rechthaberei. Beide Kombattanten verbeißen sich ineinander und können nicht aufgeben. Jeder verkrümmt sich in sich selbst und versucht zugleich, vor der Nachwelt als wahrer Philosoph dazustehen.

Vielleicht aber ist alles gar nicht so ernst gemeint. Auf der Rokoko-Bühne des 18. Jahrhunderts suchte jeder seinen Auftritt in einer möglichst attraktiven Rolle.[641] Für den Soziologen Richard Sennett war das 18. Jahrhundert die Epoche, in der jeder öffentlich Theater spielte und das auch vom andern wusste. Sowohl Opiz als auch Casanova wären dann mit ihren Zänkereien in eine Rolle geraten, die ihnen eine stete Steigerung auferlegte. Bis sie aus den Gesetzmäßigkeiten dieser Rolle nicht mehr herausfanden und weder zurück noch vorwärts konnten.

Zauber der Musik: Lorenzo da Ponte

Nicht jeder Briefkontakt Casanovas war so freundschaftlich und vertraut wie der zu Lamberg oder Zaguri. Die 14 erhaltenen Briefe aus den Jahren 1791 bis 1795, die Lorenzo da Ponte, Mozarts weltberühmter Librettist – er schrieb die Texte zu *Die Hochzeit des Figaro*, *Così fan tutte* und *Don Giovanni* –, an Casanova geschrieben hat, dürften dem Alten vom Schloss wohl kaum Vergnügen, Trost oder ein warmes Herz bereitet haben. Da Ponte spricht in diesen Briefen – ob es auch andere, freundschaftliche gab, ist nicht mehr zu klären – ohne Unterlass von sich selbst und seinen erheblichen Geldproblemen, ohne je auf

Casanovas Angelegenheiten einzugehen. Man muss nahezu auf den Gedanken kommen, da Ponte habe den Kontakt zu Casanova nur gesucht, weil er durch ihn an eine finanzielle Unterstützung durch den Grafen Waldstein kommen wollte.

Da Ponte stammte aus einer jüdischen Familie aus Céneda am Fuß der venezianischen Alpen. Der Vater trat mit seinen drei Söhnen zum römisch-katholischen Glauben über, als er in zweiter Ehe eine Katholikin heiratete. Der 1749 geborene Sohn Emmanuele Conegliano erhielt den Taufnamen Lorenzo da Ponte. Lorenzo wurde – ein anderer Ausbildungsweg war für ihn angesichts der finanziellen Verhältnisse nicht zugänglich – in ein Priesterseminar geschickt, wurde mit 21 Jahren Lehrer für Rhetorik und Schöne Literatur und mit 24 Jahren zum Priester geweiht. In Venedig und Treviso fiel der junge Geistliche jedoch bald unangenehm auf: durch satirische Verse, Liebesabenteuer und seine Spielleidenschaft. Es war folgerichtig, dass Lorenzo da Ponte die Lehrerlaubnis entzogen und jede öffentliche Tätigkeit in der Republik Venedig verboten wurde. Als er 1779 einen Text über die natürliche Freiheit des Menschen von seinen Schülern vortragen ließ, wurde er für 15 Jahre aus Venedig verbannt. Er ging ans Hoftheater von Dresden, wurde dort aber schon 1781 wieder aus der Stadt verwiesen und zog nach Wien, wo ihn Kaiser Joseph II. zum *poeta dei teatri imperiali* ernannte. Hier arbeitete er mit Mozart und Antonio Salieri zusammen.

Ob Casanova Mozart kennengelernt hat, ist eine oft gestellte historische Frage. Ein historisches Dokument, das eine Begegnung zwischen Mozart und Casanova beweisen würde, wurde bislang nicht gefunden. Nur durch Rückschlüsse kann man vermuten, dass die Zusammenarbeit mit da Ponte auch zu einer Bekanntschaft mit Mozart geführt hat. Bei der Uraufführung des *Don Giovanni* am 29. Oktober 1787 in Prag war Casanova anwesend.[642] Haben Mozart und Casanova sich auch kennengelernt? Hat Casanova gar am Libretto zum *Don Giovanni* mitgearbeitet? Der Musikwissenschaftler Paul Nettl fand, zusammen mit dem Casanova-Forscher Bernhard Marr,[643] im Archiv von Schloss Dux zwei Blätter mit handschriftlichen Korrekturen von Casanovas Hand, und zwar am Text des Sextetts im zweiten Akt (Don Giovanni, Leporello, Donna Elvira, Don Ottavio, Zelina, Masetto). Diese Bearbeitung wurde nicht in die endgültige Fassung aufgenommen, doch sieht Nettl darin einen Hinweis, dass Casanova mit Mozart zusammengearbeitet hat. Belegt ist jedenfalls durch einen Brief des Grafen Lamberg an Johann Ferdinand Opiz, dass Casanova sich in den Tagen vor der Uraufführung in Prag aufhielt, während da Ponte gerade nach Wien gerufen worden war. Dadurch wird Nettls Vermutung gestützt, dass da Ponte seinen Freund Casanova gebeten haben könnte, ihn bei der Mitarbeit am *Don Giovanni* zu vertreten. Damit wäre auch die Frage beantwortet, ob Mozart und Casanova sich persönlich getroffen haben.

Nettl berichtet von einer denkwürdigen Begebenheit, die sich zwei Abende vor der Uraufführung in der Villa Duschek[644] am Stadtrand von Prag abgespielt haben soll: Mozart nahm am 25. Oktober 1787 in größter Gelassenheit an einer Abendgesellschaft teil, obwohl er die Ouvertüre zu *Don Giovanni* noch gar nicht komponiert hatte und alle, die davon wussten, aufs Äußerste beunruhigt waren. Denn die Partitur musste, wenn sie denn irgendwann vollendet sein würde, auch noch für die einzelnen Instrumente von Hand ausgeschrieben und kopiert werden, bevor das Orchester mit den Proben beginnen konnte. Als Mozart verkündete, er sei noch im »Tempelgärtchen«, seinem Stammlokal in Prag, verabredet, aber es bliebe dann ja noch genug Zeit für die Ouvertüre, fassten die Damen der Abendgesellschaft den Entschluss, Mozart einzusperren und erst wieder freizulassen, wenn die Ouvertüre fertig sei. So geschah es, gegen den Protest des Meisters, der eine derartige Bevormundung nicht ausstehen konnte. Er wurde mit Wasser, Wein und Kuchen versorgt, dann drehte sich der Schlüssel im Schloss. Mozart war ein Gefangener. Ruhelos tigerte er im Zimmer auf und ab. Dann ließ er sich auf einem Kanapee nieder. Auf einmal wurde die Tür aufgeschlossen – und Casanova erschien mit dem Schlüssel in der Hand. Er, der große Mozart, wisse wohl selbst am besten, was er zu tun habe. Deshalb sei er, Casanova, gekommen, um ihn aus der Haft zu befreien. Mozarts Dank: Morgen früh solle die Welt die Ouvertüre haben. Die ganze Nacht über brannte

Licht in Mozarts Zimmer. Um sieben Uhr in der Früh war die Ouvertüre zum *Don Giovanni* fertig. Die Uraufführung im Nostitz-Theater konnte stattfinden.

So zumindest erzählt es Nettl. Eine lückenlose Kenntnis der Abläufe ist nicht mehr möglich. Wenn jedoch der 31-jährige Mozart und der 62-jährige Casanova zur gleichen Zeit in Prag waren – ihre gesellschaftlichen Kreise überschnitten sich –, dürften sie sich getroffen haben. Und Mozart könnte durchaus den Experten für Liebesabenteuer als Vertreter da Pontes akzeptiert haben. Denn ein Unbekannter war Casanova keineswegs. Außerdem könnte auch die Freimaurer-Verbindung die beiden zusammengeführt haben.

Obgleich Casanova und da Ponte ähnliche Lebenswege beschritten, sind sie sich nie wirklich nahegekommen. Nur zwischen Casanova und da Pontes Lebensgefährtin Nancy Grahl gab es gegenseitiges Verständnis und Hochachtung. Nancy wollte offenbar – da Ponte kündigt es in einem Brief vom 25. August 1795 an – einen Sohn auf Giacomos Namen taufen lassen. Dazu ist es dann aber, möglicherweise wegen der Spannungen zwischen Casanova und da Ponte, nicht gekommen. Da Ponte überlebte Casanova um viele Jahre. Er starb 1838 in New York. Casanovas Briefe an da Ponte sind, wie meistens bei seinen Briefpartnerschaften, nicht erhalten. Trotzdem wirft die Beziehung der beiden Persönlichkeiten ein vielfarbiges Licht auf die Lebensumstände der Zeit.

Casanovas Beziehung zur Musik ging wohl nicht über die Freude am musikalischen Vergnügen hinaus. Wie jeder gebildete Mensch sah er jedoch in der Musik ein wunderbares Mittel, den Abgrund von Rohheit und Besitzgier im menschlichen Umgang zu überwinden. Casanova sah in der Musik eine Möglichkeit, Kultur herzustellen – vor allem in den ihm wohlbekannten gesellschaftlichen Kreisen, die hinter der Fassade von höfischen Sitten und Ritualen unter kultureller Tradition mehr oder weniger den Erhalt und die Schaffung von Vermögenswerten verstanden. In den Duxer Dokumenten findet sich ein Fragment, in dem Casanova die Musik als ein verschwenderisches Geschenk der Natur bezeichnet, ein Geschenk an den

Menschen, den er in diesem Zusammenhang als *König der Tier-welt*, also als Tier tituliert. Er rühmt die Vorzüge der Musik: *Sie erzeugt keinen Zweifel, sie ist keiner Lüge verdächtig, sie stellt den Verstand vor kein Problem, sie ist keine Bringerin schlech-ter Nachrichten, auch schmeichelt sie nicht, beleidigt nicht, lobt und tadelt niemand.*[645] Casanova bestätigt so seine Vorliebe für die entlastenden Vergnügungen der Musik und integriert die Musik auf diese Weise in sein Lebenskonzept.

Der Alte vom Schloss

Die Zeit der hochfliegenden Pläne als Berater und Projektplaner der Mächtigen war ebenso vorbei wie seine Zeiten als Unternehmer oder Impressario. Auch der ewige Traum, als Nachkomme eines Adligen geachtet, standesgemäß und wohlhabend im geliebten Venedig leben zu können, war ausgeträumt. Aber er hat viel zu erzählen. Den Reigen von Abenteuern und Liebeserlebnissen haben auch andere Zeitgenossen mitgemacht. Aber er hat geschrieben und erzählt, wo andere schwiegen. Er hat sich erinnert, wo andere vergaßen. Er hat Rechenschaft abgelegt, wo andere sich davongemacht haben.

Die Aufgabe, die Casanova auf Schloss Dux zu erfüllen hat, ist überschaubar und, gemessen an seinen einstigen Plänen und Hoffnungen, bescheiden. Eine Sammlung von 55 000, nach anderen Angaben 40 000 Büchern soll in eine Bibliothek verwandelt werden. Und er, der abenteuerlüsterne Liebhaber und Intellektuelle, der verschwenderische Spieler und freigebige Filou, der Staatsgefangene, der Geiger vom Teatro San Samuele, der Unternehmer, Projektemacher und Ratgeber, der Schriftsteller und Magier, der heimwehkranke Spion und immer wieder der Liebhaber ungezählter Frauen, soll am Schluss ein Bibliothekar sein.

Tausende von Büchern müssen zu einer ordentlichen Bibliothek sortiert und registriert werden. Das ist ein ruhiges, ein sehr ruhiges Leben für den alternden Gesellschaftsmenschen, der durch ganz Europa gekommen war, Gott und alle Welt gekannt und alle Frauen geliebt hatte, die seine Aufmerksamkeit je erregen konnten. Die Anstellung beim Grafen Waldstein bedeutete Sicherheit und Ruhe, tausend Dukaten Gehalt, freie Kost und Logis, einen Dienstwagen sogar, eine Kutsche mit zwei Pferden in Fahrbereitschaft. Und ein paar Bedienstete. Aber was war das für eine Sicherheit, die in der Währung der Einsamkeit zu bezahlen war? Josef Karl Graf Waldstein, ein nicht allzu direkter Nachkomme des berühmten Feldherrn Wallenstein, hatte ihm ein Angebot gemacht, das er nicht ablehnen konnte. Waldstein, 29 Jahre alt und wie Casanova Freimaurer, war Kammerherr des Kaisers und Schlossherr auf Dux. Die beiden hatten sich bei einem Dinner des venezianischen Botschafters Foscarini in Wien kennengelernt.

Natürlich kann das böhmische Schloss sein Venedig nicht ersetzen, und die Bücher nicht die Menschen. Casanova in herrschaftlichem Gemäuer, und doch: kein Vaterland, keine Heimat, kein eigenes Haus, kein eigenes Geld, keine Frau. Und keine Lagune: die schmalen Wasserstraßen zwischen den Häusern nicht und nicht den Canal Grande. Ihm fehlen alle Symbole des Lebens, der Jugend, der Freundschaft und der Liebe. Ist er einsam oder nur allein? Wird es eine gute oder eine schlechte Zeit im Schloss? Er ahnt jedenfalls, dass er hier sein Leben beschließen wird.

Am Ende also findet der Ruhelose seinen Platz am Schreibtisch. Was die Ruhe allerdings ernsthaft beeinträchtigt, sind die Bediensteten, die alles tun, um dem Fremden das Leben im Schloss zur Hölle zu machen. Dummheit ist gefährlicher als Bosheit. Die revolutionären Gedanken der neuen Zeit hatten sich im Vorfeld des Sturms auf die Bastille von Paris bis nach Böhmen herumgesprochen, hier aber verkommen zur bloßen Aufmüpfigkeit. Die Haupttäter – Casanova nennt sie Spitzbuben (Coquins) – sind Graf Waldsteins Haushofmeister Feltkirchner, Inspektor Stelzel und ein Bote namens Wiederholt, Widerol oder Viderol. Niemand würde diese Namen mehr kennen, wären sie nicht als Quälgeister des Alten vom Schloss in die Geschichte geraten. In den unveröffentlichten Dokumenten aus dem Duxer Archiv wurde eine Klageschrift gefunden, aus der hervorgeht, dass ein gewisser Carolus Viderol unter dem Namen Currier ein Porträt Casanovas mit Kot beschmiert und in dem »geheimen Gemach« aufgehängt habe.[646] Die Gedanken des heutigen Besuchers werden in die Zeit zurückversetzt, als Casanova hier im Schloss versuchte, mit dem

Alltag zurechtzukommen. Wie der alte Freund Charles de Ligne beobachtet hat, gab es viel Ärger. Ligne beschreibt die alltäglichen Kleinlichkeiten so lebendig, dass der Alte vom Schloss seither immer wieder fast ausschließlich unter diesem Blickwinkel gesehen wird, auch wenn nur von einem kleinen Ausschnitt aus dem Leben des alternden Helden die Rede ist:

» Es verging kein Tag, an dem es keinen Ärger im Haushalt gab, wegen seines Kaffees, seiner Milch, seines Tellers Pasta, auf dem er bestand. Der Koch hatte es versäumt, ihm Polenta zu bereiten, der Stallmeister hatte ihm einen schlechten Kutscher zur Verfügung gestellt. Die Hunde hatten in der Nacht gebellt; da Waldstein mehr Gäste hatte, als erwartet worden waren, musste er an einem kleinen Tisch essen; ein Jagdhorn hatte ihn durch falsche oder schrille Töne erzürnt. Der Priester hatte ihn mit Bekehrungsversuchen belästigt. Der Graf hatte ihn nicht zuerst begrüßt ... Der Graf hatte ein Buch verliehen, ohne es ihm zu sagen. Ein Reitknecht hatte den Hut aufbehalten, als er an ihm vorbeiging. Er hatte deutsch gesprochen, und niemand hatte ihn verstanden. Er wurde wütend, die Leute lachten. Er gestikulierte, als er seine italienischen Gedichte rezitierte. Er machte beim Eintreten eine Verbeugung, wie es ihm Marcel, der berühmte Tanzlehrer, vor sechzig Jahren beigebracht hatte, und die Leute lachten. «[647]

Ligne wäre sicherlich erschrocken gewesen, wenn wegen dieser Beschreibung sein Freund auf das Bild eines arroganten, misanthropischen und allzeit gelangweilten Greises herabgewürdigt würde. Denn zumindest was die Langeweile angeht, ist das Gegenteil richtig. Casanova hat weder andere noch sich selbst je gelangweilt. Außer seiner Arbeit als Bibliothekar und als Schriftsteller, außer den Reisen, den Begegnungen in der engeren Umgebung, hatte er häufig Besuch in Dux: da Ponte, de Ligne, die Gräfin Lichtenau, Freiherr von Linden und immer wieder Graf Waldstein, sein Gönner und Gastgeber.[648]

Allerdings gibt es einen Hinweis darauf, dass Casanova auch einsame Stunden kannte: die Anschaffung eines Hundes. Casanova selbst sorgte 1791 dafür, dass er von der Fürstin Karolina von Lobkowitz-Schwarzenberg einen Welpen bekam. Die Überlieferung legt sich nicht fest, ob es eine Mischung aus Foxterrier und Dänischer Dogge oder ein Windspiel war. Wegen seines schwarz-weißen Hinterteils nannte er die Hündin Mélampyge, was »Schwarzsteiß« bedeutet. Als Mélampyge 1794 starb, gab sich Casanova in einem Nekrolog selbst die Schuld an ihrem frühen Tod, weil er nicht zugelassen habe, dass sie Nachwuchs bekam. *Sie konnte nicht weiter leben, ohne zu gebären. Ich war es, der ihr in Unkenntnis ihres Bedürfnisses das Leben raubte.*[649]

Unglücklich, voller Trauer und Scham erinnert sich Casanova daran, wie die Hündin ihn manchmal daran gehindert hatte, tief in der Nacht noch weiterzuarbeiten. *Als meine Hündin noch gesund war, verließ sie gelegentlich mitten in der Nacht ihr Lager, um in meine Kammer zu kommen. Fand sie mich dort nach sieben oder acht Stunden immer noch schreibend, sprang sie auf meinen Tisch, drückte mir die Feder aus der Hand und legte ihre Pfoten auf das Papier ...*[650]

Sogar ein Gedicht schrieb Casanova auf den Tod der Hündin: *Hundertvierundvierzig Silben zu Ehren der vierhundertvierundvierzig Wochen meines Lebens.*[651] Einige Freunde begriffen, wie wichtig ihm das Tier war, andere reagierten verständnislos und wollten aus seiner Trauer um den Hund ableiten, dass er unrettbar vereinsamt sei. Die Fürstin Lobkowitz dagegen handelte unsentimental und pragmatisch. Sie schickte ihm einen Ersatz: wieder eine junge Hündin, die zunächst Finette genannt wurde, später aber Mélampyge II. Dieses Tier hat Casanova bis zu seinem Tod begleitet.

Die Menschen seiner unmittelbaren Umgebung haben es ihm schwergemacht bis zum Ende: Als die Tochter des Schlosspförtners von Dux, eine gewisse Anna Dorothea Kleer, schwanger wurde und sie den Vater des Kindes nicht nennen wollte, verständigten sich die Bediensteten sehr schnell darauf, niemand anders als Casanova könne der Täter sein. Der 72-Jährige musste, kurz vor seinem letzten Lebensjahr, hohe Energie aufbringen, um die Wahrheit ans Licht zu bringen. In einem Brief an den Grafen Lamberg schildert er die absurde Tortur: *Ich ... zitierte den Vater und zwei Zeugen vor den Pfarrer. Indem ich mein Wort als Ehrenmann gab, erklärte ich ihnen unmissverständlich, dass ich*

in dieser Angelegenheit keinen Spaß verstünde ... Dann versi-
cherte ich dem geplagten Vater, dass ich sofort seine Tochter hei-
raten würde, sollte sie (deren lauteren Charakter ich kannte) mir
die Schuld anlasten ... Da gab das Mädchen unter Tränen zu, dass
sie zu dem Maler Franz Xaver Schöttner intime Beziehungen
unterhalten habe, nur zu ihm. Sofort eilte ich in Begleitung aller
Anwesenden zu dem Missetäter, der seine Schuld auch auf den
Knien liegend eingestand und sich schon acht Tage später in der
Kirche mit Anna Dorothea trauen ließ.[652]

Man hat Casanovas Zeit im Schloss, dieses Leben nach dem
Leben, oft als trostloses Dahindämmern beschrieben, als demü-
tigendes, von alltäglichen Querelen zerfressenes Siechtum, als
pure Langeweile eines ehemals potenten Raubritters der Liebe
und allzeit sprungbereiten Schürzenjägers, der jetzt nur noch belebt wurde durch den Horror vor dem Vakuum.[653] In Wahrheit
ist der Lebens- und Überlebenskünstler Giacomo Casanova,
»diese ewig junggebliebene Seele« (Kesten), dieses »Genie des
Lebens« (Hofmannsthal), weit davon entfernt, sich zu langweilen. Er langweilt sich nicht, weil er sich nicht langweilen will. Er
arbeitet bis zu zwölf Stunden am Tag und schreibt: Briefe, Auf-
sätze, Bücher.

Das 18. Jahrhundert hatte in Europa die zweite Welle der überseeischen Eroberungen mit sich gebracht: Nach Spanien in den
zwei Jahrhunderten zuvor waren es jetzt vor allem England und
Frankreich, aber auch die Niederlande, die ihre Stellung als Kolonialmächte festigten. Der Kampf um die Vorherrschaft in
Europa war in vollem Gange. Und was die Staaten sich heraus-
nahmen, das wollten auch die Akteure der Politik, der Adel und
der hohe Klerus, für ihr eigenes kleines Leben – herrschen über
andere. Die andere, die intime Seite der Medaille: die unge-
zähmte Verfügung über Leib und Leben der Frauen, die aus ihrer
Situation das Beste zu machen suchten, indem sie mitspielten.
Così fan tutte – so machen es alle. Deshalb sind die Aufzeichnungen Casanovas, eigentlich eine Chronik privater Ereignisse,
ein Dokument der Kulturgeschichte geworden.

Warum schreibt ein Mensch »Erinnerungen« oder gar eine
Autobiographie? Warum zeichnet Casanova so ausführlich seine

Lebensgeschichte auf, die *Histoire de ma vie*? Wie sieht er sich im Rückblick selbst? Wie stellt er sich dar? Wie beschreibt er seine Epoche und seine Lebenswelt? Wie kann ein heutiger Leser verstehen, was Casanova bewegt hat?

Der Leser der Memoiren spürt es sofort: Der Autor schreibt nicht nur, weil er auf der Suche nach dem verlorenen Glück oder auf der Suche nach dem Geheimnis seiner Herkunft, nach Mutter und Vater ist. Er schreibt, weil er sich auf die Suche nach sich selbst begeben hat, weil er hinter seinen Masken sein wahres Gesicht sucht. Deshalb ist er zum Meister der Selbstdarstellung geworden. Casanova entwirft ein Bild von sich, das den Leser für ihn einnehmen soll – umso mehr, als er auch seine Schattenseiten nicht verheimlicht. Für Hermann Kesten ist Casanova »einer der gewaltigsten Selbstpropagandisten aller Zeiten«.[654] In ihrer Studie über die Mythisierung der Casanova-Figur in der deutschsprachigen Literatur hat Carina Lehnen 1995 herausgearbeitet, wie Casanova es fertigbringt, dass seine Leser den Wunsch entwickeln, alles möge sich genauso zugetragen haben, wie er es erzählt. »Er schildert sich in den Memoiren als souveränen Retter in der Not, als sensiblen Liebhaber und Beschützer der Frauen, als Mann von Geist und Geschmack, als universal begabten Abenteurer, als Mittelpunkt jeder Gesellschaft, kurz, als all das, womit sich wahrscheinlich ein Großteil der männlichen Leserschaft nur allzu gern identifizierte.«[655]

Für Carina Lehnen projizieren also die männlichen Leser ihr Wunschdenken auf Casanova und werden sich ihrer Sehnsucht nach einer friedlichen Lösung aller Geschlechterkonflikte bewusst:[656] Jeder Mann möchte – und sei es nur insgeheim – so leben wie Casanova und so sein, wie er sich präsentiert. Casanovas Selbsteinschätzung, insbesondere die Einbildung, er habe alle Frauen immerzu nur glücklich gemacht, sei – so Lehnen – psychologisch ebenso unglaubwürdig wie die Behauptung, niemals sei eine seiner verlassenen Frauen unglücklich oder eifersüchtig gewesen. Lehnen registriert, dass »sämtliche der wohlklingenden Äußerungen über das Liebesglück, das die Frauen von Casanova empfangen haben«, von Männern stammen. Die »Einseitigkeit der Rezeption … und die bis zum Überdruss wie-

derholte Litanei vom beglückenden Frauenfreund Casanova«
wäre nicht entstanden, hätten weibliche Stimmen früher am Dialog teilgenommen.

Das Wunschdenken der Männer bezieht sich aber nicht nur
auf die sexualathletischen Leistungen Casanovas, sondern auch
auf sein gigantisches Ego und generell auf seine revolutionäre
Kraft, die sich nicht zügeln lässt und all jene Konventionen
sprengt, die im Namen der Ehe die gesellschaftliche Moral do-
minieren. Casanovas sequentielle Vielweiberei erscheint vielen
Lesern der Memoiren als willkommene Gelegenheit, die eigenen abgeklemmten Männersehnsüchte zu kompensieren. Die
Beschränkung der sexuellen Aktivität auf die Ehe, die der Rol-
lenfixierung der Frau ebenso dient wie der Domestizierung des
Mannes, führt die Männer entweder in die Sackgasse einer doppelten Moral oder schafft sich eben ein Ventil in der Verehrung
mythischer Figuren. Der mythische Casanova soll ins Reich der
Sehnsuchtsträume führen und die Vision aufleuchten lassen, die
selbstbestimmte Frau und der ebenbürtige Mann seien möglich.
Um diesen Traum träumen zu können, muss der Mann allerdings eine doppelte Angst überwinden: die vor einer rigiden Gesellschaft und die vor der Übermacht der Frau.

Ob der historische Casanova die *Geschichte meines Lebens*
selber als Angriff auf die Konventionen seiner Zeit verstanden
hat, ist ungewiss. Es ist eher unwahrscheinlich. Die geschichtliche, von der Rezeption geprägte Casanova-Figur hingegen ist
längst in die zum Mythos stilisierte erotische Wunsch- und Iden-
tifikationswelt der europäischen Zivilisation vorgedrungen.

Der Text

Die Geschichte der Ausgaben und Übersetzungen von Casanovas
Geschichte meines Lebens ist, wie das Schicksal des Manuskripts, voll von Ratlosigkeiten, Missverständnissen und Vorurteilen – ein idealer Nährboden für ungebremste Legendenbil-

dung. Am Anfang steht das Manuskript, das zwischen 1790 und 1798 von Casanova mit eigener Hand in französischer Sprache geschrieben und mehrfach überarbeitet wurde. Dass er französisch schreibt, begründet er damit, dass die Sprache Pascals und Voltaires weiter verbreitet sei als das Italienische und auch die Mentalität der Franzosen viel offener und aufnahmebereiter sei als die seiner Landsleute.

Die gängigen Motive, aus denen im Reich von Politik und Prominenz Memoiren geschrieben werden, haben für Giacomo Casanova keine Rolle gespielt.[657] Er hält sich nicht für einen berühmten Mann.[658] Als er die etwa 4000 Seiten der *Geschichte meines Lebens* schreibt, ist er freier, als er je sein wollte. Er muss sich weder rechtfertigen noch verteidigen. Er muss niemandes Erwartungen erfüllen. Er ist, was er immer war: ein Privatmann. Warum also macht er sich dann die Mühe, sich in langen Tagen und Nächten an die kleinen und großen Dinge seines Lebens zu erinnern und sie mit einer ausgeklügelten Dramaturgie, mit hohem literarischem Anspruch, auszubreiten?

Der Antrieb für die anstrengende Arbeit des Erinnerns und Schreibens kann nur aus ihm selbst kommen. In der ungewohnten Ruhe und Abgeschiedenheit von Schloss Dux will er den verschlungenen Wegen seiner Laufbahn einen Sinn geben – einen Sinn, den man nicht vorfinden, sondern nur selber erzeugen kann. Dazu bedarf es der Selbstvergewisserung: im Erinnern lernen, wer man eigentlich ist, indem man seine Lebenserfahrungen zur Sprache bringt und ordnet. Casanova, der sich immer nach dem Lustprinzip organisiert hat, würde sich der Anstrengung des Erinnerns nicht unterziehen, wenn es ihm nicht auch Lust verschafft hätte: das Vergnügen, sich selbst zu erfinden, nachdem er zur Ruhe und Besinnung gekommen ist; das Vergnügen zu schreiben; die Lust, seine Vergangenheit zu vergegenwärtigen; die Menschen, die er geliebt hat, bei sich zu versammeln; sich zu wärmen an der Vergegenwärtigung der heißen Stunden seines erotischen Lebens, der Vitalität und Schönheit seiner Jugend, und nicht zuletzt: die Gefahr der Langeweile zu vertreiben und den Glanz der frühen Jahre hereinzuholen in den grauen Alltag des Alterns. *Selige Augenblicke, die ich nicht mehr erhoffen darf, deren teure Erinnerung mir aber nur der Tod allein rauben kann.*[659]

Ein phantasievoller Kopf wie Casanova hätte sich die Wonnen der Erinnerung auch verschaffen können, ohne eine einzige Zeile zu schreiben. Er hätte sich ausschließlich zum eigenen Vergnügen oder zur Selbstvergewisserung erinnern können. Wem dies nicht genügt, wer sich der qualvollen Lust des Schreibens unterzieht, der will gelesen werden, will sich mitteilen, will veröffentlichen. Jedes Schreiben ist letztendlich für einen Leser bestimmt, auch wenn der Autor im Augenblick des Schreibens nur mit sich selber spricht, auch wenn er in einer bitteren Stunde behauptet: *Ich schreibe in der Hoffnung, dass diese Memoiren nie das Licht der Welt erblicken werden, und bilde mir ein, dass ich, wenn die Todeskrankheit auf mich zukommt, weise genug sein werde, um alle meine Aufzeichnungen verbrennen zu lassen und das zu überwachen.*[660] Er war nicht weise genug, dies zu tun – und jeder Leser seiner Memoiren wird darüber glücklich sein.

Schon im ersten Satz der Vorrede zur *Geschichte meines Lebens* wendet sich Casanova an den Leser: *Ich erkläre meinem Leser von vornherein ...* [661] Er zitiert den Satz, den Plinius der Jüngere an Tacitus schrieb: »Wenn du nichts vollbracht hast, was das Aufschreiben lohnt, so schreibe wenigstens etwas, das wert ist, gelesen zu werden.«[662] Casanova sucht also den Dialog mit dem Leser, und je mehr er seine eigenen Stärken und Schwächen offenlegt, desto mehr liegt ihm *an der Freundschaft, der Achtung und der Dankbarkeit meiner Leser.*[663]

Seine Vorrede ist nicht nur ein Vorwort oder eine Einführung in den folgenden Text. Vielmehr nutzt Casanova die Vorrede zu einer grundlegenden und allgemeinen Aussage über sich selbst. Diese Grundsätzlichkeit ist ihm wichtig. Er setzt seinen Gedanken ein Motto von Cicero voran: »Wer sich selbst nicht kennt, weiß gar nichts.«[664]

Diesem folgend, breitet er alles aus, was er über sich weiß. Er spannt den Bogen von seinen philosophischen Positionen über die Frage des Maßhaltens beim Essen bis zur Frage des Weiterlebens nach dem Tod. Die Basis seiner Selbstaussagen ist das Bekenntnis zur Verantwortung. Casanova lehnt alle Philosophenschulen ab, die mit dem Hinweis auf die Macht des Schicksals die Verantwortung des Menschen für seine Taten leugnen. Wiederholt pocht er darauf, für alles, was ihm im Leben widerfahren ist, selber verantwortlich zu sein. In der *Vorrede* zu den Memoiren verknüpft er die Verantwortung für Gut und Böse mit dem religiösen Glauben, wie er ihn kennt – was für ihn aber nicht den Glauben an ein Leben nach dem Tode einschließt: Die menschliche Seele *werde frei und glücklich sein, wenn der Tod des Leibes sie aus deren tyrannischer Herrschaft entlässt. Das klingt sehr schön, aber es ist, wenn man von der Religion absieht, keineswegs sicher.*[665]

Der Tod ist für Casanova *ein Ungeheuer, das einen aufmerksamen Zuschauer aus dem Welttheater vertreibt, noch bevor das Stück, das ihn ungemein fesselt, zu Ende ist.*[666] In der Haltung zum Tod wird seine Unterscheidung zwischen einem Leben »als Christ« und »als Philosoph« verständlich, eine Unterscheidung, die in den von Charles de Ligne überlieferten letzten Worten Casanovas zum Ausdruck kommt: *Ich habe als Philosoph gelebt und sterbe als Christ.*[667] Gerne will er den Schöpfer »auf den Knien des Herzens«[668] anbeten, aber nicht die göttliche Vorsehung als Macht des Schicksals an die Stelle der eigenen Verantwortung setzen. Existenzphilosophisch formuliert er: *Der Mensch ist frei; doch er ist es nicht, wenn er nicht auch daran glaubt.*[669]

In der Vorrede zur *Geschichte meines Lebens* geht Casanova auch auf sein Verhältnis zu den Sinnen und zur Sinnlichkeit ein. Er sieht sich als Opfer seiner Sinne, die ihn immer darauf bedacht sein ließen, *von einem Genuss zum anderen zu eilen.*[670] Diese Aussage verstärkt er noch, indem er bekennt, dass den Sinnesfreuden immer sein Hauptstreben galt – *etwas Wichtigeres gab es für mich niemals.*[671] Trotzdem will er nicht »sinnlich« genannt werden, *denn die Macht meiner Sinne hat mich nie von meinen Pflichten abgehalten, wenn ich welche hatte.*[672] Die Freuden der Sinne und die Erfüllung der Pflichten miteinander zu verbinden ist sogar ein Leitmotiv seines Lebens. Zu diesen Freuden gehören außer der sexuellen Lust eine reich gedeckte Tafel, eine gesunde, maßvolle Ernährung, neue Bekanntschaften und das Vergnügen, Dummköpfe zu übertölpeln. Vor allem aber gehört dazu die moralische Entschlossenheit, bei der Jagd nach dem Genuss niemandem zu schaden.

Casanova ist also ganz bei sich, wenn er in Dux keinen anderen Zeitvertreib angenehmer findet, als sich selbst mit seinen eigenen Erlebnissen zu unterhalten, dabei zugleich aber den Zuhörern *einen würdigen Stoff zum Lachen* zu geben.[673] Selbstbewusst erklärt er, dass er die angenehmen Dinge des Lebens für sich zur Gegenwart macht, die unangenehmen aber auf sich beruhen lässt: *Wenn ich mir die Vergnügen ins Gedächtnis zurückrufe, die ich genossen habe, erlebe ich sie aufs Neue und lache über die Mühsale, die ich ausgestanden habe und nun nicht mehr spüre.*[674] Casanova ist ein Lebenskünstler, wie er ein Überlebenskünstler war. Aber auch auf diesem Feld übernimmt er für alle Handlungen, über die er in den Memoiren berichtet, die volle Verantwortung. Er sieht sich als *ein mit freiem Willen begabtes Wesen* und hält das Gerede mancher Philosophen von der Macht des Schicksals für ein *Hirngespinst der Einbildung.*[675]

Casanova verabschiedet, bevor er mit der eigentlichen Erzählung seiner Lebensgeschichte beginnt, den Leser der Vorrede noch einmal mit einem persönlichen Bekenntnis zum Prinzip Verantwortung – nicht, ohne dieses Bekenntnis mit einem Bonmot zu verbinden: *Da ich mich jederzeit als die Hauptursache aller Widerwärtigkeiten, die mir zustießen, erkannte, habe ich mich stets mit Freuden in der Lage gesehen, mein eigener Schüler zu sein, und pflichtschuldigst meinen Lehrer geliebt.*[676] Dies mag ihm umso leichter gefallen sein, als er immer zu einer gewissen Selbstüberschätzung neigte.

Man muss sich den Akteur der Memoiren, auf dessen Leben der Alte im Schloss zurückblickt, als einen glücklichen, vor allem aber als einen sehr jungen Menschen vorstellen. Das Wenige, das wir über sein Äußeres wissen, zeigt eine stattliche Erscheinung, einen Mann großer Gebärden und großer Worte, lässig, unbekümmert und unbesonnen, unvorsichtig und großzügig, vertrauensselig und hilfsbereit; einen Mann, der gelegentlich seine gesamte Habe verspielt und schon mal seinen Pass verliert und selbstkritisch anmerkt: *... stolperte mein böser Geist crescendo von einer Dummheit in die andere.*[677]

Die zeitgenössischen Porträts zeigen ihn als einen bäuerlich kräftigen, intensiv dreinblickenden Mann mit fliehender Stirn und großer Nase. Alles andere als ein Schönling – in jungen Jahren scheint er etwas pummelig gewesen zu sein –, dennoch anziehend und allesversprechend durch den diskreten Hauch von allgegenwärtiger Leidenschaft und dem unermüdlichen Willen zum Genuss. Großen Wert legt er auf seine Kleidung: kostbare Stoffe, moderner Schnitt, prachtvolle Spitzen, gediegener Schmuck – von Kopf bis Fuß ein Venezianer.

Er wird als konziliant beschrieben, weil er auf sein Gegenüber einging. Er war überzeugt, dass vier Fünftel seines Glücks immer darin bestanden haben, andere glücklich zu machen. Er ist zulassend und alles andere als pedantisch. Er nimmt die Dinge des Lebens nicht so schwer, handelt spontan und ohne langwierige Vorüberlegungen. Unterläuft ihm ein Fehler, fällt es ihm leicht, sich zu korrigieren.

Nachfolgende Generationen sind versucht, eine historische Figur in der Kenntnis von Zeichnungen und Gemälden zu betrachten, die meistens den älteren Menschen darstellen. Bei Casanova fällt dies besonders ins Gewicht, da es trotz einiger Darstellungen des jungen, etwa zwanzigjährigen Casanova zumeist der ältere Lebemann ist, der im Porträt überliefert ist. Die tatsächliche Vitalität und der jugendliche Charme des Mannes, dessen Abenteuer in der *Geschichte meines Lebens* erzählt werden, erscheinen uns Heutigen im matten Licht eines Casanova-Bildes, das wir uns erst in Kenntnis seines späteren Lebens von ihm gemacht haben. Wir vergessen, dass der alte Casanova davon erzählt, wie er jung war. Wir projizieren unsere Vorstellung von einem älteren Mann auf die Taten des jungen Casanova. So werden in unseren Augen seine Liebesabenteuer viel frivoler, zynischer oder lächerlicher, als sie es wären, wenn wir konsequent historisch auf ihn blicken würden.

Fälschung und Bombenhagel

Bis aus Casanovas Erzählungen ein gedrucktes Buch wurde und sein Bild in der Geschichte Konturen annehmen konnte, verging viel Zeit. Am 27. April 1797, also gut ein Jahr vor seinem Tod, bietet Casanova die Handschrift der Memoiren – trotz einiger Skrupel und Unsicherheiten – dem Grafen Camillo Marcolini an, der damals Kurfürstlich-Sächsischer Staats- und Conferenzminister in Dresden war. Er schlägt dem Minister vor, einen ersten Band zu veröffentlichen. Warum er gerade dem Grafen Marcolini das Manuskript übergeben hat, ist nicht zu erkennen. Offensichtlich hat Casanova ihm zugetraut, für die Veröffentlichung der Manuskripte sorgen zu können. Er selbst hatte ungute Erfahrungen mit Verlegern gemacht. Aber auch Marcolini weiß nichts mit dem Vorschlag anzufangen. Er schweigt. Die Anregung bleibt liegen. Casanova stirbt, ohne die Veröffentlichung der Memoiren zu erleben.

Jetzt, nach dem Tod des Autors, will Marcolini dem Erben Casanovas, einem Großneffen namens Carlo Angiolini, 2500 Taler für das Manuskript zahlen. Aber wieder kommt keine Vereinbarung zustande. Zwanzig Jahre später, am 13. Dezember 1820, bietet der Sohn Angiolinis das Werk dem Verleger Friedrich Arnold Brockhaus zum Kauf an. Das Geschäft kommt am 18. Januar 1821 zustande. Der Preis von 200 Talern ist der Rede nicht wert. Brockhaus lässt den Text prüfen, unter anderem von dem Philologen und Schriftsteller Ludwig Tieck, der die Veröffentlichung empfiehlt und anbietet, als Mitherausgeber aufzutreten. Mit der Übersetzung ins Deutsche beauftragt Brockhaus den Philologen Wilhelm von Schütz. Der erste Band erscheint 1822. Weitere Bände folgen, bis 1828 das gesamte Werk in zwölf Bänden vorliegt.

Friedrich Arnold Brockhaus aber macht einen folgenschweren Fehler. Er überlässt es Wilhelm von Schütz, alle Passagen wegzulassen, von denen er, der Übersetzer, vermutet, das deutsche Publikum könne sie als anstößig empfinden. Dennoch wird die Ausgabe so erfolgreich, dass der Pariser Verlag Tournachon-

Molin eine eigene französische Fassung auf den Markt bringen will. Da aber Brockhaus das Original im Tresor behält, lässt der französische Verlag – nach heutigen Maßstäben unvorstellbar – eine Rückübersetzung des Schütz-Textes ins Französische erarbeiten, wobei an der Übersetzung der Übersetzung wieder erhebliche Veränderungen vorgenommen werden: Streichungen ebenso wie Hinzufügungen. Trotzdem erzielt die unzulängliche Neuerscheinung den erwarteten Skandalerfolg auch auf dem außerdeutschen Buchmarkt, so dass Brockhaus sich nun entschließt, die Handschrift aus dem Tresor zu holen und eine Ausgabe des französischen Originals herauszubringen. Er betraut den Französischlehrer an der Ritterakademie in Dresden, Jean Laforgue, mit der Bearbeitung und Herausgabe, lässt aber auch diesem freie Hand zu kürzen, zu ergänzen oder zu verändern. Laforgue – Philippe Sollers hat ihn den »Spezialisten des Feigenblattes« genannt[678] – erklärt denn auch im Vorwort seiner Edition, leider habe er sprachliche Fehler ausmerzen müssen. Außerdem nenne Casanova die Dinge so deutlich beim Namen, dass er, Laforgue, alle Passagen habe auslassen oder verschleiern müssen, die dem sittlich höherstehenden Geschmack und Zartgefühl der Zeitgenossen nicht mehr entsprächen. Er nehme den Situationen ihre »Unverhülltheit«, indem er über »die allzu wollüstigen Bilder« einen »Schleier« ziehe.[679] Mit diesem Schleier eines vorgeblich sittlich höherstehenden Geschmacks erzeugt Laforgue aber erst die schwüle Atmosphäre verbotener und verheimlichter Lustbarkeiten. Bei Casanova dagegen waren auch die delikaten Stellen offen und direkt geschildert.

Bezeichnend für Laforgues Denkweise ist der Zusatz, durch die Verschleierung werde »dem Berichteten nichts von seiner Pikanterie« genommen. Erich Loos resümiert: »Während Casanova stets klar und kurz auch verfängliche Situationen beschreibt, besteht Laforgues Technik darin, solche Szenen durch scheinbare Verhüllung in so raffinierter und genießerischer Weise auszumalen, dass im Grunde das Gegenteil der vorgeblichen Absicht erreicht wird.«[680] Laforgues verfälschende Arbeit beschränkte sich keineswegs auf die erotischen Passagen der

Memoiren. Er griff auch in die politischen Äußerungen ein und veränderte Casanovas Ansichten über die Revolution oder die Religion, wie er es gerade für angebracht hielt.

Die unglückliche Veröffentlichungsgeschichte der Memoiren ist damit nicht zu Ende. Denn der Verleger Brockhaus gerät nach der Leipziger Buchmesse des Jahres 1827 trotz aller Anpassungen Laforgues unter Druck: Es sei unerhört, dass sein renommiertes Verlagshaus ein derart unmoralisches Werk veröffentliche – et cetera. Brockhaus sieht sich gezwungen, das Manuskript wieder wegzusperren und jeden Zugang zum Text zu untersagen.[681]

Die Handschrift lag also wieder im Tresor. Skandalangst, Desinteresse und zwei Weltkriege sorgten dafür, dass sie dort auch blieb.

Im Jahr 1945 wäre das Manuskript der *Geschichte meines Lebens* bei einem Bombenangriff auf Leipzig beinahe zerstört worden, also unwiederbringlich verlorengegangen. Es ist nahezu ein Wunder, dass es dazu nicht kam: Die Kisten mit dem Originalmanuskript waren in einem Bunker in der Nähe des Verlagshauses eingelagert worden. Ein Volltreffer zertrümmerte den gesamten Oberbau des Bunkers und zerstörte die einzigartige Sammlung von Büchern und Texten über Casanova, die Brockhaus im Lauf der Zeit zusammengetragen hatte. Als es nach dem Angriff gelang, in den Bunker vorzudringen, stellte sich heraus, dass die Handschrift der Memoiren, bis auf geringfügige Stockflecken, unzerstört und vollständig erhalten war. Mit Fahrrädern wurden die Papiere in den Tresor der einzigen in Leipzig noch unzerstörten Bank gebracht. Als amerikanische Truppen in Leipzig eingerückt waren, stellten sie, um die Papiere dem Zugriff der sowjetischen Verbündeten zu entziehen, dem Brockhaus-Verlag einen Transporter zur Verfügung, mit dem am 12. Juni 1945 der kostbare Schatz nach Wiesbaden gebracht wurde. Dort konnte der Verlag die Texte 15 Jahre später, am 23. Februar 1960, einem Kreis ausgewählter Journalisten und Schriftsteller vorstellen. Damit hatte das Original der *Geschichte meines Lebens* zum ersten Mal die Öffentlichkeit erreicht.[682] Zu den Gästen der Präsentation gehörte auch der amerikanische Diplomat James Rives-Childs, der hier das Thema seines Lebens fand: Nach seiner Pensionierung wurde er zum einflussreichsten Biographen des Venezianers und blieb der Casanova-Forschung treu durch die von ihm gegründete Zeitschrift Casanova Gleanings.

Die Handschrift der Memoiren war also gerettet. Sie hatte die Gefahren des Krieges überstanden. Doch sollte es noch einmal fast zwanzig Jahre dauern, bis der authentische Text allgemein zugänglich war. Ab 1964 erschien dann auch, als deutsche Übersetzung des französisch geschriebenen Werkes, die Propyläen-Ausgabe der *Geschichte meines Lebens*. Damit wurde der authentische Text Casanovas im deutschen Sprachraum einem breiteren Leserkreis zugänglich. Casanovas wahres Gesicht wurde hinter den Nebelschwaden der Bearbeitungen, Kürzungen und Fälschungen erkennbar.[683]

Die Handschrift der Memoiren blieb im Besitz der Familie Brockhaus und lagerte in einem Banktresor in Wiesbaden. Im Februar des Jahres 2010 kaufte die Pariser Bibliothèque Nationale die Aufzeichnungen des Venezianers als europäisches Kulturgut. Es wird ein Kaufpreis von mehr als sieben Millionen Euro genannt. Friedrich Arnold Brockhaus hatte im Jahre 1821 200 Taler bezahlt.

Das verrufene Buch

Der italienische Wissenschaftstheoretiker und Philosophieprofessor Federico di Trocchio hat im Jahr 2001 darauf aufmerksam gemacht, welche Schwierigkeiten die deutsche Öffentlichkeit mit den Memoiren Casanovas und dem libertinären Lebensstil seines Verfassers hatte und immer noch hat. »Für die deutsche Seele ist Casanovas wahres Kunstwerk sein Leben, doch alle vertreten einhellig die Ansicht, ein Leben wie seines sei unmoralisch. Heinrich Heine war der Erste, der das durchblicken ließ. Stefan Zweig brachte es deutlich zum Ausdruck. Auch die auf Casanova bezüglichen Reflexionen Hugo von Hofmannsthals und Arthur Schnitzlers gründen in eben diesem Paradox ...«[684]

Di Trocchios Bild von Casanova ist, wie die Wahrnehmung Heines, Schnitzlers, Zweigs und Hofmannsthals, in düsteren Farben gemalt: Die Histoire, wie Di Trocchio sie liest, ist »im Wesentlichen der verzweifelte und gewissermaßen unmögliche Versuch, ein Leben als behaglich darzustellen, welches das genaue Gegenteil war: eine Abfolge von Fluchten, Betrügereien, Duellen, gewonnenen und verlorenen Vermögen, vollzogenen, verweigerten oder erzwungenen Liebschaften. Ein vorübergehendes Prunken mit Talenten und ein Ehrgeiz, der weder von Neigung gestützt noch mit Beständigkeit verfolgt wurde, kennzeichnen das Leben Casanovas.«[685]

Auch Historiker wie Friedrich Wilhelm Barthold beurteilen die Gestalt des Casanova eher negativ. Barthold hält 1846 die Memoiren für »ein höchst merkwürdiges, aber höchst verrufenes Buch«, eine »Kette von unerhörten Abenteuern, ein Abgrund der Versunkenheit, des Frevels, der frechsten Lustgier und der wahnwitzigsten Verirrung«.[686] Trotzdem widmet Barthold den Memoiren seine wissenschaftliche Kraft, durchsucht die Chroniken der Städte, in denen Casanova sich aufgehalten hat, durchforstet Polizeiberichte, Urkunden, Register und Zeitungen, weil er in ihnen »das vollendete, ausführlichste Gemälde nicht allein der sittlichen und der Gesellschaftszustände des Jahrhunderts« findet.[687] Umso überraschter ist man dann, dass Barthold am Ende seiner Arbeit lakonisch mitteilt: »Casanova starb 1803 in Wien.«[688] Offensichtlich verwechselt der Historiker die Brüder Casanova: Es war Francesco Casanova, der 1803 (oder 1802) in Wien starb. Giacomo war da schon fünf Jahre tot. Sein verrufenes Gemälde des 18. Jahrhunderts sollte aber noch mehr als zwei Jahrzehnte warten müssen, bis es erstmals vor den Augen der Öffentlichkeit enthüllt und zugleich das Profil seines Autors sichtbar wurde.

Lebenslust als Schreiblust

Wenn Wind oder Schneegestöber ums Schloss fegen, kann es zwar sein, dass er schreibt, um seine *schwarze Trauer* daran zu hindern, ihn umzubringen oder ihn des Verstandes zu berauben.[689] Aber seine Lebenslust hat er längst in Schreiblust verwandelt, so, wie seinen Übermut in Melancholie. Er empfängt Besucher – aber er schreibt. Er wird eingeladen, reist nach Prag zur Uraufführung des *Don Giovanni*[690] oder zur Krönung Leopolds II. – aber er schreibt. Er abonniert die Schriften der Königlich Böhmischen Wissenschaftlichen Gesellschaft und bewirbt sich (1792) als Schulinspektor im damaligen Regierungsbezirk Loket – aber er schreibt.

Jetzt ist das Schreiben seine große Liebe. Diese Liebe wärmt ihn, befeuert ihn, fordert ihn heraus, tröstet ihn, auch wenn sie ihn anstrengt und ermüdet. Sie, diese letzte Geliebte, ist es, die ihn dazu bringt, seine Triumphe, aber auch seine Niederlagen und Missetaten schonungslos preiszugeben und sich dadurch zu reinigen. Und er erwidert diese Liebe mit der Sehnsucht nach literarischem Ruhm.

»Casanova in Dux ist keineswegs ein lächerlicher alter Lebemann, sondern ein erfahrener Zeuge des Jahrhunderts«, resümiert Hermann Schreiber.[691] Der Alte vom Schloss hat sich in seine Erinnerung zurückgezogen. Aber auch jetzt bleibt er präsent, auch jetzt geht ein »geheimer Magnetismus« (Hofmannsthal) von ihm aus, auch jetzt verwandelt er die Vergangenheit in Gegenwart und teilt sich den Zeitgenossen und der Nachwelt mit.

Nur manchmal greift die kalte Einsamkeit nach ihm. Auch Resignation macht ihn müde, weil er niemanden mehr hat, den er lieben kann. Auch Trauer, weil niemand mehr da ist, von dem er Liebe erwarten kann. Aber er hat ein Geheimrezept, das ihn in der klammen Kälte des alten Gemäuers wärmt und belebt: Er hat seine Erinnerung. Sie ist ihm wichtig. An ihr hängt seine Identität. Wenn er über die Wiedergeburt nachdenkt, will er sie nur unter der Bedingung erleben, dass er seine Erinnerung behält – sonst sei er ja nicht mehr er selbst.

Leben Sie wohl

Aus manchen Briefen, die Casanova in Dux erreichen, geht eine geradezu überschwängliche Verehrung für den Alten im Schloss hervor, so etwa in den Schreiben der Schauspielerin Maddalena Allegranti[692], der Henriette Schuckmann aus Bayreuth[693] oder seiner Nichte Teresa Casanova.[694] Eine seiner Briefpartnerinnen, die 22-jährige Cäcilie von Roggendorff, hat er nie gesehen. Trotzdem oder gerade deswegen wird er für die junge Frau zu einer Art Guru. Sie nennt ihn ihren »tugendhaftesten, einmaligsten Freund«, den einzigen Menschen, »den ich noch ohne Kummer lieben kann«.[695] Die Brieffreundschaft zwischen Casanova und Cäcilie von Roggendorff zeigt, wie fürsorglich sich der alternde Lebemann um jemanden kümmert, der einmal seine Freundschaft gewonnen hat. Die junge Cäcilie dankt ihm mit ihrer ganzen Zutraulichkeit: »Übrigens, wie heißen Sie mit Vornamen? An welchem Tag und in welchem Jahr sind Sie geboren? Sie mögen über meine Fragen lachen, soviel Sie wollen, ich gebiete Ihnen aber, sie zu beantworten.«[696] Für sie schreibt Casanova dann einen sehr kurz gefassten »Abriss meines Lebens«, in dem er zwar nichts schreibt, was er nicht auch in den Memoiren schon notiert hatte, der aber hochinteressant ist durch das, was er aus der Fülle der möglichen Geschichten seines Lebens hervorhebt und was er nicht mehr für erwähnenswert hält.[697] In Casanovas Nachlass findet sich die Abschrift eines Briefes, den er am 20. Januar 1798, also wenige Monate vor seinem Tod, an den Grafen von Kurland und Sagan geschrieben hat, um bis ins Detail Cäcilie von Roggendorffs Zukunft abzusichern.[698]

In der gleichen Zeit korrespondiert Casanova mit einer anderen Frau, zu der er ebenfalls nie eine erotische Beziehung unterhalten hat, der er aber in einer tiefen Freundschaft verbunden war: Elisa von der Recke. Sie war damals in der europäischen Literaturszene eine bekannte Lyrikerin, die mit Goethe, Schiller, Theodor Körner, Jean Paul und Anselm Feuerbach in Verbindung stand und die zu den Mitarbeitern der von Schiller begründeten Literaturzeitschrift *Die Horen* gehört hatte. Sie kannte auch Cagliostro, den zweifelhaften Abenteurer, den sie nach anfänglicher Faszination durchschaut und in ihrer Schrift *Nachricht von des berühmten Cagliostro Aufenthalt in Mitau* (1787) entlarvt hatte. Casanova und Elisa von der Recke waren sich wahrscheinlich nach dem Mai 1797 begegnet, als Elisa häufig in Teplitz oder Karlsbad war. Die späte Freundschaft lebte von der Liebe zur Literatur, der gegenseitigen Achtung und Bewunderung, aber auch von der mitfühlenden Sorge um die Gesundheit des jeweils anderen. Elisa von der Recke hat Casanova von fern, doch im Herzen sehr nah begleitet, als er dem Tod entgegenging.

Beide, Giacomo Casanova und Elisa von der Recke, haben die Nähe zum Tod sehr früh gespürt. Elisa war wochenlang bettlägerig, während Casanova gegen seine Schmerzen ankämpfte. Der nahende Abschied ist in ihrem Gedankenaustausch als schwermütige Gewissheit allgegenwärtig. Im Juni 1798 schreibt Elisa von der Recke aus Teplitz an Casanova, sie wolle ihn unbedingt noch einmal sehen. Sie bittet dringlich, ihn besuchen zu dürfen: »Nicht wahr, Sie werden mich nicht fortschicken, wenn ich in den nächsten Tagen an Ihre Tür klopfe?«

Casanova weist diesen Wunsch jedoch energisch zurück: *Ich flehe Sie auch an, göttliche Elisa, nicht hierherzukommen.*[699] Er ist krank, schwer krank. Er liegt im Sterben. Wenn er schon sein Leben verliert, will er nicht auch noch sein Gesicht verlieren.

In seinem vorletzten Brief, datiert vom 30. April 1798, den er mit *Casanova im Sterben* unterschreibt, nennt er als Grund seine körperliche Verfassung. *Ich möchte auf dieser so ernsten Reise nicht Lächerlichkeiten begegnen ... Das ist also der historische Grund, der mich hindert, Besuche zu empfangen ... Obgleich ich mich nur von Ihren Suppen und Quellwasser ernähre, ist mein Leib wie eine Trommel geworden.*[700]

Am Ende also: Einsamkeit, Scham und der Kampf um die Würde des ewigen *homme à femme* und Intellektuellen. Das Ungeheuer Tod vertreibt Casanova aus dem Welttheater, bevor das Stück seines Lebens, das ihn so ungemein gefesselt hat, zu Ende gespielt ist.

Seinen letzten Brief an Elisa konnte er nicht einmal mehr unterschreiben. *Leben Sie wohl, anbetungswürdige Elisa, ich bleibe Ihr aufrichtig ergebener Casanova,* hatte er am 1. Juni 1798 noch diktiert. Sein Neffe Carlo Angiolini schickte den Brief mit einem Postskript ab: »Ich nehme mir die Freiheit, Ihnen mitzuteilen, dass mein armer Onkel im Sterben liegt; er wollte unterschreiben, hat aber nicht die Kraft dazu.«[701] Drei Tage später, am 4. Juni 1798, war er tot. Elisa starb kurze Zeit nach dem Freund.

Das Totenregister des Pfarrers vermerkt, Casanova sei 84 Jahre alt geworden – man hielt ihn offenbar für älter, als er war.

Irgendwo auf dem Friedhof von Sankt Barbara in Dux wird er begraben. Bald kennt niemand mehr die Stelle. Kein Grab. Kein Grabstein. Doch alles hat seine Ordnung: Wer sich ein Monument wie die *Geschichte meines Lebens* geschaffen hat, braucht keinen Grabstein.

An der Wand der Kapelle wird später eine kleine Steintafel angebracht. Unauffällig, wie er im Leben nie war, steht sein Name darauf: »Jakob Casanova. Venedig 1725. Dux 1798.« Nicht einmal die muttersprachliche Form seines Namens hat man ihm gelassen. Aber vergessen wird man ihn nicht. Die Memoiren werden ein Welterfolg. In mehr als zwanzig Sprachen sind sie übersetzt, darunter Arabisch, Japanisch und Bengalisch.

Casanovas Erinnerungen öffnen der ganzen Welt das Fenster zum 18. Jahrhundert in Europa, einem Jahrhundert, das für das Verstehen der europäischen Gegenwart des 21. Jahrhunderts so ergiebig ist wie kaum ein anderes. Sie eröffnen den Blick auf eine der faszinierenden und umstrittenen Persönlichkeiten, an denen dieses Jahrhundert so reich war und die weit hinausweisen über ihre Zeit.

Im Banne Casanovas

Anmerkungen zur Casanova-Rezeption

Die Medien des 20. Jahrhunderts haben die Figur des Casanova immer wieder aufleben lassen und neu interpretiert. Sie hatten dabei jedoch, dem Wissensstand des Jahrhunderts entsprechend, mehr den Typ des Frauenhelden als Casanovas wahre Individualität im Auge. Er »ist bis heute einer der am meisten verkannten und verleumdeten Menschen seiner Zeit«, schrieb Eckhart Kleßmann 1978 in der *Zeit*.[702]

Casanova als Filmfigur

Wikipedia meldet (2008) 16 Verfilmungen, vier Opern, eine Operette, zwei Ballette, ein Musical, eine Revue, ein Konzert.[703] Einige Verfilmungen des Casanova-Stoffs spekulieren einfach auf die Schaulust von Voyeuren. Sie setzen auf spektakuläre Unterhaltung, die vom Glanz Venedigs lebt und von den amourösen Abenteuern, für die Casanova gemeinhin in Anspruch genommen wird. Andere Nachsichten, vor allem der Film von Federico Fellini, sind todernste Abrechnungen. In dem auf bizarre Weise artifiziellen Film mit Donald Sutherland in der Titelrolle führt Fellini eine Kunstfigur vor, deren Zuschnitt mehr über den Regisseur des Films als über die Person des historischen und literarischen Casanova aussagt. In Fellinis Demontage ist Casanova eine neurotische Kopulationsmaschine, ein »aufgeblasenes Nichts«. Fellini empfindet ganz offensichtlich nichts als Widerwillen, Abscheu und Verachtung für seinen Antihelden. Die »Potenz-Aufschneiderei eines Größenwahnsinnigen, der nie authentische Leidenschaften empfunden hat«, gehe ihm auf die

Nerven, erklärte er. Als wollte oder müsste Fellini sich rächen, würdigt er den Stoff zu einer bösen Persiflage herab und versucht, Casanova als testosterongesteuerten Hampelmann und »blöd glotzenden Gockel« lächerlich zu machen. Fellini steigert sich sogar in die Wahnvorstellung hinein, Casanova sei die »Vorwegnahme jenes groben und zutiefst mit sich selbst zufriedenen Typs, aus dem sich später der Faschismus zusammensetzte«.[704]

Fellinis Film ist ein gigantisches Missverständnis, wenn er als eine Variante der Casanova-Rezeption verstanden werden will. In einem Interview hat Fellini erzählt, dass er den Vertrag für den Film unterschrieben habe, ohne je eine Zeile von Casanova gelesen zu haben. Er habe die Memoiren erst danach »wie ein Telefonbuch« gelesen und sei sofort von einem Schwindelgefühl erfasst worden, weil er den beschämenden Eindruck hatte, mit seiner Zusage einen falschen Schritt gemacht zu haben. Er sei mit einem tiefen »Gefühl der Verärgerung, Befremden und Abscheu«, ja mit Ekel ans Werk gegangen und habe einen Film über die Leere gedreht.[705]

Wahrscheinlich will Fellinis *Casanova* aber gar nicht als ernsthafte Variante der Casanova-Rezeption verstanden werden, sondern einfach als Filmkunst und Unterhaltung – und als Abrechnung mit den eigenen Missverständnissen.

Auch die Filme *Casanovas große Nacht* von Bob Hope (1954), *Casanova '70* mit Marcello Mastroianni (1965), *Das Casanova-Projekt* (1981) und *Die Abenteuer des Casanova* von Giacomo Battiato (2003) versteht man am besten als reine Unterhaltung.[706]

Der groß ausgestattete Film *Casanova* von Lasse Hallström, mit Heath Ledger, Sienna Miller und Jeremy Irons (2005) wirft dagegen thematische Fragen auf, die sich beim Blick auf den ganzen und wahren Casanova tatsächlich stellen. Sätze wie: »Ich erobere nicht, ich unterwerfe nicht«, oder eine Entschuldigung wie: »Ich habe diese Unterhaltung zu lange beherrscht«, lassen die Gegenposition zu Don Juan erkennen. Der jungenhafte Charme Heath Ledgers gibt der Casanova-Figur außerdem die authentischen Züge des jungen, übermütigen Giacomo im Venedig seiner Jugend.

Eine erfundene Figur, Francesca Bruni, greift in die Debatte um die Rolle der Frau in der Bildungsgesellschaft ein und verstärkt die feministische Sicht auf den historischen Casanova. Auf der Flucht vor den Häschern der Staatsinquisition gerät Casanova in den großen Saal der Universität, wo gerade eine Disputation darüber stattfindet, ob Frauen der Zutritt zur Universität gestattet werden solle. Ein Vertreter der herkömmlichen Meinung, wonach die Frau an den Herd und ins Bett gehöre, nicht aber in die Universität, gerät an einen Gegner, der sich, verkleidet als Mann, bald als feministische Wissenschaftlerin zu erkennen gibt. Francesca führt einen kleinen Heißluftballon vor und erklärt: »Die Frau ist Luft, Feuer, Leichtigkeit, aber auch Stärke.« Sie beruft sich auf einen Dichter namens Bernhardo Guardi. Erst im Lauf der Filmhandlung stellt sich heraus, dass Guardi ein Pseudonym ist, hinter dem sich Francesca selbst verbirgt – so dass kaum verwunderlich ist, was Guardi alias Francesca Bruni als Trumpf ausspielt: dass Guardi »mehr von Frauen versteht als jeder Mann in diesem Saal«.

Die Feministin Francesca verachtet Casanova zunächst, weil er scheinbar für alles das steht, gegen das sie kämpft. Aber dann verbündet und verbindet sie sich mit ihm. Casanova und die Feministin heiraten. Hallström adelt mit diesem dramaturgischen Schachzug Casanova als ebenbürtigen Partner einer feministischen Frau.

Diese Arbeiten über Casanova genießen den Schutz der Kunstfreiheit. Als Elemente dieser Freiheit eröffnen die Filme bemerkenswerte Annäherungen an das komplexe Phänomen Casanova. Das gilt für TV-Sendungen wie *Casanova – Ich liebe alle Frauen* mit Stefano Accorsi als Casanova und Katja Flint als Madame Pompadour (SAT 1).[707] Es gilt noch mehr für die dokumentarische Gestaltung der Casanova-Figur, zum Beispiel den TV-Film von Gero von Böhm: *Casanova. Die wahre Geschichte* (3-sat).[708]

Literatur und Bühne

Schon früher als die elektronischen Medien hatten sich die Literatur und das Theater der Casanova-Gestalt angenommen. Was die Casanovisten für die historische Wissenschaft, sind in der Kunst die Casanovellisten. Stellvertretend für viele weniger bekannte Autoren[709] kann man hier Hugo von Hofmannsthal und Arthur Schnitzler, Hermann Hesse, Carl Sternheim und Kurt Tucholsky nennen. Was für die Bühnenwerke gilt, trifft auch auf Erzählungen wie *Casanova in Petersburg* von Joseph Gregor (1947) und *Casanova in Weimar* von Heinrich Lilienfein (1938) zu. Historische Romane wie die von Arthur Japin (*Die Verführung*, 2003), Andrew Miller (*Eine kleine Geschichte, die meist von der Liebe handelt*, deutsch 2002) und Hanns-Joseph Ortheil (*Die Nacht des Don Juan*, 2000), haben in neuester Zeit diese Tradition aufgenommen.

Carina Lehnen hat in ihrer Dissertation *Über die Mythisierung der Casanova-Figur in der deutschsprachigen Literatur zwischen 1899 und 1933* zusammengefasst, wie sehr die literarischen Bearbeitungen die Gestalt des Casanova und die Geschichte seines Lebens nicht nur als Vorlage benutzt, sondern kreativ interpretiert haben, um eigene Gedanken vorzutragen.[710] Der historische und literarische Casanova der Memoiren ist dabei mehr Horizont als Gegenstand der jeweiligen Bearbeitung. Mit dem Blick auf den Charakter und die Erlebnisse Casanovas entfaltet sich die eigene Thematik der Bearbeiter, so dass ganz neue Facetten des Casanova-Bildes freigelegt – mitunter auch erschaffen – werden.

Hugo von Hofmannsthal zum Beispiel macht »das Lebensgeniale in Casanova« sichtbar, indem er die Liebeswirren des unentwegten Verführers heranzieht, um sein ureigenes Lebensthema von Treue und Untreue, Erinnern und Vergessen in einem Stück zu intonieren.[711] Im Spiegel der Casanova-Gestalt erklärt Hofmannsthal die Kunst zum Ort der Überwindung des Gegensatzes zwischen Treue und Untreue und erläutert zugleich den Gegensatz zwischen den Menschen, die, wie Hofmannsthal sagt,

»nur einmal lieben«, und denen, »die sich viele Male geben«.[712] In der Figur des Barons Weidenstamm, der Venedig besucht, lässt Hofmannsthal den Venezianer Casanova aufleben und schildert den Grundkonflikt des alles vergessenden und insofern untreuen Verführers, der die soeben noch Geliebte vergisst und schon den Liebesaugenblick in den Armen der nächsten genießt. »Auffällig ist jedoch, dass Hofmannsthal neben die Aufgabe des Erinnerns auch die des Vergessens setzt«, den Konflikt also in die umgekehrte Richtung weitertreibt.[713]

Acht Jahre nach der Entstehung des Stücks *Der Abenteurer und die Sängerin* wendet Hofmannsthal sich noch einmal der Casanova-Figur zu: in der Komödie *Christinas Heimreise*.[714] Dieses Mal schließt sich Hofmannsthal der Interpretation an, die in Casanova den großen Glücksbringer der Frauen feiert – einem Erklärungsmuster, in dem Carina Lehnen vor allem männliches Wunschdenken erkennt.[715] Der Abenteurer – er heißt hier Florindo – erscheint als Verführer, der immer wieder neu anfangen kann, weil er die Kunst des Vergessens beherrscht und auf diese Weise bar jeder Erinnerung ist. Hofmannsthal nutzt diese Ausgangslage, um sein Bekenntnis zu Treue und Ehe zu formulieren.[716] Seine moralische Verarbeitung der Casanova-Vorlage markiert einen Umgang mit dem notorischen Verführer, dem dann auch Arthur Schnitzler folgt.

Schnitzler hat, wie Hofmannsthal, die Gestalt des Casanova zweimal bearbeitet, einmal im Lustspiel *Die Schwestern oder Casanova in Spa* und einmal in der Novelle *Casanovas Heimfahrt*.[717] In beiden Werken hat Schnitzler die Figur des Casanova genutzt, um Grundthemen seines eigenen Schaffens zu bearbeiten. In der Komödie agiert ein junger, 32 Jahre alter Casanova, in der Novelle dagegen ein gealterter 53-Jähriger. Schnitzler befasste sich während des Ersten Weltkrieges, in den Jahren 1914 bis 1917, mit dem Stoff. Das Kriegsgeschehen und die Götterdämmerung der k. u. k. Monarchie dürften die düstere Stimmung geprägt haben, in die Schnitzler seine Casanova-Figur taucht.[718]

Zu Schnitzlers Lebensthemen gehört die Eifersucht. Sie ist das dramaturgische Antriebselement auch der Komödie, die als Verwechslungsspiel angelegt ist und in der Casanova nur eine Nebenrolle spielt: Casanova irrt sich in der Person einer Geliebten und schläft mit Anina, ohne sie zu erkennen; er glaubt, eine andere in den Armen zu halten.[719] Während Andrea, der von seiner Frau Anina betrogene Ehemann, vor allem den Anschein der Treue wahren will, bekennt Anina offen, mit Casanova geschlafen zu haben. Zugleich erklärt sie auch ihre Liebe zu Andrea, zu dem sie zurückkehren will und dem sie nichts weggenommen zu haben glaubt. Die Wiederkehr ist ihre Treue. Es ist Casanova, den Schnitzler seine Definition von Treue formulieren lässt, obgleich Casanova der Betrogene ist: Jeder muss akzeptieren, dass er dem Partner nicht genügen kann. Deshalb muss er ihn freiwillig gehen lassen, damit er freiwillig wiederkehren kann. In dieser Auffassung – Treue als Wiederkehr – sieht Schnitzler den einzigen Weg, der üblichen Doppelmoral zu entgehen, und zugleich die einzige Möglichkeit, nicht nur den Anschein von Moral erwecken zu wollen, sondern wirklich moralisch zu handeln.

Anders die Novelle *Casanovas Heimfahrt*, deren Titel wie ein Echo auf Hofmannsthals *Christinas Heimreise* anmutet. Schnitzlers Casanova ist jetzt 53 Jahre alt – ein Alter, das schon die Themen Jugend und Älterwerden, Geburt und Tod nahelegt. Für den Casanova der Novelle gehört in diesen Gedankenkreis von Werden und Vergehen auch sein Heimweh nach Venedig. Christinas Heimweg von Venedig ist eine Reise zu sich selbst. Casanovas Heimfahrt nach Venedig ist eine Fahrt in den langsam nahenden Tod.

Auf diesem Weg erlebt Schnitzlers Casanova aber noch einmal die sexuelle Obsession seiner keineswegs erloschenen Sinnlichkeit. Er verliebt sich in eine Frau, die er gar nicht kennt. Er verliebt sich also in das Produkt seiner eigenen Phantasie. Marcolina, so heißt sie, ist eine kluge junge Frau, die mit dem alten Mann nichts anzufangen weiß. Sie erwidert seine Gefühle nicht, weil sie den Ruhm Casanovas als Verführer nicht kennt. Seine Gegenwart ist für sie ohne Anziehungskraft, weil sie seine Vergangenheit nicht kennt und nicht nacherleben kann. Was sie sieht, ist ein hässlicher alter Mann, den sie nicht ohne eine Spur von Ekel betrachtet.[720]

Erst als Casanova und Marcolina in ein Gespräch über Voltaire und die Aufklärung geraten, wird die Studentin auf einmal zutraulich. »Die Perspektive, die der alternde Casanova im Umgang mit Frauen besitzt, wird hier von Schnitzler noch einmal festgelegt: als weiser, intelligenter Gesprächspartner und geschätzter Erzähler kann er einen hohen Rang einnehmen; als potentieller Liebhaber wird er nicht mehr ernst genommen, ja, durch die Illusion, auf dem erotischen Feld noch agieren zu können, macht er sich lächerlich und wird entsprechend behandelt.«[721]

Dieser Blick Schnitzlers auf Casanova kann als Destruktion des allgemeinen Casanova-Bildes verstanden werden. Schnitzler führt seine Figur in ein minenreiches Gelände, indem er Casanova gerade in dieser Lebensphase das Angebot annehmen lässt, als Spion der venezianischen Inquisition tätig zu werden. Damit ist Casanova für Schnitzler eigentlich als Identifikationsfigur erledigt.[722] Schnitzler hat sich von wohlwollendem Interesse zur Destruktion bewegt.

Andere Literaten gehen den umgekehrten Weg: Hermann Hesse, Carl Sternheim und Kurt Tucholsky benutzen Casanovas Memoiren als Steinbruch, der ihnen die Bauelemente für ihre eigene Gedankenkonstruktion liefert.

Hermann Hesse veröffentlicht 1906 die Erzählung *Casanovas Bekehrung*. Hesse schildert den Verführer als einen unzeitgemäßen Ehrenmann, der sich vom betrogenen Herzog sagen lassen muss: »Sie sind unmodern.« Er ist unmodern, weil er einen Liebhaber der Herzogin mit auflodernden Gefühlen zum Duell fordert, während der Herzog selbst die Angelegenheit »mit Toleranz und psychologischem Geschick« (Lehnen), eben modern, aus der Welt schafft.

Sternheim wiederum schwenkt in seiner Arbeit *Herr von Seingalt* in den breiten Strom des Casanova-Verständnisses vom großen Verführer ein, der so raffiniert vorgeht, dass niemand, auch nicht der Ehemann der Verführten, zu Schaden kommt. Der Verführer ist wieder der Beglücker, der zum verantwortungsvollen Sisyphos wird: bei keiner Frau, die er auf den Gipfel der Liebe gebracht hat, kann er verweilen, weil unten ja schon die nächste wartet, der er gerecht werden muss.[723] Je mehr und je tiefer sich Sternheim mit Casanova beschäftigt, desto wohlwollender schildert er ihn, bis ihm schließlich offene Bewunderung die Feder führt.

Die allgemeine Bewunderung für eine Identifikationsfigur bringt offenbar auch einen so kritischen Geist wie Kurt Tucholsky dazu, Casanovas Verführungsstil über die armseligen Künste der modernen Männer triumphieren zu lassen. Tucholsky, der sein Casanovastück zusammen mit Walter Hasenclever realisieren wollte, feiert in den Entwürfen und Skizzen zum Stück besonders die enorme Ausdauer, mit der Casanova jede Frau glauben lässt, sie sei seine erste wirklich große Liebe.[724] Durch Tucholskys Suizid blieb das Stück unvollendet.

Sie alle, Hofmannsthal, Schnitzler, Hesse, Sternheim, Tucholsky und all die anderen lassen sich von Casanova inspirieren, um im Schreiben den eigenen Gedanken und den eigenen Sehnsüchten nachzugehen. Sie werfen eigene Fragen auf, um sie letztlich von ihm beantworten zu lassen. Sie alle beurteilen und verurteilen ihn nicht, sondern lassen sich von ihm beurteilen. Ihnen gelingt es, den Typos Casanova zu individualisieren und ihn mit den Zügen all derer auszustatten, die sich in ihren Träumen und Erwartungen mit dem Feministen und genialen Liebhaber, aber auch mit dem einsamen Schreiber von Dux identifizieren möchten.

Das Abenteuer des Verstehens

Jede Autobiographie bewegt sich, wie die Erinnerung selbst, im Zwischenreich von Wirklichkeit und Vorstellung. Das gilt besonders für die Memoiren eines Abenteurers und Schwerenöters wie Casanova. Ein biographisches Porträt, das ihn zum Leuchten bringen will, kann deshalb Tiefenschärfe und Genauigkeit der Konturen nur aus dem Gegensatz von Licht und Schatten gewinnen. Ganz allgemein gilt:

Historische Zeugnisse, die als Quelle in Frage kommen und mit denen die Geschichtswissenschaften hantieren, sind darüber hinaus fast immer wie eine lückenhafte Aktenlage: Viele Papyri, Pergamente und Papiere, viele Briefe und Aufzeichnungen sind einfach verschollen. Wir wissen nicht einmal von ihrer früheren Existenz, ganz zu schweigen von den nur mündlichen Zeugnissen, die ohne Spuren einfach verweht sind. Die zur Verfügung stehenden historischen Zeugnisse sind ja nur ein Bruchteil von dem, was es einmal gab, ein Bruchteil von dem, was einmal produziert wurde.[725] Was ist mit den Stimmen der Verlierer und der Opfer, wenn die Sieger die Geschichte schreiben? Was ist mit all den Schriftstellern, die nicht zum überlieferten Kanon einer Kultur oder einer Epoche gehören? Sind sie nicht ebenso verschwunden wie all die biologischen Arten, die einmal die Erde bevölkert haben und irgendwann ausgestorben sind?[726] Sind sie ebenso verdrängt wie die sogenannten Apokryphen der Bibel, die aus nicht immer erfindlichen Gründen in den Überlieferungskanon der frühchristlichen Gemeinschaften nicht aufgenommen wurden?

Selbst die sogenannten objektiven historischen Zeugnisse haben ein Problem im Gefolge, das oft ignoriert wird: Wegen der unvermeidlich lückenhaften Quellenlage mit ihren »stummen Zeugnissen« (Taleb) endet unsere Anstrengung um das Verstehen historischer Entwicklungen immer wieder in der Sackgasse unvollständiger Informationen.[727] Weil die Dynamik der Geschichte auch aus dem Vergessenen, Verschollenen und Verdrängten erwächst, ist im Umgang mit historischen Quellen immer höchste Vorsicht und Umsicht geboten. Aus den Lücken der Überlieferung erwachsen neue Lücken – die der Wahrnehmung. Wie also kommt der Mensch zurecht mit dem, was vor ihm geschah?

Wer es heute unternimmt, ein Porträt Casanovas zu zeichnen, muss, ein halbes Jahrhundert nach der Freigabe des authentischen Textes der Memoiren durch den Brockhaus-Verlag, im Strom einer zwiespältigen Casanova-Rezeption seinen Stand finden. Das Casanovabild ist einerseits durch die hingebungsvolle Forschung der Casanovistik bestimmt, andererseits aber von

Anfang an durch die Defizite der Überlieferung und den daraus entstehenden Vorurteilen und Verurteilungen der Öffentlichkeit belastet. Bis 1960 hatte sich die Casanova-Forschung nicht am authentischen Text orientieren können. Vielmehr musste sie mit den Änderungen von Schütz und Laforgue zurechtkommen, also aus einer trüben Quelle schöpfen.[728] Rives-Childs führt 1037 Titel auf, die bis 1956 nur auf der Grundlage der unzuverlässigen Bearbeitungen erschienen.

Dies blieb nicht ohne Nebenwirkung. Niemand wusste mehr genau, wo der wahre Casanova anzutreffen war. Überdies erschienen bald auch noch Auswahleditionen, die nur die erotischen Stellen enthielten, diese aber in der schlüpfrigen Beleuchtung Laforgues. Reflexionen und Dialoge wurden einfach weggelassen. Für viele Leser musste der Eindruck entstehen, Casanovas Lebenserinnerungen bestünden nur aus der Wiedergabe der erotischen Abenteuer des »Napoleons der Unzucht« (Taleb). Fast ein und ein halbes Jahrhundert lang war der authentische Casanova nicht bekannt. Stattdessen kamen in verschiedenen Sprachen viele nichtauthentische Versionen auf den Markt. Damit wurde die nassforsche Berufung auf verfälschte und beschnittene, aber nicht überprüfbare Texte immer ärgerlicher.[729]

Literaturhistoriker haben diese Eingriffe »eines der großen literarischen Verbrechen des Jahrhunderts« genannt.[730] Die Auswirkungen der Veränderungen waren beträchtlich: Durch die Fälschungen Laforgues in der französischen Ausgabe entstand im frankophonen Sprachbereich ein völlig anderes Casanova-Bild als in Deutschland, wo wenigstens neben der Übersetzung von Schütz noch andere Casanova-Ausgaben in unterschiedlichen Übersetzungen erschienen.[731]

Für die Casanova-Forschung ist interessant, dass 1837 in Paris auch noch ein Raubdruck der ersten acht Bände der Laforgue-Ausgabe erschien (die sogenannte Paulin-Busoni-Ausgabe), ab 1838 dann aber die Fortsetzungsbände in zwei Versionen herauskamen und man einige Zeit nicht mehr wusste, welche Ausgabe auf dem authentischen Text beruhte. Erst James Rives-Childs stellte die Textvarianten zusammen, verglich die Texte mit neu gefundenem Archivmaterial und bewirkte, dass mit der

Freigabe des Originals durch den Brockhaus-Verlag im Jahre 1960 endlich eine neue Grundlage für die Forschung und für die Öffentlichkeit zur Verfügung stand.[732]

Leben und Werk Casanovas werfen also eine Reihe von grundsätzlichen Problemen auf: In der neueren Casanovistik wird immer wieder Casanovas Glaubwürdigkeit und Genauigkeit der Darstellung herausgestellt, indem man andere historische Zeugnisse und Dokumente zur Bestätigung heranzieht. Fehlerhafte Zeitangaben werden anhand historischer Dokumente berichtigt.[733] Die wissenschaftliche Erforschung der Person Casanovas war mehr mit der Verifizierung von Sachverhalten und Widersprüchen beschäftigt als mit der Interpretation seiner Erinnerungen. Letztlich kann aber nur eine Analyse der literarischen Gattung der Memoiren Licht in das Halbdunkel zwischen Geschichte und Literatur bringen.

Casanovas Leben war einzigartig. Seine Memoiren umfassen die Jahre von 1725 bis 1774, ein halbes Jahrhundert. Eine solche Zeitspanne bringt Überraschendes und Neues mit sich, aber auch die Wiederkehr des Gleichen. Die Einmaligkeit und Unverwechselbarkeit eines Menschen verwischen sich aber, wenn bestimmte Situationen immer wiederkehren. Für den Betrachter ergeben sich dadurch stereotype Perspektiven, die auf die Dauer langweilen. Fast alle Casanova-Biographen haben das erkannt. Hartmut Scheible zitiert in seinem Buch *Mythos Casanova* den amerikanischen Kritiker und Essayisten Edmund Wilson, der zu Casanovas Memoiren anmerkt, er kenne kein Buch, das »so nachdrücklich die rhythmischen Wiederholungen zeigt, die in einem individuellen Schicksal durch den Charakter erzeugt werden«.[734] Diese Wiederholungen folgen in Casanovas Leben, wie Peter Dumitriu nüchtern feststellt, einem bestimmten Ablaufschema: Auftreten in der Gesellschaft, Teilnahme an Festlichkeiten, Einladungen und Besuche, Glücksspiel, Abenteuer mit Frauen, Finanzprobleme, Weiterreise und neuer Anfang in neuer Umgebung.[735]

Casanova hat offenbar das Problem der Wiederholung selbst empfunden. Denn im Verlauf der Memoiren werden die Beschreibungen der Liebeskollisionen immer knapper – als würden ihn die Wiederholungen selber langweilen oder ermüden. Da es auch dem Leser so ergehen könnte, muss ein biographisches Porträt Casanovas die Stationen seines Lebens nach charakteristischen Inhalten ordnen.

Die Casanova-Forschung lässt die Frage offen, ob der Memoirenschreiber die Geschichte seines Lebens aus dem Gedächtnis niedergeschrieben hat oder ob er sich auch auf Notizen oder Tagebücher stützen konnte. Wenn er schriftliche Unterlagen verwendet hat, muss Casanova diese Papiere anschließend vernichtet haben, vielleicht um Missbrauch und Missverständnisse auszuschließen und um die Identifizierung von Menschen zu verhindern, die er bewusst mit chiffriertem Namen genannt hatte.[736]

Beim Schreiben von Memoiren ist es ein völlig anderer Vorgang, ob das rückblickende Gedächtnis oder eine Notiz, die in der Situation selbst geschrieben wurde, die Atmosphäre der Diktion bestimmt. In der Tagebuchnotiz ist der Ausgang einer Geschichte noch offen, sie fixiert eine noch nicht überlagerte Wahrnehmung. Beim Rückblick aus dem Gedächtnis aber kann der Autobiograph gar nicht anders, als die Situationen aus dem Nachhinein zu schildern und zu interpretieren. Er wird dazu neigen, Kausalzusammenhänge herzustellen, auch wenn ursprünglich gar keine da waren.[737] Es ist psychologisch fast unmöglich, nicht in die Falle der Überinterpretation zu laufen oder den späteren Wissensstand zu ignorieren. Wie bei einem Palimpsest schreibt unser Gehirn einen neuen Text über den alten. Aber der neue Text ist immer schon fest verbunden mit der interpretierenden Einfärbung und nachträglichen Beurteilung der sogenannten Tatsachen. Dieser Akt des Interpretierens und Urteilens ist unwillkürlich und wird vom Gehirn automatisch geleistet.[738] Deshalb ist er unausweichlich. Und deshalb muss jede Generation neu und frisch auf eine Epoche oder eine Person der Geschichte blicken.

Eine Frage der Perspektive

Autobiographien bringen die Gefahr einer weiteren Verzerrung mit sich. Seit der Antike begleiten Autobiographien den Lauf der Geschichte. Fast immer sind sie Apologien oder Konfessionen. Vor allem, wer »Geschichte gemacht« hat, möchte das öffentliche Urteil über die Epoche, die er mitgestaltet hat, und die Urteile über die Bedeutung und Deutung seiner Person mitbestimmen. Präsidenten und Premiers, Kanzler und Minister, Poeten und Prominente wollen sich die Interpretationshoheit erschreiben, ihren Platz in der Geschichte erobern oder verteidigen und mit ihrer Selbstbeurteilung dem Urteil der Nachwelt zuvorkommen: rechtfertigen, wo Kritik laut wird; angreifen, wo Gefahren drohen; argumentieren, wo Missverständnisse lauern könnten. Je schneller geschrieben und je früher veröffentlicht wird, desto besser für das Bild, das man abliefern will.[739] Zu den bekannten Politikern, die Autobiographien geschrieben haben, gehören Benjamin Franklin, Otto von Bismarck mit seinen *Gedanken und Erinnerungen*, Winston Churchill, dem 1953 für seine Erinnerungen der Nobelpreis für Literatur zuerkannt wurde, Mahatma Gandhi, Nelson Mandela, Charles de Gaulle, Konrad Adenauer, Willy Brandt, Helmut Kohl, Gerhard Schröder oder Joschka Fischer.

Die Geistesgeschichte der westlichen Welt ist gar nicht vorstellbar ohne ihre autobiographische Kultur, man mag nur die *Confessiones* des Augustinus, die *Confessions* Rousseaus, die *Geschichte meines Lebens* von George Sand oder die autobiographischen Arbeiten von James Joyce, Stefan Zweig, William Butler Yeats, Gertrude Stein, Albert Schweitzer, Jean-Paul Sartre, Carl Zuckmayer oder Vladimir Nabokov herausgreifen. Und über allen anderen steht Goethes *Dichtung und Wahrheit*, die Schrift, deren Titel alle Chancen und alle Probleme der autobiographischen Literaturgattung in sich vereint.[740] Die Frage, welchen Anteil an Dichtung ein als historische Wahrheit dargestellter Lebensbericht enthält, begleitet die Geschichte der Autobiographie seit ihren Anfängen.

Die Teile von Casanovas Autobiographie, die wir kennen, beschreiben sein Leben von der Geburt bis zum Jahr 1774. Erschien dem Autor die dann folgende Epoche seines Lebens nicht mehr interessant genug, um von ihr zu erzählen? Dass diese Frage überhaupt gestellt wurde, ist die Folge davon, dass man in Casanova nur den Sexualathleten sah. Wenn dessen Kräfte schwinden, ist er nicht mehr interessant. Wenn Casanova ausschließlich als Schürzenjäger verstanden wird, dann mag sein Leben als uninteressant gelten, sobald die stärksten Liebesstürme abflauen. Dann braucht man dem Abenteurer nur noch zu unterstellen, dass auch er selber sein Leben uninteressant fand, als die Liebesabenteuer seltener wurden und schließlich ganz ausblieben.

Dem aber widerspricht sowohl die Psychologie des Alterns – das Interesse am eigenen Leben steigt mit der Nähe zum Tod – als auch die Tatsache, dass Casanovas Leben nach 1774 alles andere als uninteressant war. Es bleibt deshalb ein Rätsel, warum die Memoiren mit dem Jahr 1774 abbrechen. Man kann nur spekulieren, ob Casanova dieses Ende der Berichtszeit von vornherein geplant hat, ob es sich einfach so ergeben hat oder ob seine Aufzeichnungen nicht vollständig überliefert wurden. Mit anderen Worten: Casanova hat die letzte Epoche seines Lebens entweder nie beschrieben, oder die Aufzeichnungen sind verschollen. Vieles spricht dafür, dass der Autor schlicht und einfach beschlossen hat, trotz aller Schreiblust die Mühe des Schreibens nicht länger auf sich zu nehmen, obgleich er ursprünglich die *Geschichte meines Lebens* weiterführen wollte.[741]

Für die Zeit nach 1774 ist die Forschung im Wesentlichen auf Casanovas Nachlass angewiesen, wie ihn vor allem – nach einer ersten Sichtung durch Julius Grundling – Bernhard Marr erschlossen und dokumentiert hat. Marr ist damit der wohl wichtigste Casanovist geworden. Er hat in den Jahren 1910 bis 1915 im Schloss Dux den gesamten Nachlass Casanovas katalogisiert – mit Ausnahme der Memoiren, die zu dieser Zeit ja noch im Tresor des Hauses Brockhaus verschlossen waren. Wer heute im tschechischen Staatsarchiv den Nachlass studieren will, kann sich noch immer durch Bernhard Marrs Archivierung führen lassen: *Katalog des Casanova-Nachlasses betreffend Handschriftliches und Gedrucktes, vorgefunden in den Umschlägen (Faszikeln) 1–39, respektive in den hierzu bestimmten buchförmigen Schachtelkassetten der Duxer gräflich Waldstein'schen Schlossbibliothek, zusammengestellt und mit Beziehungsnotizen versehen von B. Marr.*

Dieses heute auf Mikrofilmen zugängliche Material verblüfft durch die Vielfalt und Fülle der von Casanova zu Papier gebrachten Arbeiten. Neben italienischen Sonetten und anderen Gedichten finden sich französische Verse, Scherzgedichte, Epigramme und Aphorismen, Anekdoten und Satiren. Es finden sich aber auch Kochrezepte und Zitate, die Casanova für wert hielt, aufgeschrieben zu werden. Es finden sich neben kabbalistischen Zahlenwerken geometrische Zeichnungen, arithmetische Berechnungen und mathematische Kurven, es finden sich Fragmente und Entwürfe zu Veröffentlichungen, aber auch Rechnungen, zum Beispiel über Wäsche; es finden sich Notizen über Beobachtungen und Gedanken, zum Beispiel über das Verhältnis zwischen Kaiser Joseph II. und Papst Pius VI. Es finden sich verspielte Notizen in Spiegelschrift ebenso wie die Silhouette einer unbekannten Dame. Und nicht zuletzt die Unzahl von Briefen und Briefentwürfen. Die Liste der erhaltenen und geschriebenen Briefe ist lang und enthält viele Namen, die aus den Memoiren oder anderen Zusammenhängen bekannt sind. Zum Beispiel Giuseppe Bono, Carlo Angiolini, Madame du Rumain, Lorenzo da Ponte, Baron de Roll, Comte de Corty, Carlo Koenig, Comtesse Bernstorff, Comte de Zinzendorf, Chevalier de la Motte, Prince de Clary, die Grafen Waldstein und, im Jahr 1793, Robespierre.

Diese Zeugnisse des historischen Casanova werden immer wieder erklärt und überhöht durch die Memoiren, die neben dem historischen auch den literarischen und sogar den mythischen Casanova sichtbar machen. Er selbst präsentiert sich ja als historische, literarische und mythische Figur. Er war selber beteiligt an der Entstehung des Mythos vom Edelmann und Ehrenmann, vom allzeit bereiten Wohltäter der Frauen und aller Menschen, ausgenommen die Dummköpfe. Entsprechend groß ist die geistige Spannbreite des Autors Casanova, der die unendliche Liebe zu den Frauen mit der endlichen Faszination für die Kunst und Wissenschaft seiner Zeit ebenso zu verbinden wusste wie die sinnliche Lust mit der Disziplin der Erkenntnis.

Dieses Buch über Giacomo Casanova, den ungezügelten Mann und arbeitswütigen Schriftsteller, ist eher ein Porträt als eine Biographie. Denn für einen durchgehend erzählten Lebenslauf Casanovas sind auf der einen Seite die ihn erwähnenden historischen Quellen zu dürftig, auf der anderen Seite hat Casanova selbst in seiner *Histoire de ma vie* seine Lebenserinnerungen so ausführlich und so brillant erzählt, dass die biographischen Arbeiten über ihn immer wieder zu einer bloßen Nacherzählung seiner Lebensgeschichte geraten sind.

In diesem Dilemma zwischen einer begrenzten historischen Quellenlage und der Überfülle von Selbstaussagen muss ein biographisches Porträt den Mut zur Lücke aufbringen.[742] Trotzdem kann das Porträt, anders als die lineare Erzählung eines Lebenslaufs, schon in wenigen Strichen das Gesicht und die Statur eines Menschen zeichnen und darauf vertrauen, hinter den Masken und Rollen das wahre Gesicht eines Menschen zu finden. Das Abenteuer des Verstehens wird dadurch umso reizvoller.

ANMERKUNGEN

Hinweis: Casanovas Memoiren *Geschichte meines Lebens* sind nach der Propyläen-Ausgabe von 1964 zitiert. Die römischen Ziffern bezeichnen den Band, die arabischen die Seite. Alle übrigen Texte und die Titel der Casanova-Literatur sind in den Anmerkungen mit Kurztiteln aufgeführt.

1 VI, 59 f. Vgl. G. A. Weth, *Casanovas Lustmahle*, 58–65.
2 Richard Sennett, geb. 1943 in Chicago, ist Professor für Geschichte und Soziologie an der New York University.
3 R. Sennett, *Verfall und Ende des öffentlichen Lebens* (1976).
4 R. Sennett, *Verfall*, 55.
5 Siehe S. 14.
6 IV, 211.
7 Vgl. Die *Geheimen Nachrichten über Italien* von Gorani (1794), die G. Gugitz, *Casanova*, 169 zitiert.
8 IV, 218.
9 Die Amtszeit eines Inquisitors dauerte 8 Monate.
10 IV, 218.
11 IV, 214.
12 IV, 158.
13 Wörtlich »Großer Herr«, Bezeichnung für den Polizeichef von Venedig.
14 Sbirren ist ein umgangssprachlicher und abwertender Ausdruck für Polizisten, vergleichbar mit »Bullen« in der deutschen Umgangssprache.
15 IV, 216.
16 IV, 219 f.
17 1,87 Meter.
18 Ein Fuß entspricht als Längenmaß 25 bis 30 Zentimeter, ein Klafter 6 bis 10 Fuß.
19 IV, 224 f. Die sieben Sonderzellen unter dem Dach des Dogenpalastes wurden im 19. Jahrhundert als Gefängnisse aufgelöst. Die Zellen sind heute restauriert und zu besichtigen.
20 Die Bleiplatten des Daches waren quadratisch, 96 x 96 Zentimeter groß und 2,3 Millimeter dick.
21 Zu Casanovas Förderer und Adoptivvater Matteo Bragadin siehe S. 55.

22 Girolamo Cornaro, ältester Sohn der Patrizierfamilie Cornaro della Regina, heiratete ein Mädchen aus der Familie Soranzo di San Polo. II, 211.

23 II, 221.

24 II, 221.

25 IV, 240.

26 IV, 240.

27 IV, 227.

28 IV, 233.

29 IV, 242.

30 IV, 242.

31 IV, 285.

32 IV, 288.

33 So genannt nach der Stadt Somasca in der Lombardei.

34 IV, 298.

35 IV, 340.

36 Die Konstruktion ist die eines kieloben liegenden Schiffes. Sie überspannt die gesamte Fläche der Amtsräume in diesem Teil des Dogenpalastes.

37 IV, 344.

38 IV, 346 f.

39 Siehe S. 269 ff.

40 Der 1951 deutsch erschienene Roman ist vergriffen. Das Kapitel über Casanovas Flucht ist veröffentlicht bei H. Scheible, *Mythos Casanova*, 167–171.

41 IV, 238.

42 Vgl. *Lexikon für Theologie und Kirche* (LThK) Bd. 5, 698.

43 Vgl. G. Aly, *Hitlers Volksstaat*.

44 IV, 309–330.

45 G. Gugitz, *Casanova*, 191–196.

46 Carlo Angiolini, ein angeheirateter Neffe Casanovas, hatte das Gesamtmanuskript geerbt. Sein Sohn überließ es am 18. Januar 1821 dem Verlag Brockhaus für die Summe von 200 Talern.

47 In ihren Ausgaben vom 29. Juli und vom 1. August 1789.

48 G. Gugitz, *Casanova*, 5 und 151.

49 *Internationales Freimaurerlexikon*, 172.

50 Siehe S. 218–220.

51 Ph. Sollers, *Casanova*, 109.

52 VIII, 46.

53 Vgl. S. 229 ff.
54 I, 83.
55 L. Flem, *Einübung ins Glück*, 50.
56 I. Ritzmann, *Sorgenkinder*.
57 I, 81.
58 I, 82.
59 L. Flem, *Einübung ins Glück*, 48.
60 G. Greer, *Der weibliche Eunuch*. Vgl. Joan Smith, *Misogynies. Frauenhass in der Gesellschaft*. Simone de Beauvoir formuliert diesen Sachverhalt aus der umgekehrten Perspektive: »Niemand ist den Frauen aggressiver oder herablassender als ein Mann, der seiner Männlichkeit nicht ganz sicher ist.« Vgl. S. de Beauvoir, *Das andere Geschlecht*, 18.
61 I, 83.
62 H. Kesten, *Casanova*, 38 f.
63 Zur Psychoanalyse des Verhältnisses von Mutter und Sohn Casanova siehe L. Flem, *Einübung ins Glück*, S. 50–67.
64 X, 83.
65 Siehe S. 120 ff.
66 Siehe S. 113.
67 Im Unterschied zur Gemme ist die Kamee ein geschnittener Stein, dessen Darstellung erhaben ist.
68 An einen gewissen Dr. Maty vom Britischen Museum in London. Vgl. Rives-Childs, *Casanova*, 157.
69 Brief an den Prokurator Lorenzo Morosini vom 22. September 1782.
70 Siehe S. 260–263.
71 IX, 60 f., 94 f.
72 IX, 60.
73 IX, 92.
74 IX, 64.
75 XII, 29.
76 I, 86.
77 Vgl. S. 179–193.
78 I, 89.
79 I, 97.
80 I, 104.
81 I, 104.
82 I, 130.
83 I, 115.

84 Casanovas Promotion in Padua ist historisch insofern nicht belegt, als sich in den Akten der Universität von Padua zwar der Hinweis auf die Immatrikulation, nicht aber auf eine Promotion findet.

85 I, 131 f.

86 I, 132.

87 Dieser im Italien des 18. Jahrhunderts übliche Brauch bedeutete, dass ein begabter Junge für die Klerikerlaufbahn vorgesehen war. Er wurde in schwarze Kleider gesteckt, durfte nicht tanzen und sich nicht duellieren, wurde aber noch nicht dem Klerikerstand zugerechnet.

88 Seit dem 6. Jahrhundert wurde die Tonsur unabhängig von den Niederen Weihen erteilt. Eltern widmeten ihre unmündigen Söhne damit dem Kirchendienst und konnten ihnen die Vorteile des Klerikerstandes (Versorgung) verschaffen. Vgl. Sägmüller, *Kirchenrecht*, S. 175 f.

89 II, 205.

90 Die Zugehörigkeit zum Klerus begründete versorgungsrechtliche Regelungen. Vgl. B. Schimmelpfennig, *Klerus*, 133–139. Bei der Tonsur unterschied man zwischen der Volltonsur (tonsura S. Pauli) und der auf den Vorderkopf beschränkten Halbtonsur (tonsura Simonis magi). Vgl. H. E. Feine, *Rechtsgeschichte*, 113, Anm. 2.

91 Zum Begriff und zu den Stufen der Ordination siehe J. B. Sägmüller, *Kirchenrecht*, 172–176. Verboten waren bestimmte Vergnügungen wie die Teilnahme an Trinkgelagen, Tänzen, Schauspielen, Würfel- und Glücksspielen.

92 Die vermögensrechtlichen Überlegungen waren wohl der Hauptgrund für die Forderung nach Ehelosigkeit. Zur Verknüpfung von Ausbildung, materieller Versorgung und Zölibat siehe B. Schimmelpfennig, *Klerus*, 133 f.

93 J. Rives-Childs, *Casanova*, 23.

94 I, 148. Vgl. I, 149.

95 I, 149.

96 I, 150.

97 I, 150.

98 I, 150.

99 I. 181.

100 I, 186 f.

101 I, 203 f.

102 I, 147.

103 Unter Berufung auf eine Konzilsvorschrift: »Im Kirchenbann sei
der Kleriker, der sein Haar lang trägt«. I, 142.

104 I, 195 f.

105 Das Seminar befand sich auf der Insel Murano und gehörte zum
Kloster San Cipriano.

106 I, 218.

107 I, 219.

108 I, 224.

109 I, 316.

110 I, 289.

111 I, 289. Vgl. R. Gervaso, *Casanova*, 58 ff., F. Marceau, *Casanova*,
62 ff., J. Rives-Childs, *Casanova*, 37.

112 II, 55.

113 Charles de Ligne, »Fragments sur Casanova«, in: *Mélanges de Lit-
terature*, 291–294.

114 I, 373.

115 II, 83.

116 II, 83. Siehe S. 55.

117 II, 91.

118 II, 91.

119 II, 94.

120 X, 66. La Mettrie, Autor des berühmten Werkes *L'homme ma-
chine*, hatte 1746 wegen seiner materialistischen Auffassungen
Frankreich verlassen müssen und war am Hof Friedrichs des
Großen dessen Leibarzt geworden.

121 *Unveröffentlichte Dokumente*, 283.

122 II, 84.

123 II, 98.

124 Siehe S. 147.

125 Lothar Müller verfolgt denn auch in seinem Reiselesebuch
(Casanovas Venedig) »die Liebesgeschichte zwischen Casa-
nova und Venedig von ihrem Beginn bis an ihr bitteres Ende«
(S. 8). Vgl. auch die Venedig-Bücher von D. Schümer und U.
Tukur.

126 Zit. bei H. Kesten, *Casanova*, 467 f.

127 Vgl. E. Eickhoff, *Venedig – Spätes Feuerwerk*.

128 Stendhal, *Reise in Italien*, 41.

129 Napoleon besetzte die Stadt am 13. Mai 1797. Im Vertrag von
Campoformio (1797) fiel Venedig an Österreich.

130 J. C. Goethe, *Reise durch Italien*, 62 f. Johann Caspars *Viaggio per l'Italia* enthält 14 Briefe aus Venedig, die zu den besten Schilderungen des venezianischen Lebens um 1740 gehören.

131 Vgl. Achatz von Müller, *Karneval in Venedig*.
http://www.g26.ch/italien_kunst_06.html

132 Zum Ganzen siehe R. Gervaso, *Casanova*, 9–40.

133 Zur Rolle der Staatsinquisitoren siehe S. 26–28.

134 I, 70, Vorrede.

135 Diese Casanovisten haben, wie Hermann Schreiber unter Berufung auf Irving und Wallace berichtet, 31 Entjungferungen aufgelistet und die Dauer der Liebesakte berechnet. Die Spanne reicht von fünfzehn Minuten bis zu sieben Stunden.

136 G. Gugitz, *Casanovas letzte Lebensjahre*, 217.

137 Petru Dumitriu, »Casanova der Zufällige«, in: IX, 15.

138 Vgl. die Don-Juan-Bearbeitungen von Molière, Antonio de Zamora, Lord Byron, Nikolaus Lenau, Miguel de Unamuno und Richard Strauss.

139 Zum Ganzen vgl. Ricardo Fernández de Reguera, »Don Juan und Casanova«, in: III, 9–28.

140 IX, 362.

141 A. Hübscher, »Genieße mit Casanova«, in: H. Scheible, *Mythos Casanova*, 244–246.

142 Brief vom 10. Januar 1791. *Briefwechsel*, 60.

143 H. Scheible, »Casanova und die Aufklärung«, in: H. Scheible, *Mythos Casanova*, 224.

144 Stefan Zweig, *Drei Dichter ihres Lebens*, 9–59, hier 42.

145 C. Lehnen, *Glück*, 57.

146 St. Zweig, *Drei Dichter*, 29.

147 I, 166.

148 Siehe S. 49.

149 I, 186.

150 I. 191.

151 I, 194.

152 I, 332.

153 I, 322.

154 I, 342.

155 Wie die Historiker A. Hübscher und J. Rives-Childs herausgefunden haben, verbirgt sich hinter dem Decknamen Bellino die damals berühmte Sopranistin Angiola Calori. Hintergrund dieser Episode ist die Gesetzgebung in den Territorien des Kirchenstaates, wonach

Frauen der Auftritt auf einer Bühne verboten war. Frauenrollen wurden deshalb oft mit Kastraten besetzt, obgleich die Kastration 1587 durch Papst Sixtus V. verboten worden war. Die Gewalttat an Kindern wurde, vor allem in Italien, jedoch um des ästhetischen Genusses willen in Kauf genommen. In der Sixtinischen Kapelle sangen Kastraten noch bis ins 20. Jahrhundert. Vgl. *Lexikon für Theologie und Kirche* VI, 15. Hugo von Hofmannsthal (*Der Abenteurer und die Sängerin*) und Honoré de Balzac *(Sarrasine)* haben den Stoff bearbeitet. II, 334, Anm. 4. J. Rives-Childs, *Casanova*, 38–42. M. Oddo, *Engel wider Willen*, 42–45.

156 II, 11.

157 II, 27.

158 II, 31.

159 II, 108.

160 X, 130.

161 F. Marceau, *Casanova*, 83 f.

162 VII, 299.

163 III, 221.

164 Signora oder Madame F. wurde von Rives-Childs als Andreana Foscarini, geb. Longo, identifiziert. 1720 geboren und seit 1742 mit Vincenzo Foscarini verheiratet, war sie 25 Jahre alt, als Casanova ihr begegnete. Casanova schreibt allerdings, sie sei 17 Jahre alt gewesen, als er sie zum ersten Mal sah. Siehe II, 116.

165 Dieser Sg. Foscarini ist nicht identisch mit Vincenzo Foscarini, dem venezianischen Gesandten in Wien.

166 II, 116.

167 II, 117.

168 II, 170.

169 II, 169 f.

170 II, 191.

171 III, 50.

172 III, 70.

173 III, 78.

174 III, 82.

175 XI, 202.

176 XI, 212.

177 Casanova-Forscher haben C. C. als Caterina Capretta identifiziert. Caterina heiratete später den venezianischen Rechtsanwalt Sebastiano Martigli. Die Heiratsurkunde und die Geburtsurkunde Caterinas wurden gefunden.

178 M. M. stand in der Forschung (D'Ancona, Mola, Samaran, Gugitz) lange für Maria-Eleonora Michiel. Rives-Childs berichtet jedoch, seit 1975 stehe fest, dass es sich um die Patriziertochter Marina Maria Morosoni handelte, die am 11. September 1731 geboren wurde und 22 Jahre alt war, als sie die Geliebte Casanovas wurde.

179 Das Denkmal war für den Condottiere Bartolomeo Colleoni errichtet worden, der im 15. Jahrhundert die Terra Ferma, die Besitzungen Venedigs auf dem Festland, erobert hatte.

180 Vgl. R. Gervaso, *Casanova*, 110. G. Gugitz, *Casanova*, 145 ff.

181 J. Rives-Childs, *Casanova*, 81.

182 In der Rue du Petit Lion Saint-Sauveur.

183 V, 109.

184 *Frauenbriefe an Casanova*, 3–126.

185 V, 276.

186 *Frauenbriefe an Casanova*, 106 f.

187 VI, 37 f. Die Briefe Manons – er mochte sie wohl doch nicht verbrennen – will Casanova Esther anvertraut haben. Dadurch könnten 42 (von etwa 200) dieser Briefe in den Duxer Nachlass gelangt sein.

188 Vgl. VI, 182–194.

189 Vgl. S. 163.

190 VI, 108.

191 VI, 126.

192 VI, 139.

193 VI, 150.

194 VI, 182.

195 VI, 172.

196 VIII, 104.

197 IX, 325.

198 G. Ficara, »Casanova und die Melancholie« (1999), in: H. Scheible, *Mythos Casanova*, 215.

199 IX, 336.

200 IX, 345.

201 Über den Rechtsstreit und die gefundenen Dokumente berichtet J. Rives-Childs, *Casanova*, 197 f.

202 IX, 324.

203 IX, 390.

204 Siehe S. 165.

205 X, 44.

206 Zu Wolfenbüttel siehe S. 147.
207 H. Kesten, *Casanova*, 671. Siehe auch S. 201–220.
208 II, 169 f.
209 XII, 117.
210 Die Namen Lia und Mardochai gelten als erfunden.
211 XII, 176.
212 Pietro Aretino, italienischer Schriftsteller des 16. Jahrhunderts, der Sonette zu erotischen Stichen und Zeichnungen schrieb, die dann als seine Arbeiten aufgefasst wurden.
213 XII, 182.
214 XII, 185 f.
215 XII, 197.
216 X, 44.
217 Siehe S. 100.
218 Folgende Namen werden genannt: Leonilda, Sophie, Daturi, Giacomina, Cesarino sowie die Kinder von Leonilda, der Mademoiselle de la M., der Dubois und der Mimi Quinson.
219 V, 71. IV, 236 u. a.
220 IV, 82. II, 69 u. a.
221 Vgl. VI, 258.
222 B. Hochheim, *Empfängnisverhütung.*
223 III, 242. Vgl. VI, 257. Zum Ganzen siehe B. Hochheim, *Empfängnisverhütung.*
224 XII, 101.
225 VII, 258–283.
226 VII, 273.
227 VII, 275.
228 VII, 280.
229 So von Chiara, Rives-Childs und Gervaso, der es ausdrücklich für möglich hält, dass die Geschichte eine »Ausgeburt seiner blühenden Phantasie« ist. Gervaso, *Casanova*, 225.
230 IX, 237.
231 *Jetzt*, Jugendmagazin der *Süddeutschen Zeitung*, Sueddeutsche.de vom 11.03.2008.
232 R. Gervaso, *Casanova*, 289 f. Historiker und Historikerinnen haben sich längst freigemacht von einem doktrinär verengten Sprachgebrauch und diskutieren zum Beispiel, ob Jesus oder Mohammed Feministen waren und ob die Grundprinzipien der Bibel oder des Koran die Gleichwertigkeit und Gleichberechtigung von Mann und Frau anerkennen, auch wenn Feministin-

nen und Feministen in der islamischen Welt gelegentlich als La-
kaien oder Papageien des Westens denunziert werden. Die alten
Klischees, wie sie Kant oder Fichte formuliert haben, sind in
Auflösung begriffen. In der aktuellen Politik kann sich 2008 ein
Ministerpräsident in Europa selber einen »überzeugten und stol-
zen Feministen« nennen (José Zapatero). Und im kulturellen
Diskurs kann ein weltberühmter französischer Filmregisseur be-
kennen: »Ich bin schon seit langem Feminist« (Claude Chabrol).
Der Filmregisseur Shohei Imamura wird als »Feminist unter den
japanischen Regisseuren« bezeichnet, und Woody Allen erklärt:
»Ich bin kein Feminist im doktrinären Sinn, aber ich glaube an
Chancengleichheit für Frauen und Männer.« Vgl. zum ganzen
Zusammenhang DIZdigital der Berliner Verlag GmbH.

233 Die Systematik und Dogmatik des Feminismus wurde erst in den
sechziger Jahren des 20. Jahrhunderts in den USA entwickelt,
doch gibt es inhaltliche Vorläufer dieser Begrifflichkeit. Vgl.
http://de.wikipedia.org/wiki/Sexismus.

234 Man kann die Bemühungen um Emanzipation im 18. Jahrhundert zum Beispiel bei Theodor Gottlieb von Hippel in seinem
Traktat *Über die bürgerliche Verbesserung der Weiber* (1792)
erkennen. Hippel trat für eine fundamentale rechtliche Gleichberechtigung der Frau ein. Beatrice Wolf-Furrer nennt Hippel
»einen radikalen Feministen des 18. Jahrhunderts«, der seiner
Zeit weit vorausgeeilt ist.

235 A. Schwarzer, *Simone de Beauvoir*, 9 und 19.

236 S. de Beauvoir, *Das andere Geschlecht*, 248 f.

237 V, 97.

238 *Unveröffentlichte Dokumente*, 271.

239 Vgl. H. Schreiber, *Casanova*, 146.

240 *Vierundzwanzig Stunden lang hing ich meinen Gedanken nach,
die alle damit endeten, dass ich meine Fehler einsah und mich
verachtete.* Siehe IX, 356. Vgl. S. 92–95.

241 V, 75.

242 *Vom denkenden Uterus (Utero pensante)* von Pietro Zecchini,
Professor für Philosophie und Medizin (1771).

243 *Die Lebenskraft (La force vitale)* von Germano Azzoguidi (1771)

244 Alle Zitate in XII, 143 f.

245 Alter rixatur de lana saepe caprina – Ein anderer zankt oft um
den Bart der Ziege.

246 *Lana Caprina*, 170. Übersetzung von Stephanie Singh.

247 *Lana Caprina*, 175.

248 *Lana Caprina*, 175 f., 177.

249 *Lana Caprina*, 181.

250 R. Gervaso, *Casanova*, 287.

251 Paul Julius Möbius, *Über den physiologischen Schwachsinn des Weibes* (1900), 4. Aufl. Halle 1902.

252 In geschichtlicher Perspektive muss man wohl auch unterscheiden zwischen einem femininen und einem maskulinen Feminismus. Denn eine Theorie des Feminismus kann ja nicht formuliert werden, ohne das denkende Subjekt zu berücksichtigen – und das ist eben entweder ein Mann oder eine Frau.

253 Welch weiter Weg, kulturhistorisch betrachtet, hier noch zurückzulegen war, zeigen heute die Arbeiten von Charles Fourier, Simone de Beauvoir, Betty Friedan, Kate Millett, Alice Schwarzer u. a.

254 Im Rahmen eines biographischen Porträts ist nur eine verkürzte Argumentation möglich und sinnvoll. Die Geschichte des Feminismus, insbesondere die neueren Ausformulierungen einer praktischen Gleichberechtigung von Mann und Frau – als Forderung und als Beschreibung radikaler Wandlungen – stützen die These, dass Casanova trotz zeitbedingter Defizite ein Feminist genannt werden kann. Vgl. den Sammelband *Männer. Auf der Suche nach einer neuen Identität*, hrsg. von Gotthard Fuchs. In diesem Band die Beiträge »Mann bleibt Mann. Empirische Daten über das aktuelle Selbstverständnis der Männer« von Sigrid Metz-Göckel (S. 7–26) und »Männer lassen lieben. Zur Psychoanalyse des Mannes und der Liebe« von Wilfried Wieck (S. 53–79). Vgl. A. Schwarzer: *Die Antwort*. Schwarzer definiert Feminismus als »die Infragestellung der Geschlechterrollen, also der emotionalen, intellektuellen und ökonomischen Arbeitsteilung zwischen Frauen und Männern« (S. 18). Sie öffnet damit den Diskurs für konkrete Erfahrungen bei der Verankerung gelebter Gleichberechtigung (S. 9).

255 S. de Beauvoir, *Das andere Geschlecht*, 248.

256 Die These, dass Casanova als Feminist und Anti-Sexist verstanden werden kann, lässt sich besonders schlüssig belegen durch den Vergleich mit Don Juan. Vgl. dazu S. 68 f.

257 Das Synonymwörterbuch von Duden (Band 8, 2004) verweist vom Wort Casanova direkt und ohne Bezugnahme auf seine historische Person auf »Charmeur« und bietet als sinnverwandte

Wörter an: Belami, Don Juan, Frauenheld, Frauenliebling, Frauentyp, Herzensbrecher, Verführer, Womanizer, Frauenjäger, Aufreißer, Ladykiller, Schwerenöter, Weiberheld, Schürzenjäger. Auch das Fremdwörterbuch von Duden (Band 5, 1990) hält sich beim Namen Casanova erst gar nicht bei der Person auf, sondern erklärt: Casanova, italienischer Abenteurer, jemand, der es versteht, auf verführerische Weise die Liebe der Frauen zu gewinnen; Frauenheld.

258 III, 150 f.

259 III, 150.

260 Zu den Geheimbünden im 18. Jahrhundert vgl. I. Hermann, *Knigge*, 79–85.

261 VI, 32.

262 Vgl. J. Rives-Childs, *Casanova*, 63 f., H. Kesten, *Casanova*, 242, R. Gervaso, *Casanova*, 80.

263 VII, 228.

264 VII, 240.

265 VII, 240. Vgl. I. Hermann, »Pompeji. Die Katastrophe als Glücksfall«, in: H. H. Hillrichs (Hrsg.), *Troja ist überall*, 44–48.

266 Muralt an Haller am 21. Juni 1760. Zit. bei J. Rives-Childs, *Casanova*, 132.

267 Allerdings vermutet Rives-Childs, Voltaire habe sich indirekt auf Casanova bezogen, so in Briefen an Thiriot und Abergati. Vgl. J. Rives-Childs, *Casanova*, 137 f.

268 Voltaire besaß Les Délices seit 1755 und gab das Anwesen 1760 auf. Er lebte dann auf Schloss Ferney, das bald zu einer der Hauptstätten der literarischen Republik in Europa wurde.

269 Es ist deshalb unverständlich, dass ein Biograph wie Roberto Gervaso die Begegnung zwischen dem 66 Jahre alten Voltaire und dem 35-jährigen Casanova als eine Begebenheit versteht, in der »zwei alte Füchse, zwei raffinierte und souveräne Komödianten« sich »mit der Fülle ihrer Erfahrungen« gegenüberstanden, sich berochen, umeinander herumstrichen, sich gegenseitig aufs Glatteis führten, gegeneinander stichelten und sich keineswegs sympathisch fanden.« Vgl. R. Gervaso, *Casanova*, 160.

270 VI, 239.

271 VI, 244.

272 VI, 247.

273 In den Jahren 1795 bis 1809 wurden die Werke in 32 Bänden veröffentlicht, darunter die *Fragments sur Casanova* und die

Aventures. Es sind Zeugnisse der Bewunderung und Zuneigung für Casanova, auch wenn Negatives nicht ausgelassen wird.

274 Ph. Mansel, *Der Prinz Europas*, 52.

275 Deutsch unter dem Titel »Die Schotten«.

276 Vgl. VI, 125–127. VI, 322, Anm. 20.

277 Siehe S. 221–226.

278 Zum Beispiel Adolph Freiherr Knigge. Vgl. I. Hermann, *Knigge*, 63 f.

279 X, 75.

280 X, 76.

281 Zu Friedrichs Zeiten funktionierten im Park von Sanssouci die Fontänen nicht. Der Druck war zu gering. Das änderte sich erst 1842 durch die Installation einer Dampfmaschine.

282 X, 79.

283 X, 80 f.

284 Siehe S. 36 f.

285 X, 87.

286 X, 87 f.

287 Vgl. *Unveröffentlichte Dokumente*, 215. Dazu vgl. S. 214 f.

288 X, 88.

289 X, 89.

290 X, 89.

291 X, 149.

292 X, 154.

293 Vgl. C. Scharf, *Katharina II., Deutschland und die Deutschen*. Zum Ganzen auch E. Donnert, *Katharina die Große und ihre Zeit*. Katharina suchte Experten aus ganz Europa für ihre Entwicklungs- und Reformpolitik nutzbar zu machen, entweder durch Ansiedlung oder durch Korrespondenzpartnerschaften. Bekannte Beispiele sind der Schriftsteller Friedrich Melchior Grimm aus Regensburg, der Arzt und Autor Johann Georg Zimmermann aus Brugg im Aargau, der Schweizer Mathematiker Leonhard Euler und der Naturwissenschaftler Peter Simon Pallas aus Berlin, der Geograph und Geologe Anton Friedrich Büsching aus Stadthagen, der Historiker August Ludwig Schlözer aus Herford.

294 Katharina II. stammt aus dem Hause Anhalt-Zerbst, wurde 1729 in Stettin als Sophie Auguste Friederike von Anhalt-Zerbst-Dornburg geboren, heiratete mit 16 Jahren (1745) den russischen Thronfolger, den späteren Zaren Peter III., nachdem sie 1744 vom evangelisch-lutherischen zum russisch-orthodoxen Be-

kenntnis konvertiert war. 1762 war sie am Staatsstreich gegen den regierenden Zaren, ihren Ehemann, beteiligt und ließ sich am 9. Juli 1762 zur Zarin ausrufen. Sie regierte bis zu ihrem Tod im Jahre 1796.

295 X, 154.

296 In beiden Kalendersystemen geht es darum, wie man mit der Differenz des von Julius Cäsar im Jahre 46 n. Chr. eingeführten Kalenders zum Sonnenjahr umging. Papst Gregor VIII. hatte 1582 die Kalenderreform angeordnet, die durch eine neue Regelung der Schaltjahre dazu führte, dass das Kalenderjahr nur noch alle 3000 Jahre vom Sonnenjahr abweicht. (Zur Zeit der Zarin Katharina hatte sich aus dem jährlichen Unterschied zwischen Sonnenjahr und julianischem Kalenderjahr, elf Minuten und vierzehn Sekunden, eine Differenz von elf Tagen ergeben.)

297 X, 157.

298 In Russland wurde der gregorianische Kalender erst am 1. Februar 1918 eingeführt.

299 Vgl. S. 192. Im Nachlass finden sich sieben Seiten mit Casanovas Gedanken zur Einführung der Seidenraupenzucht in Russland.

300 Zum Ganzen siehe E. Donnert, *Katharina und ihre Zeit. Russland im Zeitalter der Aufklärung*. C. Scharf, *Katharina II., Deutschland und die Deutschen*.

301 Katharina soll während der 34 Jahre ihrer Regentschaft mehr als zwanzig Liebhaber gehabt haben.

302 Einer ersten sogenannten Polnischen Teilung unter Preußen, Russland und Österreich im Jahre 1772 folgte 1793 eine zweite Teilung unter Russland und Preußen und schließlich 1795 die dritte Teilung, wieder unter Russland, Preußen und Österreich. Erst 1918 konnte Polen sich neu konstituieren.

303 Casanova kannte Anna Binetti seit seiner Zeit in Venedig. In Stuttgart hatte er sie wiedergesehen. Sie half ihm 1760 bei der Flucht vor Gläubigern. Drei Jahre später sah er sie in London wieder. Anna Binetti und er waren also in Freundschaft verbunden.

304 *Kaiserliche Reichs-Oberamtszeitung von Köln* vom 29. März 1766. *Wienerisches Diarium* vom 9. April 1766. *London Public Advertiser* vom 3. September 1766. *Vossische Zeitung* Nr. 37 (1766). Vgl. J. Rives-Childs, *Casanova*, 315, Anm. 17.

305 X, 200.

306 Nummer 70 vom 29. August 1766. Vgl. G. Gugitz, *Casanova*, 107.

307 Am 23. November 1783.

308 Vgl. Marie-Françoise Luna, »Ein Weltbürger auf der Reise durch Europa« (1993), in: H. Scheible, *Mythos Casanova*, 36–45.

309 Charles Joseph de Ligne, *Aventuros*. Siehe H. Scheible, *Mythos Casanova*, 58.

310 Gugitz und Rives-Childs verweisen darauf, dass es nach einer Äußerung Casanovas vom 12. Dezember 1793 zur Reflexion eines Philosophen gehöre, den eigenen Tod vorzubereiten. Vgl. G. Gugitz, *Casanovas letzte Lebensjahre*. Zeitschrift für Bücherfreunde 3 (1911/12), 217–227 und 265–272.

311 *Discorso sul suicidio* (1782).

312 Ungeklärt ist die Frage, ob Casanova aufgehört hat, seine Erinnerungen niederzuschreiben, oder ob das Manuskript einer Fortsetzung seiner Memoiren nicht überliefert wurde. Vgl. 279 f.

313 Vgl. P. Dufour, *Weltgeschichte der Prostitution*, Bd. II, 124–135.

314 Vgl. G. Gugitz, *Casanova*, 75–90 (»Der Königskuppler«).

315 Auch O'Murphy oder O'Morphy.

316 Wahrscheinlich handelt es sich um Johann Anton Peters, der von Ludwig XVI. in den Adelsstand erhoben wurde und der vor allem als Kopist des Malers François Boucher bekannt wurde. Vgl. G. Gugitz, *Casanova*, 79 ff.

317 III, 238.

318 Vgl. III, 239.

319 Teresa war zeitweilig mit dem Schauspieler Pompeati verheiratet, nannte sich also Madame Pompeati, später dann in Holland Signora Trenti und schließlich in London Madame Cornelys.

320 G. Gugitz, *Casanova*, 62 f.

321 X, 262.

322 X, 246.

323 1760 in Amsterdam und Stuttgart, 1763 in London, 1767 in Wien, wo er durch Verleumdung an Casanovas Ausweisung mitwirkte; 1780 in Venedig und 1783 in Aachen.

324 Es wird berichtet, dass Pocchini seine Prostituierten als Töchter ausgegeben habe.

325 II, 78.

326 VI, 82.

327 VII, 188.

328 VIII, 131 f.

329 IX, 139.

330 Wörtlich: Überlieferung. Eine jüdisch-christliche Geheimlehre, die in mystischer Frömmigkeit und esoterischen, magischen Praktiken eine Möglichkeit sieht, göttliche und menschliche Welten miteinander zu vereinen.

331 V, 146.

332 F. Marceau, *Casanova*, 164.

333 V, 147. Die Elementargeister sind die Geister der vier Elemente: die Gnomen für die Erde, die Undinen für das Wasser, die Sylphen für die Luft und die Salamander für das Feuer.

334 H. Kesten, *Casanova*, 697.

335 V, 146.

336 V, 254.

337 V, 145, 254.

338 *Unveröffentlichte Dokumente*, 183.

339 V, 148.

340 Vgl. den von J. Rives-Childs erwähnten Brief Passanos vom 11. Juli 1763. J. Rives-Childs, *Casanova*, 201.

341 Zum Anstellungsvertrag: J. Rives-Childs, *Casanova*, 166.

342 Zu den Modalitäten von Klage und Gegenklage: J. Rives-Childs, *Casanova*, 178.

343 Siehe S. 173.

344 Vgl. IX, 41 und 46.

345 Siehe S. 133.

346 J. Rives-Childs, *Casanova*, 182.

347 IX, 138. Vgl. S. 139.

348 IX, 139–147.

349 IX, 144. Zu den Ereignissen in Lyon: G. Gugitz, *Casanova*, 290–297.

350 XI, 163.

351 P. Günther, *Die Casanova Tour*. Vgl. Landkarte Europas.

352 G. Gugitz, *Casanovas letzte Lebensjahre*, 217.

353 65 140 Kilometer, nach anderer Rechnung 64 060 dürfte Casanova zurückgelegt haben, 24 Prozent davon in öffentlichen Verkehrsmitteln, vor allem der Postkutsche. Vgl. P. Günther, *Die Casanova Tour*.

354 Jakob Wassermann in seinem Essay *Casanova* von 1901.

355 Vgl. Lise Leibacher-Ouvrard, »Casanova und die Utopie der Indifferenz«, in: H. Scheible, *Mythos Casanova*, 208 f.

356 X, 172. Auf der Reise von St. Petersburg nach Warschau. Zum Ambiente vgl. X, 163–175.

357 Thomas Nugent, *The Grand Tour*. Siehe P. Günther, *Die Casanova Tour*.

358 Es war eine Teilübersetzung. Die ersten drei Bände erschienen 1771 in Venedig.

359 X, 61.

360 VI, 104.

361 II, 76.

362 I, 244.

363 Lydia Flem hat viele der Gasthöfe, in denen Casanova genächtigt hat, zusammengestellt: in Aix-en-Provence die Auberge Saint Jaques, in Avignon die Auberge Saint-Omer, in Montpellier das Cheval blanc, in Genf das Hotel A la balance, in Zürich »Das Schwert«, in Mailand das Tre Re, in Genua der Albergo Santa Marta, in Florenz das Hotel Doktor Vannini, in Bologna das Al Pellegrino, in Ancona die Osteria del Garofano, in Dresden das Hotel Stadt Rom. Bei längeren Aufenthalten mietete Casanova eine Wohnung wie in Spa, Rom, Paris, Sankt Petersburg oder ein Haus wie in Solothurn oder London. L. Flem, *Einübung ins Glück*, 157 ff.

364 S. Geisel berichtet in ihrem Buch *Irrfahrten und Weltenbummler* anhand der Äußerungen von Leopold Mozart, Goethe u. a., von den Problemen, vor die sich die Reisenden im 18. Jahrhundert gestellt sahen. Vor allem der Reiseratgeber von Johann Peter Willebrands, *Historische Berichte und practische Anmerkungen auf Reisen in Deutschland und anderen Ländern,* aus dem Jahr 1769 wurde zur Vorbereitung benutzt.

365 P. Günther, *Die Casanova Tour*.

366 Die Binnenschifffahrt verwendete durchweg Treidelschiffe, vom Ufer aus von Pferden gezogene Transporter. Die selbständig flussabwärts fahrenden Schiffe, wie etwa die auf dem Rhein, waren oft so groß, dass man seine Kutsche mit an Bord nehmen konnte.

367 P. Günther, *Die Casanova Tour*.

368 Vgl. S. 87 f.

369 Zur Begegnung zwischen Casanova und Friedrich II. siehe S. 119–122.

370 III, 153.

371 III, 154.

372 III, 155.

373 III, 155. Casanova nimmt hier als Memoirenschreiber der neun-
ziger Jahre seine Erfahrung mit dem revolutionären Terror vor-
weg und transponiert sie in das Jahr 1750, auch wenn die Herrschenden andere waren.

374 III, 168 f.

375 Ulrik-Frederik-Volmar Freiherr von Lowendal hatte im Österreichischen Erbfolgekrieg 1774 die Eroberung der Festung Bergen-op-Zoom in Brabant befehligt.

376 III, 193.

377 III, 174 f.

378 III, 202.

379 Der Wortlaut der königlichen Rede ist sicherlich fiktiv, auch
wenn Casanova sie als »wortwörtlich wahre historische Rede«
präsentiert. III, 203–205.

380 III, 205, 204.

381 III, 256.

382 V, 39 f.

383 V, 41.

384 V, 82.

385 V, 83.

386 Zu Casanovas Geschichte mit Bernis vgl. S. 85 ff.

387 Vgl. S. 190 ff. über Casanovas Lotterie-Aktivitäten.

388 Vgl. S. 88.

389 V, 107–112.

390 V, 124.

391 Vgl. S. 136–142.

392 Siehe S. 139.

393 V, 135–149.

394 V, 150. Frankreich war in den dritten Schlesischen Krieg (den
später so genannten Siebenjährigen Krieg) verwickelt. Die spe-
kulierenden Finanzexperten setzten, unter Berufung auf geheime
Informationen, auf ein baldiges Ende des Krieges und damit auf
eine Wertsteigerung der Aktien.

395 Vgl. H. Schreiber, *Casanova*, 167.

396 V, 198.

397 V, 175, 198.

398 Siehe dazu S. 188 f.

399 V, 294.

400 VI, 48.

401 V, 53. Franz-Jakob Gabriel van Groote war vier Jahre älter als Casanova.

402 Beim Pharao-Spiel eine Bank zu sprengen heißt, so viel zu gewinnen, dass dem Bankhalter das Geld ausgeht und damit das Spiel beendet ist. Vgl. S. 194 f.

403 V, 69.

404 G. Gugitz, *Casanova*, 270.

405 V, 76. Es handelt sich um den Siebenjährigen Krieg, 1756–1763.

406 Karl August von Hardenberg in seinen *Denkwürdigkeiten* (I, 29). Vgl. I. Hermann, *Hardenberg. Der Reformkanzler*, 61.

407 Das Reichskammergericht war von 1693 bis 1806 die höchste richterliche Autorität im Heiligen Römischen Reich Deutscher Nation. Hier wurden auch Verstöße gegen die Finanzierungsregeln im Reich geahndet.

408 V, 81.

409 Vgl. II, 255.

410 *Unveröffentlichte Dokumente*, 267.

411 Vgl. VI, 76–98.

412 Vgl. VI, 99 ff.

413 Der Engel, der gekommen war, Casanova *von den Verlockungen des Mönchslebens zu erlösen*, war die 22-jährige Baronin Marie-Anne-Louise von Roll aus Solothurn. Vgl. VI, 108 ff. Siehe S. 88–91.

414 Zit. bei J. Rives-Childs, *Casanova*, 157.

415 Siehe J. Rives-Childs, *Casanova*, 140–153.

416 Siehe S. 139 f.

417 IX, 206.

418 IX, 219.

419 Siehe S. 92–95.

420 IX, 245–299.

421 IX, 300 f.

422 IX, 302.

423 IX, 305.

424 Zum Aufenthalt in England siehe besonders S. 95.

425 X, 336.

426 X, 342.

427 X, 328–333.

428 X, 329 f.

429 X, 335.

430 XI, 84 f. Vgl. Ph. Sollers, *Casanova*, 141 f.

431 XI, 103.

432 XI, 110 f.

433 XI, 123.

434 Vgl. S. 172 f.

435 XI, 47.

436 XI, 43.

437 XI, 73.

438 XI, 158. Zur ganzen Episode siehe XI, 154–185.

439 XI, 154.

440 XI, 159. Zu Casanovas Erlebnissen mit Passano siehe S. 136.

441 Siehe S. 203 f.

442 XI, 181.

443 Vgl. XI, 378, Anm. 4.

444 XI, 132.

445 XII, 31 f.

446 Vgl. I, 152; II, 37 f.; VIII, 248.

447 III, 267.

448 III, 260.

449 X, 248 f.

450 X, 251.

451 Siehe S. 135.

452 Siehe S. 165 f.

453 X, 255–263.

454 Vgl. Gugitz/Riva, *Frauenbriefe an Casanova*, 394 f. (Caton M. am 16. Juli 1786). Vgl. H. Schreiber, *Casanova*, 329.

455 *Das Burchiello sieht wie ein kleines schwimmendes Haus aus.* I, 87.

456 I, 87 f.

457 Otto Krätz und Helga Merlin stellen erstaunlich viele Phänomene aus Natur und Technik zusammen, die Casanovas wissenschaftliche Neugier geweckt haben. Vgl. O. Krätz/H. Merlin, *Liebhaber der Wissenschaften*, 11–21.

458 Siehe S. 34.

459 I, 84.

460 Sumpfgas oder Faulgas ist ein Gemisch aus Methan und Phosphorwasserstoff, das sich an der Luft selbst entzünden kann.

461 I, 280.

462 Brief vom 6. Juli 1767 aus Schwetzingen. *Gesammelte Briefe* II, 58.

463 I, 282.

464 Zur Kabbala siehe S. 12, 116 f.

465 Vgl. X, 75–79. Vgl. Krätz/Merlin, *Liebhaber der Wissenschaften*, 103–108.

466 Vgl. Krätz/Merlin, *Liebhaber der Wissenschaften*, 32 f.

467 Eine Substanz, deren Anblick ein Glücksgefühl und zugleich philosophische Erkenntnisse vermittelt, aber auch die Umwandlung unedler Metalle in Silber und Gold ermöglichen soll.

468 Wegen der Verdoppelung des kubischen Altars in Delos wird diese mathematische Aufgabe das »delische Problem« genannt.

469 *Vermischte Schriften*, 268.

470 *Vermischte Schriften*, 264–334.

471 *Vermischte Schriften*, 268. Vgl. auch S. 500–534.

472 I, 131.

473 Zur Begegnung mit Matteo Bragadin siehe S. 18 ff.

474 Vgl. *Vermischte Schriften*, 523 f. Anm. 111,112 und 113.

475 Vgl. K. Pfeifer, *Medizin der Goethezeit*. E. Fischer-Homberger, *Geschichte der Medizin*, 65–82.

476 Vgl. F. Nager, *Der heilkundige Dichter. Goethe und die Medizin*.

477 I, 68.

478 F. Fischer-Homberger spricht von einem »zum Vampirismus ausartenden Aderlassen«. *Geschichte der Medizin*, 79.

479 Vgl. S. 21 f.

480 I, 69.

481 VI, 250.

482 *Über den Selbstmord*, 87. Zit. Krätz/Merlin, *Liebhaber der Wissenschaften*,148.

483 *Icosameron* III, 102.

484 Der Graf von Saint-Germain (gest. 1784) war wohl der schillerndste Abenteurer und Hochstapler seiner Zeit. Casanova ist ihm einige Male begegnet, zuerst im Salon der Marquise d' Urfé. Der dubiose Graf war ein Günstling der Madame Pompadour und Ludwigs XV. Er behauptete, er esse nie und sei so alt, dass er Jesus und die Apostel noch persönlich gekannt habe. Er rühmte sich, Edelsteine und speziell Diamanten herstellen zu können und ein Mittel gegen das Altern erfunden zu haben. Alessandro Graf von Cagliostro (eigentlich Giuseppe Balsamo, 1743–1795) war ebenfalls ein an europäischen Höfen agierender Alchemist und Freimaurer, der in Rom als Ketzer zum Tode verurteilt, aber dann begnadigt wurde.

485 V, 207.

486 V, 344, Anm. 35.

487 V, 261.

488 V, 263.

489 V, 264.

490 Nach Rives-Childs sind sogar alle zwanzig seine Kurzzeitge-
liebten geworden; jede habe er mit einer Wohnung ausgestattet.
Vgl. Rives-Childs, *Casanova*, 113.

491 Siehe S. 159.

492 V, 45.

493 V, 48.

494 V, 49.

495 *Unveröffentlichte Dokumente*, 322.

496 *Unveröffentlichte Dokumente*, 323.

497 V, 51.

498 »Vorschlag einer neuen Methode für eine Lotterie in Rom«.
Siehe *Unveröffentlichte Dokumente*, 321–326.

499 Vgl. Krätz/Merlin, *Liebhaber der Wissenschaften*, 64 f.

500 *Unveröffentlichte Dokumente*, 305–307.

501 *Unveröffentlichte Dokumente*, 310.

502 *Unveröffentlichte Dokumente*, 312.

503 J. Rives-Childs, »Casanova as a Gambler«, in: *Casanova Gleanings*, Vol. III (1960) S. 4–14.

504 http://de.wikipedia.org/wiki/Pharo.

505 I, 251.

506 Vgl. I, 252.

507 Vgl. die Arbeiten von G. F. Jünger, *Die Spiele,* und F. Schütte,
Glücksspiel.

508 III, 330.

509 III, 325.

510 H. v. Sauter, *Casanova*, 61.

511 II, 76.

512 II, 226.

513 Ridotto hieß das Spielcasino in Venedig. Es lag im Viertel San
Moisé und wurde 1774 geschlossen.

514 IV, 76 ff.

515 Siehe S. 30, 126.

516 IV, 87–91.

517 Band VII, der Propyläenausgabe vorangestellt, S. 7–33.

518 Vgl. S. 19, 137.

519 F. G. Jünger, »Spiel und Spieler«, VII, 22 f.

520 F. G. Jünger, »Spiel und Spieler«, VII, 25.

521 Zit. F. G. Jünger, »Spiel und Spieler«, VII, 33.

522 VIII, 80, 82–86.

523 X, 292.

524 Das juristische Doktorat umfasste »beide Rechte«, das römische Zivilrecht und das Kirchenrecht.

525 Siehe S. 14.

526 H. Kesten, *Casanova*, 260.

527 Vgl. S. 26 f.

528 Vgl. S. 113–119.

529 In: *Unveröffentlichte Dokumente*, 132.

530 »Gedanken zur französischen Revolution«, in: *Unveröffentlichte Dokumente*, 127 f.

531 *Unveröffentlichte Dokumente*, 134 f.

532 »Robespierre croit-il devenir immortel/pour s'être fait un monstre odieu et cruel?« *Unveröffentlichte Dokumente*, 141.

533 *Unveröffentlichte Dokumente*, 142.

534 *Storia delle Turbulenze della Polonia*. Siehe S. 124 ff. Ursprünglich auf sieben Bände angelegt, erschienen – wegen Misshelligkeiten mit dem Verlag – nur drei Bände.

535 *Unveröffentlichte Dokumente*, 154–167. Die Dokumente zur Teilung Polens sind nicht datiert.

536 *Unveröffentlichte Dokumente*, 154 ff.

537 *Vermischte Schriften*, 349.

538 II, 307–309.

539 Siehe S. 93 f.

540 Vgl. L. Müller, *Der Abenteurer, die Bücher und der Tod*, 7–54.

541 *Über den Selbstmord*, 74.

542 *Über den Selbstmord*, 97.

543 *Über den Selbstmord*, 94.

544 *Über den Selbstmord*, 127.

545 Ausführlich dazu S. 214–218.

546 *Über den Selbstmord*, 179 und 204, Anm. 1.

547 *Über den Selbstmord*, 180.

548 *Über den Selbstmord*, 191.

549 *Über den Selbstmord*, 200.

550 *Über den Selbstmord*, 202.

551 Siehe S. 220, 236, 240.

552 *Eduard und Elisabeth* I, 13.

553 *Unveröffentlichte Dokumente*, 211.

554 Der Gedanke findet sich auch im *Messias* von Klopstock. Der Mittelpunkt der Erde, mit einer Sonne im Innern, ist der Sitz der Seligen. Vgl. G. Gugitz, *Casanovas letzte Lebensjahre*.

555 Brief an Max Joseph Graf von Lamberg vom 25. April 1785.

556 *Eduard und Elisabeth* I, 239 f.

557 Die Groß-Kleinen. Casanova bezieht sich auf die *Mikromegas*, die Klein-Großen bei Voltaire.

558 Wie sehr derartige Gedanken im 18. Jahrhundert Allgemeingut waren, zeigen die vorausgegangenen Utopien von Bacon, More und anderen, aber auch die zahlreichen Utopien zur Zeit Casanovas, z. B. die von Adolph Freiherr Knigge. Dazu I. Hermann, *Knigge*, S. 223–227.

559 *Icosameron* II, 283.

560 *L'Esprit de L'Icosameron. Unveröffentlichte Dokumente*, 208 bis 220.

561 *Der geistige Inhalt des Icosaméron, Unveröffentlichte Dokumente*, 210.

562 Seit 1776 nannte sie sich Serafina Feliciani.

563 Casanova will Balsamo davor gewarnt haben, nach Rom zu gehen (XII, 143). Tatsächlich brachte Cagliostro 1787 der Aufenthalt in Rom schweres Unglück: Als er eine Freimaurerloge gründen wollte, wurde er wegen Ketzerei zum Tode verurteilt, 1791 aber zu lebenslanger Haft in der päpstlichen Festung San Leo bei Rimini begnadigt. Während der Haft wurde er wahnsinnig und starb 1795.

564 Vgl. S. 111, 186 f.

565 V, 144.

566 V, 230.

567 X, 46. Saint-Germain starb am 29. Februar 1784 in Eckernförde bei Kiel.

568 *Dictionnaire Français contenant les expressions de nouvelle Création du Peuple Français*, Göttingen 1795.

569 Zum Beispiel *accaparer* (hamstern, horten) »erhält nun als Bedeutungs-Neologismus die Qualität eines Staatsverbrechens«, dessen sich die adligen Emigranten schuldig machen. S. W. Theile, *Casanova gegen Leonard Snetlage*, 150 f.

570 G. Casanova, *À Leonard Snetlage*, Dresden 1797. Neudrucke 1903 und 1998.

571 W. Theile, *Casanova gegen Leonard Snetlage*.

572 »Vous êtes décidé partisan de la révolution«, W. Theile, *Casanova gegen Leonard Snetlage,*156.

573 W. Theile, *Casanova gegen Leonard Snetlage,* 156.

574 W. Theile, *Casanova gegen Leonard Snetlage,* 162.

575 Vgl. W. Theile, *Casanova gegen Leonard Snetlage,* 162.

576 Siehe S. 236.

577 Vgl. S. 222.

578 *Vermischte Schriften,* 18.

579 IV, 228.

580 Siehe S. 12, 138

581 *Vermischte Schriften,* 25.

582 Archivio di Stato – Inquisitori di Stato. Übersetzung nach den Originalakten von Heinz von Sauter. Vgl. R. Gervaso, *Casanova,* 238 f.

583 *Vermischte Schriften,* 51.

584 Gino Damerini, *Casanova a Venezia dopo il primo esilio* (Turin 1957). Zitiert bei R. Gervaso, *Casanova,* 236.

585 Vgl. S. 15.

586 Vgl. R. Gervaso, *Casanova,* 238.

587 Vgl. R. Gervaso, *Casanova,* 238.

588 Casanova wurde 1776 zunächst nur als freier Mitarbeiter pro Bericht bezahlt, 1780 dann als Confidente fest angestellt, Ende 1781 aber schon wieder auf den Status des IM zurückgesetzt. Robert Gervaso nennt ihn einen Gelegenheits-Agenten (235).

589 Siehe S. 204.

590 Essays, Übersetzungen, einen Bericht über das Duell mit dem Grafen Branicki, ein Fragment aus der *Geschichte der polnischen Unruhen.*

591 Die verlegerische Praxis im 18. Jahrhundert sicherte sich schon vor der Drucklegung den Verkauf einer Auflage, indem Interessenten geworben wurden, die sich vorab zum Kauf des Werkes verpflichteten und möglichst auch schon eine Anzahlung leisteten.

592 In der Calle Barberia delle Tole. Das Haus hat heute die Nummer 6673. L. Müller, *Casanovas Venedig,* 117.

593 Vgl. S. 72.

594 Francesco Xaverio Graf Carletti, ein nicht weiter bekannter Venedigbesucher, siehe S. 229 f.

595 Der Palazzo Querini-Stampalia in der Nähe des Campo Santa Maria Formosa.

596 *Vermischte Schriften*, 66.
597 Siehe S. 266.
598 *Vermischte Schriften*, 409.
599 *Vermischte Schriften*, 163.
600 *Vermischte Schriften*, 66.
601 Zit. R. Gervaso, *Casanova*, 251.
602 *Vermischte Schriften*, 69.
603 Enrico Straub nennt: überlange Konstruktionen mit vielen Relativsätzen, ungewöhnliche Syntax, falsche Bezüge und viele Druckfehler in der Erstausgabe. *Vermischte Schriften*, 55.
604 *Vermischte Schriften*, 182.
605 *Vermischte Schriften*, 184.
606 Vgl. S. 249.
607 *Gesammelte Briefe* I, 192.
608 *Gesammelte Briefe* I, 141. Vgl. *Frauenbriefe an Casanova*, 258–365.
609 *Gesammelte Briefe* I, 130–208.
610 Die Korrespondenz ist noch nicht vollständig gesichtet, geschweige denn ausgewertet, kommentiert und herausgegeben. Vgl. Casanova, *Gesammelte Briefe*.
611 *Gesammelte Briefe* II, 84.
612 *Gesammelte Briefe* II, 86 f.
613 *Gesammelte Briefe* II, 99.
614 *Gesammelte Briefe* II, 87, 99, 227.
615 *Gesammelte Briefe* II, 82.
616 Vgl. H. Kesten, *Casanova*, 682.
617 Vgl. S. 221.
618 *Gesammelte Briefe* II, 227.
619 *Gesammelte Briefe* II, 241.
620 *Gesammelte Briefe* II, 241 f. Dass die französische Revolution eine »bluttriefende Revolution« war, hat Casanova wie viele Intellektuelle und Künstler in ganz Europa zutiefst abgestoßen. Besonders die Ermordung, Verstümmelung und Schändung der Princesse de Lamballe am 3. September 1792 auf offener Straße – es ist die Rede von heraushängenden Gedärmen, dem Verspeisen ihres Herzens und der Vorführung des abgeschlagenen Kopfes auf einer Pike – hat die Bestialisierung der Revolution durch den Pariser Pöbel der europäischen Öffentlichkeit bewusst gemacht.
621 Am 17. Oktober 1797 wurde der Friedensvertrag zwischen Frankreich und Österreich geschlossen. Österreich erhielt Vene-

tien links der Etsch, Istrien und Dalmatien im Tausch gegen die österreichischen Niederlande, Mailand und Mantua.

622 *Gesammelte Briefe* II, 243.

623 *Gesammelte Briefe* II, 248.

624 *Gesammelte Briefe* II, 248.

625 Brief vom 12. Januar 1798. *Gesammelte Briefe* II, 250.

626 Seit 1882 Mitglied der Loge »Alla Fedeltá«.

627 Siehe S. 232.

628 *Gesammelte Briefe* II, 374.

629 *Gesammelte Briefe* II, 353, 357, 370.

630 Zum Beispiel von dem Friedensvertrag, der 1795 zwischen Frankreich und Preußen in Basel abgeschlossen wurde. Für Preußen verhandelte Karl August von Hardenberg, »unser Minister Baron von Hardenberg«, wie der Bayreuther F. K. von König ihn nennt, für Frankreich der Marquis de Barthélemy. Vgl. I. Hermann, *Hardenberg. Der Reformkanzler*, 131–140.

631 *Gesammelte Briefe* II, 366.

632 G. Gugitz, *Casanova*, 365.

633 *Briefwechsel mit J. F. Opiz*, 272 f. Vgl. *Gesammelte Briefe* II, 432, Anm. 5.

634 Geboren 1741 in Prag.

635 Opiz und Casanova haben sich zwei Mal getroffen: am 1. August 1785 und im Januar 1788. In diesem Jahr beginnt ihre Korrespondenz.

636 *Briefwechsel mit Opiz*, 140.

637 *Briefwechsel mit Opiz*, 226.

638 *Briefwechsel mit Opiz*, 154.

639 Casanova an Opiz am 2. Februar 1794. *Briefwechsel mit Opiz*, 228.

640 *Briefwechsel mit Opiz*, 253.

641 Vgl. Robert Abirached, »Casanova oder die Welt als Theater«, in: VI, 7–24.

642 Zum Verhältnis Casanovas zu Mozart vgl. Paul Nettl, *Casanova und seine Zeit*, 142–156; *Gesammelte Briefe* II, 482, Anm. 36; Lorenzo da Ponte, *Mein abenteuerliches Leben*, 144.

643 Vgl. S. 282 f.

644 Die Villa in der Mozartova 169 heißt heute »Villa Bertramka« und beherbergt ein Mozart-Museum.

645 *Unveröffentlichte Dokumente*, 254.

646 *Unveröffentlichte Dokumente*, 79.

647 *Fragments sur Casanova*, 9.

648 G. Gugitz, *Casanovas letzte Lebensjahre*, 354.

649 »Nekrolog auf Mélampyge«, *Vermischte Schriften*, 396–399.

650 *Vermischte Schriften*, 399.

651 *Vermischte Schriften*, 395.

652 Brief vom 19. März 1797. Vgl. R. Gervaso, *Casanova*, 261 f.

653 Selbst Stefan Zweig spricht in seinem berühmten Essay von einem schlechtgelaunten Alten, der in einem Turm des Schlosses hockt und seine Memoiren schreibt. Die *Weltbühnen*-Autorin Regine Standke bezweifelt, dass Zweig je in Dux war: »Wo aber ist der Turm, in dem Zweig den misslaunigen Alten seine Memoiren schreiben sah?« R. Standke, *Bei Casanova*, 982–985.

654 H. Kesten, *Casanova*, 8.

655 C. Lehnen, *Lob des Verführers*, 29 f.

656 C. Lehnen, *Lob des Verführers*, 45, vgl. auch 301–324.

657 Vgl. S. 258.

658 I, 66.

659 I, 342.

660 Zit. nach H. Schreiber, *Casanova*, 332.

661 I, 63.

662 I, 66.

663 I, 73.

664 Cicero (an Trebatius, VII, 6). Von Casanova nicht vollständig zitiert. Vgl. I, 382, Anm. 1.

665 I, 68.

666 I, 75.

667 Vgl. S. 52.

668 Nach Petrarca, Canzone CCCLXVI, Vers 63. Siehe I, 382, Anm. 4.

669 I, 64.

670 I, 65 und 69.

671 Siehe S. 66 f.

672 I, 71.

673 I, 67.

674 I, 67.

675 I, 63.

676 I, 77.

677 VIII, 31.

678 Ph. Sollers, *Casanova*, 11.

679 Erich Loos in der Einleitung zur Ausgabe der von Heinz von Sauter »erstmals nach der Urfassung ins Deutsche« übersetzten *Geschichte meines Lebens*. I, 381, Anm. 2.

680 Erich Loos, Einleitung, I, 40.

681 Noch im März 1928 fragte in der *Weltbühne* Peter Panter (Kurt Tucholsky) nach der »geistigen Aktiv-Legitimation des Verlegers, nach seinem moralischen Recht«, das Manuskript so lange unter Verschluss zu halten.

682 J. Rives-Childs, »Publication of C'S Original Text of Memoirs«, in: *Casanova Gleanings*, Vol. III, 1960, S. 1–3.

683 Siehe S. 260 ff.

684 F. di Trocchio, Philosophie des Abenteurers. Zit. bei H. Scheible, *Mythos Casanova*, 227.

685 F. di Trocchio, zit. bei H. Scheible, *Mythos Casanova*, 226.

686 F. W. Barthold, *Die geschichtlichen Persönlichkeiten*, 1 f.

687 F. W. Barthold, *Die geschichtlichen Persönlichkeiten*, 15.

688 F. W. Barthold, *Die geschichtlichen Persönlichkeiten*, 338.

689 Vgl. H. Schreiber, *Casanova*, 332.

690 Siehe S. 244 f.

691 H. Schreiber, *Casanova*, 85.

692 *Gesammelte Briefe* I, 229–231.

693 *Gesammelte Briefe* I, 237–264.

694 *Gesammelte Briefe* I, 248–268.

695 *Gesammelte Briefe* I, 271–333. Casanova und Cäcilie nennen sich hier Longinus und Zenobia. Zur Erklärung dieser Namen siehe *Gesammelte Briefe* I, 404.

696 C. v. Roggendorff am 10. Dezember 1797. *Gesammelte Briefe* I., 303.

697 Vgl. *Vermischte Schriften*, 407–410.

698 *Gesammelte Briefe* I, 406, Anm. 87.

699 *Gesammelte Briefe* I, 344.

700 *Gesammelte Briefe* I, 344.

701 *Gesammelte Briefe* I, 346. Zum Briefwechsel zwischen Casanova und Elisa von der Recke vgl. *Gesammelte Briefe* I, 334–346.

702 E. Kleßmann, *Die Zeit* vom 3. November 1978.

703 Vgl. auch G. Forsch, *Casanova und seine Leser*. Forsch führt die verschiedenen Spielarten des trivialen »Mythos Casanova« in Literatur, Operette (Lortzing), Musical und Film vor. Die Zusammenstellung zeigt, wie sehr die Casanova-Figur vor allem in die Unterhaltungsmedien vorgedrungen ist (Forsch, S. 63–70 und 121–132). Forsch zählt auch den Fellini-Film zur trivialen Unterhaltung – ebenso wie eine ARD-Sendung vom 29. Februar

1984 (Karl Gassauer, *Casanova auf Schloss Dux*) und eine Aufführung im Ost-Berliner Metropol-Theater von 1976, die in der
Inszenierung des Münchner Gärtnerplatz-Theaters im Deutschen Fernsehen übertragen wurde (August 1981). Forsch vermutet sogar, dass der Welterfolg des Films von Fellini die literarische Rezeption Casanovas in den Hintergrund gedrängt habe
(S. 131). Bei Forsch nicht einbezogen ist die Satire *Das Casanova-Projekt* von 1981.

704 Vgl. Siegfried Schober, in: *Der Spiegel* 50/1976 vom 6. Dezember 1976, 209.

705 Federico Fellini, *Warum Casanova?* Interview mit Aldo Tassone.
(1976). Deutscher Text bei H. Scheible, *Mythos Casanova*, 195–
197.

706 Der Film von Battiato streift gelegentlich allerdings zentrale Themen Casanovas: die Bedeutung des Gewissens (»Ich verantworte
mich vor meinem Gewissen, nicht vor Eurer Autorität«) oder das
Verhältnis von Männern und Frauen (»Weißt du, was alle Vernunft übersteigt? Was Männer uns alles antun können und wir
es uns gefallen lassen« – Und der Film-Casanova antwortet:
»Weißt du, was alle Vernunft übersteigt? Was Frauen uns alles
antun können und wir es uns gefallen lassen«). *Das Casanova-
Projekt* ist eine Satire, zu der Arend Agthe, Bernd Eilert und Robert Gernhardt das Drehbuch schrieben.

707 Sendung am 16. und 17. Februar 2003.

708 Als VHS-Cassette, Erscheinungsdatum 29. November 1999.

709 Carina Lehnen nennt die Wiener Autoren Anton Wildgans,
Franz Blei, Rudolf Lothar, Ernst Lissauer und Raoul Auernhei-
mer sowie Erich August Greeven, Stefan Markus, Franz Hessel,
Karl Blank, Arnim Friedmann, Paul Frank, Kurt Münzer, Horst
Wolfram Geißler, Herbert Eulenberg und Josef Mühlberger.

710 C. Lehnen, *Das Lob des Verführers*, 99–178.

711 Hugo von Hofmannsthal, *Der Abenteurer und die Sängerin
oder Die Geschenke des Lebens*.

712 C. Lehnen, *Das Lob des Verführers*, 122.

713 C. Lehnen, *Das Lob des Verführers*, 119.

714 Uraufgeführt am 11. Februar 1910 im Deutschen Theater Berlin.

715 Vgl. dazu S. 254.

716 C. Lehnen, *Das Lob des Verführers*, 161.

717 Zum Ganzen siehe C. Lehnen, *Das Lob des Verführers*, 182–232.

718 Zu Schnitzlers Stimmungslage während des Krieges vgl. C. Lehnen, *Das Lob des Verführers*, 182–185.

719 Schnitzler bezieht sich auf die Episode mit »Madame F.« im VI. Band der Memoiren. Vgl. S. 89–91.

720 C. Lehnen, *Das Lob des Verführers*, 194 f.

721 C. Lehnen, *Das Lob des Verführers*, 197. Die beiden Arbeiten Schnitzlers liegen in einer Ausgabe des S. Fischer Verlags vor.

722 Zum komplexen Vorgang dieser Dekonstruktion vgl. C. Lehnen, *Das Lob des Verführers*, 199–205.

723 Vgl. C. Lehnen, *Das Lob des Verführers*, 269.

724 C. Lehnen, *Das Lob des Verführers*, 279.

725 Vgl. N. Taleb, *Der schwarze Schwan*, vor allem das Kapitel »Das nie versagende Glück des Giacomo Casanova: Das Problem der stummen Zeugnisse«, 131–155.

726 Vgl. N. Taleb, *Der schwarze Schwan*, 141.

727 Vgl. N. Taleb, *Der schwarze Schwan*, 244.

728 Siehe S. 263.

729 Laut J. Rives-Childs erschienen 104 deutsche Übersetzungen, 91 französische, 43 englische, 41 italienische und 17 schwedische Editionen.

730 Ted Emery, Casanova research page: www.dickinson.edu/~emery/Casanova.htm.

731 Einen umfassenden Überblick in die Geschichte der verschiedenen Ausgaben bietet Gerd J. Forsch in seiner Dissertation *Casanova und seine Leser*. Für Deutschland siehe besonders »Casanova vor und während der Gründerzeit« (S. 75–81).

732 Vgl. J. Rives-Childs, *Casanova*, 12–15.

733 Vgl. J. Rives-Childs, *Casanova*, 91 und 9. An dieser Identifizierungsarbeit hat sich sogar ein Philosoph, Historiker und Politiker wie Benedetto Croce beteiligt. Croce hat sich jedoch nicht mit historischen Identifizierungen begnügt. Vielmehr sah er in Casanova einen Geistesverwandten, der sich schöpferisch um eine gelungene künstlerische und philosophische Existenz bemühte. In seinen *Literarischen Anekdoten* hat Croce versucht, die intuitive Erkenntnis – im Unterschied zum Denken in Begriffen – als Schlüssel zum Verständnis des Individuums zu begreifen. Croce kommt häufig auf Casanova zu sprechen. Benedetto Croce, *Aneddoti di varia Letteratura* Bd. I, 354 f. Bd. II, 76–82. 350–373. 401–403.

734 H. Scheible, *Mythos Casanova*, 158.

735 H. Scheible, *Mythos Casanova*, 158. Vgl. IX, 7–35.

736 Vgl. E. Loos, *Casanova und Voltaire. Zum Geschmack im 18. Jahrhundert*, 142, Anm. 4.

737 Über den retrospektiven Determinismus siehe N. Taleb, *Der schwarze Schwan*, 31 und 138.

738 Vgl. N. Taleb, *Der schwarze Schwan*, 97.

739 Vgl. die *Geschichte der Autobiographie* von Georg Misch und die *Theorie der Autobiographie* von Bernd Neumann.

740 Außerhalb dieser Überlegungen stehen die Ad-hoc-Biographien, in denen heutige und gestrige Mediensternchen oder Sportler ihre schnell verfallende Berühmtheit nutzen, um wenigstens für kurze Zeit als Glühwürmchen in der lauen Nacht ihrer Prominenz aufzuleuchten und sich mit einem schnellen Auflagenerfolg adeln zu lassen, auch wenn zumeist ein Ghostwriter die Wörter zusammengestellt und oft genug der nominelle Autor mit dem Entstehen des angeblich eigenen Buches wenig zu tun hat.

741 Die erste Seite des Manuskripts in der Brockhaus-Ausgabe hat den Titel *Histoire de ma vie jusqu'à l'an 1797*. Vgl. I, 47.

742 Die Herkunft des Wortes (von *portrahere* = hervorziehen) bestätigt die Unausweichlichkeit der Zwischenräume zwischen den Linien, insofern jede Linie von einem Punkt ausgeht. Leonardo da Vinci erklärt in seinem *Buch von der Malerei*, »Der Anfang der Malerei ist der Punkt. Diesem folgt die Linie, das Dritte ist die Fläche, das Vierte der Körper ...« Siehe dazu G. Boehm, *Bildnis und Individuum. Über den Ursprung der Porträtmalerei in der italienischen Renaissance.*

LITERATURVERZEICHNIS

Texte

CASANOVA, Giacomo: *Geschichte meines Lebens, hrsg. und einge-leitet von Erich Loos.* Erstmals nach der Urfassung ins Deutsche über-setzt von Heinz von Sauter. 12 Bände. Berlin 1964 f.

CASANOVA, Giacomo: *Gesammelte Briefe.* 2 Bde. Hrsg. von Enrico Straub, übersetzt von Heinz von Sauter. Frankfurt a. M. 1969.

CASANOVA, Giacomo: *Vermischte Schriften.* Hrsg. von Enrico Straub. Übersetzt von Heinz von Sauter und Enrico Straub. Frankfurt a. M. 1971.

CASANOVA, Giacomo: *Briefwechsel mit J. F. Opiz,* hrsg. nach der Handschrift des J. F. Opiz durch Fr. Khol und O. Pick. Übersetzt von O. Pick. Berlin-Wien 1922.

CASANOVA, Giacomo: *Über den Selbstmord und die Philosophen.* Aus dem Italienischen von Martina Kempter, mit einem einführenden Essay von Lothar Müller. Edition Pandora, Bd. 21. Frankfurt a. M./ New York/ Paris 1994.

CASANOVA, Giacomo: *Lana Caprina. Lettre d'un Lycanthrope Adres-sée à S. A. La Princesse J. L. n. P. C.* Bologna 1772.

CASANOVA, Giacomo: *À Leonard Snetlage.* Dresden 1797 (Neu-drucke 1903 und 1998.)

FRAUENBRIEFE AN CASANOVA. Zum ersten Male aus dem Duxer Archiv herausgegeben von Aldo Ravà und Gustav Gugitz. München und Leipzig 1912.

DER ANDERE CASANOVA. Unveröffentlichte Dokumente aus dem Duxer Archiv, hrsg. von Edgar Schmidt-Pauli. Berlin 1930.

GOETHE, Johann Caspar: *Reise durch Italien im Jahre 1740*. Deutsch von Albert Meier und Heide Hollmer. München 1986.

GOETHE, Johann Wolfgang: *Italienische Reise*. Münchner Ausgabe. Sämtliche Werke nach Epochen seines Schaffens. Bd. 15. München 1987 ff.

HESSE, Hermann: *Casanovas Bekehrung und Pater Matthias*. Zwei Erzählungen. Frankfurt a. M. 1985.

HOFMANNSTHAL, Hugo von: Der Abenteurer und die Sängerin. Gesammelte Werke I. Frankfurt a. M. 1979, S. 509–590.

HOFMANNSTHAL, Hugo von: *Christinas Heimreise*. Gesammelte Werke IV, S. 115–222.

HÜBNER, Thorsten: *Entwicklung und Verfahren der Inquisition. Die Entstehung des kanonischen Inquisitionsprozesses im Mittelalter* ... http://www.hausarbeiten.de/faecher/vorschau/8170.html 17.07.2007.

LIGNE, Charles Joseph Fürst de: *Gedanken und Fragmente*. Heidelberg 2007.

DA PONTE, Lorenzo: *Mein abenteuerliches Leben*. Hrsg. von Walter Klefisch. Hamburg 1960

ROUSSEAU, Jean-Jacques: *Der Gesellschaftsvertrag oder die Grundsätze des Staatsrechtes*. Deutsch von Hermann Denhardt. Sonderausgabe Frankfurt a. M. 2005.

SCHEIBLE, Hartmut (Hrsg.): *Mythos Casanova*. Texte von Heine bis Bunuel. Leipzig 2003.

SCHNITZLER, Arthur: *Casanovas Heimfahrt*. Gesammelte Werke, Bd. 5. Frankfurt a. M. 1978, S. 32–124.

STENDHAL (Marie Henri Beyle): *Reise in Italien*. Nachdruck der Jenaer Ausgabe von 1911. Deutsche Bearbeitung von Friedrich von Oppeln-Bronikowski. München 1990.

STERNHEIM, Carl: *Herr von Seingalt. Drei Szenen.* In: *Hyperion.* München 1910, S. 153–167.

TUCHOLSKY, Kurt: *Etzliche Gedanken den Herrn Casanova betreffend.* In: *Republik wider Willen. 1911–1932.* Hamburg 1989, S. 442–450.

Literatur

ALEWYN, Richard: »Casanova«. In: *Neue Rundschau.* Berlin 1959, S. 100–116.

ALY, Götz: *Hitlers Volksstaat. Raub, Rassenkrieg und nationaler Sozialismus.* Frankfurt a. M. 2005.

BARTHOLD, F. W.: *Die geschichtlichen Persönlichkeiten in Jacob Casanova's Memoiren. Beiträge zur Geschichte des achtzehnten Jahrhunderts.* 2 Bde. Berlin 1846.

BEAUVOIR, Simone de: *Das andere Geschlecht. Sitte und Sexus der Frau* (1947). Aus dem Französischen von Eva Rechel-Mertens und Fritz Montfort. Hamburg 1968.

BOEHM, Gottfried: *Bildnis und Individuum. Über den Ursprung der Porträt-Malerei in der italienischen Renaissance.* München 1985.

CHIARA, Piero: Saggi, *Libelli e satire di Giacomo Casanova.* Mailand 1968.

CROCE, Benedetto: *Aneddoti di varia Letteratura. Scritti di stori Letteraria e politica.* 4 Bände. Bari 1953/54.

DONNERT, Erich: *Katharina und ihre Zeit. Russland im Zeitalter der Aufklärung.* 2. Aufl. Leipzig 1996.

DUFOUR, Pierre: *Weltgeschichte der Prostitution.* 6 Bde. Paderborn o. J.

EICKHOFF, Ekkehard: *Venedig – Spätes Feuerwerk. Glanz und Untergang der Republik* (1700–1797). Stuttgart 2006.

ELIAS, Norbert: *Die höfische Gesellschaft. Untersuchungen zur Soziologie des Königtums und der höfischen Aristokratie.* Frankfurt a. M. 1983 (1969).

FEINE, Hans Erich: *Kirchliche Rechtsgeschichte,* Bd. 1. Weimar 1950.

FISCHER-HOMBERGER, Esther: *Geschichte der Medizin.* Berlin/Heidelberg/New York, 2. Aufl. 1977.

FLEM, Lydia: *Casanova oder Die Einübung ins Glück.* (Casanova ou l'exercise du bonheur.) Hamburg 1998.

FORSCH, Gerd J.: *Casanova und seine Leser. Die Rezeption von Casanovas ›Histoire de ma vie‹ in Deutschland, Frankreich und Italien* (Bonner Untersuchungen zur vergleichenden Literaturwissenschaft. Hrsg. von Erwin Koppen. Bd. 1). Rheinbach-Merzbach 1988.

FUCHS, Gotthard (Hrsg.): *Männer. Auf der Suche nach einer neuen Identität.* Düsseldorf 1988.

GEISEL, Sieglinde: *Irrfahrten und Weltenbummler. Wie das Reisen uns verändert.* Berlin 2008.

GERVASO, Roberto: *Giacomo Casanova und seine Zeit.* Deutsch von Ute Stempel. München 1977.

GLASER, Hugo: »Der Fall Casanova«. In: *Bibliophile Zeit- und Streitfragen,* hrsg. von Leopold Heidrich. 3. Heft. Wien 1946.

GREER, Germaine: *Der weibliche Eunuch.* Aus dem Englischen von Marianne Dommermuth. Frankfurt a. M. 1970.

GREFE, Christiane: »Amateure der Liebe und der Wissenschaft«. In: *Süddeutsche Zeitung* vom 16. September 1998.

GUGITZ, Gustav: *Giacomo Casanova und sein Lebensroman.* Wien/Prag/Leipzig 1921.

GUGITZ, Gustav: Casanovas letzte Lebensjahre. In: *Zeitschrift für Bücher-Freunde* 3 (1911/12), S. 217–227 und 265–272.

GÜNTHER, Pablo: *Die Casanova Tour*. File://G:e-book Casanova-Tour\kutschen.htm.

HERMANN, Ingo: *Hardenberg. Der Reformkanzler*. Berlin 2003.

HERMANN, Ingo: *Knigge. Die Biografie*. Berlin 2007.

HERMANN, Ingo: »Die Katastrophe als Glücksfall«, in: Hans Helmut Hillrichs (Hrsg.): *Troja ist überall*. Frankfurt a. M. 2007.

HOCHHEIM, Bert: *Casanova und die Empfängnisverhütung zu seiner Zeit*. Diss. med. Würzburg 2006.

INTERNATIONALES FREIMAURERLEXIKON. Hrsg. von Eugen Lennhoff, Oskar Posner und Dieter A. Binder. München 2000.

JÜNGER, Georg Friedrich: *Die Spiele. Ein Schlüssel zu ihrer Bedeutung*. Frankfurt a. M. 1963.

KESTEN, Hermann: Casanova. München 1952.

KRÄTZ, Otto/MERLIN, Helga: *Casanova. Liebhaber der Wissenschaften*. München 1995.

LEHNEN, Carina: *Das Lob des Verführers. Über die Mythisierung der Casanova-Figur in der deutschsprachigen Literatur zwischen 1899 und 1933*. Diss. Paderborn 1995.

LEXIKON FÜR THEOLOGIE UND KIRCHE. 11 Bde. Hrsg. von Josef Höfer und Karl Rahner. Freiburg 1957 f.

LILIENFEIN, Heinrich: »Casanova in Weimar«. In: *Velhagen & Klasing's Monatshefte*. 53. Jg. Bielefeld/Leipzig 1938/39, S. 517–523.

LOOS, Erich: »Casanova und Voltaire. Zum literarischen Geschmack im 18. Jahrhundert«. In: *Europäische Aufklärung. Herbert Dieckmann zum 60. Geburtstag*. München 1967, S. 141–151.

MANSELL, Philip: *Der Prinz Europas. Prince Charles-Joseph de Ligne, 1735–1814*. Stuttgart 2006.

MARCEAU, Félicien: *Casanova. Sein Leben, seine Abenteuer*. Deutsch von Grete Osterwald. Düsseldorf 1983.

MATT, Peter von: *Liebesverrat. Die Treulosen in der Literatur*. München, Wien 1989.

MISCH, Georg: *Geschichte der Autobiographie*. 6 Bde. Frankfurt a. M. 1949–1969.

MÜLLER, Lothar: *Casanovas Venedig*. Berlin 1998.

MÜLLER, Lothar: »Der Abenteurer, die Bücher und der Tod. Über Casanova, den Philosophen und Homme de lettres«. In: *Giacomo Casanova: Über den Selbstmord und die Philosophen*. Edition Pandora Bd. 21. Frankfurt a. M. 1994.

NAGER, Frank: *Goethe und die Medizin*. Düsseldorf 1999.

NETTL, Paul: »Da Ponte, Casanova und Böhmen«, in: *Alt-Prager-Almanach*. Prag 1926, S. 139–148.

NETTL, Paul: *Casanova und seine Zeit. Zur Kultur- und Musikgeschichte des 18. Jahrhunderts*. München/Esslingen 1949.

NETTL, Paul: »Casanova and Don Giovanni«, in: *Saturday Review* vom 28. Januar 1956, S. 44 ff. und 55 ff.

NEUMANN, Bernd: *Identität und Rollenzwang. Zur Theorie der Autobiographie*. Frankfurt a. M. 1970.

ODDO, Massimiliano: »Engel wider Willen. Leben und Leiden der Kastraten im 17. und 18. Jahrhundert«, in: *Berliner Philharmoniker. das magazin*. März/April 2009, S. 42–45.

PFEIFER, Klaus: *Medizin der Goethezeit. Christoph Wilhelm Hufeland und die Heilkunst des 18. Jahrhunderts*. Köln/Weimar/Wien 2000.

RITZMANN, Iris: *Sorgenkinder. Kranke und behinderte Mädchen und Jungen im 18. Jahrhundert*. Köln 2008.

RIVES-CHILDS, James: *Casanova*. Deutsch von Deli Walter. München 1977.

RIVES-CHILDS, James: »Identification of certain proper names«. In: *Casanova Gleanings*, Vol. III. (1960), S. 120.

RIVES-CHILDS, James: »New light on Casanova's activities in Florence 1760«. In: *Casanova Gleanings*, Vol. III. (1960), S. 20–34.

RIVES-CHILDS, James (Hrsg.): *Casanova Gleanings. Revue international d'études casanoviennes et dix-huitièmistes*. Nizza 1958–1980.

ROTH, Gerhard: *Das Alphabet der Zeit*. Frankfurt a. M. 2007.

SÄGMÜLLER, Johannes Baptist: *Lehrbuch des katholischen Kirchenrechts*. Freiburg 1909.

SCHÄFER, Thomas: *Casanova. Magier, Gelehrter, Abenteurer*. Leipzig 1998.

SCHARF, Claus: *Katharina II., Deutschland und die Deutschen*. Mainz 1995.

SCHEIBLE, Hermann: »Zeichen und Wunder. Alchimie und Magie bei Giacomo Casanova«. In: *Hexen. Historische Faktizität und fiktive Bildlichkeit. Sorcières. Fait historiques imagerie et fiction*. Hrsg. von Marion George und Andrea Rudolph. Dettelbach 2004, S. 223–240.

SCHEIBLE, Hermann: »Hofmannsthal, Schnitzler und der Mythos Casanova«. In: Fliedl, Konstanze: *Arthur Schnitzler im 20. Jahrhundert*. Wien 2003, S. 305–329.

SCHIMMELPFENNIG, Bernhard: »Klerus«, in: *Enzyklopädie des Mittelalters*. Hrsg. von Gert Melville und Martial Staub. Bd. 1. Darmstadt 2008.

SCHREIBER, Hermann: *Casanova. Eine Biographie*. Düsseldorf 1998.

SCHÜMER, Dirk: *Leben in Venedig*. Berlin 4. Aufl. 2008.

SCHÜTTE, Franz.: *Glücksspiel und Narzismus. Der pathologische Spieler aus soziologischer und tiefenpsychologischer Sicht*. Bochum 1985.

SCHWARZER, Alice: *Simone de Beauvoir*. Hamburg 2008.

SCHWARZER, Alice: *Die Antwort*. Köln 2007.

SENNETT, Richard: *Verfall und Ende des öffentlichen Lebens* (1976). Deutsch von Reinhard Kaiser. Frankfurt a. M., 14. Aufl. 2004.

SMITH, Joan: *Misogynies. Frauenhass in der Gesellschaft*. Deutsch von Susanne Aeckerle. München 1992.

SOLLERS, Philippe: *Casanova*. Deutsch von Angelika Schneeberger-Chmelar. Münster 2000.

STANDTKE, Regine: »Bei Casanova in Böhmen«. In: *Die Weltbühne*. Wochenschrift für Politik – Kunst – Wirtschaft. 31. Jg. (1986), S. 982–985.

TALEB, Nassim Nicholas: *Der schwarze Schwan. Die Macht höchst unwahrscheinlicher Ereignisse*. Deutsch von Ingrid Proß-Gill. München 2008.

THEILE, Wolfgang: »Casanova gegen Leonard Snetlage. Zur Vermittlung französischer Sprache und Kultur in Deutschland um 1800«. In: *Germanisch-Romanische Monatsschrift*, Neue Folge, Bd. 34, H. 2 (2004), S. 149–162.

TUKUR, Ulrich: *Die Seerose im Speisesaal. Venezianische Geschichten*. Berlin 2005.

WETH, Georg A.: *Casanovas Lustmahle*. München 1998.

ZWEIG, Stefan: *Drei Dichter ihres Lebens. Casanova, Stendhal, Tolstoi*. München 1961.

BILDNACHWEIS

AFP/Bibliothèque nationale de France: Abb. 3
Bildarchiv Preußischer Kulturbesitz: Abb. 4 (Stiftung Preußische
Schlösser und Gärten Berlin-Brandenburg/Jörg P. Anders), 6, 8
(Alfredo Dagli Orti), 10 (Bayerische Staatsgemäldesammlungen), 20
(SBB/Dietmar Katz), 21, 22 (RMN/Bulloz), 23, 25, 29 (SBB/Ruth
Schacht)
Childs, J. Rives: Casanova, Reinbek 2000: Abb. 27
Deutsches Spielkartenmuseum: Abb. 15
Krätz, Otto und Helga Merlin: Casanova. Liebhaber der Wissen-
schaften, München 1995: Abb. 16
Privat: Abb. 2, 26
Sotheby's/akg-images: Abb. 5
ullstein bild: Abb. 1, 7, 11, 12, 14, 19, 24, 28, 30
Verlagsarchiv: Abb. 13, 17, 18
(Der Verlag hat sich um die Einholung der Abbildungsrechte bemüht.
Da in einigen Fällen die Inhaber der Rechte nicht zu ermitteln waren,
werden rechtmäßige Ansprüche nach Geltendmachung ausgeglichen.)

DANKSAGUNG

Vor allem Dr. Siv Bublitz und Christian Seeger habe ich zu danken: für
die zulassende und kritische Begleitung der Arbeit am Manuskript.
   Alexandra Klaffke und Rainer Wieland danke ich für ihr Engagement als Lektoren und Florian Glaessing für seine Begleitung der Idee
auf dem Weg zum Leser.
   Meiner Frau Evelyn Roll danke ich für die Anregungen und Hin-
weise, ohne die ich den Mann hinter der Maske vielleicht gar nicht erkannt hätte.

ZEITTAFEL

2. April 1725	Giacomo Girolamo Casanova wird in Venedig als erster Sohn eines Schauspielerehepaares geboren und wächst in der Obhut seiner Großmutter auf. Möglicherweise ist sein leiblicher Vater jedoch der Patrizier Michele Grimani.
1729	*Katharina II. von Russland geboren.*
1734–1739	Ausbildung und Studium des römischen und kirchlichen Rechts in Padua.
1741	Casanova erhält auf Betreiben seiner Großmutter die Tonsur und die Niederen Weihen. Er wird damit Kleriker der römisch-katholischen Kirche.
1742	Casanova wird zum »Doctor utriusque iuris« promoviert. Erste Reise nach Korfu und Konstantinopel.
1744/1745	Casanova tritt in den Dienst des Kardinals Acquaviva.
1745	Casanova kauft ein Leutnantspatent der venezianischen Armee und lässt sich eine Uniform schneidern. Er wird in Korfu stationiert. Zweite Reise nach Konstantinopel.
1746	Casanova quittiert den Militärdienst und kehrt nach Venedig zurück. Er schlägt sich als Geiger im Teatro San Samuele durch, begegnet dem Patrizier Matteo Bragadin und wird von ihm in sein Haus aufgenommen.
1750–1752	Aufenthalt in Paris.
25. Juli 1755	Casanova wird von der Inquisition des Staates Venedig verhaftet und in den »Bleikammern« des

Dogenpalastes gefangengesetzt. Ein rechtsstaatlicher Prozess findet nicht statt.

1756	*Mozart geboren.*
1. November 1756	Casanova gelingt die Flucht aus den Bleikammern. Er reist nach Paris.
1757	Casanova begründet in Paris eine staatliche Lotterie und wird deren Direktor. Mission in Dünkirchen.
1758	Mit Regierungsauftrag in Amsterdam.
1759	Casanova legt sich selbst den Adelstitel »Chevalier de Seingalt« zu. Er gründet eine Manufaktur für Seidenstoffmalerei.
1760	Casanova wird von Papst Clemens XIII. zum »Ritter vom Goldenen Sporn« geschlagen und zum »Apostolischen Protonotar extra urbem« ernannt. Begegnung mit Voltaire. Reisen durch Frankreich, Deutschland und die Schweiz.
1761	Reisen in Italien. Neapel, Rom, Florenz, Bologna, Modena, Parma.
1762	*Rousseau veröffentlicht den »Contrat Social« und »Emile«.*
1763	Aufenthalt in London.
1764/1765	Casanova wird von Friedrich II. von Preußen, Katharina II. von Russland und König Stanislaus von Polen empfangen.
	Tod der Marquise von Pompadour.
1772	*Erste Teilung Polens.*
1776	Casanova kehrt aus dem Exil zurück nach Venedig. Er wird inoffizieller Mitarbeiter der venezianischen Staatsinquisition.
	Unabhängigkeitserklärung der USA.
1783	Casanova verlässt Venedig. Reisen: Bozen, Inns-

bruck, Augsburg, Aachen, Spa, Den Haag, Rotterdam, Antwerpen, Paris, Wien, Dresden, Berlin, Prag.

1784   In Wien. Sekretär des venezianischen Gesandten Foscarini bis zu dessen Tod am 23. April 1785. Bekanntschaft mit Lorenzo da Ponte.

1785   Brünn, Teplitz. Treffen mit Graf Waldstein. Casanova wird dessen Bibliothekar in Schloss Dux. Schriftstellerische Arbeit.

1786   Veröffentlichung von *Soliloque d'un Penseur*.

1787   Prag. Wahrscheinlich kurze Mitarbeit am Libretto für Mozarts *Don Giovanni*.

1788   Dresden, Leipzig. Veröffentlichung des utopischen Romans *Icosameron*.

1792   Abschluß der ersten Fassung der *Histoire de ma vie*.

1798   Im Februar schwere Erkrankung.
Giacomo Casanova stirbt am 4. Juni in Dux.

PERSONENREGISTER

335

Ingo Hermann
Knigge. Die Biografie

372 Seiten mit 16 Seiten s/w-Abbildungen
Gebunden mit Schutzumschlag
ISBN 978-3-549-07260-8

Er war streitbar, geistreich und auf verblüffende Weise modern: Adolph
Freiherr Knigge (1752–1796), einer der bedeutenden Gesellschafts-
philosophen und Aufklärer Deutschlands. Berühmt wurde er durch seinen
Bestseller »Über den Umgang mit Menschen«, ein Buch über den Anstand
in der bürgerlichen Gesellschaft und über ein neues Verständnis von Staat,
Religion, Erziehung und Öffentlichkeit. Kein zweites Werk der deutschen
Geistesgeschichte wurde von der Nachwelt so gründlich missverstanden
und verfälscht, weshalb sein Autor heute nicht als Wegbereiter der
Aufklärung, sondern als Benimm-Apostel jedermann bekannt ist. Ingo
Hermann zeigt in dieser ersten großen Biografie des Freiherrn, wer der
wahre Knigge ist und was er uns heute noch zu sagen hat.

»In seiner mit Eleganz und Leichtigkeit verfassten Biografie würdigt
Hermann alle Seiten der vielfältigen Begabung des Freiherrn Knigge ...
Seine Biografie ist ... das erste Gesamtbild des tiefen Kenners der
Menschen und Bestien, als den ihn schon Heinrich Heine pries.«
SÜDDEUTSCHE ZEITUNG

»In einer Zeit, in der das Prinzip Anstand aus Politik, Wirtschaft und
Medienkultur zu verschwinden droht, ist die Rückbesinnung auf Knigge
von großer Aktualität.« SÄCHSISCHE ZEITUNG

PROPYLÄEN VERLAG
www.propylaeen-verlag.de

Orkney I.

KGR.
NORWEGE

Hebriden

Nordsee

KGR
DÄNE
MARI

KGR. IRLAND

KGR.
GROSSBRITANNIEN

*Atlantischer
Ozean*

London

Rotterdam ○ ○ Amsterdam   Braunschw

Dünkirchen ○   Brüssel ○ ○ Wesel   Wolfenbü
                  Aachen ○
                        ○ Köln
                   Spa ○   HEILIGES
                            Rhein ○ Frankf

Paris ○   RÖM. REIC
Loire   Stuttgart
                 Straßburg ○
KGR. FRANKREICH   Augsburg
                                Münch
              Basel ○
Chalon-sur-Saône ○   ○ Zürich
                   Bern ○
                   SCHWEIZ

Lyon ○ ○ Genf

Bordeaux ○   Mailand   Pa
            Grenoble ○   *Po* ○ Verona ○
                   Turin ○   Mantua ○
           Rhône   Parma ○
              Avignon   Ferrara ○
    Nîmes ○ ○ Aix-en-Provence Bolo
                                Florenz ○
KGR.   Marseille ○ ○ Nizza   Livorno ○
PORTUGAL   Toulon

Tajo   Korsika
      Madrid ○

KGR. SPANIEN   R

                  Mallorca
Ibiza   KGR.
                        SARDINIEN

Ebro   ○ Saragossa

Mittelmeer

0   100   200   300   400   500 km